高等学校交通运输与工程类专业教材建设委员会规划教材

交通工程机器视觉检测技术

喻东晓　蓝　清　史　磊　著

人民交通出版社股份有限公司

北　京

内 容 提 要

全书共分十章，由基础理论和应用实例两部分组成，内容包括：绪论、面向对象的程序开发基础、图像处理算法库的编写、分类器算法库的编写、混凝土表面裂缝的自动检测、路面病害的自动检测、沥青混合料级配离析的自动检测、隧道施工人员定位监测、车路协同与自动驾驶方面的应用、机器视觉技术的未来。

本书可作为高等学校土木工程(道路桥梁方向)、道路桥梁与渡河工程、市政工程、交通工程等专业的课程教材，也可供从事机器视觉、工程检测及交通行业相关人员学习参考。

图书在版编目(CIP)数据

交通工程机器视觉检测技术 / 喻东晓，蓝清，史磊著. — 北京：人民交通出版社股份有限公司，2022.3
ISBN 978-7-114-17756-9

Ⅰ.①交… Ⅱ.①喻… ②蓝… ③史… Ⅲ.①计算机视觉—应用—交通工程—工程机械—检测 Ⅳ.①U415.5-39②U445.3-39

中国版本图书馆 CIP 数据核字(2021)第 256089 号

Jiaotong Gongcheng Jiqi Shijue Jiance Jishu

书　　名：交通工程机器视觉检测技术
著 作 者：喻东晓　蓝　清　史　磊
责任编辑：郭晓旭
责任校对：孙国靖　宋佳时
责任印制：刘高彤
出版发行：人民交通出版社股份有限公司
地　　址：(100011)北京市朝阳区安定门外外馆斜街 3 号
网　　址：http://www.ccpcl.com.cn
销售电话：(010)59757973
总 经 销：人民交通出版社股份有限公司发行部
经　　销：各地新华书店
印　　刷：北京建宏印刷有限公司
开　　本：787 × 1092　1/16
印　　张：20.25
字　　数：492 千
版　　次：2022 年 3 月　第 1 版
印　　次：2022 年 3 月　第 1 版　第 1 次印刷
书　　号：ISBN 978-7-114-17756-9
定　　价：60.00 元
(有印刷、装订质量问题的图书由本公司负责调换)

序

人工智能融入公路检测是技术发展的大势所趋，已成为交通工程行业的研究热点之一，也必将深刻地影响和颠覆许多现有的技术手段，不断催生出新的方法、设备。当然，目前这类技术在交通行业的应用仍是比较离散的，尚需一定时日方能形成规模性的技术体系和标准。在广大高校，机器视觉和交通工程分属两个不同的学科，而在此交叉领域培养更多复合型知识结构的人才，是很有必要的。

本书作为一本教材，从基础编程技术和算法原理入手，逐渐延展到具体工程问题的解决，内容比较详实，源代码完整，融合了许多实践经验的总结，在讲解技术的同时注重思维方法的培养、训练。相信无论是在校学生还是技术工作者，通过本书的阅读学习，都能有所收获。

喻东晓是我培养的2006级的硕士研究生，热衷于计算机技术，在求学期间就表现出软件编程和算法研究方面的专长。也希望他和蓝清等人在这个领域继续努力，推动技术和学术的进展，培养更多复合型专业人才！

2021年11月

前言

我国是公路交通大国，无论公路及高速公路网的规模、里程，还是客货运输量，都居于世界前列。截至“十三五”期末，全国公路通车里程达到510万km，其中高速公路里程达到15.5万km，均为世界第一。巨大的建设和运营体量，直接促进了我国公路行业在工程建设、检测监控、养护管理等方面一系列配套技术的迅猛发展。以公路交通工程检测为例，从20世纪70、80年代开始，经过行业专家和技术人员几十年的不懈努力，已经建立了比较完整的技术规范和操作规程体系，培养了一代又一代检测技术人员，实现了绝大多数试验检测仪器的国产化，并且具备了相当程度的自主研发能力，在某些检测技术和仪器制造领域甚至走在了世界前列。

机器视觉又称计算机视觉，是近十年来在国内外迅速兴起的一门实用技术。它的典型应用模式就是利用人工智能的算法技术，直接从摄像头获取的帧图中识别某些特定的目标。该项技术已经在近5~10年时间发展成熟并得到广泛的应用，从机场、地铁等公共交通场所广泛采用的人脸识别，到手机App中通过摄像拍照对二维码、花朵、文字甚至算术题的识别，它实际上已经应用于人们生活的方方面面。

机器视觉技术在交通工程尤其是工程检测领域的应用，相比其他行业发展较晚，是最近几年才兴起的一个研究热点。公路行业的工程师们积极借鉴制造业、安保业等其他领域机器视觉的应用经验和技术成果，并将其发展、运用在公路检测领域，已经取得了不少实际的成果，并且展现出非常广阔的发展空间。

本书作者属于一个出身于交通行业，同时十分热衷于计算机与交通工程交叉领域的研究团队。我们将多年的研究成果和所积累的实践经验写成本书，希望能够通过本书帮助广大有志于进入这个领域的学生和工程技术人员更好地认识相关技术的发展状况，学习掌握扎实的技术功底，培养出实际的研究开发能力。

本书内容分为两大部分。第1部分为基础理论，即第1~4章，讲解应用软件开发的基础技术和方法，重点讨论机器视觉和人工智能算法库的开发。读者通过对本书第1部分的学习，除了可以进行常规的应用软件开发之外，还能够在不需要任何第三方算法库或软件的辅助下自己动手编写有关的函数、类库。而且，这些算法和模型具有通用性，不仅限于公路领域应用。深入地学习第1部分内容，对读者掌握有关算法原理、涉猎更广阔的应用空间大有裨益。本书第2部分为应用实例，即第5~10章，抓住机器视觉在国内正处于研究开发过程中的几个典型应用场合，对其技术构架、方法原理、产品设计进行了详细的讲解。通过对本书第2部分的学习，读者可以了解当前主要的几种视觉检测技术和设备的内部原理和实现手段，有兴趣的读者甚至可以自己搭建出整套原型机作为学习研究之用。

本书的撰写历时两年，在撰写的过程中，作者也深感当下技术发展之日新月异、突飞猛进。作为技术研究者，唯有博闻广学、努力钻研，方能跟上时代的发展，站在技术的前沿。本书由喻东晓、蓝清等人共同撰写，也得到了孙立军等老师和前辈的大力协助，在此对他们表示衷心的感谢！由于作者水平和时间有限，书稿中难免存在一些错误，敬请读者们批评指正！

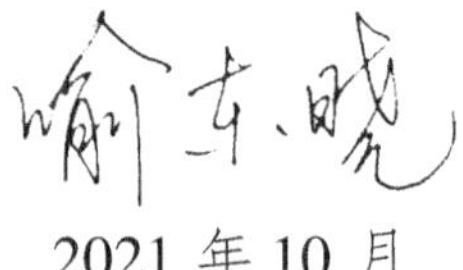

2021年10月

目录

第1部分　基础理论

第2部分 应用实例

第1部分

基础理论

1 绪　论

机器视觉又称计算机视觉，是一项综合技术，它包括了图像处理、模式识别、人工智能、机械工程技术、光学成像技术、控制与传感等多种软件、硬件技术。它的核心是利用摄像机或者某种电磁波传感器代替肉眼去捕捉一定区域的画面，再将图像转变为数据，进而利用一系列特殊的方法去识别图像中的对象、理解图像中包含的有用信息。机器视觉不仅限于代替肉眼捕捉可见光范围的图像，还包括利用红外线或紫外光传感器捕捉肉眼不可见的图像，甚至是主动对目标发射 β 射线，并捕捉漫反射回来的微粒，从而形成某种类似的“视觉图像”。这在宇宙物理、量子力学研究中有着十分重要的应用。此外，机器视觉的分析对象也不仅限于单独的一幅图像，例如在运动物体捕捉的应用中，就需要对视频中连续的帧图进行对比分析。

1.1 机器视觉发展历史

机器视觉研究的起源是 19 世纪 50 年代美国的统计模式识别研究，即在二维图像中识别某些特定的形状、线条。后来这种研究扩展到三维物体，从二维图像中提取例如立方体、球体、棱柱体等三维物体结构。在 19 世纪 70 年代时，已经出现了最早的机器视觉应用系统。1980—1990 年则是机器视觉软件算法大发展的时期，很多经典的算法都在这个时期陆续出现并一直沿用至今。但是限于当时计算机硬件的运算速度，机器视觉技术并没能进入工业界和人们的日常生活中，主要还是在高端科研、医学、军事等领域得到一些有限的应用。进入 21 世纪，随着计算机硬件水平的迅速提升，机器视觉技术开始越来越多地运用于制造业，并迅速成为工业领域不可或缺的技术组成部分。

最早在军事上使用机器视觉是通过对高速摄像照片的分析、识别，与制导系统结合起来，实现无人机和导弹的自动导航。实践中常常以视频导航为主，结合 GPS（Global Positioning System，全球定位系统）制导及惯性制导等其他手段，进行精确的飞行和目标打击。后来随着技术的发展，人们又将机器视觉中的目标捕捉技术用于枪炮控制，发明了能够自动瞄准、自动发射的智能步枪和火炮系统。

工业流水线上的自动手眼系统（图 1-1）是机器视觉在制造业中最为成功和广泛的应用之一。流水线上环境单一，检测目标高度同质化，这是应用视觉系统的有利条件。很多厂商也纷纷推出了智能化的机械加工设备或瑕疵检测设备。

机器视觉在医学上的应用主要是对内窥镜、显微镜或 X 光片等影像资料进行目标识别，辅助医生找出有意义的图片部位进行进一步的判读。对某些疾病，机器视觉还可以利用三维重建技术对拍摄到的肿瘤或其他病变给出准确的定量测量。这种医疗影像诊断方法大大提升了医生的工作效率,降低了对医生个人经验和能力水平的依赖,从而整体上提高了诊断效率和质量。

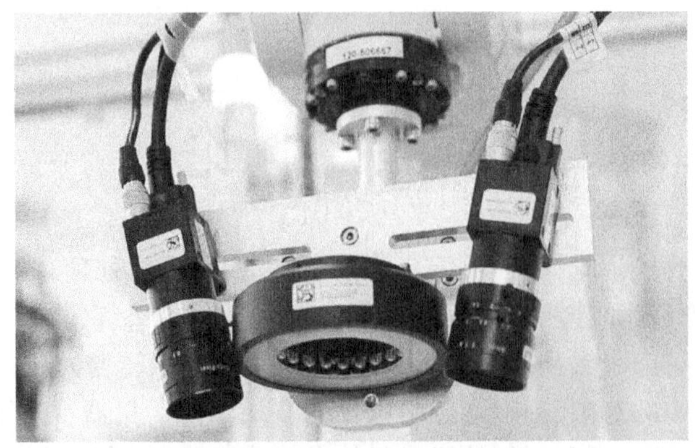

图 1-1　一种工业流水线上的自动手眼系统

机器视觉应用真正出现商业化大发展是在 2005 年以后,不仅随着制造业智能化的推进和工业 4.0 的提出而继续深化,更在普通服务业领域和社会民用领域应用广泛,已经完全融入了普通人的日常生活。例如,图 1-2 所示的通过摄像头自动批改作业的手机 App(Application,应用程序),以及经常用到的二维码识别、人脸识别、拍照识物、拍摄翻译等功能,都是日常生活中极为常见的。

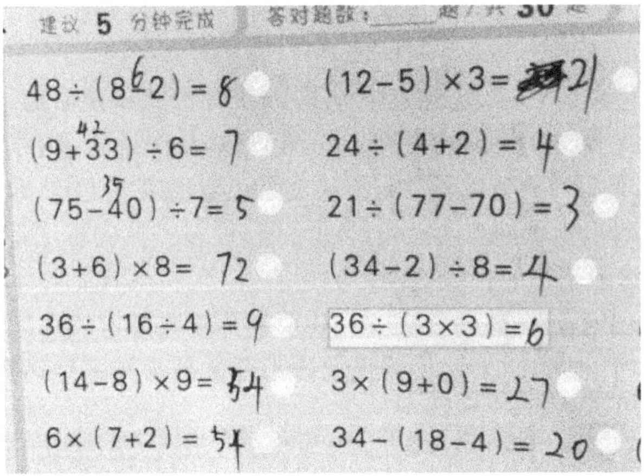

图 1-2　通过摄像头自动批改作业的手机 App

机器视觉技术在我国的发展略晚,但发展势头丝毫不逊于世界最先进的地区。伴随着我国拥有世界最多的互联网和手机用户人数,机器视觉和人工智能结合起来,形成了许多优秀的产品和应用,并产生了巨大的商业价值。在过去的五六年间,相关的市场价值增长率达到了每年 45% 的惊人程度。机器视觉虽然可以说是一个有几十年历史的"老技术",但是却在近几年突然爆发式增长,究其原因,可以归纳为三个方面:

(1)硬件技术的发展,特别是硬件计算能力的不断提升。图像处理和分析的计算量是极大的,CPU(Central Processing Unit,中央处理器)等计算芯片经过几十年来服从摩尔定律的发展,在最近几年,终于基本上达到了民用机器视觉所需要的阈值,能够满足算力要求。这是相关产业爆发的物质基础。

(2)消费市场的发展变化。最近几年,便携式智能设备,特别是智能手机,已经在全世界充分普及,使得每个人的日常生活都与 CPU 紧密相伴。这样,机器视觉有了进入普通人生活的可能,不再像从前只存在于科研、工业和军事等个别领域。于是,机器视觉打开了一个巨大的消费市场,这是它爆发的经济层面原因。

(3)最近几年间,人工智能技术有了突破性的进展并进入了大众日常生活,而机器视觉的商业应用总是伴随着人工智能同步发展的。近年来,人工智能技术发生了两个标志性的事件,一个是 2016 年 Alpha Go 打败了世界顶级围棋大师李世石,另一个是 2017 年华裔科学家李飞飞主持的第八届 ImageNet 机器视觉挑战赛,提供了 1500 万张经过标注的图片,邀请全世界研究团队来进行计算机视觉识别,大名鼎鼎的卷积神经网络通过该比赛广为人知。这些事件促使人工智能和机器视觉技术真正进入了公众视野和科技舆论的中心地带。

1.2 交通工程中的检测

交通工程的概念分狭义和广义两种。狭义的概念仅指实体公路设施的建设施工,而广义的概念则除了建设施工之外,还包括施工前的探勘、设计,施工中的测量、检测、监控,运营期间的检测、养护、管理以及交通维护等,本书所论及的交通工程就是指广义的概念。

在交通工程的各个领域,检测工作随处可见。所谓检测,就是利用各种技术手段从客观对象处获取数据和信息,这些数据在设计、施工、管理等各个环节都发挥着不可或缺的指导性和保障性作用。从性质上,交通工程检测可分为探查、质检、控制三个类别。

探查类的检测,是指为了探索、查明目标对象的某些性质和属性,直接或间接地获取关于目标对象的某些定量数据,从而对目标对象进行客观描述的过程。例如,自然资源部和测绘部门对国内地形地貌进行测量,相关测量数据将作为路线设计的依据。在勘察阶段,需要对沿线地质情况进行勘探,建立有关岩性、土质、水文的资料。在隧道施工过程中,需要在每次掘进之前对掌子面前方进行预报性检测(又称超前地质预报),查明前方一定范围内的岩土性质以及溶洞、断裂带等特殊结构,为掘进施工提供重要的指导。此外,在路基、路面以及混凝土结构物施工前,对土、集料、水泥、沥青等各种原材料的性质检测,也是常见的探查类检测。

质检类的检测,是指为了检查施工质量是否达到了行业规范或者某些技术标准的要求而进行的检测。它的检测对象是各种施工产品和成果。例如,对施作后的沥青路面进行压实度的检测、对混凝土构造物进行回弹强度的检测。在交通安全设施和机电系统等施工中,需要对购入的各种出厂构件、材料以及管线和机电设备进行质量检测。公路建设项目施工完成后,一般会安排一次全面的交工验收检测,涵盖路基路面、桥梁隧道、房屋建筑、交通安全设施、机电系统等所有的工程产品,这也是常见且重要的质检类的检测。当然,质量检测并不限于施工环节,在公路通车后,仍然需要定期对各类构造物和设施进行质检,以查明这些设施是否具备足够的服务能力,其性能的恶化是否处在安全范围之内,以及是否需要修复或更换。以高速公路为例,按照我国公路技术状况评定标准,路基路面的性能指标需要每年检测一次,桥梁隧道一般是每两年检测一次。对于技术状况已经明显下降但仍可继续使用的桥隧,则还需加大检测频率,如一年一次甚至更加频繁。

控制类的检测,是指在施工过程中或者交通运营管理中,对某些动态过程进行持续性的监视和控制。这类检测有些是出于质量保证的目的,有些是出于安全保障的需要。前者例如桥梁钢索张拉过程中对于张拉力和注浆压力的监测和控制,在沥青混合料生产中对混合料级配、沥青含量、拌和温度、集料离析的监控,以及路基路面现场碾压遍数和轨迹的监控等。出于安全管理需要的监控更为普遍,例如隧道施工对洞内人员及车辆实时位置的监控、对隧道内部变形的监控、对架桥机的姿态监控、对在役桥梁的变形监测,以及对路基和边坡的沉降监控等。

综上所述,公路及交通工程中的检测种类繁多,检测对象和检测目的各不相同,使得公路检测方法技术体系非常丰富和复杂,且大量地使用其他专业的技术成果。在世界公路史的早期,限于检测技术的匮乏,能做的检测项较少,且基本上采用手工操作的方式来进行。到如今,仍有少数试验检测沿用着手工操作,主要是由于缺少有效的先进手段来替代。但是,随着人类生产技术的快速发展,越来越多的检测实现了自动化,有的是检测手段的自动化,有的则是根本技术原理的更换,同时有许多原先限于技术手段无法检测的指标项,现在也可以实现检测,导致检测的内容不断丰富、项目不断增多。超声波探测、电磁波探测、激光测量等先进手段被不断深入地应用于各类检测中,各类传感器被整合到测试设备中,新的仪器产品层出不穷。而机器视觉作为一种光学探测技术,也被越来越多地应用于交通工程检测中。

1.3 机器视觉技术在交通工程中的应用研究现状

机器视觉本质上是一种光学探测技术,它结合机器学习、人工智能等算法技术,实现了很多比直接探测更高效、更强大的功能。机器视觉最初进入交通工程领域是受到其他行业的启发,并直接引入了相关技术。下面列举几种比较典型的视觉检测应用技术实例,并简要说明其技术原理。

1)基于摄影测量的桥梁变形观测仪

在役大桥随着使用年限的增长和水文地质情况的变化,桥墩有可能发生缓慢下沉,梁体挠度也可能缓慢增加,工程上经常需要对这种缓慢的几何变形进行长期观测,作为桥梁健康监测的组成部分。

传统的桥墩沉降监测是使用静力水准仪,梁体挠度监测则是靠埋设应力应变传感器。传统方法准确有效,但是也存在成本较高、实施难度大的不利因素。后来有厂家研制出基于摄影测量原理的桥梁形变观测设备,使得桥梁几何变形观测有了全新的技术途径。

摄影测量是有很长发展历史的光学测量技术,其任务是实现照片中二维位置到被测目标三维位置的转换。摄影测量被广泛用于测绘科学,是对地形地貌进行测量的主要手段。同时它也被广泛用于建筑、大型历史文物等立体对象的外形测量,称作近景摄影测量。它没有更早地用于桥梁几何监测主要是受摄像机分辨率的限制,因为摄像机必须架设在岸边的某个基准点上,拍摄距离较远。近年来随着摄像机清晰度的大幅提升,测量才成为可能(图1-3)。

较先进的近景摄影测量摄像机不仅具有千万级的分辨率,而且不需要在桥梁上安装靶标。随着桥梁的下挠或者沉降,它在摄像机拍摄画面中的位置会发生微小的移动,只要移动量超过2~3个像素,摄像机就会自动判别出几何变形,并把变形量计算出来。摄影测量法最大的好处是成本极为低廉,使用极为方便,而且可以任意增加变形观测目标点,完全无须增加额外的监测设备。

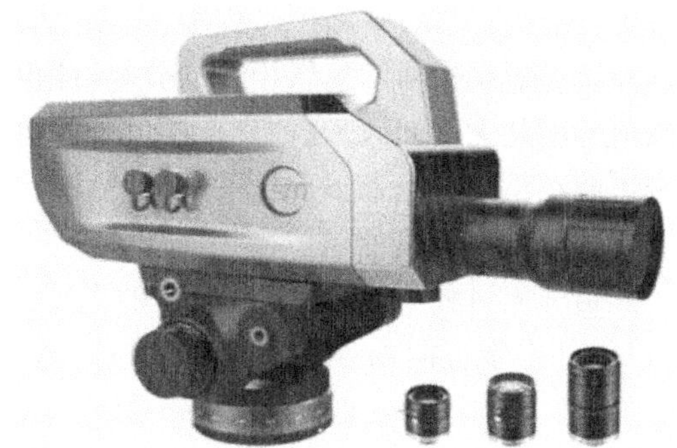

图1-3 桥梁近景摄影测量装置

2)混凝土表面裂缝检测

混凝土表面裂缝十分常见,即便是新完工的梁体上也有可能出现。对混凝土表面裂缝主要是测定其宽度、长度和走向。这三项测量都不难实现,但是在测量之前,必须先找到裂缝。近几年有研究者采用微距摄像头来识别裂缝。其原理是使用摄像头连续地拍摄混凝土表面影像,然后通过机器视觉的分析方法自动识别出图像中的裂缝,同时通过蜂鸣器或者 LED(Light Emitted Diode,发光二极管)灯发出提示。这种方法很好地解决了肉眼寻找裂缝的视觉疲劳问题,检测效率和准确性有很大的提升。

3)路面病害自动检测

裂缝和坑槽是水泥路面和沥青混凝土路面的两种主要病害。对路面病害的检测方法经历了三个发展阶段。最初是人工巡查,即组织路检工人步行检查,发现病害便测量、记录下它的位置、长宽、面积等数据。我国公路网规模庞大,人工巡检显然是不能满足需求的。自2000年起,我国开始大量使用专用检测车来实现连续式检测。检测车下方安装了一个或多个高清摄像机,能够在车辆行驶的过程中对路面进行连续拍摄,形成与路面位置相对应的连续影像集。拍摄完成后,在室内通过人工识图的方式,找出照片中的裂缝、坑槽,并在照片中量出其长宽、面积。这种方法可以称为半自动检测。2010年以后,人们开始尝试用软件自动识别照片中的病害。使用早期,由于算法精度的问题,经常难以区分积水、杂物、阴影等干扰影像,导致病害的识别率不高。随着机器视觉技术的不断成熟,目前自动识别的准确率已经可以达到95%以上,基本满足了检测的需要。

4)沥青混合料离析检测

离析是指沥青混合料摊铺过程中粗细集料分布不均匀,导致局部粗集料富集而另一些部位细集料富集的现象。明显的离析可以通过肉眼观察出来,但如果要定量地评价,传统的做法是钻取芯样,然后用抽提法或燃烧法除去混合料中的沥青,再对获得的集料进行筛分,得到具体的级配。这种方法虽然准确,但对人力和时间的消耗都很大。在沥青路面施工时,往往需要对大面积的路面进行快速的离析评价,因而传统的方法显然是不能满足需要的。

与混凝土裂缝的探测类似,有研究者尝试利用摄像机对地面正射摄影,将图像处理分析后就可以直接得出表面的粗细集料粒径与个数。当然,这种方法存在两个问题:一是非常细的集料由于被沥青包裹无法在影像中显示出来,这主要是指公称粒径在2.36mm以下的级配;二是从表面看到的级配与混合料内部的真实级配是有差异的。这两个因素导致摄影法得到的级配并不十分准确,但是,在施工过程中,重点是要快速、大量地检测离析,对精确度的要求并不太高,而且,离析是指粗细集料相对的分离,评价离析严重程度时也并不是一定要得到绝对的级配数值。因此无论如何,这种离析测量和评价方法很有发展潜力,虽然目前尚在研究中,但是很有可能在不久的将来出现相关的成熟设备。

5)隧道施工人员的定位监控

隧道施工过程中,出于安全管理的需要,会加装专门的设备对洞内施工人员进行实时定位,以便外界掌握洞内人数和位置。目前较为普遍的监控方式是无线电通信定位,包括运用RFID(无线射频识别)、蓝牙、ZigBee(紫蜂)、UWB(超宽带)等技术,都可以独立运用。这类技术的特点是在隧道洞内布设一系列的定位基站,同时让洞内施工人员随身携带一个定位标签,通过基站和标签之间不断的通信来获取人员位置。虽然这种方式使用较为普遍,但是这种方法的问题在于安装维护成本很高,且标签需要定期充电,难以在实际工程中发挥作用。

按照有关施工安全规范的要求,隧道洞内都安装有视频监控。于是有研究者尝试把安防行业中已经比较成熟的视频捕捉技术引入,直接利用视频来获得工人的位置,从而摆脱对定位基站和标签的依赖,大幅降低系统的硬件、安装成本和维护成本。

6)车路协同与自动驾驶

车路协同与自动驾驶是当下的研究热点之一。无论国内外各大高校还是汽车企业都投入了巨大资源。这个领域涉及许多方面的技术,机器视觉是其中重要的一个方面。无论是车辆对道路的自动跟踪,还是对行人、车辆、交通标志的自动识别,都离不开机器视觉。不同的功能点需要不同的技术路线去实现,但是本质原理都是从拍摄影像中识别有关物体目标,并在一定的精度要求下测定目标的位置和大小,进而为车辆驾驶或者交通管制提供指导。

以上列举了几种典型的机器视觉在交通工程中的应用实例,在本书第2部分中还会对其中部分技术作更详细的讲解和剖析。读者通过对本书的学习,可以具备自主搭建机器视觉系统并实现特定功能的能力。一般而言,一个典型的机器视觉系统在硬件方面需要一个摄像头和一台计算机(无论是通用的个人计算机还是便携的卡片计算机或开发板),在软件方面需要一个图像处理程序(从摄像头获取图片并进行必要的处理)、一个人工智能程序(从图片中识别出所需要的信息)以及一个与使用者交互的应用软件。在本书第1部分接下来的篇幅中,我们将按照从易到难、由浅入深的顺序,系统讲解常用的应用程序开发技术、机器视觉的常用基本算法,以及人工智能的基础模型。

2 面向对象的程序开发基础

机器视觉本质上是一种软件技术,它以摄像机及计算机为硬件基础,而其核心是软件算法。所以,如果要学习搭建一个机器视觉平台,完成编程是必不可少的程序。本章将以 C#语言为范例,具体介绍面向对象程序开发的基础技术和方法,包括 WPF 桌面程序的开发。当然,本章仅简单介绍编程语言相关知识,而侧重于机器视觉系统所必须用到的编程知识和开发技巧。

2.1 C#编程语言基础

2.1.1 C#语言与.NET Framework

编程语言随着计算机的出现而同时出现。一般来说,计算机语言分为低级语言与高级语言两大类。低级语言是指机器语言、汇编语言这类直接操作机器硬件的编程语言;而高级语言是指某种程度上独立于机器硬件,在表述和语法上更贴近人类自然语言及思维逻辑的编程语言。历史上,人们发明了许多种编程语言,不同的语言有不同的特色和优势,也有其所适合的应用场合。直到现在,新的编程语言仍在不断被发明出来,这些新出现的语言基本上都是高级语言。

按照经典的关于编程语言类型的叙述,编程语言可以分为面向过程的语言与面向对象的语言两大类。例如,人们会说 C 语言是面向过程的,而 C++语言则是面向对象的。这两种语言最本质的区别在于是否有"类"和"对象"的概念。当今,只有在操作系统、驱动程序的开发中有时仍使用 C 语言,而应用程序的开发几乎全部使用面向对象的高级语言。

目前,主流的应用程序开发语言有三种,分别是 C++、C#和 Java,此外还有一种常用于学习和科研的 Python 语言。其中,Java 语言的强项在于网络应用程序,很少用于本地程序开发。C++语言在 Linux 或 Windows 平台下都可以开发应用软件,在 Windows 下的开发是基于 MFC 的 VC++语言,而在 Linux 下的开发则是基于 GTK 或 QT 等图形控件库,这些控件库本身也是用 C 语言或 C++语言开发的。C++虽然运行效率高,适用范围广,但是由于其学习成本高、开发时间长,并不适用于非计算机专业人士的学习和技术研发。当然,在应用程序部分之外,对于含有大量运算的图像处理和机器学习算法,我们仍然无法抗拒 C++的高效率。至于 Python 语言,虽然经常在某些前沿技术的学习和测试中见到,但由于它是解释型语言,不能生成可执行文件,因此我们不建议把它用于开发应用软件。

相较之下,微软公司推出的 C#语言以其方便、简洁,并且与 Windows 系统兼容良好的特点，得到各行业许多研究开发者的青睐。C#的英文读法是“C Sharp”，意思是“一种锋利的 C 语言”，微软公司起这个名字是因为 C#原本就是为了快速地开发应用程序而发明的。它既适合在 Windows 系统中开发本机程序，也适合像 Java 一样开发网络应用程序，当然在本书所涉及的范围中，我们只需要前者就够了。

C#语言在语法上沿用了 C + + 语言的风格，在各种关键字和编写规范方面都与 C + + 几乎一样。然而同时，C#的语法又相对于 C + + 要简单许多，例如去掉了复杂的宏定义，禁止了多重继承等，还包括许多细节上的简化。作为一种高级语言，C#语言取消了内存指针的概念，机器内存完全由系统自动管理，开发者不需要关心内存的申请和释放，不必了解计算机内部的内存管理机制和堆栈数据存储结构，这无疑使非计算机专业的开发者得到了巨大的解放。

这里必须介绍的另一个概念是. NET Framework，简称“. NET 框架”。只有安装了. NET 框架的 Windows 系统，才能运行 C#语言编写的程序。. NET 框架类似于一种虚拟机，C#语言程序并不会直接与 Windows 操作系统“打交道”，而是运行在这个. NET 框架所提供的平台之上，所有对计算机的操作都是由. NET 框架代为完成，这个逻辑结构如图 2-1 所示。

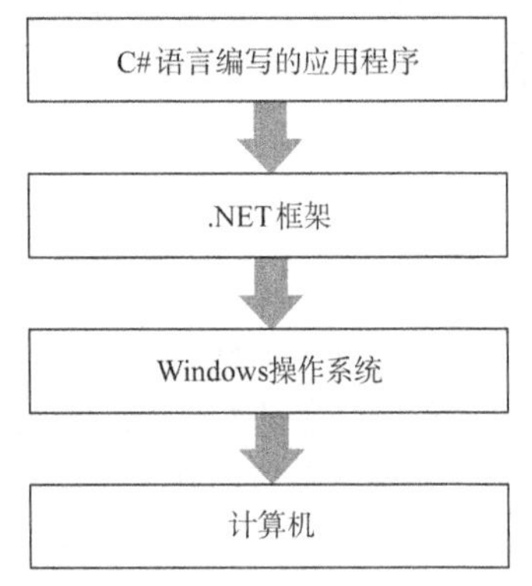

图 2-1　C#语言程序运行的基本逻辑

事实上，. NET 框架之下还有除 C#语言之外的其他编程语言，例如 VB. NET、JScript 等。这些语言除了语法不一样之外，在内部运行机制上几乎没有区别，这是因为它们都是基于. NET 框架运行的缘故。. NET 框架会将不同的编程语言编译成一种统一的 CLR 运行时语言，并在. NET框架之内执行。这样设计的原因在于. NET 框架是一种比较新的开发工具，微软公司认为有必要顾及那些早已经习惯于使用 C + + 或者 VB 等各种传统语言的开发者，不要强迫他们改变熟悉的编程习惯，所以提供了 C#、VB. NET 等多种语言形式，使得各种开发者很容易上手并适应。不过，. NET 框架主打和推荐的编程语言仍然是 C#语言。

可以说，. NET 框架才是 C#语言的灵魂与核心，C#语言只是. NET 框架的一种语法表现形式。前文提到的内存管理工作就是由. NET 框架来完成的，此外它还提供了很丰富的基础类库供开发者使用，大大提高了开发效率。然而，. NET 框架最重大的意义在于它提供了一个统一的代码执行平台，从它 2000 年首次面世至今的 20 多年里，已经形成了一个庞大的. NET 开发生态，出现了数不清的软件产品和基于. NET 框架的开发工具及类库。而对于工程行业的研究者而言，. NET 框架和 C#语言也为我们提供了一个简单、方便，而且富有通用性的编程工具，使我们能快速地将自己的想法实践于工程应用中。

2.1.2　C#语言的开发环境

微软公司给. NET 框架下的开发语言提供了一个功能强大的集成开发环境（Integrated Development Environment，IDE），这就是大名鼎鼎的 Visual Studio（以下简称 VS）。它自动集成了. NET框架和相关工具包，为 C#等语言提供了强大的语法提示和跟踪调试功能，使开发者能够非常方便、舒适地编写软件。

在 2017 年以前，VS 是需要付费购买的。但是后来微软公司为了应对开源软件的历史潮流，推出了一个免费的 Community 版本。虽然它相比企业版被删减了很多功能，但是对于普通的小型应用软件开发以及一般的科研和学习来说是绰绰有余的。VS 最新的版本是 Visual Studio 2019 Community，本书所涉及的所有代码开发，均是使用这个版本的 VS 作为开发环境。

VS 的下载和安装十分方便，只需要一台安装有 Windows 操作系统的主流配置水平的计算机。本书推荐使用 Windows10 操作系统（家庭版或其他任何版本均可），电脑内存不小于 4GB，硬盘空间不少于 50G。在微软公司的官方网站上，可以下载到最新的 Visual Studio 2019 Community，它的安装文件是一个只有 1.34MB 的 exe 文件，双击运行后，会显示图 2-2 所示界面。

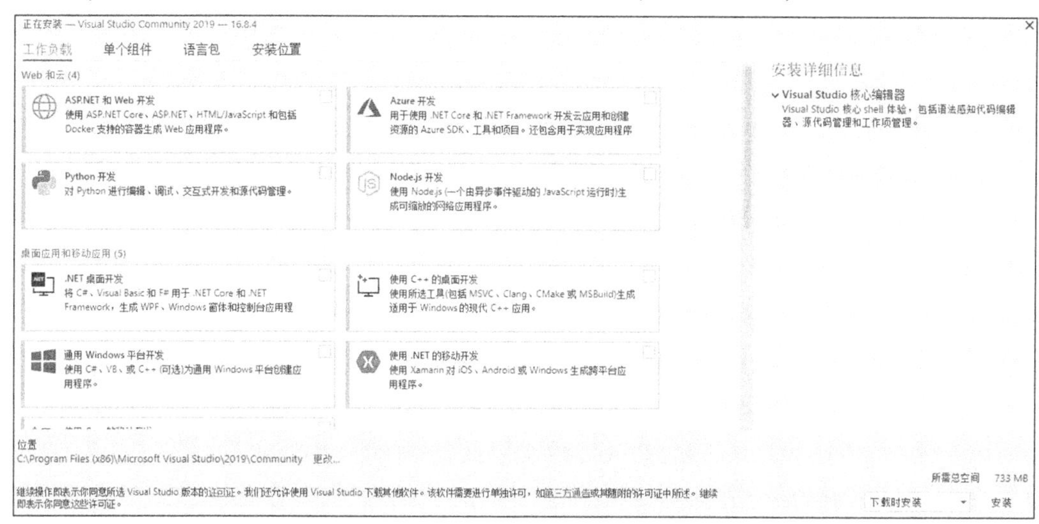

图 2-2　Visual Studio 2019 Community 安装主界面

可以看到，主界面所包含的内容是相当多的，但在本书所涉及范围内，我们只需要用到两个模块（图 2-3）。

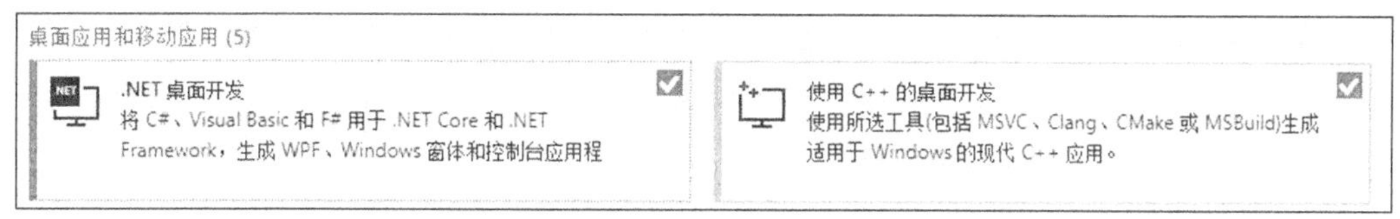

图 2-3　Visual Studio 2019 Community 安装组件勾选

只将这两个组件勾选上，然后点击右下角的“安装”按钮，等待它自动完成下载和安装即可。

安装完成后首次运行时，VS 会询问几个基本的配置问题，我们一律选择默认选项。随后，在图 2-4 所示的界面中选择“创建新项目”，进入图 2-5 所示界面，在右侧上方的第一个选项框中选择“C#”，然后在列表中选中“控制台应用(.NET Framework)”，并点击“下一步”按钮。

在接下来的界面中，可以指定所建项目及解决方案的名称、保存地址和所使用的.NET 框架版本。所谓解决方案，是指为了同一个工程目的而创建的多个开发项目的集合，也就是说一个解决方案可以包含多个项目，而每个项目可以是不同的类型，甚至不同的开发语言。在此处，我们创建的解决方案中包含了一个 C#语言的控制台应用类型的项目。根据这个概念，VS 把不同的解决方案看作是毫无关联的，也就是说 VS 只能运行一个解决方案，如果要打开另一个解决方案，就必须关闭当前的解决方案。至于.NET 框架的版本，我们暂时无须关注，使用 VS 默认的设置即可。不同的.NET 框架在常用的基础功能和类库方面基本没有差异。

图 2-4　Visual Studio 2019 进入界面 1

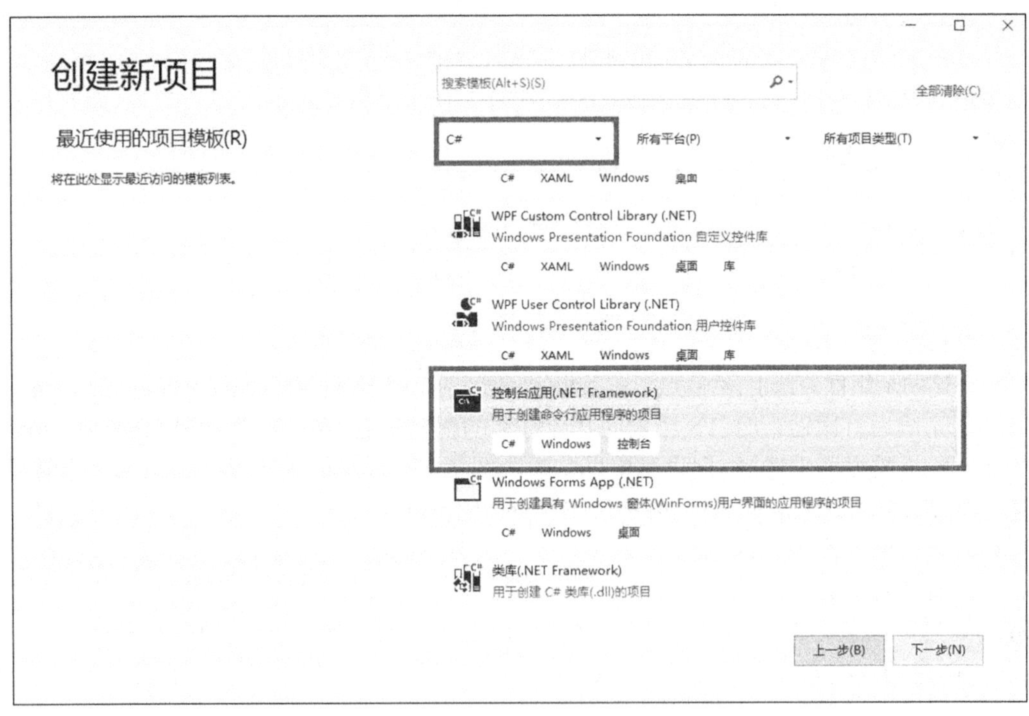

图 2-5　Visual Studio 2019 进入界面 2

点击“创建”按钮后，就创建了新的解决方案，并进入了开发界面（图 2-6）。我们在计算机文件夹窗口里打开项目文件目录，会看到有一个扩展名为“sln”的文件（图 2-7），它是“解决方案文件”。双击这个文件，VS 就会启动并打开对应的项目。当然，如果从开始菜单中运行 VS，并使用菜单“文件”→“打开”，也能取得同样的效果。

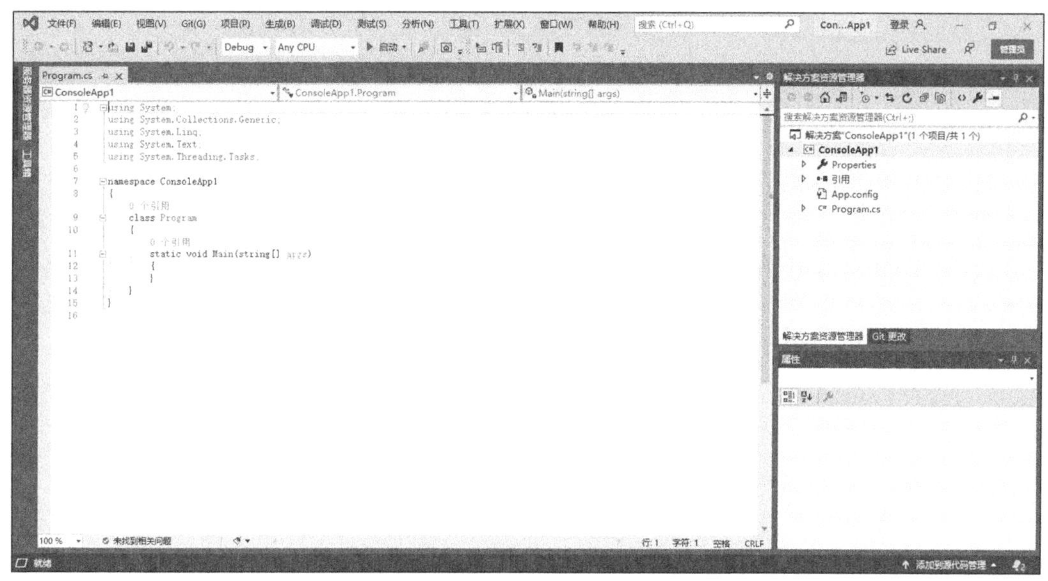

图 2-6　Visual Studio 2019 开发界面

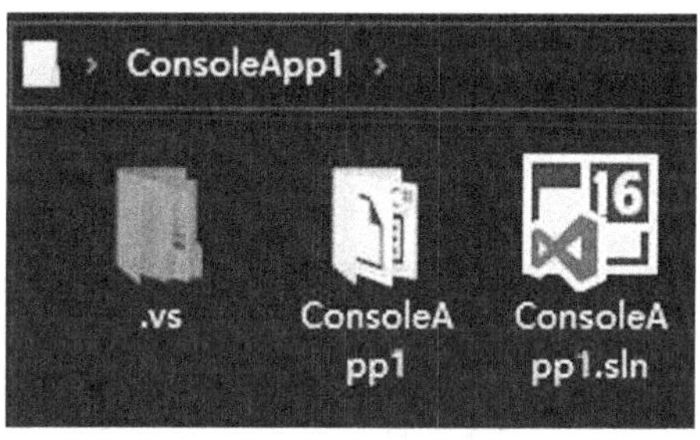

图 2-7　新解决方案的保存目录

VS 的功能相当丰富，为了营造便捷舒适的开发环境，也提供了极多的可选配置供用户自行更改。限于篇幅，本书不对其作过多介绍，只涉及基本的开发方法。在默认的 VS 的开发界面中（图 2-6），左边是主窗口，也就是我们编写程序和进行软件设计的地方。右侧上半部分是“解决方案资源管理器”，里面罗列了解决方案所包含的各个项目、每个项目所包含的各个程序文件和其他附属资源。在现在创建的这个解决方案里，只有一个名称默认为“ConsoleApp1”的项目，项目中只有一个程序代码文件，即“Program. cs”文件，也就是左侧代码窗口所打开的文件。右侧下半部分是“属性”窗口，它显示了主窗口所打开的文件的有关属性。

我们现在所创建的项目是一个“控制台应用”项目，它能完成的事情很简单，就是在控制台界面上做输入和输出。我们在主窗体的第 13 行和第 14 行，就是“static void Main(string[ ] args)"下方成对的大括号之间输入这样两行代码:

```
Console.WriteLine("这是我的第一个 C#程序!");
Console.ReadLine();
```

注意每一行最后的英文分号不要漏掉,整个程序看起来是这样:

```
1  using System;
2  using System.Collections.Generic;
3  using System.Linq;
4  using System.Text;
5  using System.Threading.Tasks;
6
7  namespace ConsoleApp1
8  {
9          class Program
10         {
11                 static void Main(string[] args)
12                 {
13                     Console.WriteLine("这是我的第一个 C#程序!");
14                     Console.ReadLine();
15                 }
16         }
17 }
```

除第 13、14 行外,其他都是 VS 自动生成的代码,我们暂且不用追究它们是什么意思,点击工具栏中的"启动"按钮,或者直接按下 F5 键,这段程序就会被运行,结果如图 2-8 所示。

图 2-8　控制台应用程序界面

这样，第一个C#程序就运行成功了。我们所输入的两行代码就是让控制台输出这样一句话并且保留住控制台界面。按下回车键，则控制台界面被关闭，整个程序也就运行完成并关闭了。可以看到，控制台应用类型的程序并不包含我们所熟悉的窗体界面，如果要开发带窗体的界面，需要在创建项目的时候选择相应的项目类型，例如“Windwos 窗体应用”或“WPF 应用”。对此，本书将在第 2.3 节“WPF 本地应用程序开发”中进行详细介绍。

2.1.3　C#语言的基本语法

1）关于代码排版

C#语言的语法继承了 C 语言和 C + + 的风格，与 Java 也非常相似。对于不熟悉“C 族语法”的初学者，初看起来会感觉有些混乱。这一方面是由于 C 族语法本身在设计上追求简洁，不像 Visual Basic 或 Python 那么贴近英语口语。另一方面，程序代码是否容易阅读，与编写者的排版习惯有很大关系。C#语言的语句对缩进和换行没有要求，这虽然提供了很多自由，但是如果排版习惯不够好，代码虽然可以运行，却是混乱和难以看懂的。

首先需要明确，C#语言所有的语句末尾都需要加上英文分号作为结束标记，如果忘记输入英文分号或者写成了中文分号，VS 会提示这里有错误。按照 VS 推荐的风格，一条语句应该独占一行，不要把多条语句写在同一行中，尽管这在语法上是允许的。

其次，在接下来的内容就能看到，所有的代码块都有成对的大括号来框定，我们建议左、右大括号都独占一行，中间的代码语句首字要相对大括号有一个缩进，这样会使代码显得层次清晰，像下面这样：

```
static void Main(string[] args) //代码块的头部
{ //左侧大括号，独占一行
    Console.WriteLine("这是我的第一个 C#程序!"); //首字有缩进
    Console.ReadLine();
} //右侧大括号，独占一行
```

VS 提供了很好的辅助排版功能，在输入语句末尾的分号时，VS 会自动完成基本的排版，这给编写者提供了很大的方便。

在上面的代码中，双斜杠及其后面的文字是“注释”，就像其他的编程语言一样，它并不是可执行的代码，而是额外加上去的说明文字。好的习惯是在代码中加上尽可能详细的注释，这样会让别人以及一段时间后的自己，更容易明白代码的含义。C#中的注释方式有两种，一种是双斜杠，它使之后直到本行末尾的文字都成为注释；另一种方式是在注释文字的前面加上/*字符，在后面加上*/字符，这一对字符中间的所有文字，包括换行，都成为注释。两种注释方法在任何时候都是等效的，一般情况使用前者较多，而当需要写一大段话来注释时，使用后者会方便一些。

2）变量

变量是所有编程语言都有的概念，C#语言的变量类型与 C + + 基本上相同，见表 2-1。

表 2-1　C#语言常用变量类型

类型关键字	名　称	含　义
bool	布尔型	只能取 true、false 两个值
int	整型	表示一个整数，取值范围是 $-2^{31} \sim 2^{31}-1$
long	长整型	表示一个整数，取值范围是 $-2^{63} \sim 2^{63}-1$
float	单精度型	表示一个浮点数
double	双精度型	表示一个浮点数，精度比 float 更高，取值范围更大
string	字符串型	表示一个字符串

所有变量都必须先明确地声明才能使用。变量的声明采用"类型关键字 + 变量名称"的格式，例如下面这个语句声明了一个名称叫作 my_int 的整型变量，并且紧接着给它赋值为 100：

```
int my_int;
my_int = 100;
```

如果没有第一句声明，则第二句赋值是无法执行的，VS 编译器会提示这里有语法错误。变量的名字可以随意选取，只要不与 C#语言内置的关键字和类型名称重复就可以，甚至可以选用中文名字。而且，变量的声明和赋值可以合成同一条语句，使代码更加简洁：

```
int 我的整型变量 = 100;
```

需要注意，C#语言是严格区分字母大小写的，例如 my_int 和 My_int 会被认为是两个不同的变量。

3）表达式

表达式就是对变量执行各种运算和处理，它是由变量和运算符组合而成的一个语句。前面介绍的赋值语句就是一种表达式，等号实质上是赋值运算符，其功能是把等号右边的值赋给左边的变量。

（1）数学运算表达式。

C#语言常用的数学运算符及相应表达式见表 2-2。

表 2-2　C#语言常用数学运算符

运　算　符	表达式示例	功　能
+	变量 = $a + b$	把 a 与 b 相加，并赋值给变量
-	变量 = $a - b$	把 a 减去 b，并赋值给变量
*	变量 = $a * b$	把 a 与 b 相乘，并赋值给变量
/	变量 = a / b	把 a 除以 b，并赋值给变量
%	变量 = $a \% b$	把 a 除以 b 所得的余数赋值给变量

上面示例中的 a、b 既可以是数值也可以是变量，这些数学表达式对于任何整数或浮点数类型都是有效的。其中，" + "号还可以用于连接字符串，例如下面这段代码，声明了两个字符串变量，并且把它们连接在一起：

```
string s1 = "aaa"; //运行本句后,s1 值为"aaa"
string s2 = "bbb"; //运行本句后,s2 值为"bbb",s1 值仍为"aaa"
s1 = s1 + s2; //运行本句后,s1 值变为"aaabbb",s2 值仍为"bbb"
```

另外,C#也沿用了 C++中的自增自减运算符,例如“*a*++;”将使得变量 *a* 的值增加 1,而“*a*--;”则将使变量 *a* 的值减少 1。这两个运算符只能用于整数或浮点变量,不能用于 string 或其他非数字的变量。

(2)赋值表达式。

C#语言常用的赋值运算符及相应表达式见表 2-3。

表 2-3 C#语言常用赋值运算符

运算符	表达式示例	功能
=	变量 = *a*	把 *a* 的值赋给变量
+=	变量 += *a*	把变量与 *a* 相加,并赋值给变量
-=	变量 -= *a*	把变量减去 *a*,并赋值给变量
*=	变量 *= *a*	把变量与 *a* 相乘,并赋值给变量
/=	变量 /= *a*	把变量除以 *a*,并赋值给变量
%=	变量 %= *a*	把变量除以 *a* 所得的余数赋值给变量

除“=”外,其他的赋值表达式都可以替换成数学计算表达式,也就是可以看作是一种简洁的写法,例如下面左、右两种写法是完全等价的:

```
s += a;          s = s + a;
```

(3)运算优先级。

所有运算都有优先级顺序,例如同一个式子里既有加减又有乘除,则 C#语言会先计算乘除后计算加减,这是由于乘除法优先级高于加减法。相同优先级的运算则遵循从左到右的原则。算式中也可以使用小括号改变优先级顺序,这与通常的数学计算习惯完全相同。表 2-4 列出了各类运算符的优先级顺序。

表 2-4 C#语言运算符优先级顺序

优先级	运算符
1	()
2	*,/,%
3	+,-
4	=,*=,/=,%=,+=,-=
5	++,--

为了提高代码的可读性,建议不要过度地混用各类运算符,而是应当把复杂的表达式拆分成几个简单的式子。在一个表达式中只使用一个赋值运算符。如果需要用到自增自减运算符,则最好单独作为一个表达式。例如,下面左右两种写法完全等价,但是右边的写法显然更加友好:

```
int a = 1;                          int a = 1;
```

```
int b = 2;
int c = b + = a + +;
//a 与 b 之和赋值给了 b,b 再赋值给了 c,
最后 a 自增了 1。结果是 a =2,b =3,
c =3
```

```
int b = 2;
b + = a;
int c = b;
a + +;
//结果是 a =2,b =3,c =3
```

(4)简单测试。

利用2.1.2节中创建的控制台应用程序,我们把"static void Main(string[] args)"下方大括号内改成如下语句:

```
Console.WriteLine("请输入第一个数值 a:");
float a = Convert.ToSingle(Console.ReadLine());
Console.WriteLine("请输入第二个数值 b:");
float b = Convert.ToSingle(Console.ReadLine());
Console.WriteLine("a +b =" + (a + b).ToString());
Console.WriteLine("a -b =" + (a - b).ToString());
Console.WriteLine("a* b =" + (a * b).ToString());
Console.WriteLine("a/b =" + (a / b).ToString());
Console.WriteLine("a% b =" + (a % b).ToString());
Console.ReadLine();
```

运行之后,程序会请求用户输入两次数值,例如我们分别输入44和18,最后得到图2-9所示结果。

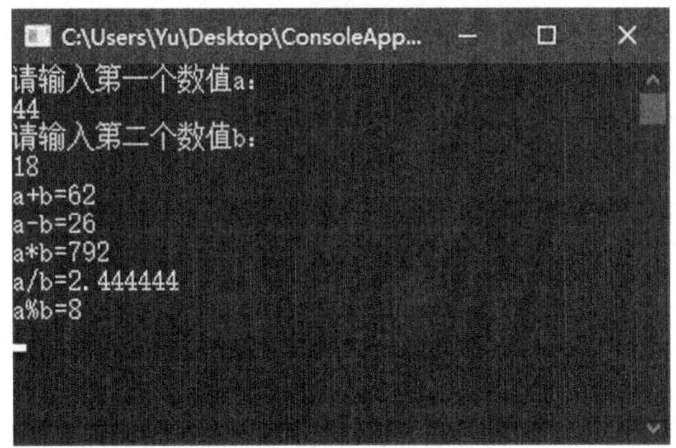

图2-9 测试结果

在前面的代码中,"Console. WriteLine"是控制台输出函数,它的作用是在控制台中显示一行文字,并且最后把光标定位到下一行。"Console. ReadLine"是控制台输入函数,它可以获取用户输入的内容,并且赋值给某个变量。"Convert. ToSingle"是把某个值转换成浮点数,由于Console. ReadLine所获取到的值是字符串类型的,因此需要它转换成浮点数并保存在变量 *a* 或 *b* 中,方能执行后续的计算。"ToString"则是把某个值转换为字符串,这是由于"Console. WriteLine"需要字符串作为显示内容。

4)流程控制

一般情况下,程序总是一行接着一行运行的,但往往我们需要改变程序运行的顺序,有时需要根据具体情况选择性地执行某些语句,有时有需要重复性执行某些语句。这里需要用到两种流程控制手段,即条件分支结构和循环结构。流程控制依赖于对某些具体条件的判断,因此需要先介绍 C#语言中的逻辑运算。

(1)逻辑运算。

逻辑运算又称布尔运算,它的结果只有两种,要么是真,要么是假。在 C#语言中用“true”“false”作为常数表示这两个值。表 2-5 罗列了常用的逻辑运算符。

表 2-5 C#语言常用逻辑运算符

运 算 符	表达式示例	功 能
!	! bool1	如果 bool1 是 true,结果为 false;如果 bool1 是 false,结果为 true
&	bool1 & bool2	当 bool1 与 bool2 都是 true,结果为 true,其他情况结果均为 false
|	bool1 | bool2	当 bool1 与 bool2 都是 false,结果为 false,其他情况结果均为 true
^	bool1 ^ bool2	如果 bool1 与 bool2 的值不同,结果为 true;如果相同,结果为 false
= =	val1 = = val2	判断 val1 与 val2 的值是否相等
! =	val1 ! = val2	判断 val1 与 val2 的值是否不相等
<	val1 < val2	判断 val1 是否小于 val2
>	val1 > val2	判断 val1 是否大于 val2
< =	val1 < = val2	判断 val1 是否小于或等于 val2
> =	val1 > = val2	判断 val1 是否大于或等于 val2

其中,前四个运算符建议只用于 bool 型的变量以提高代码的可读性,尽管语法上是允许用于其他类型变量的,后面六个运算符可以用于任意类型的变量,唯一的要求是 val1 和 val2 类型必须相同。

关于逻辑运算符举一简单例子如下:

```
int A = 12;
int a = 10;
bool b1 = A = = a; //A 与 a 不相等,所以 b1 值为 false;
bool b2 = A > a; //A 确实大于 a,所以 b2 值为 true;
bool b3 = b1 ^ b2; //b1 与 b2 不同,所以 b3 值为 true
```

(2)if 条件语句。

if 条件语句是最常用的条件判断语法,其最简单的写法如下:

```
if (条件)
{
    条件成立时需执行的语句
}
```

条件表达式需要用小括号包含起来,条件成立时需执行的语句需要放在大括号中。程序在这里会先判断条件表达式,如果得到 true 结果,才会执行大括号内的语句。

if 语句可以建立分支,如下面的写法:

```
if (条件)
{
    如果条件成立,需执行的语句
}
else
{
    如果条件不成立,需执行的语句
}
```

此外还可以建立多个分支,从第二个分支开始都使用“else if”开头,最后一个分支则仍然用“else”开头。在分支内部,可以嵌套其他的 if 语句。例如我们仍然使用前面创建好的控制台程序,把“static void Main(string[] args)”下方大括号内改成如下语句:

```
Console.WriteLine("请输入一个整数:");
int a = Convert.ToInt32(Console.ReadLine());
if (a > 0)
{
    if (a % 2 = = 0)
    {
        Console.WriteLine("这是一个正整数,并且是偶数。");
    }
    else
    {
        Console.WriteLine("这是一个正整数,并且是奇数。");
    }
}
else if (a < 0)
{
    if (a % 2 = = 0)
    {
        Console.WriteLine("这是一个负整数,并且是偶数。");
    }
    else
    {
        Console.WriteLine("这是一个负整数,并且是奇数。");
    }
}
else
{
    Console.WriteLine("输入的数是 0。");
}
Console.ReadLine();
```

运行后，程序会根据用户输入的数字来判断应该显示什么文字。事实上，以上代码可以大幅度精简，读者可以自行思考。

(3)条件选择表达式。

有一个很常用的条件选择表达式，其格式是：

变量1 = 条件？值1：值2

当条件成立时，把值1赋给变量1；当条件不成立时，则把值2赋给变量1。其中的条件表达式和两个取值是用“？”与“：”来分隔的，如下面的例子：

```
c = b > a ? b : 2 * a;
```

该语句的功能是，如果 b 大于 a，则把 b 赋值给 c；如果 b 不大于 a，则把 a 的两倍赋值给 c。条件选择表达式完全可以被 if 语句代替，但是如果条件和取值都不复杂，使用条件选择表达式是非常简洁的，而用 if 语句则显得臃肿许多，例如上面一行语句与下面这种写法是完全等价的：

```
if (b > a)
{
    c = b;
}
else
{
    c = 2 * a;
}
```

(4)switch 条件语句。

switch 语句非常类似于 if 语句，其写法如下：

```
switch (变量 v)
{
    case 值1:
        {
            变量 v 取值 1 时运行的语句
            break;
        }
    case 值2:
        {
            变量 v 取值 2 时运行的语句
            break;
        }
……
    default:
        {
            变量 v 不取以上任何值时运行的语句
        }
}
```

“switch”关键字后面紧跟一个用小括号包含起来的变量，在下面跟随若干个“case”关键字，每个“case”后面跟随一个值(或变量)以及一个冒号，并附带一系列语句块。程序会判断变量 v 与哪个一个“case”后面的值相等，继而运行相应的语句。每个 case 块的末尾一行应当加上“break;”，可以让程序运行到这里时就跳出整个 switch 语句，不再比较后面的取值了，在一定程度上提高了程序的效率。在 switch 块的最后可以有一个 default 块，它表示当变量 v 与任何一个 case 块的判断值都不相等时，就运行 default 块中的语句。当然，default 块并不是必须有的。

可以看出，switch 语句只能比较某个变量与一系列离散的值是否相等，而不能比较大小或者其他复杂的条件表达式，所以它在功能上不如 if 语句更具普适性。但是，假设程序中定义了某个参数只能取一系列确定的数值，那么用 switch 语句来做分支处理就会显得比 if 语句更加规整。

(5) for 循环语句。

循环语句块可以让程序重复性地执行某些语句，for 语句是最常用的一种循环语句块。它需要使用一个变量作为计数器，在循环执行之前，必须明确三个要素：

①给计数器赋一个初始值；

②给定循环持续进行的条件；

③指明每一次循环后计数器的值如何变化。

for 语句的标准写法如下：

```
for (定义计数器和初始值; 给定循环条件; 每次循环后计数器的更改)
{
    循环执行的语句
}
```

for 后面紧跟一对小括号，其中依次给定了上述三个要素，每个要素之间用分号隔开。假设我们需要在控制台输出 1 ~ 100 的数字，可以使用以下的代码：

```
for (int i = 1; i < = 100; i + +)
{
    Console.WriteLine(i);
}
```

这段代码首先定义了一个整数 i 作为计数器，并给定了循环条件，当 i 的值小于或等于 100 时才继续循环。每次循环后，i 的值会自增 1。当循环 100 次后，当 i 的值从 100 变为 101，循环条件不再满足，从而自动终止了循环。

for 循环提供了很大的自由度来操控循环，比如在必要的时候我们可以在循环体内部改动计数器的值，从而动态调整循环次数，虽然并不推荐这样做。在编写循环语句的时候需要小心，避免因为写错代码而陷入无限循环。例如在上面的代码中，如果把 $i++$ 写成 $i--$，那么循环条件将永远成立，循环会无限地执行下去。遇到这种情况，我们需要在 VS 工具栏中点击终止按钮(图 2-10)来强行终止程序的运行。

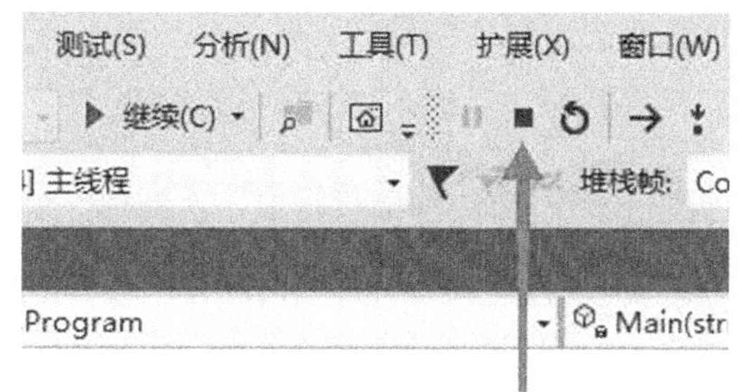

图 2-10　程序终止按钮

(6) while 循环语句。

与 for 循环有所不同, while 循环可以不明确指定计数器, 有时甚至连循环条件也不指明, 而是在循环体内部设置某些判断来终止循环。while 循环的写法有两种:

```
while (循环条件)
{
    循环执行的语句
}
```

```
do
{
    循环执行的语句
}while (循环条件);
```

上面左边的写法中, 从第一次循环开始, 每次循环前都要检查循环条件是否成立, 如果不成立就立即终止循环。上面右边的写法中, 第一次循环无论如何都会执行, 在每次循环之后检查循环条件, 如果不成立就不再循环。需注意右边写法中最末尾的分号不要遗漏。

仍以前面在控制台输出 1 ~ 100 的数字为例, 可以写成如下两种形式:

```
int i = 1;
while (i < = 100)
{
    Console.WriteLine(i);
    i + +;
}
```

```
int i = 1;
do
{
    Console.WriteLine(i);
    i + +;
} while (i < = 100);
```

每次循环, i 都会自增 1, 直到超过 100 后终止循环。在编写代码时如果忘记写"i + + ;"这一句, 程序就会陷入死循环, 因为 i 的值永远不会改变。

(7) 跳出循环。

有时候, 会需要更加精细地控制循环, 比如存在一些比较复杂的条件, 需要及时跳过本次循环或者终止整个循环, 这就需要用到两个循环控制关键字: break 与 continue。

break 可以立即终止整个循环。例如下面的代码, 控制台只会输出 1 ~ 6, 之后的数字由于循环已被提前终止而不会输出。

```
for (int i = 0; i < = 100; i + +)
{
if (i > 6) //如果 i 自增到 7 就会立即终止循环
{
        break;
```

```
    }
        Console.WriteLine(i);
    }
```

continue 语句可以立即跳过本次循环,继续执行下一次循环。例如下面的代码,控制台只输出奇数,所有的偶数都被跳过了。

```
for (int i = 0; i < = 100; i + +)
{
    if (i % 2 = = 0) //如果 i 自增到偶数值就会立即跳过本次循环,进行下一次循环
    {
        continue;
    }
    Console.WriteLine(i);
}
```

5)函数

函数可以理解为一个具备特定功能的计算器,给它一系列输入参数,经过计算之后返回出一个结果变量。函数的好处是可以在代码中随时重复地使用它,而不必每次都修改其内部的算法。本质上,程序的运行就是依靠不断地调用函数来实现的。在前面的控制台应用例子中,“static void Main(string[ ] args)”就定义了一个函数,这是每个 C#语言程序中都有的一个名为“Main”的函数,它是程序的入口,也就是说,程序一旦运行,将首先运行 Main 函数中的语句。函数的定义格式为:

返回值类型 函数名称(参数类型 参数)

例如,我们要定义一个加法函数,输入两个 int 型整数作为参数,返回值是这两个整数的和,也是 int 类型,那么可以这样写:

```
static int add(int x, int y)
{
    return x + y;
}
```

static 是一个修饰符,它的含义将在本书 2.2 节关于类与对象的内容中讲解。现在,我们把这个函数并入作为示例的控制台应用中,即把“class Program”下方大括号内的内容改为:

```
static void Main(string[] args)
{
    Console.WriteLine("请输入第一个数 a:");
    int a = Convert.ToInt32(Console.ReadLine());
    Console.WriteLine("请输入第二个数 b:");
    int b = Convert.ToInt32(Console.ReadLine());
    int sum = add(a, b);
    Console.WriteLine("a 与 b 的和是:" + sum.ToString());
    Console.ReadLine();
```

```
    }
    static int add(int x, int y)
    {
        return x + y;
    }
```

运行后,程序会要求输入两个整数,然后显示两者之和,如图 2-11 所示。

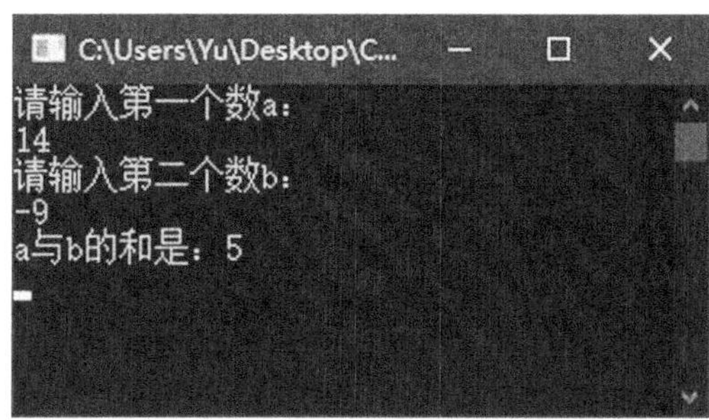

图 2-11 测试结果

上面的代码中,"int sum = add(*a*, *b*);"这一句就是调用了 add 函数,把 *a*、*b* 作为参数传入函数,并把函数返回的值赋给 sum 变量。这就是函数定义与调用的一般方法。

当然,函数也可以没有参数,在定义语句的小括号内不写任何内容就可以了,同样在调用时也就不在小括号内写任何参数。对于有参数的函数,定义时必须明确给出所有所需的参数,包括参数的名称和类型。同样,调用函数时,也必须按照同样的顺序提供所有参数。所传入变量的名称与函数定义时的参数名称不需要相同,C#语言是按照顺序来决定哪个变量传入哪个参数的,所以参数的数目和类型都要与函数的定义完全一致,否则将导致错误。C#语言与 C + + 语言或 Java 语言一样,是一种"强类型"的语言,也就是严格区分变量类型,只能把同一类型的值赋给变量,调用函数时的参数传递就是如此。

2.1.4 C#语言的调试和异常处理

前面已经介绍了 C#语言中简单编程的基础知识。但是,无论多么优秀的程序员,在编写程序时也会出现一些问题,重要的是能够正确地分析问题并解决它们。有一些问题比较明显,比如单词拼写的错误,无须调试程序,VS 就可以直接识别出来。也有一些问题是出乎意料的,表面上看并没有语法错误,但是程序在运行的时候会突然报错。还有一些问题是比较深层的,程序能够顺畅地运行,但是得到的结果却完全不是我们预期的。为了正确地分析问题的成因,找到出错的地方,我们必须锻炼自己调试程序的能力。

1)跟踪调试

(1)逐语句/逐过程运行。

调试程序最笨拙也是最有效的方法,就是手动控制它逐一地执行每条语句,每运行一条语句,就跟着检查各个变量的值有什么变化,是否符合我们的预期。在 VS 中,"调试"菜单中有"逐语句"选项,如图 2-12 所示。

在实践中我们一般直接使用快捷键 F11。按下一次 F11 键,程序就开始了逐语句运行模式,当前运行到的语句(即将运行而尚未运行)会用黄色标记。再次按下 F11,该条语句就会被执行,同时下一条语句被黄色标记。在这个模式下,把鼠标移动到某个变量上,VS 会显示出该变量当前的值。

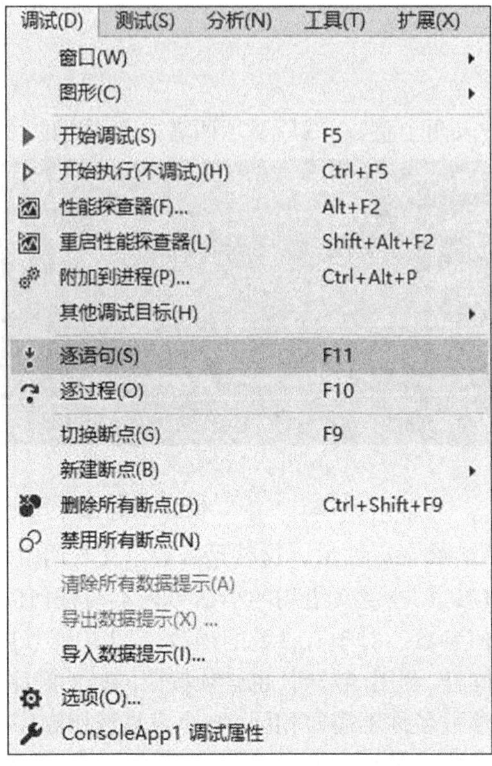

图 2-12　VS 调试菜单中"逐语句"选项

看图 2-13 所示例子。图 2-13a)所示是程序运行到某条语句时变量 i 的值,按下一次 F11 键后,VS 界面变为图 2-13b)所示界面,变量 i 的值发生了变化。由于被执行的语句是"$i++$",因此 i 的值增加了 1,这个结果与预期一致。

```
static void Main(string[] args)
{
    int i = 0;
    while(i<10)
    {
        i++;  已用时间 <= 1ms
    }  i  2
```

a)

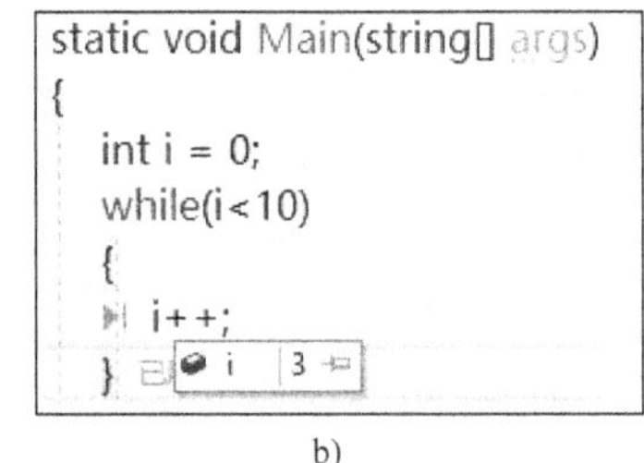

b)

图 2-13　VS 逐语句调试

如果逐语句运行到函数调用的语句,再按下 F11,程序会跟踪到被调用的函数内部,继续逐语句运行。有时候为了跟踪函数内部的语句,这样做是必要的。但也有时候,我们想直接看到函数运行之后的状态,而不想进入函数内部。这时可以使用"逐过程"调试功能,即按下 F10 键。使用 F10 键调试时,如果遇到普通的语句,效果与按下 F11 键没有区别;但如果遇到调用函数的语句,就会直接运行完这个函数,跳出函数后再停住,等待用户的下一个指令。

(2)“监视”窗口与“即时”窗口。

在调试状态下,VS 界面的下方给出了两个窗口,我们选择其中的“监视”窗口与“即时”窗口,如图 2-14 所示。

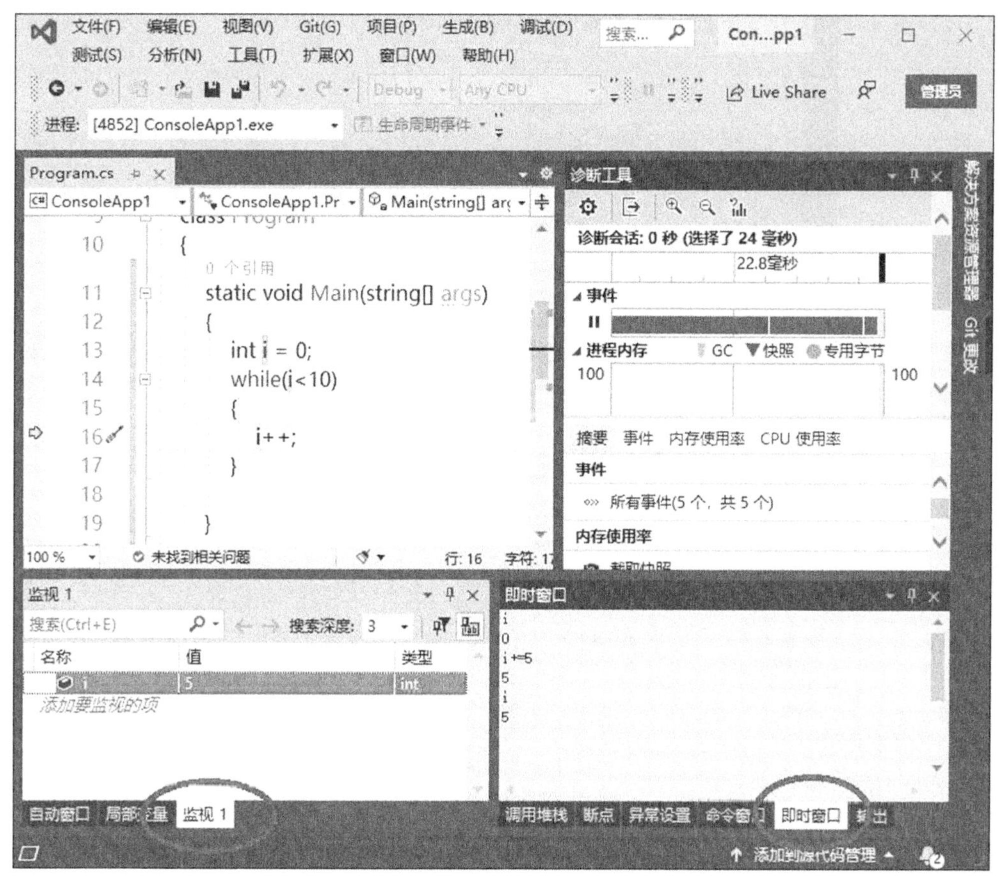

图 2-14　“监视”窗口与“即时”窗口

这两个窗口都是很有用的调试工具。如果在调试时我们需要经常查看某个或某几个变量的取值,而每次都用鼠标移动去查看则显得太麻烦,此时我们就可以点击“监视”窗口内的列表,指定我们要监视的变量。在整个调试过程中,变量的当前数值将始终显示在窗口中。

“即时”窗口允许我们随时输入命令以干预程序的运行。调试时,我们在“即时”窗口中输入一个变量名称并按回车键(例如在上面的例子中输入了 i),窗口中就显示该变量的当前取值。我们也可以输入一个表达式,比如“i + =5”并按回车,此时 i 的数值会增加 5。这个变化是直接作用到程序中的,可以看到左边的“监视”窗口中 i 的数值已经变化了(图 2-14)。

2)断点

断点是一种强制让程序暂停运行的“机关”。断点总是被设置于某条语句上,当程序运行到该条语句时,就会在执行此语句之前暂停(注意不是运行完此语句再暂停),进入调试模式。我们可以继续进行逐语句运行等后续的调试。

设置断点的操作十分方便,在代码编辑状态下,用鼠标点击行号列左侧的断点栏,就可以在相应行设置一个断点(图 2-15)。而如果要删除一个断点,只要再次点击那个红点就可以了。

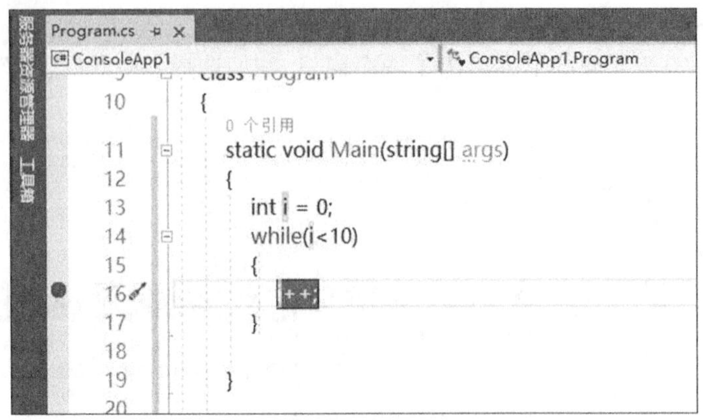

图 2-15　设置断点

通常,程序运行到断点会立即暂停。我们也可以为断点添加某些条件,让程序有条件地暂停。右键点击红点,在出现的菜单中选择“条件”,将弹出设置断点条件的界面,如图 2-16 所示。

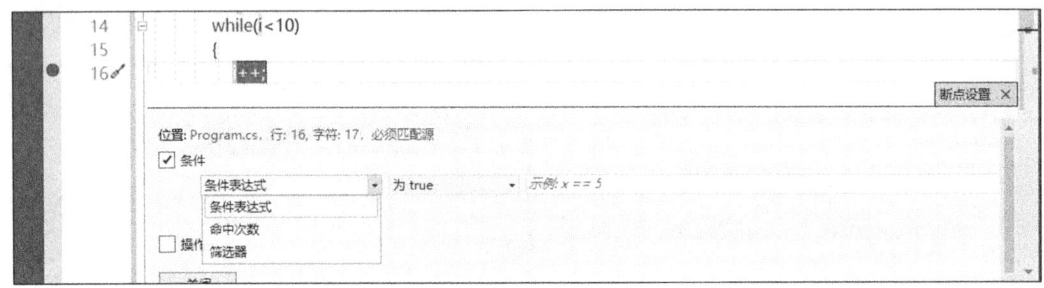

图 2-16　设置断点条件

断点的条件可以配置为以下三种形式:

(1)给定一个表达式,只有当表达式为 true(或者为 false)时,程序才在此处暂停;

(2)程序经过此断点达到一定次数时才暂停;

(3)程序再一次经过此断点时,如果变量的值与上一次经过该断点时相比发生了变化,程序才暂停。

断点的条件设置可以大大提高调试的效率,尤其是当程序中存在大量复杂运算时。读者参考本书第 3 章、第 4 章内容编写机器视觉和人工智能算法时,可以尝试使用附带各种条件的断点,相信读者会体会到条件断点的强大功能。

3)异常捕获

前文介绍的调试方法可以帮助我们尽可能排除代码中的错误。但有时候,程序可能会因为代码以外的原因出现某种异常。在前文介绍 C#语言变量和表达式的部分,给出了一个简单的程序,即在控制台中输入两个数字,然后显示这两个数的和。但是可以想象,使用程序的人不一定每次都会乖乖地输入数字。假如他因为不小心敲错了键盘或者纯属故意输入了一个字母,那么程序将由于无法对字母求和而导致崩溃。这种问题并不是代码编写的错误导致的,而是由于用户非法的操作造成的。为了应对这种情况,我们需要用到一种叫作“异常捕获”的机制,也就是 try 语句。

try 语句一般包含三个模块,其格式如下:

```
try
{
    需正常执行但可能发生异常的语句。
}
catch
{
    当出现异常时执行的语句。
}
finally
{
    无论是否出现异常都要执行的语句。如果没有异常,
    就在 try 语句块之后执行;如果出现了异常,就在
    catch 语句块之后执行。
}
```

其中,catch 和 finally 语句块可以两者都有,也可以只有其一。catch 关键字后面还可以附带一个用小括号包含起来的异常类型描述,使得它只捕获特定类型的异常,而放过其他类型异常。不过,在一般情况下,使用不带描述的 catch 关键字以捕获所有异常是可以满足需要的。

那么,我们把前面所述的那个简单程序加上异常捕获,代码对比如下:

```
//原代码:
Console.WriteLine("请输入第一个数值 a:");
float a = Convert.ToSingle(Console.ReadLine());
Console.WriteLine("请输入第二个数值 b:");
float b = Convert.ToSingle(Console.ReadLine());
Console.WriteLine("a+b=" + (a + b).ToString());
Console.ReadLine();
//改进的代码:
try
{
    Console.WriteLine("请输入第一个数值 a:");
    float a = Convert.ToSingle(Console.ReadLine());
    Console.WriteLine("请输入第二个数值 b:");
    float b = Convert.ToSingle(Console.ReadLine());
    Console.WriteLine("a+b=" + (a + b).ToString());
}
catch
{
    Console.WriteLine("输入有误!");
}
finally
```

```
    {
        Console.ReadLine();
    }
```

不难看出,增加的异常捕获结构其实是把前五句代码放在了 try 语句块中,catch 语句块中增加了一句输出报错信息的语句,而最后一句等待用户敲击回车键以退出程序的语句,放在了 finally 语句块中,因为它是无论是否发生异常都要执行的语句。

我们先执行第一段原始代码,输入一个字母或者标点符号,它将在第二句代码上报错,给出的错误信息是"输入字符串的格式不正确",程序在此崩溃,如图 2-17 所示。

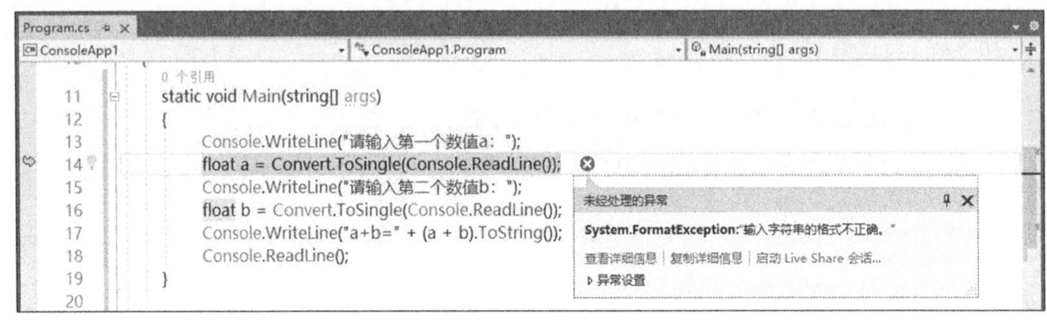

图 2-17　程序由于输入错误而报错

其原因是用户输入了非数字的内容,第二句代码中的"ToSingle( )"函数无法处理这样的参数,从而导致异常。

再执行第二段改进的代码,输入一个字母或者标点符号,则程序没有报错,控制台上却出现了提示信息,如图 2-18 所示。

图 2-18　程序捕获了异常并给出了提示信息

可见,程序已经捕获了异常,并执行了 catch 语句块中的代码,在控制台给出了提示信息,而程序本身仍在正常运行。

2.1.5　几个常用的. NET Framework 工具类

作为一个功能强大的编程框架,. NET 提供了很多现成的类库可供选用。如果把开发一个软件比喻成建造一栋房子,那么. NET 已经提供了许多现成的材料。在别的语言比如 C + + 中,也有很多"标准库"可供使用,给开发工作提供了很大的方便。而. NET 框架提供的类库更丰富、更统一,相互之间更加成体系。

1）程序集与命名空间

程序集是为协同工作而生成的类库的集合，这些类库和资源构成了一个逻辑功能单元。.NET 框架实际上就是由许多个大大小小的程序集组合而成的。在 VS 界面右侧的“解决方案.资源管理器”中，展开“引用”树，所看到的就是这个项目所使用到的程序集（图 2-19）。显然，这些程序集都是创建项目时由 VS 自动添加的，它们都是.NET 框架中的程序集。

图 2-19　显示项目所使用的程序集

如果我们新建一个 Windows 窗体程序项目，那么“引用”树展开后的界面如图 2-20 所示。

图 2-20　Window 窗体项目所使用的程序集

对比可以发现，Windows 窗体项目所使用的程序集比控制台程序项目多了三个：System. Deployment、System. Drawing 和 System. Windows. Forms。其实，正是后面这两个程序集（System. Drawing 与 System. Windows. Forms）提供了关于窗体、控件、界面交互、事件响应等所有与窗体界面有关的类库和功能。.NET 框架提供了大量的程序集，但是在某一个项目中只会用到其中很少的一部分,因此,在项目中只把用到的程序集加入“引用”树中,这样可以减少程序的体量,提高编译和部署效率。

表 2-6 列出了.NET 框架中几个常见的程序集的名称以及它们所包含的主要功能。

表 2-6 .NET 框架主要常见程序集名称与功能

程序集名称	程序集功能
System	它包含各种基本数据类型和对象基类的定义,是基于.NET 框架开发必须用到的程序集
System. Data	它包含一系列用于连接和读写数据库的类库
System. Drawing	它包含一系列有关图形绘制的类库与函数,以及一些基本的几何学概念的对象和结构
System. Windows. Forms	它包含 Windows 窗体与控件,是 WindowsForm 开发必需的程序集
System. Xml	它包含了读写 XML 文本的类库工具

我们已经知道,一个项目会包含很多个程序集,程序集中又包含许多类与函数,而不同的程序集中定义了同名的类或函数是常有的事。那么,当我们要使用一个有同名的函数时,如何指明使用的是哪一个程序集中的函数呢?这就涉及一个重要的概念:命名空间。每个程序集都有自己的命名空间,往往还不止一个,而每一个类或函数就被定义在唯一的一个命名空间之下。这样,只要指定了命名空间,那么即便其他命名空间中有同名的函数,也不会出现混淆了。由此可见,命名空间起到了对类与函数作出标识和分类的作用。

图 2-21 所示是我们一直作为例子的控制台程序中 VS 自动生成的几行开头代码,其中就包含了命名空间的定义和使用。

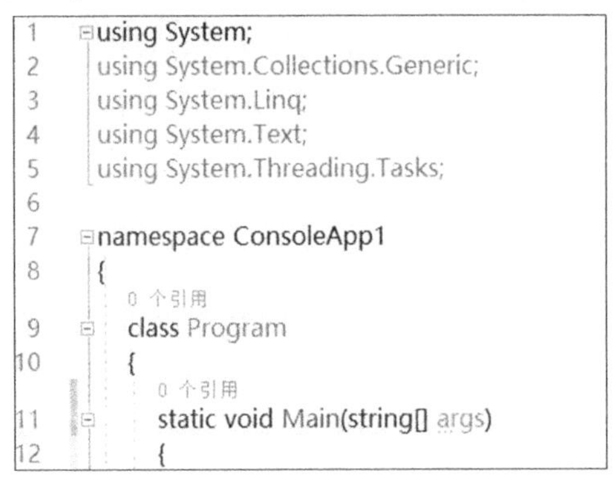

图 2-21 VS 自动生成的带头代码

代码第 7 行“namespace ConsoleApp1”就是定义了一个叫作“ConsoleApp1”的命名空间,Main 函数及其他用户自己定义的函数都隶属于这个命名空间之下。而第 1 ~5 行则是对其他命名空间的引用。严格来说这些引用不是必需的,但是如果没有这些引用,在代码中用到某些类型或函数时就必须加上命名空间的前缀。例如,假如我们删掉第 1 行“using System;”,那么代码中所有的“Console”都将被 VS 标记为语法错误,这是因为 Console 对象是定义在 System 命名空间中的,如果没有引用这个命名空间,就必须在每一个 Console 前面加上“System.”,这样 C#语言才能认识这个“Console”指的是什么。

2)String 类

String 是 System 命名空间下的一个类,完整的写法是 System. String。事实上 C#语言的 string 类型本质上就是 System. String。当我们声明一个 String 变量时,本质上是声明一个 System. String 对象。

. NET 框架为 String 对象提供了很多有用的函数和功能,可以方便地对字符串进行各种解析和操作。在此介绍几个常用的方法。

(1)字符串的长度。

字符串的长度是指它包含的字符数,汉字与英文字母或符号一样,算作 1 个字符。如果有一个名为 *T* 的 String 变量,那么可以直接用"T. Length"来获得其长度,返回值是一个 int 型整数。需注意 Length 的首字母需要大写,而且末尾不要带小括号。对于空字符串,其 Length 属性值是 0。

(2)选取字符。

String 字符串可以看作一个数组,直接用中括号来获取其中某个字符。例如有一个字符串 *T* = "mystring",那么可以用"*T*[*i*]"来获取其中第 *i* 个字符。需注意 *i* 是从 0 开始计算的,*i* 最大不能超过 T. Length - 1。*T*[0]获得的是第一个字符"m",*T*[T. Length - 1]获得的是最后一个字符"g"。得到的返回值是 char 类型,而非 String 类型。

(3)字符串拼接。

如果要把两个 String 变量拼接起来,可以直接用"+"号连接。例如有 *T1*、*T2* 两个字符串,内容分别为"风起""云涌",那么表达式"*T1* + *T2*"将得到新的字符串"风起云涌"。这个拼接操作不会改变原有两个字符串的值。

(4)截取部分字符串。

字符串的 Substring()方法将返回它自身的一部分。这个函数有两种形式,一是只带一个 int 型参数,将返回从参数所指定的截取位置开始并一直到该字符串的末尾;第二种是带两个 int 型参数,第一个参数是截取起始位置,第二个参数是截取的长度。在以上两种形式中,截取位置都是从 0 开始计算的。需注意所截取的部分不能超出字符串的总长度,否则会引发异常。Substring()方法的两种用法示例见表 2-7。

表 2-7 Substring()两种形式的用法

字符串名称与内容	Substring 用法	返 回 值
T = "abcdefg"	T. Substring(3)	"defg"
	T. Substring(3,3)	"def"

灵活使用 Substring()方法,可以实现字符串中间一部分的删除。仍以 *T* = "abcdefg"为例,如果我们要删除中间的"cde"三个字符,可以使用这样的语句:"*T* = T. Substring(0, 2) + T. Substring(5, 2)",即分别截取前后两个字符再拼接起来,从而得到"abfg"。

(5)按分隔符拆分字符串。

Split()方法可以按分隔符拆分一个字符串,它返回一个 String[ ]数组,并且不会改变原有的字符串。Split()函数有很多种重载形式,其核心功能是提供一个或者几个字符作为分隔符,把字符分割成多个字符串。最常用到的是这样的形式:T. Split(c)。其中 *T* 是一个 String 变

量,只带一个参数 c,c 是一个 char 变量。例如下面的例子:

```
String T = "this code is awesome";
   String[] t = T.Split(' ');
```

以空格分割字符串 T,得到的数组 t 将包含四个 String 元素,分别是“this”“code”“is”和“awesome”。至于其他重载形式,用到的频率远不如这个基本形式高,读者有兴趣可以查阅 MSDN 网站并测试其效果。

(6)在字符串中寻找子字符串。

IndexOf()方法可以寻找子字符串在原字符串中的位置,返回位置序号(从 0 开始算),如果找不到则返回 -1。它有多种重载形式,而典型的用法是只用一个参数,可以是 String 或者 char 类型。仍以 T ="this code is awesome"为例,"T. IndexOf("code")"将返回 5,"T. IndexOf('i')"返回 3,而"T. IndexOf('p')"则返回 -1,因为 T 中并没有这个字符。

(7)替换或删除部分字符。

Replace()方法可以替换指定的子字符串。典型的用法是输入两个 String 类型的参数,第一个参数表示要被替换的子字符串,第二个参数是要替换进去的新字符串。仍以 T = "this code is awesome"为例,执行"T. Replace('is','IS')"语句后,T 将变为"thIS code IS awesome",所有的"is"都被替换为"IS"。

这个方法还可以实现指定子字符串的删除,也就是把第二个参数设为空字符串即可。

(8)特殊字符。

有一些特殊的字符,如果直接写在字符串中,C#语言将无法辨认。这需要使用转义符"\"来标记它。常用到的需要转义的字符见表 2-8。

表 2-8　C#语言常用转义字符

转义字符写法	字 符 含 义
\'	单引号
\"	双引号
\\	反斜杠
\n	换行
\t	水平制表

例如我们要写一个包含一对双引号的字符串,需要加上转义符写作:

T = "\"\""

需要指出的是,换行符虽然可以使用"\n",但是建议使用. NET 风格的标准写法:System. Environment. NewLine。它可以根据开发者所在的操作系统环境决定具体的换行符值。这个值是一个 String 对象,可以用"+"把它与上下文拼接在一起。

3)DateTime 时间对象

很多时候在开发中需要用到日期和时间,最简单的例子是当程序显示出一条提示信息时,可能需要附带显示当前的时间;又或者,可能需要显示出某个运算过程所消耗的时间值。. NET 给我们提供了 System. DateTime 时间对象。

(1)获得当前日期时间。

DateTime. Now 语句可以直接获得操作系统当前的日期时间。如图 2-22 所示,调试状态下可以看到变量 d 已经被赋值了当前时间。

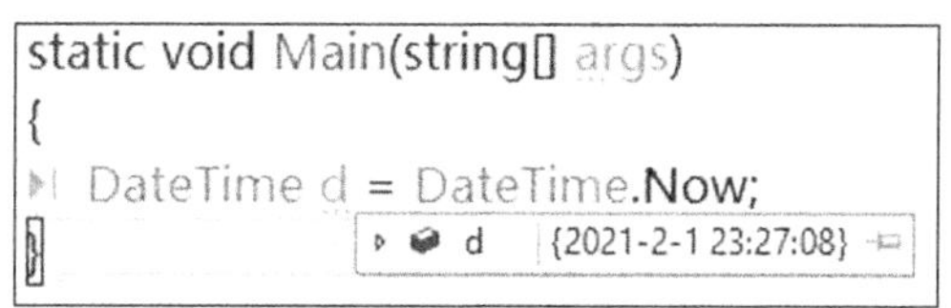

图 2-22 获取当前系统时间

(2)转换为指定格式的字符串。

很多时候需要把时间输出为可读的字符串。表 2-9 所列的几个方法可以把时间对象转化为各种不同格式的字符串。

表 2-9 DateTime 对象"d"的字符串输出

方 法	所得结果
d. ToLongDateString( )	"2021 年 2 月 1 日"
d. ToLongTimeString( )	"23:27:08"
d. ToShortDateString( )	"2021-2-1"
d. ToShortTimeString( )	"23:27"
d. ToString( )	"2021-2-1 23:27:08"
d. ToString("yyyy-MM-dd HH:mm:ss")	"2021-02-01 23:27:08"

不带参数的 ToString( )方法可以输出完整的日期时间。如果我们希望当月份或日期是个位数时在数字前补一个"0"以便更加规整好看,那么可以加上格式参数:"yyyy-MM-dd HH:mm:ss"。

(3)自定义一个日期时间。

在 C#语言中不能像写字符串那样用双引号直接写出时间值,也不能像 VB 中用两个"#"来写时间值,而是使用 Convert. ToDateTime( )函数把字符串转换为时间值。例如下面这个语句,声明了名为"d"的时间对象并指定了它的值:

```
DateTime d = Convert.ToDateTime("2021-1-1 19:22:45");
```

需注意,作为参数的字符串必须符合日期时间的写法和逻辑,假如写为"2021-1-1 25:22:45"就会引发异常,因为一天并没有 25h。

(4)常用属性和方法。

表 2-9 已经列出了几种转换字符串的方法,除此以外,DateTime 对象还有一些其他常用属性和方法,见表 2-10、表 2-11。

表 2-10 DateTime 对象常用属性

属 性	功 能	返回值类型	所得结果(示例)
Date	获得日期	DateTime	{2021-2-1 0:00:00}
Year	获得年份	int	2021
Month	获得月份	int	2
Day	获得日,即当月的第几天	int	1

续上表

属　　性	功　　能	返回值类型	所得结果(示例)
Hour	获得小时数	int	23
Minute	获得分钟数	int	27
Second	获得秒数	int	8

表 2-11　DateTime 对象常用方法

方　　法	功　　能	参 数 类 型	返回值类型
AddYear()	增加若干年,当日时间不变	int	DateTime
AddMonth()	增加若干月,当日时间不变	int	DateTime
AddDay()	增加若干天,当日时间不变	int	DateTime
AddHour()	增加若干小时	int	DateTime
AddMinute()	增加若干分钟	int	DateTime
AddSecond()	增加若干秒	int	DateTime

以上方法均可以输入负数为参数,效果是减少若干时间。

(5)时间的差值:TimeSpan。

DateTime 对象表示了一个日期时间点,但不能表示一段时间。.NET 提供了另一个对象 System.TimeSpan 来表示一段时间。两个 DateTime 对象用“-”号相减,将得到一个 TimeSpan 对象,它是可正可负的。DateTime 对象也可以加上或减去一个 TimeSpan 对象,从而得到另一个 DateTime 对象。因此,用它来做时间运算是十分方便的。

TimeSpan 对象同样提供了一系列有用的属性和方法,见表 2-12。

表 2-12　TimeSpan 常用属性

属　　性	功　　能	返回值类型
Days	获得时间段中的整日数	int
Hours	获得时间段中的整小时数	int
Minutes	获得时间段中的整分钟数	int
Seconds	获得时间段中的整秒数	int
Milliseconds	获得时间段中的整毫秒数	int
TotalDays	获得时间段换算成的天数	double
TotalHours	获得时间段换算成的小时数	double
TotalMinutes	获得时间段换算成的分钟数	double
TotalSeconds	获得时间段换算成的秒数	double
TotalMilliseconds	获得时间段换算成的毫秒数	double

4)List 列表

List 是.NET 提供的一个列表类,处于 System.Collections.Generic 命名空间之下。它能够按顺序存储多个同类型的对象或者变量。细心的读者会发现,本书始终没有介绍“数组”这一概念。这是由于在一般情况下,List 完全可以代替数组,并且它远比数组方便灵活得多,例如可以随意增减长度、任意插入或删除元素,可以寻找元素、对元素排序等,其执行效率也并不逊于数组。

List 是一个泛型类,在定义 List 的同时,必须指定其元素类型。例如我们要声明一个以 int 整数为元素的 List,就要用下面的语句:

```
List<int> lst = new List<int>();
```

这就定义了一个名为 lst 的 int 型 List 对象,它目前是空的,不包含任何元素。在上面的语句中,左边的"List<int>"是类型声明,int 置于尖括号中,表明这是一个泛型类型标记。等号右边的 new 表达式是生成一个新 List<int>对象,并通过等号赋值给了左边的 lst。

获取 List 中的元素可用中括号指明元素序号,序号是从 0 开始算的。例如 lst[0]是其中第一个元素,lst[1]则是第二个元素。

List 可以嵌套,也就是以另一个 List 为元素,比如这样声明:

```
List<List<int>> list_of_list = new List<List<int>>();
```

所定义的 list_of_list 是一个以 List<int>为元素的 List,它可以添加若干个长短不一的 List<int>为元素。它能够发挥二维数组的所有功能。要获取其中的元素需用表达式 list_of_list[i][j],第一个方括号是获得序号为 i 的 List<int>,它是 list_of_list 中的元素,第二个方括号则是获得这个 List<int>中的序号为 j 的元素,它是一个 int 整数。

(1)元素的增加、删除和插入。

要往 List 列表中添加元素,可使用 Add 方法。例如下面的语句,往列表中添加了 5 个整数:

```
int a = 100;
lst.Add(a); //添加了整数 100
lst.Add(200); //添加了整数 200
lst.Add(a + 200); //添加了整数 300
lst.Add(200 + 200); //添加了整数 400
lst.Add(a * 2 + 300); //添加了整数 500
```

Add 方法只携带一个参数,就是要添加进 List 的元素,它总是被添加在现有 List 的末尾。List 只能包含同类型的元素,如果我们写"lst. Add(43.22);"就会提示错误,因为 43.22 不是 int 整数。

要删除一个元素,可使用 RemoveAt 方法。它附带一个 int 型参数,指明要删除的元素在列表中的序号,注意序号是从 0 开始算的。例如下面的语句将删除 List 中第 4 个元素"400":

```
lst.RemoveAt(3);
```

显然参数值不能为负数,而且不能超出 List 的长度。List 中最末尾元素的序号是 List 长度减 1,这也就是 RemoveAt 方法的参数可以取到的最大值。我们可以用 Count 属性获得 List 的长度,即元素个数。所以下面的语句可以删除最末尾的元素:

```
lst.RemoveAt(lst.Count - 1);
```

插入一个元素可使用 Insert 方法。它携带两个参数，第一个是 int 型，含义为要插入的位置序号，同样是从 0 开始算的；第二个参数是元素类型，即需要插入的元素。下面的语句是在 3 号位置插入一个数值 999，它将位于 List 中第 4 个位置：

```
lst.Insert(3, 999);
```

如果位置参数写作 lst. Count-1，则该数字被插入在 List 当前的末位，它会把当前的最后一个元素向后挤一位，插入的元素被排到了倒数第二位。如果位置参数写作 lst. Count，那么元素就被插入到最末尾，其效果与 Add 方法相同。但是如果位置参数写 lst. Count + 1，则会报出异常，因为 List 列表中不能有空位。

当然，List 类支持批量地增加、删除和插入，所用到的方法分别为 AddRange、RemoveRange 和 InsertRange。其用法与单个元素地增、删、插入类似，读者可以自行尝试并熟悉它们的用法。

(2)元素的独立性。

如果我们把变量添加到 List 列表中，随后又改变了变量的值，那么 List 中的元素是否会同时改变？看下面的代码：

```
List<string> lst = new List<string>();
string t = "aaa";
lst.Add(t);
t = "xxx";
```

t 是一个 string 变量，它被添加到列表 lst 中，随后又改变了 *t* 的值。运行程序并检查 lst 的内容可以发现，lst 包含一个元素，其值仍然是“aaa”，它并没有随着 *t* 改变。这个现象说明，当 *t* 被添加到 lst 中时，list 中的元素实际上并不是 *t* 本身，而是 *t* 的副本。改变 *t* 并不会改变 lst 中的元素。

(3)元素排序。

如果 List 是 int、double 等数字类型，直接使用不带参数的 Sort 方法就可以从小到大排序，例如：“lst. Sort( );”。但如果 List 是对象类型，C#语言并不能直接比较两个对象的大小顺序，此时需要自己定义一个类并实现相应的比较器接口。关于这方面内容我们将在 2.2 节中进行介绍。

2.2 面向对象的程序结构设计

2.2.1 类与对象的一般概念

1)面向对象的本质

当前主流的编程语言是面向对象的，相对于传统的面向过程的语言，它是一种新的编程思想。传统的编程思想是直截了当的，为了一个明确的功能目标，写出相关的函数和过程，就算大功告成。采用这种思路编写小程序是没有问题的，但如果是规模大一些的程序，特别是有可能需要扩展、升级、改版时，这种方式写出来的代码很难维护，在修改时经常牵一发而动全身。

面向对象的思想,是把程序逻辑抽象为一个个的"对象",每个对象有自己专属的数据和行为,而程序则由若干个对象有机结合而成。这种方式的好处在于程序内部逻辑清晰,在需要修改时,只要改动相关的对象,而不用触及其他。面向对象的思想有两个本质特征:

①它通过建立对象,在程序中设置了关于数据和行为的限制。所谓对象,其本质是把特定数据和对数据操作的函数捆绑在一起,特定的数据只允许特定的函数去操作。这样使得程序内部逻辑大大清晰,可维护性大为提高。

②它通过建立对象,使程序逻辑与人类思维更加相通,提高了程序的可理解性,极大地方便了团队维护和扩展修改。

2)类和对象

在.NET 编程中,一切都是对象。.NET 框架本身也是由许多的对象组成的。我们编写一个程序,会用到很多不同的对象概念,比如编写一个图像处理程序,可能会用到图像对象、文件对象、抽象的摄像头对象、对图像的某种算子对象等。要创建对象,需要先有对象的模板,也就是类。

类可以说是对象的蓝图,类规定了对象的一切特性。有了类,就可以声明相应的对象。例如我们设计出了一种叫作"汽车"的类,然后就可以生成若干个汽车对象,它们的一切特性都源于我们设计的"汽车"类。所以,面向对象的编程其实就是做两件事:设计对象和使用对象。

3)属性与方法

前面已经指出,对象的本质是把特定数据和对数据操作的函数捆绑在一起。对象拥有的数据被称为"属性";对象拥有的函数,即对数据的操作,称为"方法"。假设有一个"汽车"对象,那么它会包含"品牌""尺寸""车牌号""车主"等一系列数据信息,这就是它的属性。同时,它也会包含"起动""换挡""加速""制动"等一系列行为,这就是它的方法。所谓定义一个类,就是对类的属性和方法用代码作出明确规定,而相应的对象将拥有这些属性和方法,供后续的开发使用。

2.2.2 类的定义与实例化

1)在 C#语言中定义类

(1)类的创建与定义。

与 C++相比,C#语言没有头文件的概念,类的定义只需要一个单独的代码块,形如:

```
class 类名称
{
    //定义属性和方法
}
```

这个代码块理论上可以放在任何一个扩展名为"cs"的代码文件中,但是 VS 推荐的做法是为每一个类单独建立一个 cs 文件存放这个代码块,并且以类名称作为这个文件的名称。

下面我们在原先那个控制台程序中建立一个"空调"类。在"解决方案资源管理器"窗口中的空白处点击右键,选择"添加"→"类"菜单(图 2-23)。然后,在弹出的对话框中写上类名称,在此我们写"AirConditioner",再点击"添加"按钮就可以了。现在,在解决方案资源管理器窗口中多了一个"AirConditioner.cs"文件,其内容为:

```
using System;
using System.Collections.Generic;
using System.Linq;
using System.Text;
using System.Threading.Tasks;

namespace ConsoleApp1
{
    class AirConditioner
    {
    }
}
```

图 2-23　创建一个类

以上代码是 VS 自动生成的，那么我们要在 class AirConditioner 代码块中编写有关代码。我们给它定义 4 个属性：Brand（品牌）、Power（功率）、Mode（冷热模式）和 IsRunning（是否正在运行），再定义两个方法：TurnOn（启动）和 TurnOff（关闭）。代码如下：

```
class AirConditioner
{
    public string Brand { get; set; }
    public float Power { get; set; }
    public int Mode { get; set; } //规定取值1~4,含义为:制冷、制热、送风、除湿
    public bool IsRunning { get; set; }

    public void TurnOn()
    {
        this.IsRunning = true;
    }

    public void TurnOff()
    {
        this.IsRunning = false;
    }
}
```

其中,this 关键字指代这个对象自身。

(2)对象的创建与使用。

现在,已经定义好了“空调”类,以后便可以在别的代码中使用这个类了。比如,可以把 Program. cs 中 Main 函数改为如下内容:

```
static void Main(string[] args)
{
    AirConditioner AC1 = new AirConditioner(); //创建了一个空调对象
    AC1.Mode = 1; //模式设置为制冷
    AC1.TurnOn(); //启动
}
```

这段代码将创建一个 AirConditioner 对象,名为 AC1,它的模式被设为制冷,而且被启动了。

可见,类定义中的属性和方法,是在创建了对象之后才能使用。如果我们直接以类名称来使用某个方法,是错误的:

AC1.TurnOn(); //正确	AirConditioner.TurnOn(); //错误

在定义方法时,如果加上“static”关键字,那么这个方法就成为整个类拥有的静态方法,这时就无须创建对象,可以直接以类名称来使用该方法。

(3)构造函数。

类的定义应当追求明确、规范。在上面的例子中,当一个空调对象被创建出来时,它没有明确的模式,也没有品牌和功率。虽然这些属性都可以在创建之后再设置,但是如果强制性地要求在创建空调对象的同时必须明确这些属性,就会显得更加规范。所以,需要用到“构造函数”,我

们在类定义中增加了下面这个函数：

```
public AirConditioner(string _Brand, float _Power,int _Mode )
{
    this.Brand = _Brand;
    this.Power = _Power;
    this.Mode = _Mode;
}
```

这个函数与一般函数有些不同，“AirConditioner”应被看作是返回值类型，说明它返回的是一个 AirConditioner 对象，随后的括号中是参数，这样一来它就没有函数名了。它的确不需要函数名，这就是“构造函数”。它规定了当创建一个空调对象时，必须提供_Brand、_Power 和_Mode 这 3 个参数，在对象被创建后，相应的 3 个属性也就明确了。所以，在 Main 函数中需要作出相应的修改：

```
static void Main(string[] args)
{
    AirConditioner AC1 = new AirConditioner("美的", 2000, 1); //创建了一个空调对象
    //模式不再需要另行设置
    AC1.TurnOn(); //启动
}
```

如果类定义中没有构造函数，C#语言会暗自给它一个没有参数的默认构造函数。而一旦我们写了这个构造函数，C#语言就以我们写的函数为准了，原先不带参数创建对象的语句就不可用了。

(4)只读属性。

现在我们要进一步规范这个“空调”类。按照常识，当我们拿到一个空调时，它的品牌和功率是固定不可更改的，而它的模式和工作状态是可调的。所以，我们可以把 AirConditioner 的品牌和功率这两个属性设定为“只读”的，一旦创建就不可更改。在类定义中，把 Brand 和 Power 的定义语句改为：

```
public string Brand { get; }
public float Power { get; }
```

这样操作，相当于把大括号中的“set;”标记删除了，这样，这个属性就只能获取其值，而不允许更改其值，它就成了“只读”属性。原先，在 Main 函数中可以使用下面的语句，但是设置为只读属性后，下面的语句会提示异常“无法为属性赋值——它是只读的”：

```
AC1.Brand = "美的";
AC1.Power = 2000;
```

通过构造函数和只读属性，我们其实是对类做了更严格的约束，有利于避免在使用它时出现一些不符合常识理解的代码，从而提高整个程序的可读性。

2)继承

继承是面向对象编程中最重要的概念之一。在定义类的时候，可以指定它继承于另一个

类,这样它便自动拥有了那个类的所有特性。被继承的类叫作“父类”或者“基类”,继承而得的类叫作“子类”或“派生类”。在 C#语言中,子类只允许有唯一一个父类。

(1)子类的创建与定义。

在类的定义语句块的开头行中,在类名后面加上一个冒号,再写上父类的名称,就完成了继承。例如我们用同样的方法在前面的控制台程序中新建一个类,起名为“KFR50”,这是空调的一种型号,其品牌为美的,功率为 2300W。在新生成的 KFR50. cs 文件中,我们在“class KFR50”语句的后面加上“: AirConditioner”,这样,KFR50 就继承了 AirConditioner。

这时 VS 会提示一个错误,因为父类 AirConditioner 类没有不带参数的构造函数,因此,C#语言要求其子类也必须具有显式的构造函数,不能使用默认的构造函数。于是我们在 KFR50 的定义块中写上如下的构造函数:

```
public KFR50() : base("美的", 2300, 1)
{
}
```

在冒号之后,是调用了父类的构造函数,以关键字“base”开头。这样,创建 KFR50 对象时并不需要提供参数,它自动会拥有品牌、功率等信息。

作为子类,KFR50 继承父类 AirConditioner 之后,可以继续编写代码丰富它的内容。例如,由于 KFR50 这种型号的空调带有液晶显示屏,我们给它定义一个属性代表屏幕上所显示的文字:

```
public string TextOnScreen { get; set; }
```

这个属性是父类 AirConditioner 没有的,只有 KFR50 拥有。当然,如果另有一个类继承了 KFR50,那么这个子类又自动拥有了 KFR50 的所有属性方法,包括 TextOnScreen 属性。

(2)可访问性。

在 AirConditioner 类中,在属性和方法定义语句中是以“public”关键字开头的,这个关键字表明这个属性或方法是公开的,外部代码可以看到并且使用它们。有时候,可能有一些属性或方法只在类内部的计算中用到,我们不希望外部代码能够操作它,那么可以把 public 关键字改为 protected,这样就只有类自身以及它派生出的子类能够使用了。此外,关键字还可以是 private,这样就只有本身这个类可以使用,连派生的子类也不能使用。这就是“继承”机制的强大优势:既快速扩展,又严格限定,从而保持程序内部逻辑的严谨可靠。

(3)覆盖或重载父类的方法。

子类虽然拥有了父类的所有方法,但是方法内部的逻辑有时候有所不同。例如,KFR50 在开机时,需要在液晶屏上显示“欢迎使用”四个字,这一特性在父类中是没有的。所以,KFR50 需要有一个新的 TurnOn 方法,同时它要屏蔽父类的 TurnOn 方法。

另外,KFR50 在关机的时候也有所不同。如果是正常关机,就在液晶屏上显示“正在关机”,而如果是直接拔了插头,则什么也不显示,这意味着 KFR50 也需要一个新的 TurnOff 方法。

以上两种情况,都产生了与父类同名的方法,那么 C#语言如何协调它们与父类的关系呢?这里有两种情况:覆盖和重载。KFR50 中的代码如下:

```
public new void TurnOn() //新的 TurnOn 方法,覆盖了父类的 TurnOn 方法
{
    TextOnScreen = "欢迎使用";
    base.TurnOn();
}

public void TurnOff(bool ElecOff) //新的 TurnOff 方法,重载了父类的 TurnOff 方法
{
    if(! ElecOff)
    {
        TextOnScreen = "正在关机";
    }
    base.TurnOff();
}
```

覆盖和重载的区别在于,如果子类方法与父类方法名称相同,参数也相同,那么就是覆盖,需要加上 new 关键字;如果子类方法与父类方法名称相同,参数不同,那么就是重载,不需要 new 关键字。另外,如果在子类使用 base 关键字,可以调用父类的方法。

3)虚基类与接口

(1)虚基类。

在某些情况下,我们所定义的类只是一个抽象的概念,它虽然拥有自己的属性和方法,但是不需要被实例化为对象,它完全是为了被继承而被打造的。这种类叫作"虚基类",或者"抽象类"。例如,我们定义一个"电器"类名为 HomeAPP,作为 AirConditioner 的父类。这个 HomeApp 类就很适合被设计成一个虚基类,因为现实世界中只存在空调、冰箱、洗衣机等具体的电器,一般性的"电器"只存在于概念中。

虚基类在定义语句中需要加上 abstract 关检字。下面是 HomeApp 类的定义代码:

```
abstract class HomeApp
{
}
```

这样一来,外部代码就不能创建 HomeApp 对象了。下面所示的代码会提示错误"无法创建抽象类型的实例"。

```
HomeApp HA1 = new HomeApp();
```

在抽象类中,我们可以定义抽象方法,也就是只给出名称、参数和返回值的方法,而并不写出具体代码。抽象方法的作用是要求继承虚基类的子类必须用具体代码实现所有抽象方法,等于是对子类做了一个强制性的要求。抽象方法同样需要用到 abstract 关键字,例如,我们在 HomeApp 中写一个抽象方法 TurnOn():

```
public abstract void TurnOn();
```

然后在 AirCondition 类的定义加上对 HomeApp 的继承:

```
class AirConditioner: HomeApp
```

这时 VS 会提示一个异常“不实现继承的抽象成员 HomeApp. TurnOn( )”。我们在 AirConditioner 的 TurnOn 函数定义语句中加上“override”关键字,于是异常提示就消失了:

```
public override void TurnOn()
```

override 关键字表明这是一个重载函数,它重载或者实现了父类中的某个方法。

(2)接口。

接口看起来有些类似于虚基类,但是它只能包含抽象方法,而不能有带具体代码的方法或函数。与虚基类一样,接口也是完全为了被继承而打造的,不能被实例化,继承它的类必须实现它的所有抽象方法。一个类可以继承多个接口,而父类或虚基类只能继承一个。

在 VS 创建接口同样是右键点击解决方案资源管理器窗口的空白部分,在弹出的菜单里选择“添加”→“类”,然后在对话框中选择“接口”而不是“类”,这样就可以创建一个接口。

我们创建一个名为 IRecyclable 的接口。习惯上,接口的名字要以大写字母 I 开头,表明这是一个接口,如图 2-24 所示。

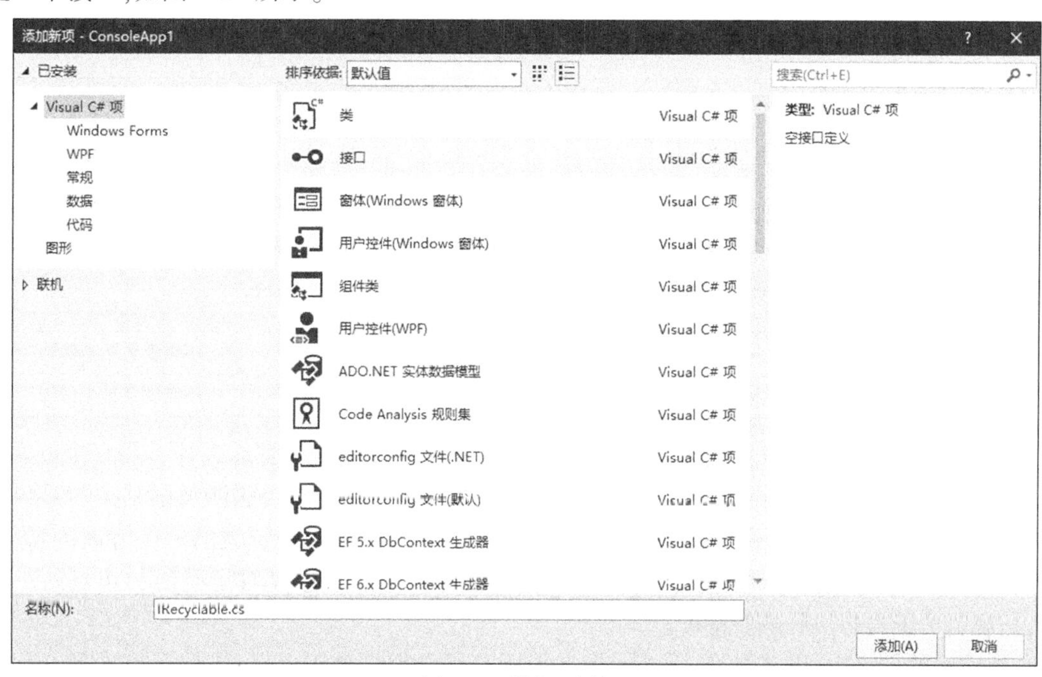

图 2-24 创建一个接口

VS 生成了一个名为 IRecyclable. cs 的文件。IRecyclable 接口的意思是可以被回收的物件。我们在其代码中加上一个 Recycle 函数:

```
interface IRecyclable
{
    float Recycle(); //废品回收
}
```

接口中只声明函数,但不能实现代码,在声明中也不需要 abstract 关键字。现在,我们在

KFR50 类的定义中加上对这个接口的继承：

```
class KFR50:AirConditioner, IRecyclable
```

写法很简单，就是将逗号加在 AirConditioner 的继承后面而已。这时 VS 提示了一个异常"不能实现接口成员 IRecyclable. Recycle( )"。我们需要在定义中加上这样一个方法：

```
public float Recycle()
{
    return 100;
}
```

这样就实现了接口中的 Recycle 方法，异常提示也随之消失。

(3)虚基类与接口的本质与区别。

我们已经看到，虚基类与接口有很多相同点，也存在一些差异，其异同见表 2-13。

表 2-13　虚基类与接口的异同

异 同 点	虚 基 类	接　口
可被实例化	否	否
强制子类实现抽象方法	是	是
可以包含属性	是	是
可以包含具体方法	是	否
可以包含变量	是	否
可以多重继承	否	是
定义关键字	abstract class	interface
抽象方法定义关键字	必须用 abstract，可以用 public 或 protected	不需要关键字修饰
抽象方法实现的关键字	override	不需要关键字修饰

从语法的角度看，接口具备的功能，虚基类基本上都可以实现。那么为什么要有接口这个概念？为什么接口可以多重继承，虚基类却只允许唯一继承？这个问题涉及虚基类与接口在概念层面的不同。对一个子类而言，虚基类是子类的本质，而接口是子类的一个方面的特征。虚基类对子类的约束是本质性的，它规定了子类"是什么"。而接口对子类的约束是特征性的，它规定了子类必须有某些特征。

在前面的例子中，虚基类 HomeApp 规定了所有子类都是家用电器，既然是电器就必须有开机这项功能，所以它给出了 TurnOn 抽象方法。而接口 IRecyclable 规定了所有子类都具备可作为废品回收的特性，子类必须实现 Recycle 方法。假如程序中有一个"床铺"类，它显然不应该继承 HomeApp 类，它不是家用电器，也没有开机功能。但它应该继承 IRecyclable 接口，因为它可以被回收。

之所以要使用虚基类与接口，本质上是对子类作出各种约束，让代码逻辑更加清晰有序，提高整个程序的可维护性。

4)对象的赋值与引用

对象可以像基本数据类型变量一样用等号赋值，但是实际上发生的事情却大不相同。下面的代码创建了一个 AirConditioner 对象 AC1,并把它赋值给了 AC2。现在,我们来测试一下 AC1 与 AC2 之间的关系。

```
static void Main(string[] args)
{
    AirConditioner AC1 = new AirConditioner("美的", 2000, 1); //创建了 AC1
    AirConditioner AC2; //声明了 AC2,但没有创建对象
    AC2 = AC1; //把 AC1 赋值给了 AC2
    AC2.Mode = 2; //把 AC2 的 Mode 更改为 2
    Console.WriteLine(AC1.Mode);
    Console.WriteLine(AC2.Mode);
}
```

输出结果显示,AC1 和 AC2 的 Mode 属性都是 2。查看程序代码,虽然只是把 AC2 的 Mode 改为了 2,但 AC1 的 Mode 却也同样更改了。

问题的关键在于"AC2 = AC1;"这一句。对象的赋值与基本数据类型的赋值是不同的。基本数据类型的赋值相当于复制,赋值之后形成了两份完全独立的数据。然而对象的赋值只是引用,把 AC1 赋值给 AC2 后,AC2 指向了同一个对象,这个赋值语句并没有复制整个对象,只是给对象增加了一个名为 AC2 的引用。

如果我们想要让对象能够完整地复制,必须自己写代码实现。我们可以在 AirConditioner 类的定义中加上一个方法:

```
public AirConditioner Clone()
{
    AirConditioner ClonedAC = new AirConditioner(this.Brand, this.Power, this.Mode);
    ClonedAC.IsRunning = this.IsRunning;
    return ClonedAC;
}
```

这个函数新创建了一个名为 ClonedAC 的 AirConditioner 对象,并且把它的各项属性都设置为和自己一样,最后返回给外部。在外部代码中就可以使用这个方法获得一个全新的复制品对象。

```
static void Main(string[] args)
{
    AirConditioner AC1 = new AirConditioner("美的", 2000, 1);
    AirConditioner AC2 = AC1.Clone();
    AC2.Mode = 2;
    Console.WriteLine(AC1.Mode);
    Console.WriteLine(AC2.Mode);
}
```

输出结果显示,AC2 的 Mode 值为 2,AC1 的 Mode 值仍为 1。可见,AC2 与 AC1 是相互独立的对象,这是因为 Clone 函数中已经创建了一个新的对象,它不再是原对象的一个引用。

2.3 WPF 本地应用程序开发

在.NET 的早期版本中,UI 程序(即窗体界面程序)开发采用 WinForm 体系,它主要承袭于 VB6.0 的传统 UI 开发习惯。从.NET 框架 3.0 版本开始,WPF 被正式推出,全称是 Windows Presentation Foundation。它是一种全新的 UI 程序开发技术,与传统的 WinForm 有许多重大区别,代表着 Windows 平台下 UI 技术的发展未来,而 WinForm 将迟早进入淘汰之列。对于刚接触 UI 开发的初学者,我们建议跳过 WinForm,直接学习 WPF。

WPF 的深度和复杂程度远远超过传统 WinForm。本书的核心重点并不在于 C#和 WPF 开发,但是在机器视觉的工程应用上,经常需要用到一些 UI 开发技术,因此本书对 WPF 进行基本的讲解,读者掌握基本的 UI 交互、画面显示等技能即可。

2.3.1 WPF 界面设计

1)WPF 与传统界面设计方法的区别

最早的界面设计方法是纯代码式的,即开发人员直接编写代码来绘制界面,安放按钮、文本框等各个控件。后来,随着 Visual Basic 的出现,用鼠标拖放来绘制界面逐渐成了一种习惯,.NET 中传统的 WinForm 技术就是沿袭这种方式。虽然界面是用鼠标画出来的,但本质上仍是以代码的形式保存在某个文件中,只不过这些代码是自动生成的,一般也不需要开发者去手动修改。

这种方式的功能其实是很有限的,它只是“画出”了界面,如果要加上一点动态效果,则完全依靠后台程序来实现。随着软件技术的发展,人们很快就感觉到这是一个问题。绘制界面属于 UI 设计师的工作,而编写代码属于程序员的工作,但是在传统的 WinForm 开发中这两者是无法分开的,程序员们不得不耗费大量的精力去完成设计师想要的各种 UI 效果。

WPF 的出现彻底解决了这个问题。它支持传统的鼠标绘制方式,同时提供了一种新的语言即 XAML 语言(可拓展应用标记语言),来描述界面上的所有信息。设计师可以用鼠标画出大概的框架,然后利用 XAML 语言编辑界面的各种细节,甚至包括动画和其他特效,同时 VS 编辑器又可以实时编译 XAML 语言,把界面“所见即所得”地呈现出来。这样,设计师与程序员的工作得以真正分开,设计师专注于界面,程序员专注于功能,软件的分工程度和开发效率得到了极大的提高。

当然,WPF 的革命性改变还远不止于此。传统 WinForm 界面基于 GDI 图形库,功能有限,效率也偏低,在显示复杂界面的时候经常出现闪烁和卡顿。而 WPF 直接使用广泛用于游戏开发的 DirectX 引擎,以前只有在游戏中才会出现的各种绚丽效果现在都可以在应用软件中实现。

2)XAML 语言

XAML 的全称是 Extensible Application Markup Language,即可扩展应用标记语言。它作为一种技术,可以应用于很多场合,但目前主要应用于 WPF 界面开发。下面我们基于一个例子来逐步说明其基本用法。

（1）创建第一个 WPF 项目。

运行 VS，选择“创建新项目”，在对话框中选择 WPF 应用（图 2-25），并点击“下一步”按钮，就创建好了一个 WPF 项目。

图 2-25　创建 WPF 项目

WPF 项目的编辑界面（图 2-26）默认分为五个部分。左侧是工具箱窗口，提供了丰富的控件以供选用。右侧上半部是解决方案资源管理器窗口，下半部是属性窗口，属性窗口中可以设置窗体和控件的各种属性。中央上半部是界面视图，在此处以鼠标拖放的方式编辑界面，同时也是编辑效果的直观展示。中央下半部则是 XAML 编辑窗口。其中，界面窗口、XAML 窗口和属性窗口三者是联动的，当我们点击选中窗体或者其中某个控件，XAML 窗口中的光标会跳转到相应对象的语句上，属性窗口也会显示相应对象有关属性内容。

XAML 代码与程序界面是严格对应的，所有的对象都以尖括号标签的形式写出。对象的一般写法是：<类名称> </类名称>，第二组尖括号中有一个斜杠，是结束标记。任何一个 XAML 对象都有属性和内容，属性被写在第一组尖括号内，而内容则写在两组尖括号之间。VS 自动生成的 XAML 代码如下：

```
<Window x:Class = "WpfApp1.MainWindow"
    xmlns = "http://schemas.microsoft.com/winfx/2006/xaml/presentation"
    xmlns:x = "http://schemas.microsoft.com/winfx/2006/xaml"
    xmlns:d = "http://schemas.microsoft.com/expression/blend/2008"
    xmlns:mc = "http://schemas.openxmlformats.org/markup - compatibility/2006"
    xmlns:local = "clr - namespace:WpfApp1"
    mc:Ignorable = "d"
```

```
    Title = "MainWindow" Height = "450" Width = "800" >
  < Grid >

  < /Grid >
< /Window >
```

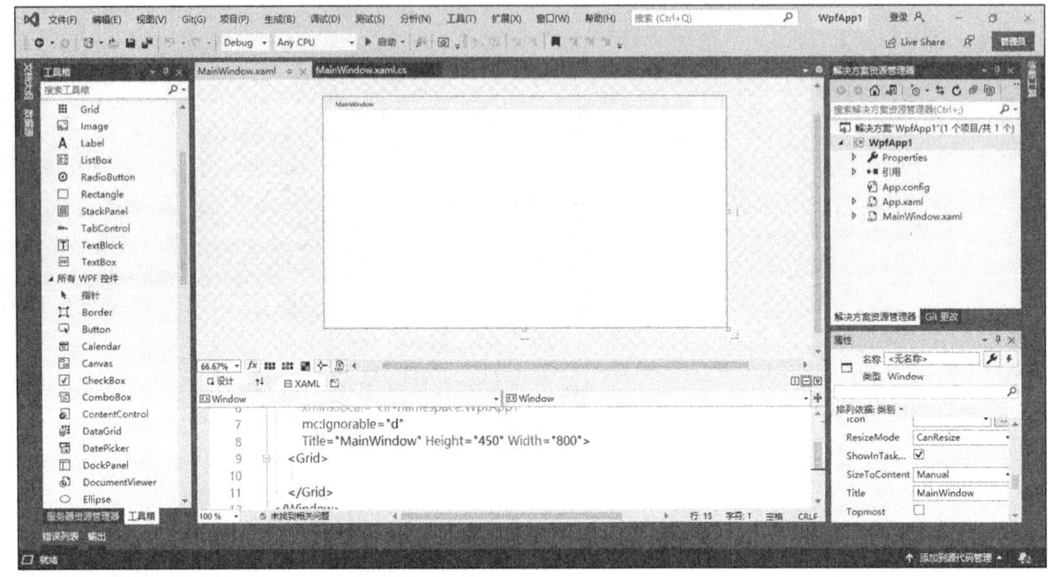

图 2-26　WPF 项目编辑界面

仔细观察可以发现，这里其实只包含两个对象：一是 Window，二是 Grid。在 Window 对象的第一个尖括号内，含有大量属性说明。在 Window 的两组尖括号之间，是 Grid 对象，这说明 Window 对象包含着 Grid 对象，Grid 对象是 Window 对象的内容。这一段代码看似复杂，但其实逻辑是很简明的。

在 Window 对象的属性说明中，以“xmlns”开头的几行是命名空间的声明，一般我们不需要深究其含义。最后一行含有几个熟悉的关键字：Title、Height 和 Width，一看就知道是窗体的标题及长宽属性。读者可以修改它们的取值，看看会产生什么变化。

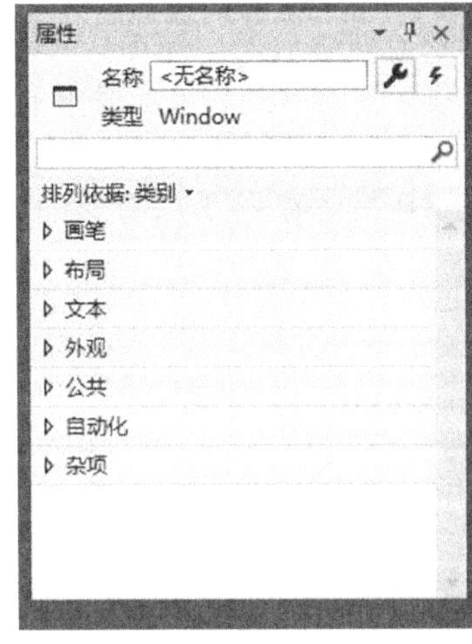

图 2-27　Window 的属性窗口

(2) Window 窗体的属性。

用鼠标选中 Window（或者在 XAML 窗口中点击 Window 标签），右下方的属性窗口（图 2-27）就列出了 Window 窗体的常用属性。属性默认是按照类别排序的，以便于我们查找。

Title 属性包含在“公共”类别中，Height、Width 这两个属性包含在“布局”类别中。

WPF 中的窗体和控件默认是没有名称的，为了便于在 C# 语言代码中进行操作，比较好的习惯是给窗体和每个控件起一个名字，尽管有时候这显得比较烦琐。此时，在属性窗口中的“名称”栏写上 Window 的名称即可，在此我们写“myWindow”。

此后,可以看到 XAML 窗口中 Window 标签中被自动添加了一个属性“x:Name = " myWindow" ”。事实上,对于属性设置而言,XAML 代码与属性窗口是等价的,与直接在 XAML 代码中添加属性具有相同的效果。

通过属性窗口可以改变 Window 窗体的很多细节,表2-14 列出了较常用 Window 属性的含义和用法。

表 2-14 常用 Window 属性

属 性	含 义	取 值
Background	窗体背景色	自定义或取自资源库
Foreground	前景对象(如文字)的颜色	自定义或取自资源库
Width	窗体宽度	自定义
Height	窗体高度	自定义
MinWidth	最小允许宽度	自定义
MinHeight	最小允许高度	自定义
MaxWidth	最大允许宽度	自定义
MaxHeight	最大允许高度	自定义
Visibility	窗体是否可见	Visible——可见;Hidden——隐藏
WindowStyle	窗体边框样式	None——无边框; SingleBorderWindow——单边框; ToolWindow——工具箱样式边框
BorderThickness	窗体边框宽度	上下左右边框可分别设定
Icon	窗体图标	从对话框选择图片
ResizeMode	调整窗体大小的方式	NoResize——不可调整; CanMinimize——只允许最小化; CanResize——可正常调整
ShowInTaskbar	是否在任务栏显示图标	勾选
SizeToContent	自动缩减到最小尺寸	Manual——手动,即不缩减; Width——宽度方向缩减; Height——高度方向缩减; WidthAndHeight——高与宽都缩减
Title	窗体标题	自定义
WindowStartupLocation	窗体运行时出现的位置	Manual——不指定; CenterScreen——出现在屏幕中央
WindowState	窗体运行时的默认状态	Normal——正常; Minimized——最小化; Maximized——最大化
Cursor	鼠标光标样式	在列表中选定
IsEnabled	窗体是否可用	勾选

Window 的大部分属性是从父类 ContentControl 继承而来的，个别属性值对 Window 没有效果，在表 2-14 中没有列出。读者可以自行尝试改变表中属性，并观察运行后的效果，以及 XAML 代码发生了什么变化。

3）布局

从 XAML 代码中可以看到，Window 里面包含了一个 Grid 对象。在 WPF 中，Window 是可以独立运行的顶级元素，它只允许包含一个子元素，要么是 Grid，要么是下面即将谈到的其他容器。所谓容器，就是包含其他控件的控件，其主要的功能是管理内部各个控件的布局。在传统 WinForm 编程里，布局的自适应是一个耗时费力的工作，需要编写大量代码来确保各个控件的尺寸和位置能自动适应窗体尺寸的随时改变。但 WPF 提供了全新的布局系统，通过容器及容器的嵌套，使得这不再是一个困难的问题。接下来，简要讲解几个常用的容器的用法。

（1）StackPanel。

StackPanel 的功能是把子元素按单行或单列顺序排列。首先，我们要把现有的 Grid 对象换成 StackPanel。直接在 XAML 代码中把 < Grid > </Grid > 改为 < StackPanel > </StackPanel >，这是最快捷的方法。然后，在其中写上 4 个按钮的 XAML 代码：

```
<StackPanel>
    <Button Content="Button1" />
    <Button Content="Button2" />
    <Button Content="Button3" />
    <Button Content="Button4" />
</StackPanel>
```

按 F5 运行，我们可以得到图 2-28 所示的界面。

当用鼠标改变窗体大小时，这几个按钮也同时随着改变，但始终保持充满了窗体的宽度，这就是 StackPanel 容器在起作用。

在 StackPanel 属性窗口中找到 Orientation 属性，它的含义是子元素的排列方式，默认值是 Vertical，即纵向，我们将其改为 Horizontal 后，4 个按钮则变为横向排列了（图 2-29）。当窗体大小改变时，按钮始终充满窗体的高度。

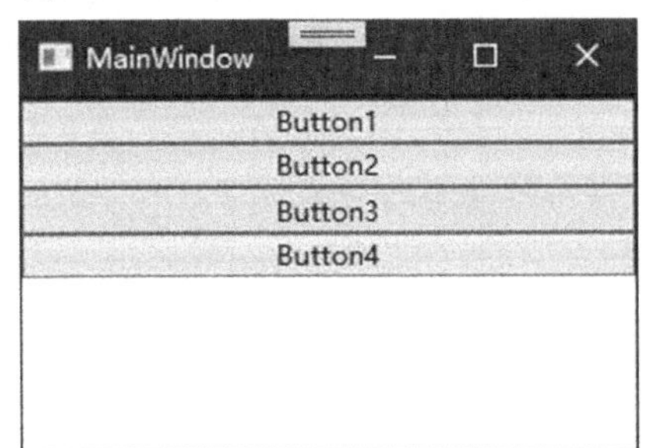

图 2-28　StackPanel 容器的纵向排列

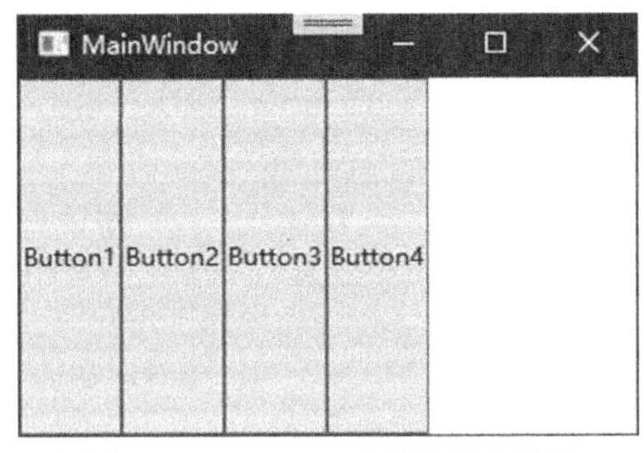

图 2-29　StackPanel 容器的横向排列

子元素在 StackPanel 中虽然是按顺序排列，但仍然可以在一定程度上改变其尺寸和位置。下面的代码在 Button 中设置了几个属性，可以看到，其外观布局发生了变化（图 2-30）。

```
<StackPanel Orientation="Horizontal">
```

```
    <Button Content = "Button1" Height = "100"/ >
    <Button Content = "Button2" Width = "130"/ >
    <Button Content = "Button3" Margin = "10,50,0,0"/ >
    <Button Content = "Button4" VerticalAlignment = "Bottom"/ >
</StackPanel >
```

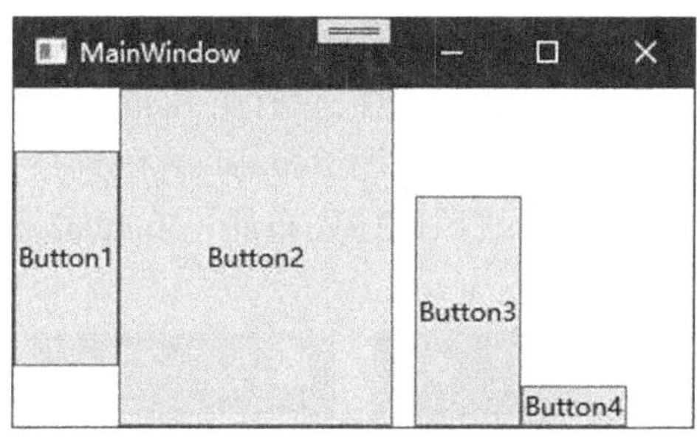

图 2-30 StackPanel 子元素布局微调

对子元素设置 Width、Height 属性以改变子元素的宽和高,并在 StackPanel 中按横向或纵向居中显示,如 Button1 和 Button2。Margin 属性是设置距离 4 个方向相邻元素的间距,通过 Margin 属性可以让元素在 StackPanel 中偏离默认位置,如 Button3。VerticalAlignment 属性可调节元素的垂直对齐方向,有 Center(中心对齐)、Top(顶部对齐)、Bottom(底部对齐)、Stretch(拉伸对齐)4 种方式。如果 StackPanel 是横向排列元素,则 VerticalAlignment 属性无效,相应有效的属性是 HorizontalAlignment 属性,其用法是类似的。

(2)WrapPanel。

WrapPanel 是一个类似的容器,它也是把元素按横向或纵向顺序排列,但不同的是它会自动把元素换行。我们在前面的 XAML 代码中将 StackPanel 改为 WrapPanel,并删去其所有属性描述,运行后用鼠标改变窗体的宽度,将看到如图 2-31 所示的效果。

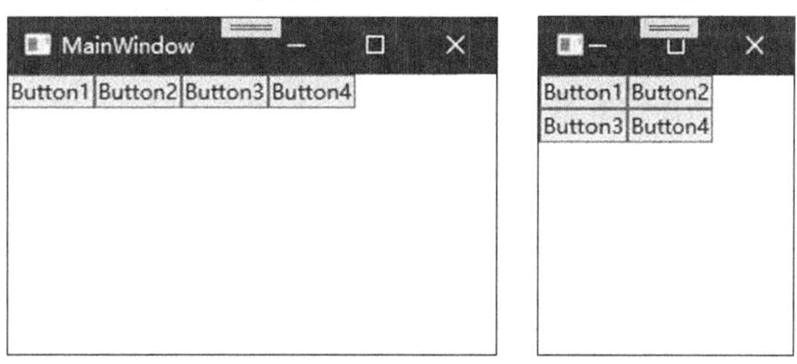

图 2-31 WrapPanel 自动调整元素换行

WrapPanel 也有 Orientation 属性,可以改变元素的排列方向。它同样会在纵向方向上把元素换行。读者可自行尝试,此处不再赘述。

(3)DockPanel。

DockPanel 的行为初看有些怪异,它是靠某一条边来拉伸所包含的控件,而当存在多个控件可能发生拥挤时,则按照先后顺序拉伸。看下面的代码:

```
<DockPanel >
    <Button Content = "Button1" DockPanel.Dock = "Top" / >
```

```
    <Button Content = "Button4" DockPanel.Dock = "Bottom" / >
    <Button Content = "Button2" DockPanel.Dock = "Left" / >
    <Button Content = "Button3" DockPanel.Dock = "Right" / >
    <Button Content = "Button5" / >
</DockPanel >
```

上述代码的显示效果如图 2-32a)所示。前 4 个 Button 都设置了 DockPanel. Dock 属性,它规定了 Button 的停靠方向。这是一个依赖属性,只有当 Button 被放置于 DockPanel 中时,它才拥有这个属性。如果我们在 XAML 代码中把 Button4 的位置放到 Button3 后面,效果则如图 2-32b)所示。这是由于 DockPanel 按照顺序先布局了 Button2 和 Button3,这两个按钮已将左右下角外占满。

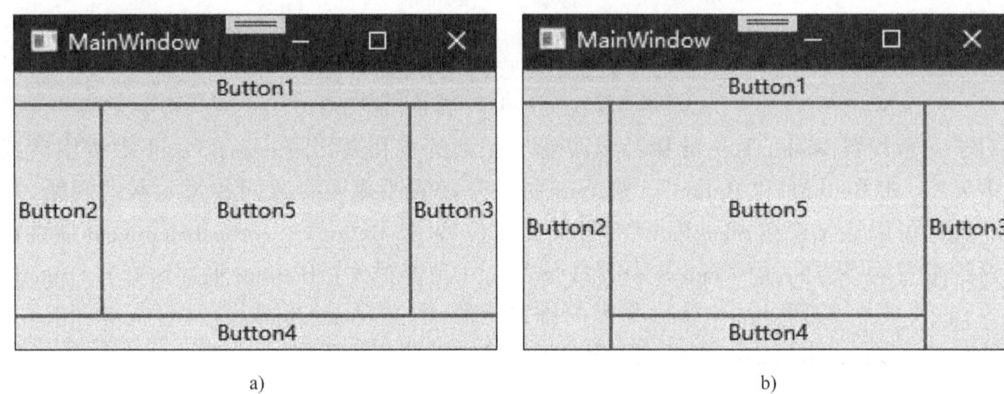

a)　　　　b)

图 2-32　DockPanel 自动停靠子元素

(4)Grid。

Grid 是 WPF 窗体默认给出的容器,也是功能最为强大的容器。它将矩形区域分割成若干小的网格,在网格中布局更多控件。虽然在同一个网格中允许放置多个元素,但是建议只放置一个,以免出现不必要的混乱。

放置控件之前,首先应规划好整个布局所需要的行数和列数,并通过 Grid. ColumnDefinitions 和 Grid. RowDefinitions 定义好行列。我们可以直接在界面窗口中,把鼠标移动到 Grid 对象的任意一个边缘,当鼠标箭头右边出现一个小的加号时单击左键,则可以看到 Grid 中出现了一个行或列的分割线,而 XAML 代码中也出现了相应的行列对象。下面的代码将 Grid 分为 3×3 的 9 个区域,并在第 1、5、9 区域放置了 3 个 Button(图 2-33)。

```
<Grid >
    <Grid.RowDefinitions >
        <RowDefinition Height = "29* "/ >
        <RowDefinition Height = "96* "/ >
        <RowDefinition Height = "44* "/ >
    </Grid.RowDefinitions >
    <Grid.ColumnDefinitions >
        <ColumnDefinition Width = "84* "/ >
        <ColumnDefinition Width = "145* "/ >
```

```
        <ColumnDefinition Width="63* "/>
    </Grid.ColumnDefinitions>
    <Button Content="Button1" Grid.Column="0" Grid.Row="0"/>
    <Button Content="Button2" Grid.Column="1" Grid.Row="1"/>
    <Button Content="Button3" Grid.Column="2" Grid.Row="2"/>
</Grid>
```

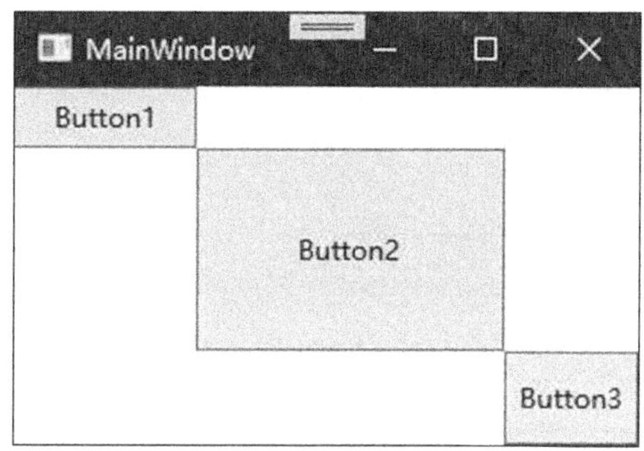

图2-33 Grid元素布局

请仔细阅读上面的XAML代码。关于Grid元素布局,须掌握下面几个要点:

①Grid. RowDefinitions和Grid. ColumnDefinitions作为元素添加在Grid中,并且在其内部继续添加RowDefinition和ColumnDefinition元素,从而定义Grid行列。

②控件元素定义写在行列定义之后。

③控件定义中通过Grid. Column和Grid. Row属性来指定其放置的网格,注意行列的序号都是从0开始计算。

④控件定义中通过Grid. RowSpan和Grid. ColumnSpan属性来设置控件跨越多行和多列的布局。

⑤控件定义中可以设置Margin属性以调节控件间距。

(5)Canvas。

Canvas是一个完全通过坐标来设定元素布局的布局。其中的元素可通过设置Canvas. Left属性确定它距离Canvas左边缘的位置,通过Canvas. Top设置距离Canvas上边缘的位置。此外,还可以使用Canvas. Right和Canvas. Bottom设置距离右方和下方边缘的位置,但Left与Right不能同时使用,Top和Bottom也不能同时使用。

由此可见,在Canvas中的元素只要指定自身的高宽尺寸以及在Canvas中的坐标,就可以确定其布局了。当元素位置发生重叠时,则会依照Z坐标顺序决定其覆盖关系。所有元素都有一个ZIndex值,默认值是0,我们可以手动设置它。ZIndex较大的元素会遮盖ZIndex较小的元素,当ZIndex相同时,则依照XAML代码中被定义的顺序决定遮盖关系。

这种布局方法虽然简明,但是缺少自动调整的灵活性(例如经常存在遮盖的可能性),更多地依赖C#语言代码在过程中予以调节,因此它更像是传统的WinForm体系布局控制方式。在WPF中,Canvas并不常用,除非需要实现元素的某些动画效果才有可能用到。

(6)容器嵌套。

对于一般的布局需求,仅用一个容器有时是难以完成的,需要容器之间的嵌套。这其实并不是困难的事，只要在一开始就对窗体内容进行清晰而明确的设计即可。例如下面这个界面，是一个 Grid 嵌套了两个 StackPanel 和一个 WrapPanel(图 2-34)。

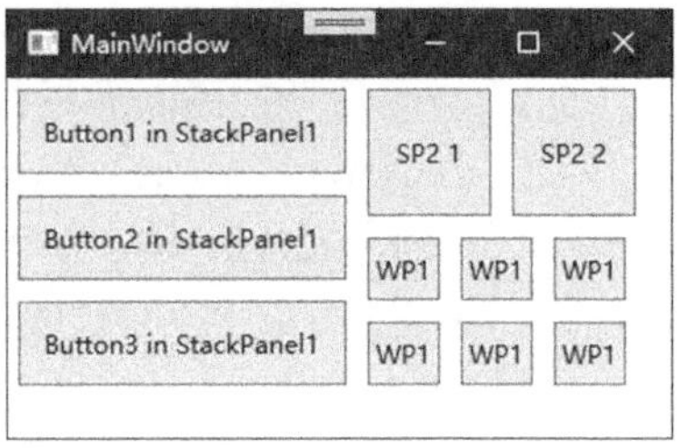

图 2-34　容器的嵌套

其 XAML 代码为：

```
<Grid>
    <Grid.RowDefinitions>
        <RowDefinition Height="68* "/>
        <RowDefinition Height="97* "/>
    </Grid.RowDefinitions>
    <Grid.ColumnDefinitions>
        <ColumnDefinition Width="153* "/>
        <ColumnDefinition Width="139* "/>
    </Grid.ColumnDefinitions>
    <StackPanel Grid.Column="0" Grid.Row="0" Grid.RowSpan="2">
        <Button Content="Button1 in StackPanel1" Height="40" Margin="5"/>
        <Button Content="Button2 in StackPanel1" Height="40" Margin="5"/>
        <Button Content="Button3 in StackPanel1" Height="40" Margin="5"/>
    </StackPanel>
    <StackPanel Grid.Column="1" Grid.Row="0" Orientation="Horizontal">
        <Button Content="SP2 1" Width="60" Margin="5"/>
        <Button Content="SP2 2" Width="60" Margin="5"/>
    </StackPanel>
    <WrapPanel Grid.Column="1" Grid.Row="1" Orientation="Horizontal">
        <Button Content="WP1" Width="35" Height="30" Margin="5"/>
        <Button Content="WP1" Width="35" Height="30" Margin="5"/>
        <Button Content="WP1" Width="35" Height="30" Margin="5"/>
        <Button Content="WP1" Width="35" Height="30" Margin="5"/>
        <Button Content="WP1" Width="35" Height="30" Margin="5"/>
        <Button Content="WP1" Width="35" Height="30" Margin="5"/>
    </WrapPanel>
</Grid>
```

初学者可以从鼠标绘制开始，然后再修改 VS 自动生成的 XAML 代码。稍微熟练以后就会发现，直接编写 XAML 会是更加便捷的做法。

2.3.2　常用控件

介绍完容器之后，下面将介绍几个常用的控件及其基本用法。将正确的控件填入合适的容器，这正是界面功能设计所做的工作。

1)文字控件 TextBlock 与 TextBox

TextBlock 在运行时只能显示文字，但 TextBox 可以编辑文字。两者都可以设置文字内容、字体、换行以及文字对齐等属性。TextBlock 控件如图 2-35 所示。

两者除了有 Width、Height 等常规属性之外，还有几个常用的与文字显示相关的属性，见表 2-15。

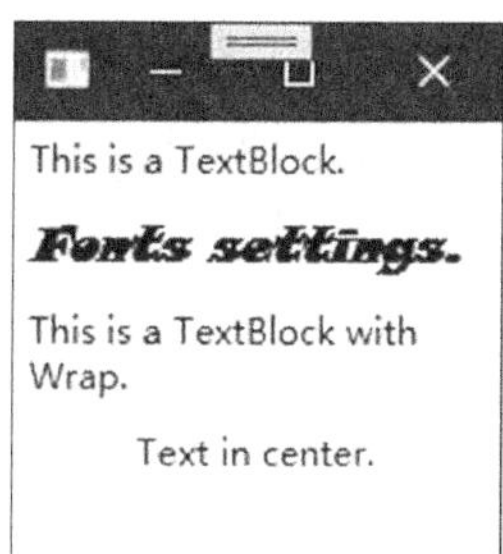

图 2-35　TextBlock 控件

2）图片框控件 Image

Image 控件能够显示图片，它可以是设计时就指定的本地图片或者网络地址图片，也可以在运行时动态地改变其图片内容，甚至可以利用它逐帧展示摄像头的拍摄画面，从而达到播放视频的效果。

它的图片内容通过 Source 属性设置。在设计时，可直接在“公共”属性类别中设置。在运行时，由于 Source 属性是一个ImageSource抽象类型，因此可以把它的子类型对象赋值给它。最常用的是 BitmapImage 类型，它既可以来自图片文件，也可以来自摄像头。

表 2-15　TextBlock、TextBox 的常用属性

属　　性	含　　义	备　　注
Text	文字内容	—
FontFamily、FontSize 等	字体系列属性	在“文本”属性类别中设置
TextWrapping	是否自动换行	NoWrap——不换行； Wrap——自动换行
HorizontalAlignment	文字横向对齐	在“布局”属性类别中设置
VerticalAlignment	文字纵向对齐	

3）按钮控件 Button

Button 主要用于响应用户的单击事件（将在后面的内容中介绍），它的常用属性与 TextBlock 类似，但表示文字内容的属性名称不叫“Text”，而叫“Content”。此外，它没有让文字自动换行的 TextWrapping 属性。

如果我们就是需要它具备自动换行的特性呢？这里可以用到控件嵌套。我们在 XAML 代码的 Button 定义内增加一个 TextBlock 元素［图 2-36a）］，代码如下：

```
<Button >
    <TextBlock Text ="This is a Button with Wrap." TextWrapping ="Wrap"/ >
</Button >
```

甚至，可以让 Button 嵌套一个 Image，以便用图案作为按钮的外观［图 2-36b）］。

```
<Button Height ="50" Background ="White" >
    <Image Source ="pic.png" / >
</Button >
```

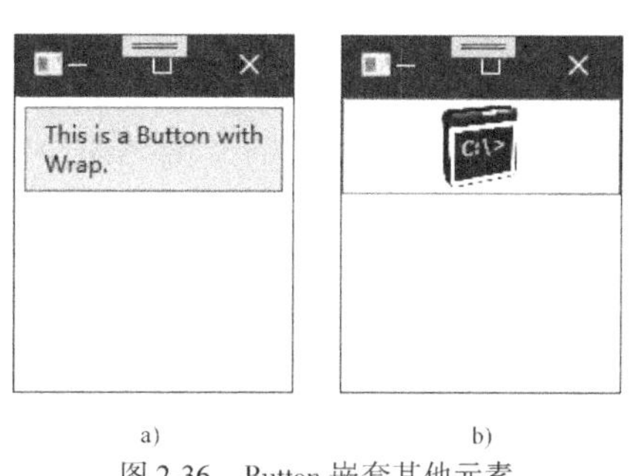

a)　　b)

图 2-36　Button 嵌套其他元素

4)选择控件 RadioButton 与 CheckBox

这两种控件是我们在各类应用软件中屡见不鲜的,RadioButton 是单选框,CheckBox 是多选框。它们都通过 Content 属性设置文字,并通过 IsChecked 设置或者获取是否被选中的状态。RadioButton 还有一个特有的属性 GroupName,具有相同 GroupName 的单选框将被视为同一组,且只能有一个被选中。下面是一段 XAML 代码,读者可以运行以测试其效果。

```
<StackPanel>
        <RadioButton Content="单选1" GroupName="grp1" Margin="5" IsChecked="true"/>
        <RadioButton Content="单选2" GroupName="grp1" Margin="5"/>
        <RadioButton Content="单选3" GroupName="grp1" Margin="5"/>
        <CheckBox Content="多选1" Margin="5" IsChecked="True"/>
        <CheckBox Content="多选2" Margin="5" IsChecked="True"/>
        <CheckBox Content="多选3" Margin="5"/>
    </StackPanel>
```

5)日期控件 Calendar

Calendar 用于显示日期和选择日期,它的显示风格和使用方法都与 Windows 系统的日历极为相似。当用户点选了某个日期后,其 SelectedDate 属性会改变,C#语言代码中就通过这个属性获得用户选择的日期。Calendar 的主要属性见表 2-16。

表 2-16　Calendar 主要属性

属　性	含　义	备　注
DisplayMode	设置显示模式	Month——每页日历显示一个月的各个日子; Year——每页日历显示一年的各个月份; Decade——每页日历显示 10 个年份
SelectionMode	日期选择模式	None——不可选择; SingleDate——选择一个日期; SingleRange——选择一个日期范围; MultipleRange——选择多个日期范围
DisplayDateStart	日历的开头日期	用形如"2021/2/4"的日期来设置
DisplayDateEnd	日历的末尾日期	
IsTodayHighLighted	是否突出显示今天	设置"Ture"或"False"

2.3.3　事件驱动

与传统窗体程序一样,WPF 是通过事件驱动的。例如用户点击了某个按钮,就触发了一个点击事件,将启动相应的代码。

1)事件函数的定义和绑定

许多控件都拥有鼠标单击事件,我们用到最多的是 Button 控件的鼠标单击。任何事件都需要与一个函数绑定,当事件被触发时,所绑定的函数将被执行。鼠标单击事件的标准格式为:

```
private void Button_Click(object sender, RoutedEventArgs e)
```

其中,Button_Click 是函数名,括号中的两个参数是必需的,sender 表示受到鼠标单击从而触发这个事件的 Button,e 是附加事件信息的参数。我们可以在相应的代码文件中把这个函数写在 MainWindow 函数后面,并在函数内容中添加几句代码,即改变窗体的背景颜色:

```
private void Button_Click(object sender, RoutedEventArgs e)
{
    SolidColorBrush B = (SolidColorBrush)myWindow.Background;
    if (B.Color ! = Colors.Black)
    {
        myWindow.Background = new SolidColorBrush(Colors.Black);
    }
    else
    {
        myWindow.Background = new SolidColorBrush(Colors.White);
    }
}
```

写好这个函数之后,我们的程序还不知道什么时候要执行它,所以还需要一个步骤,就是把函数与某个按钮的单击事件绑定到一起。有两种方法可以实现绑定。

(1)在 XAML 定义代码中加上一个事件属性"Click",例如:

```
<Button x:Name = "myButton" Content = "Button1" Click = "Button_Click"/ >
```

运行程序后,每次点击这个按钮,窗体的背景颜色都会在黑色和白色之间来回改变。

(2)在 C#语言代码中实现绑定,在"public MainWindow( )"函数中的"InitializeComponent( );"语句之后加上如下代码:

```
myButton.Click + = Button_Click;
```

两种方法效果相同,但只能选用其中一种。如果两种方法同时使用,则相当于这个函数被绑定了两次,于是每一次事件触发时,这个函数将执行两次。读者可以尝试一下,会发现点击按钮后似乎没有反应,但其实是窗体颜色改变了两次,又变回原来颜色的缘故。

这就是事件绑定的一般方式。首先按照相应事件函数的格式写好一个函数,其次是把函数绑定到相应的事件上。一个事件可以绑定多个函数,每次事件触发时这些函数将依次执行;一个函数也可以绑定给多个事件,例如我们可以把多个按钮的单击事件绑定到同一个函数上,当任何一个按钮被单击时,都执行这同一个函数。下面介绍几个常用的事件及其基本用法。

2)常用事件

(1)鼠标事件。

除了单击之外,鼠标按钮按下、松开以及鼠标移动都可以触发事件。我们熟悉的鼠标拖放功能就是按下、移动和松开三个事件的组合。

鼠标按钮按下和松开的函数标准格式是:

```
private void 函数名(object sender, MouseButtonEventArgs e)
```

参数 *e* 能够返回各个按键的状态，便于我们在事件函数中准确响应：

e. LeftButton——获取鼠标左键是否被按下的状态；

e. RightButton——获取鼠标右键是否被按下的状态；

e. MiddleButton——获取鼠标中间键是否被按下的状态。

鼠标移动的函数标准格式是：

```
private void 函数名(object sender, MouseEventArgs e)
```

与鼠标按钮事件相比，鼠标移动事件第二个参数的类型不一样。但该参数主要的属性是相同的，也可以通过 LeftButton、RightButton 和 MiddleButton 三个按键来获悉鼠标移动时是否有按键处于被按下的状态。

需注意的是，鼠标按下和移动事件是持续触发的。例如当鼠标在某个控件上移动时，它将不断地触发这个控件的 MouseMove 事件；或者，当鼠标左键按下不放时，将不断地触发 MouseDown 事件。然而鼠标松开事件是一次性的，只在鼠标键被松开时触发一次。

(2)键盘事件。

KeyDown 和 KeyUp 事件是响应键盘按键的按下和松开。当任何按键按下时，KeyDown 事件会被不断地被触发；当任何按键松开时，KeyUp 事件会被触发一次。这两个事件的标准形式如下：

```
private void 函数名(object sender, KeyEventArgs e)
```

参数 *e* 有一个重要的属性，即用于判断被按下或松开的按键是哪一个键。我们在“class MainWindow”代码块中写如下代码做测试：

```
int i = 0; //定义全局变量
private void WindowKeyDown(object sender, KeyEventArgs e)
{
    if(e.Key = = Key.A)  //如果按下的是 A 键,窗体标题数字就增加 1
    {
        i + +;
        myWindow.Title = i.ToString();
    }
    else if(e.Key = = Key.B) //如果按下的是 B 键,窗体标题数字就减少 1
    {
        i - -;
        myWindow.Title = i.ToString();
    }
    else //如果按下的是其他按键,窗体标题就显示这个案件的名称
    {
        myWindow.Title = e.Key.ToString();
    }
}
```

需注意,第一句对变量 i 的定义要写在函数外面,作为整个窗体对象中的变量。读者可以自行测试这段函数的效果,看看按下不同按键,或者按住某个按键不放,窗体标题有怎样的变化。

(3)生命周期事件。

窗体和控件都有生命周期,窗体和控件的生命周期是它从被加载到被销毁的整个过程。常用的生命周期事件是 Loaded、Initialized、Closing 和 Closed。它们的标准函数格式都带有两个参数,只是第二个参数 e 的类型不相同。为简明起见,将其主要差别列于表 2-17 中。

表 2-17　生命周期事件基本情况

事件名	触发时机	参数 e 类型	可用对象
Loaded	首次被加载完成后触发	RoutedEventArgs	窗体或控件
Initialized	被加载并初始化之后触发	EventArgs	
Closing	在关闭之前触发	CancelEventArgs	仅窗体
Closed	在关闭之后触发	EventArgs	

生命周期事件是很有用的。例如有时我们需要在程序运行后进行一些初始化的准备,例如读取一些文件数据,那么相关代码就应该绑定窗体的 Loaded 或 Initialized 事件。又如,我们需要在程序被关闭的时候做一些诸如数据自动保存之类的事情,就应当把相关代码与 Closing 或 Closed 事件绑定。需指出的是,Closing 事件的参数 e 有一个特别的属性 Cancel,如果在关联函数中把它设置为 false,那么函数执行后窗体将不被关闭,也就是说这个属性可以阻止程序的关闭。当需要拒绝用户的某种错误操作时,这是很有效的。

(4)内容改变事件。

有很多控件的主要功能是携带信息,例如前面介绍过的 TextBox、CheckBox、RadioButton、Calendar 等。当其内容或状态发生改变时,都会触发相应的事件,在此不作详细讲解,仅将其要点列于表 2-18 中。

表 2-18　内容改变事件基本情况

可用对象	事件名	触发时机	参数 e 类型
TextBox	TextChanged	文字改变后	TextChangedEventArgs
RadioButton	Checked	选中后	RoutedEventArgs
	Unchecked	取消选中后	RoutedEventArgs
CheckBox	Checked	被选中后	RoutedEventArgs
	Unchecked	取消选中后	RoutedEventArgs
Calendar	SelectedDatesChanged	所选日期改变后	SelectionChangedEventArgs

3)事件路由机制

假如我们有一个 StackPanel,其中包含一个 Button,其中又嵌套了一个 TextBlock,而这三个控件都设置了 MouseDown 事件,那么当用户对着按钮点击后,将触发哪一个控件的 MouseDown 事件呢? 或者三个事件都被触发? 在实际开发中,这种情况是很常见的。WPF 采用事件路由的机制来处理这个问题。

WPF 程序只有一个顶级元素,即窗体。它又包含一个顶级容器,容器内可以包含控件或嵌套容器，整个元素体系会形成一个树状结构。每一个元素都有包含它的元素，一直回溯到窗体。在图2-36a）中，鼠标按下后，这个事件将首先经过TextBlock控件，如果它绑定了事件处理函数，那么事件将在这里得到响应并被结束。于是Button和StackPanel都不会响应这个事件。如果TextBlock没有绑定事件处理函数，则事件被依次传递到Button来处理。如果Button也没有处理，则再传递到StackPanel。如果一直到顶级元素都没有处理，则这个事件就被丢弃了，没有得到任何响应。这种从最上层元素逐级向下回溯寻找事件处理函数的机制，就是WPF的事件路由（图2-37）。

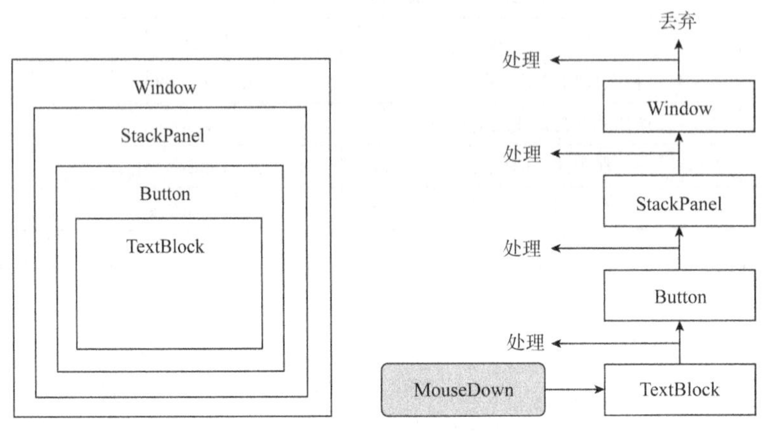

图2-37　WPF事件路由示意图

2.3.4　文件读写

很多应用程序需要读写文件，例如图片文件的读取和保存，或者某些中间数据的读取保存。NET框架提供了一系列现成的类库可供使用，使文件读写成为很便捷的事情。

1）文件的操控

（1）文件夹操控。

文件和文件夹的工具类库在System.IO命名空间下。一般VS不会默认给出这个命名空间的引用，需要手动在代码文件开头添加一句代码：

```
using System.IO;
```

Directory和DirectoryInfo是两个常用于文件夹操控的类，它们的功能相似，都包含一系列关于文件夹创建、删除、移动等方法，但前者可被理解为是一般性的“文件夹”概念，主要是使用其静态方法；后者需要实例化，可被理解为具体的某个文件夹。

创建一个文件夹，可以使用Directory的CreateDirectory静态方法，如下面的代码：

```
Directory.CreateDirectory("C:\\myDir");
```

它将在C盘根目录下创建一个名为“myDir”的文件夹。需注意在C#语言代码中，路径中的反斜杠需要双写。这个方法其实是有返回值的，其返回值是一个DirectoryInfo对象，它被赋值为被创建的这个新文件夹。表2-19中列出了几个常用的文件夹操控方法。

表 2-19 Directory 常用方法

功能	方法名	参数内容和类型	返回值类型
创建文件夹	CreateDirectory	文件夹路径（String）	DirectoryInfo
删除空文件夹	Delete	文件夹路径（String）	无返回值
判断文件夹是否存在	Exists	文件夹路径（String）	bool
移动文件夹	Move	两个参数(String, String)，前者是文件夹路径，后者是移动目标路径	无返回值
获得子文件夹	GetDirectories	文件夹路径（String）	String[ ]
获得其中文件	GetFiles	文件夹路径（String）	String[ ]

需注意，上述方法都是静态方法，其中 Delete 方法仅对空文件夹可用。如果文件夹非空，则需要先删掉其中所有的文件和子文件夹。GetDirectories 和 GetFiles 方法返回的是 String 数组，其中每一个 String 都是一个子文件或文件夹的路径名称。

DirectoryInfo 的使用方法与此类似，不同之处在于它需要先实例化：

```
DirectoryInfo dir = new DirectoryInfo(文件夹路径名);
```

构造函数中的路径名可以是并不存在的文件夹，当这个对象被创建时，只是创建了这样一个文件夹信息对象，并不是文件夹真的在电脑硬盘中被创建了。该对象同样可以使用相应方法实现新建、删除、移动等操作，此处不再赘述。

(2)文件的操控。

与文件夹类似，对文件的操控也有两个类似的类：File 和 FileInfo。File 类的常用文件操作方法见表 2-20。

表 2-20 File 类常用文件操作方法

功能	方法名	参数内容和类型	返回值类型
创建新文件	Create	文件路径（String）	FileStream
复制文件	Copy	两个参数(String, String)，前者是原文件路径，后者是复制目标路径	无返回值
删除文件	Delete	文件路径（String）	无返回值
判断文件是否存在	Exists	文件路径（String）	bool
移动文件	Move	两个参数(String, String)，前者是原文件路径，后者是移动目标路径	无返回值

以上方法均为静态方法。FileInfo 对象的用法与 DirectoryInfo 类似，需先实例化，同样有相应函数实现上述各项操作。

2)文件的读取与写入

(1)图片文件读写。

图片最简单的读取方式是使用如下语句，用图片文件生成一个 Bitmap 对象：

```
Sytem.Drawing.Bitmap bmp = System.Drawing.Image.FromFile(图片文件名);
```

保存图片则直接用 Save 方法：

```
bmp.Save(保存文件名);
```

(2)文本文件读写。

对于一般数据的存储,文本文件是最直观且最方便的方法。首先,我们针对要读取的文本文件生成一个 System. IO. StreamReader 对象,然后通过 ReadLine 方法逐行读取,最后关闭对象。写入文本文件也类似,先生成一个 System. IO. StreamWriter 对象,然后通过 WriteLine 方法逐行写入,最后关闭对象。例如下面这段代码新建了一个名为"cfg. txt"的文件,并写入了几行字符:

```
Double A = 0.0;
Double B = 3.141592653589793;
Double C = 2.718281828459045;
System.IO.StreamWriter sw = new System.IO.StreamWriter("C:\\cfg.txt");
sw.WriteLine(A.ToString());
sw.WriteLine(B.ToString());
sw.WriteLine(C.ToString());
sw.Close();
```

运行之后,可看到 C 盘根目录下有了 cfg. txt 文件,双击打开后看到其内容就是我们写入的三行文字(图 2-38)。

图 2-38　被写入内容的文本文件

读取文本文件时,要注意新生成 StreamReader 对象时读取的位置在文件开头,每读取一行,位置就下移一行。可以用 Peek 方法判断是否读到了文件末尾。例如下面的代码,则将文件的所有内容逐行读取到一个 String 列表中:

```
System.IO.StreamReader sr = new System.IO.StreamReader("C:\\cfg.txt");
List<String> txt = new List<String>();
while (sr.Peek() >= 0) //如果没有到达文件末尾就继续读取
{
    txt.Add(sr.ReadLine()); //把整行文本添加到列表 txt 中
}
sr.Close();
```

(3)二进制文件读写。

文本文件可以满足一般数据的存储需求,但存在两个缺点:①文本内容占用的空间较大,数据量大时会导致文件容量较大。②为了将数据保存到文本文件中,需要把数据转换成字符串,但是这有可能导致精度损失。例如,我们有一个双精度(Double)型的小数,如果用 ToString 方法直接转化为字符串,系统则默认保留一定位数的小数,如果软件对数值精度的要求超过这个位数,则这一步转化,显然会带来不能容忍的误差。请仔细查看图 2-38 中的数字,会发现它比原先定义的数值少了一位(被四舍五入)。

用二进制文件存储数据则没有这个问题,它可以"原汁原味"地保存所有信息。二进制文件读写的逻辑过程与文本文件读写是类似的,但是细节上要复杂一些。下面的代码是创建一个二进制文件,并且把 3 个 Double 型数值储存进去:

```
Double A = 0.0;
Double B = 3.141592653589793;
Double C = 2.718281828459045;
List<byte> bt = new List<byte>(); //创建一个 byte 列表
bt.AddRange(BitConverter.GetBytes(A)); //依次把 3 个数值转换为字节,添加到 bt 中
bt.AddRange(BitConverter.GetBytes(B));
bt.AddRange(BitConverter.GetBytes(C));
FileStream fs = new FileStream("C:\\cfg.bin", FileMode.Create); //创建文件
BinaryWriter bw = new BinaryWriter(fs); //定义字节书写对象 BinaryWriter
bw.Write(bt.ToArray()); //bt 转化为 byte 数组并被写入文件
bw.Close();
```

写入二进制文件需要用到 System. IO 命名空间下的 BinaryWriter 对象,在创建它之前需要先创建一个文件流 FileStream 对象(同样是 System. IO 命名空间下),并把 FileStream 对象作为构造函数的参数。写入文件的内容是一个 byte 数组,所以需要用 ToArray 方法把 List < btye > 转化为 byte[ ]。

这段程序运行后,会在相应路径生成一个文件"cfg. bin",我们在文件浏览器中会看到它的大小是 24 字节,它正好是 3 个 Double 型变量的容量(每个 Double 是 8 字节)。

下面的代码将打开这个文件并读取这 3 个数值:

```
FileStream fs = new FileStream("C:\\cfg.bin", FileMode.Open); //打开文件
BinaryReader br = new BinaryReader(fs);
byte[] data = br.ReadBytes((int)br.BaseStream.Length); //一次性读取文件所有内容
br.Close();
Double A = BitConverter.ToDouble(data, 0);
Double B = BitConverter.ToDouble(data, 8); //第 2 个 Double 从第 8 字节开始
Double C = BitConverter.ToDouble(data, 16); //第 3 个 Double 从第 16 字节开始
```

可以看到,读取二进制文件分为两个步骤:第一步是打开文件并把所有内容读取到一个 byte 数组中,第二步是解析 byte 数组,还原成数据本身。显然,这需要事先就对文件内容和各数据的类型有相当清晰的规定,每个字节保存着什么信息都必须一清二楚。相比之下,文本文件则显得"粗枝大叶"一些,只需要对数据做好分行,或者添加一些特殊字符加以分隔即可确保数据信息明确。在实际工程中,除非对数据精确性有特别的要求,一般还是选用文本文件保

存数据比较便捷。

2.3.5 其他 WPF 技术

本小节介绍 WPF 窗体程序的基本编写方法,包括界面设计、控件和事件的使用,以及文件读写方法。当然,WPF 的强大功能远不止于这些,对 WPF 的常规使用熟练之后,有兴趣的读者可以继续探索更多领域,在此列举几个 WPF 技术突出的技术特性。

1)元素绑定

一个程序的界面往往呈现了很多的信息,有各种数值、文字的显示,还有滚动条、进度条、指示条等图形化的信息,它们都需要根据程序的实际状态调整其显示。在传统的开发方式中,UI 与数据本质上是分离的,程序员需要编写大量代码来调控界面元素的各种显示,使得 UI 与数据随时保持一致。

然而 WPF 提供了一个新的方案,即“数据绑定界面”,大大简化了调控界面的编程工作量。“绑定”就是把控件的某种属性与某个数据捆绑在一起,当数据改变时,这个属性就随之改变。此处所说的数据可以是数据库中的某个数值,也可以是程序内的某个变量,或者是另一个控件的某个属性值。通过绑定机制,使界面随着数据的变化而自动改变,或者当用户调整界面时让相应的数据随之改变,再也无须程序员编写额外的代码。

2)动画

有时,在界面中添加一些动画会大大提升用户的体验。在 WPF 技术出现之前,实现一个动画属于编程中的“高难度动作”,它涉及多线程的控制以及动画中每一时间片的精确操控,而且很容易出现各种问题,导致动画效果不能实现或者不够理想。

在 WPF 中,. NET 提供了 StoryBoard、Animation 等一系列类来提供动画功能。第一,控件的各种量化属性都可以作为动画的内容,比如改变大小、位置、颜色、透明度等;第二,系统自动开辟新的线程来实现动画,免去了复杂的多线程编程工作,而强大的 DirectX 底层图形库确保了动画效果的流畅;第三,开发者只需要指明动画的开始状态、结束状态和动画方式(比如动画的时长以及动画路径等),而无须详细控制每一个时间片的状态。这些机制大大简化了动画的编程难度,降低了出错的可能,使得新手也可以开发出流畅炫目的动画效果。

3)资源

资源是指程序需要用到的各种基础数据。传统的资源是“程序级”的,也就是把文件、图片等所有资源看作是独立于程序的,而且整个程序都可以访问的数据对象。而 WPF 引入了新的资源机制,它把资源看作是“对象级”的,也就是每个元素或者控件都可以有自己的资源并可以被子元素共享,这样,资源的用途被清晰地规定,也约束了它的有效使用。

另外,WPF 中资源的含义也被大大扩充了。传统意义上的资源基本上是指文件和数据库,而 WPF 的资源可以指任何形式的对象或数据。例如,为控件提供特殊背景效果的某种“画刷”对象可以作为一个资源,被赋予某些指定的控件。合理地用好资源,会使程序的数据逻辑更加清晰,代码更加简洁,而且由于资源的用途已被明确约束,其更改和维护都变得更加方便和安全。

2.4 本 章 小 结

本章讲解了 C#语言的基础编程方法,包括基本语法、数据类型、错误调试方法、面向对象编程的方法,以及 WPF 界面程序的基本开发方法。这些知识作为基础技能,将在后续章节内容中被大量运用。本章的各个知识点大都提供了示例代码,建议读者对每一段示例代码都亲自上机测试,并可以任意加以改造尝试,以增加对相关知识的熟悉程度。

思考练习题

1. 与 C + +语言相比,C#语言主要的差异是什么?

2. 上机测试第 2.1.3 节“C#语言的基本语法”中的所有示例代码,并逐语句调试运行。

3. 上机测试第 2.2 节“面向对象的程序结构设计”中的所有示例代码,建立所涉及的各个类。

4. 编写一个 WPF 计算器小程序,实现四则运算。

5. 编写一个程序,实现“用户输入一个文本文件的路径,程序把文件内容读取并显示出来”。

3 图像处理算法库的编写

机器视觉的基础是计算机图形学以及图像处理算法。在通常意义上,对一幅图像进行改造,以获得一幅新的图像,这个过程属于计算机图像处理。而对一幅图像进行分析,以获得有关的信息和知识,这个过程则被称为机器视觉。

上一章已经介绍了 C#语言开发应用程序的基本方法。本章中,我们将从基本概念和基础算法入手,利用 C#语言在. NET 框架基础上开发一个基本的计算机图像处理算法库。

3.1 计算机图形学基础

3.1.1 色彩空间与灰度空间

一幅二维图像是由多个像素点组成的。为了用数值来表示彩色图像中像素点的颜色,人们定义了多种表示方法,可分为基于颜色的表示法和基于亮色分离的表示法。它们的共同点都是把色彩分为若干个分量,用每个分量的取值共同表示一个像素值,分量所有可能的取值组成了一个多维空间,该多维空间被称为“色彩空间”,其中最为常用的是 RGB 色彩空间。

根据有关颜色原理,任何一个色彩值可以分解为红、绿、蓝三种颜色,也就是 RGB 三个字母的含义。为了便于计算机的存储和计算,每种颜色从弱到强被等分为 0 ~ 255 共 256 个值,正好可以用一个字节来表示。于是,任何一个色彩就可以用三个字节的数值来表示。例如,橘黄色在 RGB 空间中表示为(255,128,0),紫罗兰色表示为(138,43,226)。

当然,在较早的时候,限于显示器的性能,也为了节约计算机存储空间,有过更简略的表示方法。比如把每个色彩分量等分为 32 个值而非 256 个,这样就只需要更少的字节数表示整个色彩空间,色彩的运算也相对快一些。这是牺牲色彩的精度来换取效率的做法,如今已经很少使用了。

在某些场合,人们认为不需要图像的色彩信息,只需使用灰度图像就够了。它类似于黑白照片的效果,每个像素点不再具有三个色彩分量,而是只有一个灰度分量,取值同样是 0 ~ 255,被称为“灰度空间”。一个灰度像素只需要一个字节就可以表示,它的存储效率与运算效率比彩色像素高得多,因此在图形学分析中经常用到。

3.1.2 图像在计算机中的存储方式

首先需要指出,计算机中的图像总是以矩形出现的。即使有一幅图像原本是一个圆形或者菱形,但在计算机中仍然使用一个矩形来存储它,只不过把周围没有意义的像素统一设定为某种背景色（比如黑色）。

在计算机领域，习惯上是以图像的左上角为原点，从左向右为 x 轴，从上向下为 y 轴建立坐标系（图 3-1）。于是图像上每个点都有了坐标，称为"图像坐标"。对于一个宽度为 c、高度为 r 的矩形图像，共有 $c \times r$ 个像素，其中第 i 行第 j 列的像素的图像坐标就是 (j,i)。

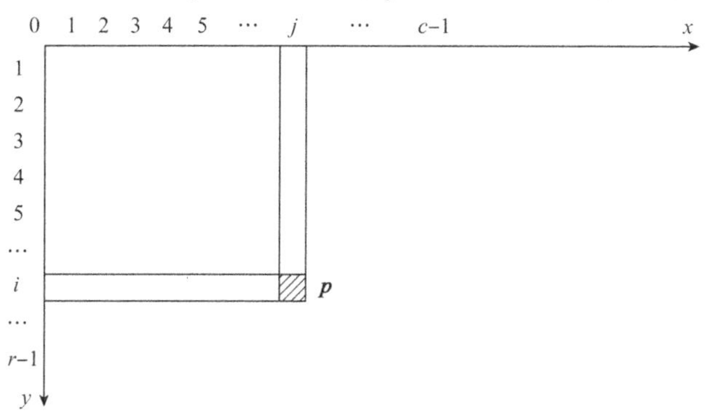

图 3-1 图像坐标系

彩色图每个像素都有三个色彩分量值，在计算机中存储一幅彩色图时，并不是把每个像素的 RGB 值放在一起，而是先按顺序存储各项素的 R 值，再存储各像素 G 值，再是 B 值。以一幅 $c \times r$ 大小的图片为例，在计算机内存中的存储方式是先排布 $c \times r$ 个连续字节存储 R 值，其中，先存储第一行的 c 个像素，即坐标 $(0,0)$、$(0,1)$、$(0,2)$……直到 $(0,c-1)$，然后是第二行的 c 个像素，即 $(1,0)$ 直到 $(1,c-1)$，以后各行依此类推。在 R 值之后，用 $c \times r$ 个字节存储 G 值，像素顺序与先前一样。再接着是 $c \times r$ 个字节存储 B 值。也就是说，整个图片的存储共使用了 $3 \times c \times r$ 个字节，其中每个颜色分量的存储段被称为一个"通道"，彩色图共有三个通道。

对于灰度图，由于每个像素只用一个灰度值表示，所以也就只有一个灰度通道。灰度通道的字节数等于图像像素数，通道内部的像素存储顺序与前面所讲完全一样。

下面，我们将开始用 C#语言编写一个"通道"对象，它将实现通道数据的存储。

用 VS 新建一个项目，项目类型选择"类库"，如图 3-2 所示。

将这个项目起名为"CVlib"。建立完成后，在解决方案资源管理器窗口中右键点击"引用"，选择"添加引用"，并在对话框中选择"System. Drawing"。这个程序集包含一些有用的类，在后面讲解中将会用到。

新项目自动创建了一个名为"Class1"的类，我们并不需要它，因此可在解决方案资源管理器窗口中右键点击它并把它删除，然后新建一个新的类，起名为"Channel"。显然它需要有高度、宽度这两个属性，并且要有一个存储通道数据的数组。看下面的代码：

```
public class Channel //注意,加上 public 关键字
{
    public int Width { get; } //通道宽度,即每行像素数
    private int[] data { get; set;} //通道数据
    public int Height //通道高度,即每列像素数
    {
        get
```

```
        {
            return data.Length / Width;
        }
    }

    public Channel (int ChannelWidth, int ChannelHeight) //指定高度宽度创建一个新的通道
对象
    {
    data = new int[ChannelWidth *  ChannelHeight];
    Width = ChannelWidth;
    }

    public Channel Clone() // 生成一个副本
    {
        Channel rtn = new Channel(this.Width, this.Height);
        rtn.data = (int[])this.data.Clone();
        return rtn;
    }
}
```

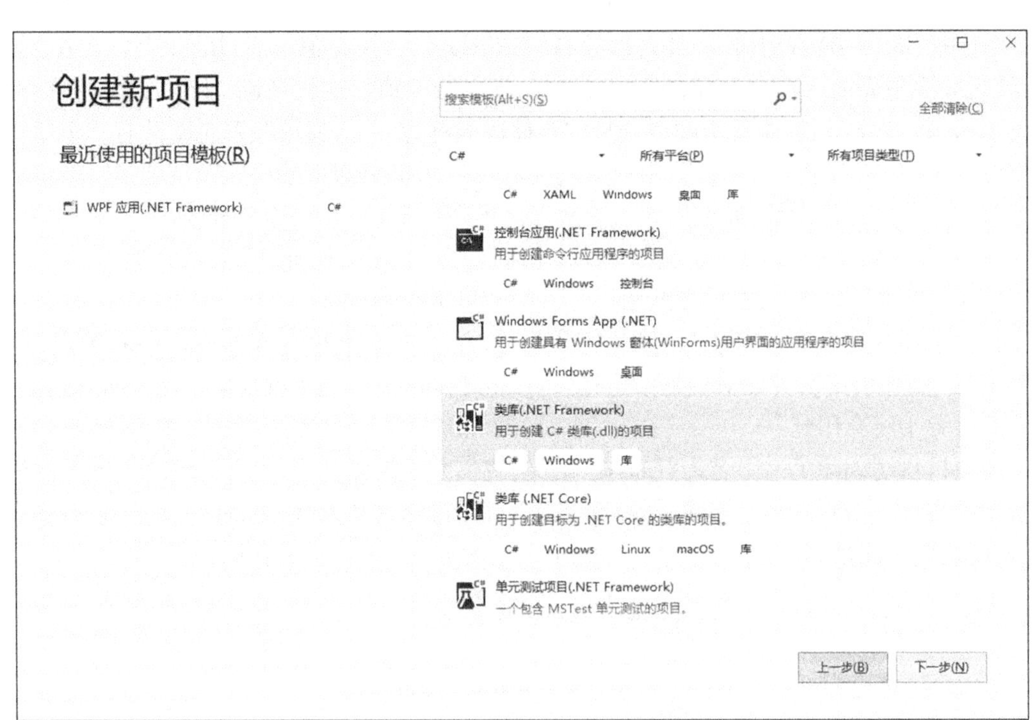

图 3-2　新建“类库”项目

在这段代码中，Channel 对象含有一个 int 数组存储通道数值，还有一个 Width 宽度属性。至于高度值，则不需要存储为属性变量，而是用像素数除以宽度得到。

Clone 函数是生成一个副本对象。它是原对象的复制品，与原对象在内存中是相互独立的，修改副本的像素值并不会影响原对象的像素值。

3.1.3 像素的读写

上面的代码中，储存通道数值的 data 属性被设置为 private 私有类型，也就是不允许外部访问。这样设计的目的在于防止外部代码直接操作 data，甚至改变它的长度，从而造成无法防范的错误。为了允许外部代码读取和修改通道中每个像素的值，可以专门提供两个函数来实现：

```
public int getPixel(int x, int y)  //获取通道中的一个像素点的值
{
    return this.data[y * this.Width + x];
}
public void setPixel(int x, int y, int value) //设置通道中的一个像素点的值
{
    this.data[y * this.Width + x] = value;
}
```

上述两个函数都是通过指定横、纵坐标，获取或设置相应像素点的值。但如果坐标位置超出图像边界，就会导致 data 数组的下标越界，引发错误。通过这种方式操作像素，确保了外部代码不会改变 data 数组的长度和内存地址，以及不会引发相关不可控的异常。

这样，通道类就基本定义完成了，我们将继续定义一个彩色图像类，起名为“ImageRGB”：

```
public class ImageRGB //注意，加上 public 关键字
{
    public Channel R { get; set; } //红色通道
    public Channel G { get; set; } //绿色通道
    public Channel B { get; set; } //蓝色通道
    public int Width
    {
        get
        {
            return R.Width;
        }
    }
    public int Height
    {
        get
        {
            return R.Height;
        }
    }
```

```
    public ImageRGB(Channel ChannelR, Channel ChannelG, Channel ChannelB)
    { //构造函数
        R = ChannelR;
        G = ChannelG;
        B = ChannelB;
    }
    public System.Drawing.Color getPixel(int x, int y)//获取一个像素点的RGB值
    {
        int r = R.getPixel(x, y);
        int g = G.getPixel(x, y);
        int b = B.getPixel(x, y);
        return System.Drawing.Color.FromArgb(r, g, b); //生成一个Color对象返回
    }
    public void setPixel(int x, int y, System.Drawing.Color value) //设置像素值
    {
        R.setPixel(x, y, value.R);
        G.setPixel(x, y, value.G);
        B.setPixel(x, y, value.B);
    }
}
```

在构造函数中，需要提供三个通道，整合为一个 RGB 图像。这里要求三个通道的长宽必须相同。ImageRGB 不需要专门存储宽度和高度数值，当外部代码需要获取图像宽高时，只要提供某一个通道的宽高即可。彩色图的像素值读写与单个通道有所不同，读取到的是 Color 对象，包含三个颜色分量；同样，要写入某个像素也必须提供一个 Color 对象。Color 包含在程序集 System. Drawing 中，如果在代码文档最开头加上"using System. Drawing;"，则后续代码中用到 Color 时可以省略该程序集名称。

3.1.4 图片文件的读写

System. Drawing 程序集中有一个 Bitmap 类，能够实现大部分常见图片格式的读取和保存，例句如下：

```
Bitmap img = (Bitmap)Image.FromFile(文件路径); //从指定路径读取一个图片文件
img.Save(保存路径); //把图像保存到指定路径
```

在第二个语句里，保存路径中需写明文件名和扩展名，C#语言会根据扩展名保存成相应的格式，我们无须关心各种图片格式在硬盘上是如何编排数据的。

Bitmap 对象具有宽度、高度等属性，也能够直接读写像素，但是为了后面将要介绍的各种图像变换和分析，我们需要以之为过渡，转变为之前定义的 ImageRGB 对象。在 ImageRGB 类中加上如下的构造函数：

```
public ImageRGB(String FilePathName)
{
```

```
    //把一个图片文件读取到 img 对象中
    Bitmap img = (Bitmap)Image.FromFile(FilePathName);
    //新建三个与 img 同样尺寸的通道
    this.R = new Channel(img.Width, img.Height);
    this.G = new Channel(img.Width, img.Height);
    this.B = new Channel(img.Width, img.Height);
    //把 img 中每个像素的值写入 ImageRGB
    for (int x = 0; x < img.Width; x++)
    {
        for (int y = 0; y < img.Height; y++)
        {
            this.setPixel(x, y, img.GetPixel(x, y));
        }
    }
}
```

作为 Bitmap 类型,img 对象有 GetPixel 方法,传入坐标参数,返回相应位置的像素值(类型为 System. Drawing. Color)。对应地,它也有 SetPixel 方法,对指定位置的像素赋值,新值的类型同样需要是 Color 型。

接下来,就需要编写一个保存图片的函数,基本逻辑是将 ImageRGB 中数据写入一个 Bitmap 对象中,然后利用 Bitmap 的 Save 方法保存为图片文件。代码如下:

```
public void Save(String SaveFilePathName)
{
    //创建一个同样尺寸的 Bitmap 对象
    Bitmap img = new Bitmap(this.Width, this.Height);
    //将每个像素逐一写入 img 中
    for (int x = 0; x < img.Width; x++)
    {
        for (int y = 0; y < img.Height; y++)
        {
            img.SetPixel(x, y, this.getPixel(x, y));
        }
    }
    //保存图片文件
    img.Save(SaveFilePathName);
}
```

为了测试代码,在解决方案资源管理器窗口右键点击“解决方案 CVlib”,在菜单中选择“添加项目”,然后新建一个控制台应用项目,起名为“test”。在 test 项目中,右键点击“引用”树,在菜单中选择“添加引用”,在对话框中选择“项目”→“CVlib”,如图 3-3 所示。

添加这个引用的作用是使得 CVlib 中的类库可以在 test 项目中使用。然后,还需要右键点击解决方案资源管理器中 test 项目,即在菜单中选择“设为启动项目”。这样,当按下 F5 键开始调试时,运行的就是 test 项目而非 CVlib 项目。对 CVlib 库而言,test 项目中调用 CVlib 的代码就属于所谓的“外部代码”。

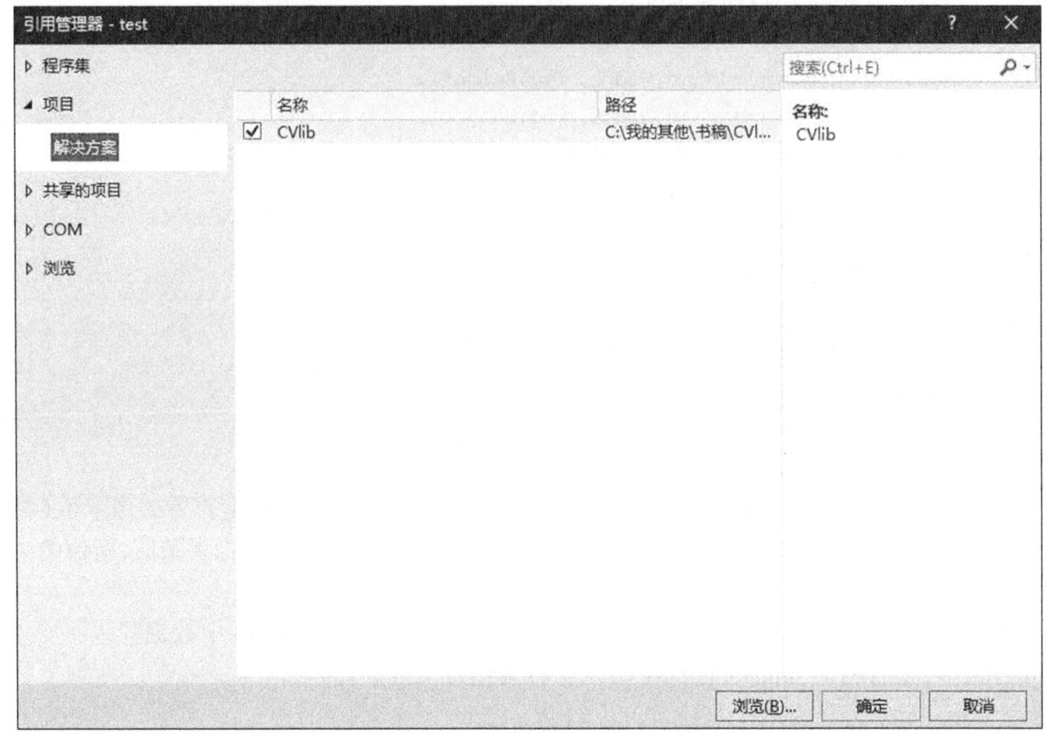

图 3-3　为 test 项目添加 CVlib 引用

我们在 test 中 Program 文件的主函数 Main 里添加以下代码进行测试:

```
ImageRGB img = new ImageRGB("C:\\a.png");
img.Save("C:\\b.png");
```

第一句代码是从 C 盘根目录读取了一个图片文件 a. png,第二句是将它保存为 b. png。当然,前提是 C 盘根目录上已经有了 a. png 这个文件。读者可以自行改成任意一个图片文件的路径。代码运行后,可以看到在第二句代码指定的位置已经有了一个 b. png 文件,其内容与 a. png 完全一样。

通过上面的工作,我们已经建立了一个 ImageRGB 彩色图片类,实现了对图片文件的读取、存储,以及对像素的读写,下面将讲解一些常用的图像变换和分析算法。

3.2　常用计算机图像预处理算法

3.2.1　彩色图与灰度图的互相转换

在实际工程中,常用的变换分析往往是针对灰度图或二值图的,只是在保存为图片文件时需要把它视作彩色图。灰度图只有一个灰度通道,它与彩色图之间在格式上可以互相转化。

把彩色图转为灰度图时，本质上是把彩色像素的R、G、B三个分量通过某个函数换算为一个灰度值。最简单的办法当然是取RGB的平均值为灰度，即：Gray = $(R+G+B)/3$。但这与人类视觉对灰度的感觉规律并不十分符合。人类视觉对绿色相对敏感，而对蓝色相对不敏感，红色敏感度居中。也就是说，当R、G、B三个分量取相同数值时，人眼会感觉G分量更加明亮一些，而B分量相对暗一些。基于这个特点，人们一般会给三个分量以不同的权重来计算灰度：

$$\text{Gray} = 0.299\times R + 0.587\times G + 0.114\times B \tag{3-1}$$

当彩色图转为灰度图后，其色彩信息就丢失了，像素值只代表明暗程度。反过来，当把灰度图转变为彩色图时，也并不能恢复色彩，只能是把灰度通道复制为三个RGB分量通道而已。

在CVlib中，我们新建一个灰度图像类，起名为“ImageGray”，由于它只有一个通道，所以让它继承于Channel类会带来很多方便：

```
public class ImageGray : Channel
{
    public ImageGray(int width, int height) : base(width, height)
    {
    }
}
```

构造函数中不需要添加代码，它已经具备了父类Channel的构造行为，能生成一幅空的图像，并且自动拥有父类的像素读写方法。

再添加下面的构造函数，从ImageRGB生成ImageGray：

```
public ImageGray(ImageRGB rgb) : base(rgb.Width, rgb.Height)
{
    //遍历所有像素
    for (int x = 0; x < rgb.Width; x++)
    {
        for (int y = 0; y < rgb.Height; y++)
        {
            //读取彩色像素
            Color c = rgb.getPixel(x, y);
            //换算为灰度值
            int gray = Convert.ToInt32(0.299 * c.R + 0.587 * c.G + 0.114 * c.B);
            //写入灰度像素
            this.setPixel(x, y, gray);
        }
    }
}
```

在ImageGray类中再定义一个转化为ImageRGB的函数，可命名为“ToRGB”，不需要携带参数，返回值是ImageRGB类型。其逻辑流程是创建一个同等尺寸的ImageRGB对象，每个像素的R、G、B三分量都等于原灰度图相应像素的灰度值。ImageRGB类已经有一个构造函数，此函数通过指定三个通道来构造对象，因此这个转换函数的实现相当简单，只需要一行代码：

```
public ImageRGB ToRGB()
{
    return new ImageRGB(this.Clone(), this.Clone(), this.Clone());
    }
```

它实际上是把原灰度图复制了三份，作为三个通道分量给了新的彩色图像。读者可以思考，如果本句代码不用 Clone 函数，而是直接写作如下形式会有什么不同：

```
return new ImageRGB(this, this, this);
```

在这种错误的写法中，灰度图自身被同时作为三个通道交给了新的彩色图像，虽然彩图也成功构造出来了，但是三个通道其实是同一个通道。对其中任何一个通道进行像素修改，不仅会导致三个通道同时被更改（它们本来就是同一个），而且会使得原来的灰度图也被更改了。原因在于，这样生成的彩色图的 RGB 通道并不是原灰度图的多个副本，而是原灰度图的多个引用，它们指向的是同一块内存、同一份数据。

ImageGray 中并没有直接从图片文件来构造新对象的函数，可以通过 ImageRGB 对象间接实现，即先通过图片文件构造 ImageRGB，然后进而构造 ImageGray，例如下面的语句：

```
ImageGray gray = new ImageGray(new ImageRGB(图片文件路径));
```

相应地，如果要把 ImageGray 对象保存为图片文件，也可以 ImageRGB 为中介：

```
gray.ToRGB().Save (图片文件保存路径);
```

3.2.2 灰度调整

如果一幅图像各像素的灰度值覆盖了整个灰度的取值范围（0～255），并且灰度的分布比较均匀，那么这幅图像就具有较高的对比度和清晰度，图像的细节比较鲜明。但是实际的图像素材往往存在整体上过亮、过暗，或者灰度过于集中在某一狭小范围的问题。通过一些简单直观的灰度调整技术，可以将图片灰度调整为合适的分布，增强图像的表达效果，同时也能为后续变换处理提供便利。

我们在 CVlib 项目中新建一个名为"ImageTransformer"的类，以下的图像变换算法都将作为静态函数放在这个类中。

1）亮度调整

如果一幅图片显著偏暗或者偏亮，则需要进行整体的亮度调整。其基本的方法是给定一个调整率 r（r 必须是正数），将所有像素灰度值乘以这个值得到新的灰度。其代码实现如下：

```
public static void Brightness(ImageGray img, Double r)
//亮度调整算法1(参数 r 须大于0)
{
    for (int x = 0; x < img.Width; x++)
    {
        for (int y = 0; y < img.Height; y++)
```

```
            {
                int g = img.getPixel(x, y); //获得原灰度值
                g = Convert.ToInt32(g *  r); //新灰度值
                g = Math.Min(g, 255); //限制新值不能超过 255
                img.setPixel(x, y, g); //将新值写入像素
            }
        }
    }
```

如果 r 的值小于 1，图像将整体变暗。如果 r 的值大于 1，图像将整体变亮。但是当 r 大于 1 时会出现一个问题，就是一些原本较亮的像素乘以 r 后会超出灰度取值范围 255，虽然上面的代码使用 Math. Min 函数把超出范围的值都改为了 255，但是这毕竟导致图像局部信息的丢失。

因此，我们可以对算法逻辑做一点修改以避免这个问题。注意到当我们使图像变暗时，这个算法是没有问题的，因为此时所有像素的灰度值在 0～255 的范围之内向 0 那一端收缩，不会出现低于 0 的值。那么，当要把图像变亮时，同样可以看作是将所有像素的灰度值在 0～255 的范围内向 255 那一端收缩，这样就不会出现超出 255 的值。具体逻辑如下：

（1）当 $r>1$ 时，求 r 的倒数；

（2）对于某个像素，其灰度值为 g，那么该值到 255 的距离为 $255-g$，将这个距离按一定的比例收缩得到新的灰度值：

$$g_{\text{new}} = 255 - (255 - g) \cdot \frac{1}{r} = 255 - \frac{255 - g}{r} \tag{3-2}$$

第二种算法的代码如下，这个函数写在 ImageTransformer 类中。

```
public static void Brightness(ImageGray img, Double r)
//亮度调整算法 2(参数 r 须大于 0)
{
    for (int x = 0; x < img.Width; x++)
    {
        for (int y = 0; y < img.Height; y++)
        {
            int gray = img.getPixel(x, y); //获得原灰度值
            if (r < 1)
            {
                g = Convert.ToInt32(g *  r); //r<1 时的新灰度值
            }
            else if (r > 1)
            {
                g = Convert.ToInt32(255 - (255 - g) / r); //r>1 时的新灰度值
            }
            img.setPixel(x, y, g); //将新值写入像素
```

```
        }
    }
}
```

选取一幅图片作为测试,取 $r=1.5$,采用两种算法,效果对比如图 3-4 所示。

a)原图

b)算法1

c)算法2

图 3-4 亮度调整效果

可以看出,算法 1 使得较亮的区域变为白色,并且增强了图片整体上对比度。算法 2 使图片整体变亮,较亮区域的信息得以保留,整体上减少了图片的对比度。

假如使用 $r<1$ 把图片变暗,会发现算法 1、2 效果是相同的,较暗的区域不会变为完全黑色,而且此时图片的对比度也降低了,其原理与上面的算法 2 是一致的。在很多图片处理软件中,图像增亮采用的都是算法 2。

2)对比度调整

调整对比度的思想是给定一个调整比例 r(r 必须大于 0),维持平均灰度不变,按比例 r 放大或缩小各像素点灰度对平均灰度的距离。

计算平均灰度的函数代码如下,它要放在 Channel 类中作为一个属性,名为 Ave:

```
public Double Ave //平均灰度
{
    get
    {
        return Convert.ToDouble(this.data.Sum()) / this.data.Length;
    }
}
```

调整对比度的代码如下,它被写在 ImageTransformer 类中:

```
public static void Contrast(ImageGray img, Double r)
//对比度调整(参数 r 须大于 0)
{
    Double ave = img.Ave;
```

```
    for (int x = 0; x < img.Width; x++)
    {
        for (int y = 0; y < img.Height; y++)
        {
            int g = img.getPixel(x, y); //获得原灰度值
            g = Convert.ToInt32(ave + (g - ave) * r); //新灰度值
            g = Math.Max(0, Math.Min(255, g)); //限制新值不能超过0~255
            img.setPixel(x, y, g); //将新值写入像素
        }
    }
}
```

使用不同的 r 值，测试效果如图 3-5 所示。

a) 原图

b) r=1.5

c) r=2.5

图 3-5 对比度调整效果

当调整比例 $r>1$ 时，有一些原本较亮或较暗的点，经比例 r 调整后可能会超出 0～255 的范围，导致局部图像信息丢失。这是对比度调整固有的缺陷。

3）直方图均衡化

人们使用灰度直方图来分析图像各像素的灰度值分布情况。把灰度范围 0～255 作为横坐标区间，把取每个灰度值的像素个数作为纵坐标，就形成了一个灰度直方图。直方图的计算逻辑是很简单的，本书不给出计算灰度直方图的具体代码，读者可尝试自行编写。

以图 3-6a）为示例图片，其灰度直方图如图 3-6b）所示。

由此可见，由于图片曝光的问题，大部分像素灰度集中于直方图中的两侧，这种图片细节不够突出，画面不是太亮就是太暗。直方图均衡化是一种简单有效的增强技术，通过改变图像的灰度，使得其灰度直方图调整为相对均匀的分布状态，这样就增加了灰度值的分布范围，从而增强图像整体上的对比度。但与前文讲述的对比度调整算法有所不同，它的基本原理是：对图像中像素个数多的灰度值进行展宽，而对像素个数少的灰度值进行归并收窄，从而增大对比度，使图像更为清晰。

直方图均衡化算法过程是由低到高对灰度空间的每一个值进行转换。例如对于灰度值

g,图像中灰度为 g 的像素个数为 n_g,那么就把所有该灰度值的像素调整为新的灰度值 g_{new},公式如式(3-3):

$$g_{new} = \frac{255}{S} \cdot \sum_{i=0}^{g} n_i \tag{3-3}$$

a)

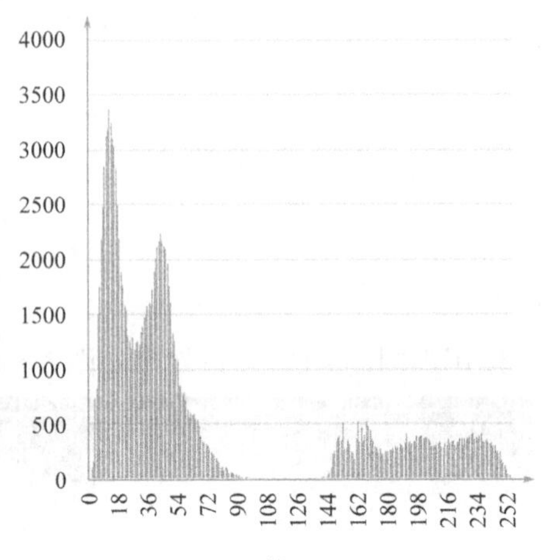

b)

图 3-6　灰度直方图

其中,S 是图像中的像素总数。函数代码如下:

```
public static void HistEqual(ImageGray img) //直方图均衡化
{
    //第一步:求每个灰度值对应的像素个数(数组 n)
    int[] n = new int[256];
    for (int x = 0; x < img.Width; x + +)
    {
        for (int y = 0; y < img.Height; y + +)
        {
            n[img.getPixel(x, y)] + +;
}
    }
    //第二步:计算每个像素值对应的新值(数组 g_new)
    int[] g_new = new int[256];
    int sn = 0; //像素个数的累加值
    int S = img.Width * img.Height; //总的像素个数
    for (int g = 0; g < 256; g + +)
    {
        sn + = n[g]; //逐一累加每个灰度的像素个数
        g_new[g] = Convert.ToInt32(255.0 / S * sn);
    }
    //第三步:把每个像素更改为新的灰度
    for (int x = 0; x < img.Width; x + +)
```

```
        {
            for (int y = 0; y < img.Height; y++)
            {
                img.setPixel(x, y, g_new[img.getPixel(x, y)]);
            }
        }
    }
```

这个函数可同样作为 ImageTransformer 类中的静态方法。新的图像和直方图如图 3-7 所示。

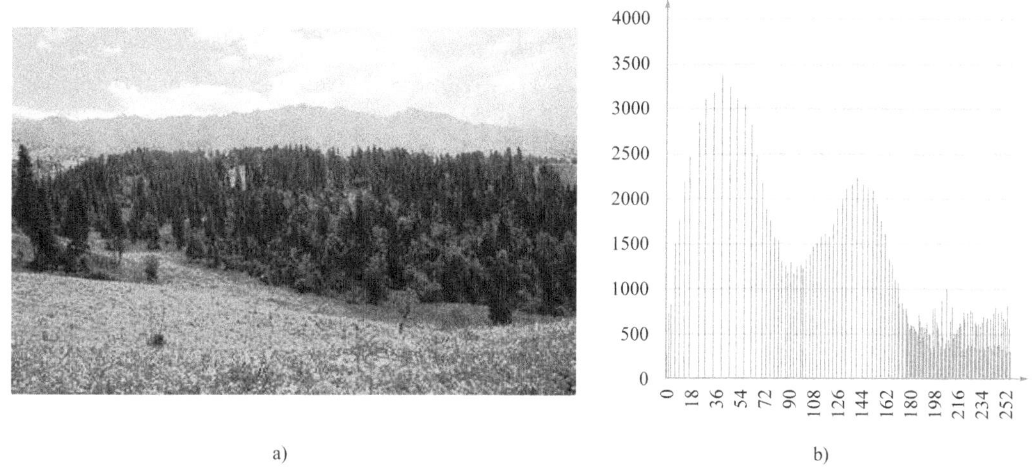

a)　　　　b)

图 3-7　灰度直方图均衡化效果

可以看到,均衡化之后的直方图分布更加均匀,照片细节更加突出,明暗结构也更合理,整个图片的表现力得到了很大增强。

3.2.3　裁剪与粘贴

这里所谈及的裁剪是指给定一幅图片和一个矩形裁剪范围,将其剪下成为一幅新的图片。粘贴是指把一个图片粘贴到背景图的指定位置,覆盖背景图相应的区域。裁剪与粘贴是非常基本的图像处理方式,其逻辑也并不复杂。

1)裁剪

在编写裁剪函数的时候,需要考虑到使用这个函数的人(包括将来的自己)所给出的裁剪区域未必完全处在图片范围之内,这里会有四种情况:①最理想的情况,裁剪区域是图片区域的一部分;②裁剪区域与图片区与部分重叠,另一部分在图片以外;③裁剪区域完全包含并超出了图片区域;④裁剪区域完全离开图片区域,两者没有交集。四种情况对应的实际裁剪部分分别如图 3-8 中阴影所示。

图中实线框为图片,虚线框为给定的裁剪区域,阴影区域为实际裁剪区域。总之要先求取图片与给定裁剪区域的交集部分,作为实际的裁剪区域。在写代码时需要用到 System. Drawing 中的 Rectangle 类,即矩形。它的用法比较简单,具体可参考微软官网 MSDN 的讲解,本书中不予赘述。图片裁剪的代码如下：

```
public static Rectangle Intersection(Rectangle rect1, Rectangle rect2)
    //求两个矩形的交集
{
    //maxLeft:两矩形左边缘 X 坐标的较大者
    int maxLeft = Math.Max(rect1.X, rect2.X);
    //maxTop:两矩形上边缘 Y 坐标的较大者
    int maxTop = Math.Max(rect1.Y, rect2.Y);
    //minRight:两矩形右边缘 X 坐标的较小者
    int minRight = Math.Min(rect1.X + rect1.Width, rect2.X + rect2.Width);
    //minBottom:两矩形下边缘 Y 坐标的较小者
    int minBottom = Math.Min(rect1.Y + rect1.Height, rect2.Y + rect2.Height);
    //W:交集的宽
    int W = minRight - maxLeft;
    //H:交集的高
    int H = minBottom - maxTop;
    //如果宽或高为负值则无交集
    if (W < 0 || H < 0)
    {
        return new Rectangle(0, 0, 0, 0); //返回一个无意义矩形
    }
    //其他情况,返回交集矩形
    else
    {
        return new Rectangle(maxLeft, maxTop, W, H);
    }
}

public static ImageGray Cut(ImageGray img, Rectangle cutArea)
//裁剪,返回裁剪下来的图像
{
    //求矩形交集
    Rectangle rect_img = new Rectangle(0, 0, img.Width, img.Height);
    Rectangle inter = Intersection(rect_img, cutArea);
    if (inter.Width = = 0 && inter.Height = = 0)
    {
        return null; //没有交集,就返回空值
    }
    //定义一个新图像
    ImageGray rtn = new ImageGray(inter.Width, inter.Height);
    //给新图像赋值
```

```
    for (int x = inter.X; x < inter.X + inter.Width; x++)
    {
        for (int y = inter.Y; y < inter.Y + inter.Height; y++)
        {
            rtn.setPixel(x - inter.X, y - inter.Y, img.getPixel(x, y));
        }
    }
    return rtn;
}
```

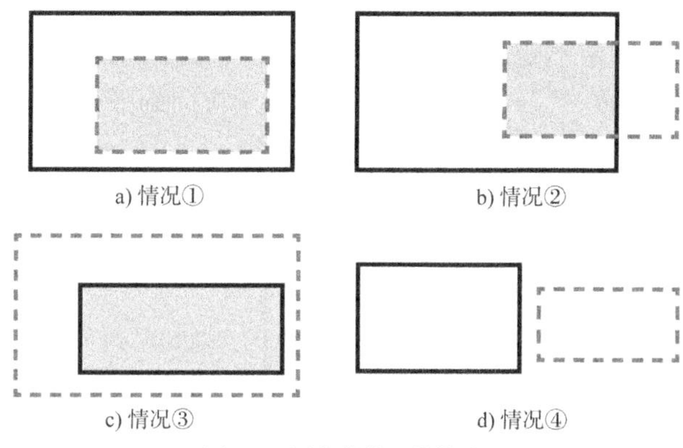

图 3-8 图像裁剪四种情况

Intersection 函数是求两个矩形的交集。当两个矩形没有交集时,返回一个特殊的矩形,即长、宽都为 0 的矩形。在 Cut 函数中判断交集矩形,如果长宽都为 0,则返回一个 null 值。null 可以理解为一个通用的空对象,一般用它来表示一个异常的或者没有意义的结果。

在给新图像赋值的语句里,getPixel 是以原图像 img 为坐标系,而 setPixel 是以新图像 rtn 为坐标系,所以在 setPixel 中需要把 x 和 y 平移,这是比较容易出错的地方。

2)粘贴

粘贴操作与裁剪类似,给定两幅图片,被粘贴的图被称为前景图,另一幅图片被称为背景图。粘贴位置一般用一个二维点表示,它对应着背景图上的某个位置(甚至可以是负值),同时对应着前景图的左上角点。粘贴算法的逻辑如下:

(1)已知两幅图片和一个二维点 P,注意点 P 是以背景图为坐标系;

(2)求两幅图片的交集 N,以一个 Rectangle 对象表示;

(3)遍历 N 中的每个点,从前景图上取出像素值,并给背景图中对应点赋值。

读者可尝试自己编写粘贴函数的代码。需要特别注意,用 getPixel 函数取点是以前景图为坐标系,用 setPixel 函数赋值是以背景图为坐标系,在代码中要对点位有一个平移。

3.2.4 仿射变换

1)仿射原理

仿射变换是二维点在二维平面上的线性变换,它可以看作是平移、旋转和缩放等几种简单变换的组合。通过对仿射变换一般形式及原理的掌握,我们可以清晰地理解平移、旋转等常用变换算法的原理，并写出其相关代码。

假设图像中的任意一个像素 P 的坐标是(x,y)，经过仿射变换 $\boldsymbol{M}$ 后，得到的新像素是 P_1，坐标为(x_1,y_1)，即：

$$P_1 = \boldsymbol{M} \cdot P \tag{3-4}$$

$\boldsymbol{M}$ 被称为仿射矩阵，它是一个 3×3 矩阵。我们把 P 和 P_1 写成向量形式，并增加一个维度，赋常值 1，得到：

$$\begin{bmatrix} x_1 \\ y_1 \\ 1 \end{bmatrix} = \begin{bmatrix} R_{00} & R_{01} & T_x \\ R_{10} & R_{11} & T_y \\ 0 & 0 & 1 \end{bmatrix} \begin{bmatrix} x \\ y \\ 1 \end{bmatrix} \tag{3-5}$$

矩阵 $\boldsymbol{M}$ 的第三行是固定不变的常值，只有前两行可取不同的值。$R_{00} \sim R_{11}$ 将使点位相对于坐标原点发生旋转和缩放，T_x 与 T_y 使点位发生 x 或 y 方向的平移。对同一幅图像，各个像素点乘以同一个矩阵 $\boldsymbol{M}$ 后，整幅图像就发生了仿射变换。

两个或多个仿射矩阵是可以相乘的，它意味着按先后顺序进行了两次或多次仿射变换。例如，将图像按 X 轴平移 10 个像素并按 Y 轴平移 20 个像素的仿射矩阵是：

$$\begin{bmatrix} 1 & 0 & 10 \\ 0 & 1 & 20 \\ 0 & 0 & 1 \end{bmatrix}$$

将图像相对原点放大一倍的仿射矩阵是：

$$\begin{bmatrix} 2 & 0 & 0 \\ 0 & 2 & 0 \\ 0 & 0 & 1 \end{bmatrix}$$

于是，先平移再放大的仿射矩阵就是：

$$\begin{bmatrix} 2 & 0 & 0 \\ 0 & 2 & 0 \\ 0 & 0 & 1 \end{bmatrix} \begin{bmatrix} 1 & 0 & 10 \\ 0 & 1 & 20 \\ 0 & 0 & 1 \end{bmatrix} = \begin{bmatrix} 2 & 0 & 20 \\ 0 & 2 & 40 \\ 0 & 0 & 1 \end{bmatrix}$$

而先放大再平移的仿射矩阵则是：

$$\begin{bmatrix} 1 & 0 & 10 \\ 0 & 1 & 20 \\ 0 & 0 & 1 \end{bmatrix} \begin{bmatrix} 2 & 0 & 0 \\ 0 & 2 & 0 \\ 0 & 0 & 1 \end{bmatrix} = \begin{bmatrix} 2 & 0 & 10 \\ 0 & 2 & 20 \\ 0 & 0 & 1 \end{bmatrix}$$

需注意，在计算仿射矩阵的组合时，先进行的变换要放在右边，后进行的变换要放在左边。图 3-9 所示是不同顺序仿射变换的示意图。

仿射变换的组合不满足交换律，不可随意改变顺序。在这个例子中，产生这种差异的原因在于，缩放变换是相对原点的缩放，所以不仅图像本身的尺寸被缩放了，图像相对原点的距离也被缩放了。

2）图像平移

图像平移是最简单的仿射变换，甚至可以抛开仿射矩阵直接写出代码。但是为了加深对原理的理解，我们还是通过仿射变换的形式推导公式。

在编写代码时，需要把仿射变换公式倒过来思考：不是根据已知点去计算新点位坐标，而是反过来,根据新的点位坐标反算先前的已知点坐标,然后取得已知点的像素值,赋值给新点位。对一幅图像的每个像素都遍历这个操作,图像的变换也就完成了。

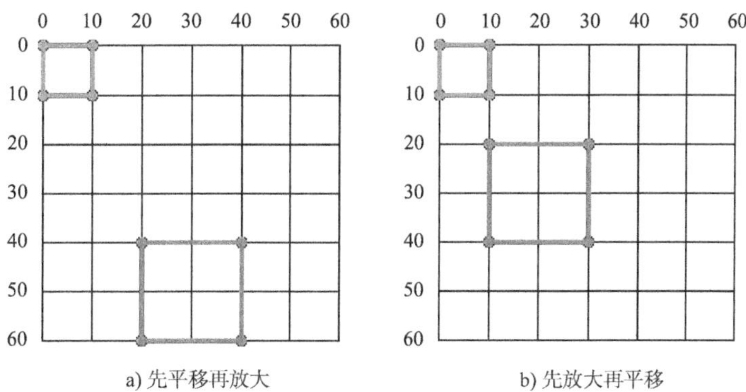

a) 先平移再放大　　b) 先放大再平移

图 3-9　不同顺序的仿射变换

现在我们要写一个函数,输入参数是一幅图像,以及 x、y 方向的平移量(以像素为单位),返回值是平移后的新图像。按照前面讲述的思路,关键代码在于根据新点位推算原点位坐标。我们先写出变换公式:

$$\begin{bmatrix} x_1 \\ y_1 \\ 1 \end{bmatrix} = \begin{bmatrix} 1 & 0 & T_x \\ 0 & 1 & T_y \\ 0 & 0 & 1 \end{bmatrix} \begin{bmatrix} x \\ y \\ 1 \end{bmatrix} \tag{3-6}$$

其中,T_x、T_y 分别是输入的两个平移参数。先求得仿射矩阵的逆矩阵为:

$$\begin{bmatrix} 1 & 0 & -T_x \\ 0 & 1 & -T_y \\ 0 & 0 & 1 \end{bmatrix}$$

在等号两边左乘仿射矩阵的逆矩阵,得到式(3-7):

$$\begin{bmatrix} 1 & 0 & -T_x \\ 0 & 1 & -T_y \\ 0 & 0 & 1 \end{bmatrix} \begin{bmatrix} x_1 \\ y_1 \\ 1 \end{bmatrix} = \begin{bmatrix} x \\ y \\ 1 \end{bmatrix} \tag{3-7}$$

把矩阵计算展开,写出 x、y 的计算式:

$$\begin{cases} x = x_1 - T_x \\ y = y_1 - T_y \end{cases} \tag{3-8}$$

于是,可写出图像平移函数如下:

```
public static ImageGray Transmove(ImageGray img, int Tx, int Ty)
//图像平移
{
    ImageGray rtn = new ImageGray(img.Width, img.Height); //创建新图像 rtn
    //遍历新图像每个像素点
    for (int x1 = 0; x1 < rtn.Width; x1 + +)
    {
```

```
        for (int y1 = 0; y1 < rtn.Height; y1 + +)
        {
            int x = x1 - Tx; //计算原图中的相应点位坐标
            int y = y1 - Ty;
            if (x > = 0 && x < img.Width && y > = 0 && y < img.Height)
            {
                //从原图像取得像素,写入新图像
                rtn.setPixel(x1, y1, img.getPixel(x, y));
            }
            else
            {
                //如果原点位超出了原图范围,则默认为黑色
                rtn.setPixel(x1, y1, 0);
            }
        }
    }
    return rtn;
}
```

由于根据新点位计算出来的原点位坐标有可能超出了图像范围,此时就给新点位赋值为0,即为黑色。图3-10所示为两个不同平移参数的效果。

a)原图

b)T_x=100，T_y=200

c)T_x=-100，T_y=-200

图3-10　平移变换效果

3)插值算法

在继续介绍其他的变换之前,先讨论插值的问题。前面已经指出,所有变换算法的一般逻辑都是根据变换后的点位坐标,反过来计算变换前的点位坐标,然后从原图像取得像素值,赋给变换后的点位。在平移变换中,总是能够找到一个确定的变换之前的点位。然而在旋转等其他变换中,变换之前的点位坐标就可能出现小数,比如正好落在原图像的两个像素点之间。这时该如何取得像素的灰度值呢？这就是插值要解决的问题。

在图像处理中可用的插值方法有很多种,运算简单、效率较高的方法获得的图像效果较

差,而效果好的方法则相对运算复杂、效率较低。最为常用的两种插值方法是最邻近插值法和双线性插值法。前者是所有插值方法中最简单高效的,但图像效果也最低;后者则是效率与效果比较平衡的一种方法,在工程实践中使用得非常多。

最邻近插值法就是将点位坐标值四舍五入,得到最邻近的一个整数坐标点位,取其像素灰度值。例如,某种变换需要获取的原图像点位是(36.44,28.69),那么经四舍五入得到的整数坐标点为(36,29),就取原图像的这个像素。

双线性插值则是用均匀内插的方法求得像素值,其原理如图 3-11 所示。

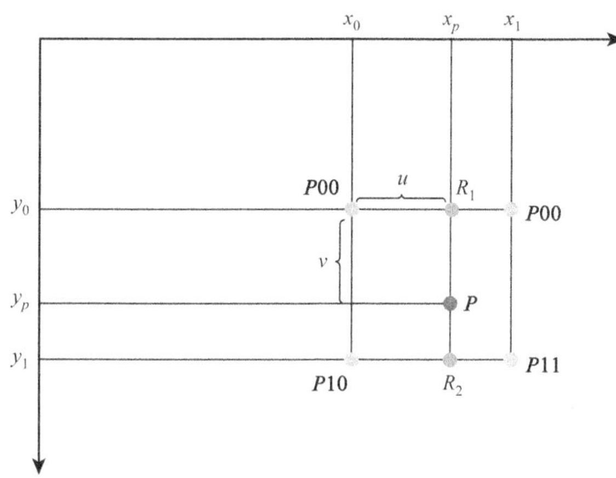

图 3-11 双线性内插原理

假设经计算得知原图中取值点位在 $P(x_p,y_p)$ 点,其坐标是小数,其四周四个整数坐标点位分别为 $P00$、$P01$、$P11$、$P10$。显然 $P00$ 和 $P10$ 的横坐标 x_0,与 $P01$ 和 $P11$ 的横坐标 x_1 相差 1 像素;$P00$ 和 $P01$ 的纵坐标 y_0,与 $P10$ 和 $P11$ 的纵坐标 y_1 也相差 1 像素。R_1 点在 $P00$ 与 $P01$ 之间,按照等比例插值原则,其灰度也在这两点的灰度值 $V00$ 与 $V01$ 之间,且灰度距离与坐标距离的比例相同。R_2 点也同理,因而可得:

$$\begin{cases} \dfrac{x_p - x_0}{x_1 - x_0} = \dfrac{\text{gray}(R_1) - V00}{V01 - V00} \\ \dfrac{x_p - x_0}{x_1 - x_0} = \dfrac{\text{gray}(R_2) - V10}{V11 - V10} \end{cases} \tag{3-9}$$

其中,$x_1 - x_0 = 1$。再令 $x_p - x_0 = u$,则可以化简为式(3-10):

$$\begin{cases} \text{gray}(R_1) = u \cdot (V01 - V00) + V00 \\ \text{gray}(R_2) = u \cdot (V11 - V10) + V10 \end{cases} \tag{3-10}$$

接下来,令 $y_p - y_0 = v$,再按照同样方法,对 R_1 和 R_2 进行线性插值,求得点 P 的灰度为:

$$\text{gray}(P) = (1-u)\cdot(1-v)\cdot V00 + u\cdot(1-v)\cdot V10 + (1-u)\cdot v\cdot V01 + u\cdot v\cdot V11 \tag{3-11}$$

这就是双线性插值法的插值公式。现在,我们从理论上推导了这个公式,在后面将介绍的几种变换里,我们将检验它的效果,尤其是与最邻近插值法相比到底有什么不同。

4)图像旋转

标准仿射矩阵的左上角四个元素与图像的旋转有关,如下面的仿射矩阵可使得图像围绕原点顺时针旋转角度 θ：

$$\begin{bmatrix} \cos\theta & \sin\theta & 0 \\ -\sin\theta & \cos\theta & 0 \\ 0 & 0 & 1 \end{bmatrix}$$

但是在一般的应用中都是需要使图像绕某个指定的中心点(例如图像自身的几何中心)旋转而非围绕原点旋转。其实,围绕任意点的旋转可以分解为三个依次发生的简单变换：

(1)把图像平移,使得旋转中心与坐标原点重合；

(2)对图像做围绕原点的旋转；

(3)对图像做反向的平移,使旋转中心回到原来的位置。

这样三个仿射矩阵相乘得到一个综合的矩阵：

$$\begin{bmatrix} 1 & 0 & M_x \\ 0 & 1 & M_y \\ 0 & 0 & 1 \end{bmatrix}\begin{bmatrix} \cos\theta & \sin\theta & 0 \\ -\sin\theta & \cos\theta & 0 \\ 0 & 0 & 1 \end{bmatrix}\begin{bmatrix} 1 & 0 & -M_x \\ 0 & 1 & -M_y \\ 0 & 0 & 1 \end{bmatrix} = \begin{bmatrix} \cos\theta & \sin\theta & M_x(1-\cos\theta)-M_y\sin\theta \\ -\sin\theta & \cos\theta & M_x\sin\theta + M_y(1-\cos\theta) \\ 0 & 0 & 1 \end{bmatrix}$$

这个综合矩阵就是围绕点(M_x,M_y)顺时针旋转角度 θ 的仿射矩阵。求这个矩阵的逆矩阵是比较复杂的,我们可以直接把它代入式(3-5),把它视为以原点为坐标,以 x、y 为未知数的方程。其过程不予赘述,直接给出结果：

$$\begin{cases} x = D\cdot\cos A + M_x \\ y = D\cdot\sin A + M_y \end{cases} \tag{3-12}$$

其中：

$$\begin{cases} D = \sqrt{(x_1 - M_x)^2 + (y_1 - M_y)^2} \\ A = R - \theta \\ R = \arctan\left(\dfrac{y_1 - M_y}{x_1 - M_x}\right) \end{cases} \tag{3-13}$$

通过式(3-12)就可以基于新点位(x_1,y_1)计算原始点位(x,y)。式中 R 的几何意义是新点位相对于旋转中心的向量角(即向量方向与 X 轴方向的夹角,单位是弧度),A 则是对应的原始点位相对于旋转中心的向量角,D 是新点位到旋转中心的距离。

在编写代码时,我们将上面的计算过程作为一个单独的函数,并把插值运算也作为另一个单独函数。总的图像旋转函数起名为 Rotate,写在 ImageTransformer 类中作为静态方法,其代码如下：

```
public static ImageGray Rotate(ImageGray img, Double Sida, int Mx, int My, bool fast)
{
    //将一个通道进行顺时针旋转,Mx、My 是旋转中心,Sida 是转角
    ImageGray rtn = new ImageGray(img.Width, img.Height);
    Sida = Sida / 180 * Math.PI; //转换为弧度
    //遍历新图像每个点
    for (int y1 = 0; y1 < rtn.Height; y1 + +)
    {
```

```
        for (int x1 = 0; x1 < rtn.Width; x1 + +)
        {
            //求新点位对应的原坐标(小数)
            Double[] xy = calc_xy(x1, y1, Sida, Mx, My);
            Double x = xy[0];
            Double y = xy[1];
            //判断原来的点位是否超出了图片范围
            if (x < 0 ||x > = img.Width ||y < 0 ||y > = img.Height)
            {rtn.setPixel(x1, y1, 0); }
            else
            {
                Double gray = 0.0;
                if (fast) //最邻近插值法
                {gray = Closest(img, x, y); }
                else //双线性插值法
                {gray = Bilinear(img, x, y); }
                rtn.setPixel(x1, y1, Convert.ToInt32(gray));
            }
        }
    }
    return rtn;
}
```

函数的 fast 参数是一个标记,供外部代码选择使用哪一种插值方法。Sida 参数是顺时针旋转的角度,为了简便起见,规定它使用角度单位,在函数内部把它转换为弧度值。

计算旋转前原点位坐标的函数是 calc_xy,它返回一个 Double 数组,包含两个数值,依次是原始点位的横、纵坐标。代码如下:

```
private static Double[] calc_xy(int x1, int y1, Double Sida, int Mx, int My)
//求原始点位的x、y坐标
{
    Double R = Math.Atan2(y1 - My, x1 - Mx);
    Double D = Math.Sqrt(Math.Pow(y1 - My, 2) + Math.Pow(x1 - Mx, 2));
    Double A = R - Sida;
    Double x = Math.Cos(A) * D + Mx;
    Double y = Math.Sin(A) * D + My;
    return new[] { x, y };
}
```

最邻近插值法获取灰度值的函数为 Closest:

```
private static Double Closest(ImageGray img, Double x, Double y)
{
    int x00 = Convert.ToInt32(Math.Floor(x));
```

```
    int y00 = Convert.ToInt32(Math.Floor(y));
    return img.getPixel(x00, y00);
}
```

双线性插值法获取灰度值的函数为 Bilinear：

```
private static Double Bilinear(ImageGray img, Double x, Double y)
{
    int x00 = Convert.ToInt32(Math.Floor(x));
    int y00 = Convert.ToInt32(Math.Floor(y));
    Double u = x - Math.Floor(x);
    Double v = y - Math.Floor(y);
    int V00 = img.getPixel(x00, y00);
    int V10 = img.getPixel(Math.Min(x00 + 1, img.Width - 1), y00);
    int V01 = img.getPixel(x00, Math.Min(y00 + 1, img.Height - 1));
    int V11 = img.getPixel(Math.Min(x00 + 1, img.Width - 1), Math.Min(y00 + 1, img.
Height - 1));
    return (1.0 - u) * (1.0 - v) * V00 + u * (1.0 - v) * V10 + (1.0 - u) * v * V01 +
u * v * V11; //插值公式
}
```

这个函数在计算 $V01$、$V11$、$V10$ 三个值时，利用 Math. Min 函数防止点位坐标超出原图片范围。

我们令旋转角为 30°，用两种插值方法使图片相对于几何中心旋转，效果如图 3-12 所示。

a)原图　　b)最邻近插值效果　　c)双线性插值效果

图 3-12　两种插值方法的图像旋转效果

可以看出，最邻近插值法在图像上产生了很多“毛刺”，而双线性插值产生的图案则较平滑，与原图更为接近，效果要好很多。但是，双线性插值法的速度要低于前者，当图像较大时尤为明显。这个差异并非绝对，在不同的硬件上对不同的图片都会有所不同。

5）缩放、切变与翻转

仿射矩阵的对角元素控制着图像相对于坐标原点的缩放，下面的矩阵可以使图像在宽度方向上放大 w 倍，在高度方向上放大 h 倍：

$$\begin{bmatrix} w & 0 & 0 \\ 0 & h & 0 \\ 0 & 0 & 1 \end{bmatrix}$$

如果 w 或 h 取值为 0 ~ 1,实际效果就变成缩小了。需注意,这样的矩阵使图像相对坐标原点缩放,如果要相对其他某个指定点缩放,则需要结合平移操作,先把指定点移动到坐标原点,缩放后再把该点平移回到原来的位置。

缩放操作的代码如下,其函数起名为 Resize。

```
public static ImageGray Resize(ImageGray img, int newWidth, int newHeight, bool fast)
// 缩放
{
    ImageGray rtn = new ImageGray(newWidth, newHeight);
    // 遍历新图片每个点,求得相应的灰度值
    for (int y1 = 0; y1 < rtn.Height; y1 + +)
    {
        for (int x1 = 0; x1 < rtn.Width; x1 + +)
        {
            // 先求新点位对应的原位置 x、y
            Double x;
            Double y;
            if (newWidth = = 1)
            {x = 0.0; }
            else
            {x = (1.0 * img.Width - 1) / (newWidth - 1) * x1; } // 反算 x
            if (newWidth = = 1)
            {y = 0; }
            else
            {y = (1.0 * img.Height - 1) / (newHeight - 1) * y1; } // 反算 y
            // 插值求灰度
            Double gray = 0.0;
            if (fast) // 最邻近插值法
            {gray = Closest(img, x, y); }
            else // 双线性插值法
            {gray = Bilinear(img, x, y); }
            rtn.setPixel(x1, y1, Convert.ToInt32(gray));
        }
    }
    return rtn;
}
```

这里同样用到了 Closest 和 Bilinear 这两个插值函数。我们把一幅图片的宽度缩短到 0.55 倍,把高度放大到 1.75 倍,采用两种插值方法,结果如图 3-13 所示。

a)原图　　b)最邻近插值　　c)双线性插值

图 3-13　图像缩放效果

另一种基本变换是切变,也就是让图像沿着 x 轴或者 y 轴做平行四边形的变形。例如表 3-1所列的两个仿射矩阵,分别能够使图形沿 x 轴、y 轴切变角度 θ。

表 3-1　切变矩阵及其效果

项　　目	切 变 方 向	
	沿 x 轴切变	沿 y 轴切变
切变仿射矩阵	$\begin{bmatrix}1 & \tan\theta & 0\\0 & 1 & 0\\0 & 0 & 1\end{bmatrix}$	$\begin{bmatrix}1 & 0 & 0\\\tan\theta & 1 & 0\\0 & 0 & 1\end{bmatrix}$
效果示意	x θ y	x θ y

当 $\tan\theta$ 为正值时,图像向坐标轴的正方向切变;反之当 $\tan\theta$ 为负值时,图像向坐标轴负方向切变。

至于图像翻转,有三种翻转形式,即对 x 轴翻转、对 y 轴翻转和对坐标原点翻转。三种翻转的仿射矩阵与效果见表 3-2。

表 3-2　翻转仿射矩阵及其效果

项　　目	翻 转 类 型		
	对 x 轴翻转	对 y 轴翻转	对原点翻转
翻转仿射矩阵	$\begin{bmatrix}1 & 0 & 0\\0 & -1 & 0\\0 & 0 & 1\end{bmatrix}$	$\begin{bmatrix}-1 & 0 & 0\\0 & 1 & 0\\0 & 0 & 1\end{bmatrix}$	$\begin{bmatrix}-1 & 0 & 0\\0 & -1 & 0\\0 & 0 & 1\end{bmatrix}$
效果示意	x y	x y	x y

对 x 轴的翻转，是使每个像素点的 x 坐标不变，而 y 坐标变为负值；对 y 轴的翻转就是使像素点 y 坐标不变，而 x 坐标变为负值。同理，对原点翻转就是 x、y 坐标同时取负值，其效果与相对原点旋转 180°完全一样，这是因为 $\cos180° = -1, \sin180° = 0$，两者的仿射变换矩阵完全相同。

当然，在图像处理中纯粹对图像进行一次简单翻转操作会得到一张空的图像，因为坐标取负值之后就超出了图像范围。实际应用时，需要在翻转之后加上一个平移，把翻转后的图像移动到原来图片的范围内。对 x 轴翻转后要向 y 轴正方向平移一个图像高度；对 y 轴翻转后要向 x 轴正方向平移一个图像宽度；至于对原点的翻转，则要同时向 x、y 轴正方向平移整个图像尺寸。

6）仿射变换小结

本部分讲解了平移、旋转、缩放、切变、翻转五种基本仿射变换的原理和代码，并介绍了两种常用的插值算法。依次进行多个仿射变换，其实质是将仿射矩阵从右到左相乘，得到一个综合变换矩阵。代码编写的基本逻辑是遍历新图像每个像素点，根据像素坐标反算变换之前的点位坐标，再用插值法确定其灰度值，赋值给新图像像素点。

仿射变换有几个特别的几何学属性：变换前处于同一直线上的点，变换后仍处于同一直线上；变换前平行的线，变换后仍然平行；两个线段在变换前的长度之比例，变换后仍不改变。

在前面的所有例子中，仿射变换矩阵的第三行始终是 0、0、1。如果这三个位置取其他数值，那么这个变换将不再是仿射变换，不再满足前述几何特性，它将成为一个“透视矩阵”，引发图像的“透视变换”。

3.2.5 透视变换

1）透视原理

所谓透视，是指一个平面图形在三维空间中被投影到一个新的平面上，形成一个新的投影图形。投影现象在人们的日常生活中极为普遍。如果图形所在的原平面与投影平面不平行，就会使图形发生“透视变形”，其形状、尺寸都发生改变。如果原平面与投影平面平行，那么这就是一个仿射变换。也就是说，仿射变换是透视变换的特殊形式，而透视变换则是更具一般性的变换。

在实际应用场合，摄像头采集到的图片一般不是正摄照片，由于拍摄角度倾斜，就导致照片发生了“投影畸变”。例如用手机扫描二维码时，拍摄的照片就是带有透视畸变的二维码，这时二维码是无法识别的，必须先经过投影变换，把它转换为正摄照片（图 3-14）。事实上，透视变换的应用价值正是对带有透视变形的图像添加相反的变换，使之恢复成正摄图形。

透视变换的标准形式为式（3-14）：

$$\boldsymbol{P}_1 = \boldsymbol{M} \cdot \boldsymbol{P} \tag{3-14}$$

式中：$\boldsymbol{P}$——变换前的点位坐标；

$\boldsymbol{P}_1$——变换后的点位；

$\boldsymbol{M}$——透视变换矩阵。

与仿射矩阵一样，透视矩阵是一个 3×3 矩阵，因此习惯上把点 $\boldsymbol{P}$ 写成列向量 $[x, y, 1]^{\mathrm{T}}$，

$\boldsymbol{P}_1$写成列向量$[u,v,w]^{\mathrm{T}}$,而$\boldsymbol{P}_1$的实际坐标为:$x_1=u/w,y_1=v/w$。矩阵$\boldsymbol{M}$的标准形式为:

$$\boldsymbol{M}=\begin{bmatrix}a_{11} & a_{12} & a_{13}\\ a_{21} & a_{22} & a_{23}\\ a_{31} & a_{32} & 1\end{bmatrix}$$

因此透视变换方程可写为式(3-15):

$$w\cdot\begin{bmatrix}x_1\\ y_1\\ 1\end{bmatrix}=\begin{bmatrix}a_{11} & a_{12} & a_{13}\\ a_{21} & a_{22} & a_{23}\\ a_{31} & a_{32} & 1\end{bmatrix}\begin{bmatrix}x\\ y\\ 1\end{bmatrix} \tag{3-15}$$

图 3-14　对二维码进行透视畸变矫正

透视矩阵共有 8 个不定元素,右下角元素恒定为 1。元素 a_{31}、a_{32}是透视矩阵特有的,如果这两个元素取 0,它就成为一个仿射矩阵。

2)原始点位的推算

按照图像变换代码的一般编写逻辑,在已知透视矩阵的前提下,需要根据新点位(x_1,y_1)推算原始点位坐标(x,y)。根据式(3-13),把矩阵运算展开,可得到以下方程:

$$\begin{cases}x_1=\dfrac{a_{11}\cdot x+a_{12}\cdot y+a_{13}}{a_{31}\cdot x+a_{32}\cdot y+1}\\ y_1=\dfrac{a_{21}\cdot x+a_{22}\cdot y+a_{23}}{a_{31}\cdot x+a_{32}\cdot y+1}\end{cases} \tag{3-16}$$

把新点位 x_1、y_1视为已知,把原点位坐标 x、y 视为未知数,求解上述方程组,可得到推算 x、y 的公式:

$$\begin{cases}x=\dfrac{B\cdot F-C\cdot E}{G}\\ y=\dfrac{C\cdot D-A\cdot F}{G}\end{cases} \tag{3-17}$$

其中,$A=a_{31}\cdot x_1-a_{11}$,$B=a_{32}\cdot x_1-a_{12}$,$C=x_1-a_{13}$,$D=a_{31}\cdot y_1-a_{21}$,$E=a_{32}\cdot y_1-a_{22}$,$F=y_1-a_{23}$,$G=A\cdot E-B\cdot D$。

这样,我们就可以编写透视变换的程序代码。总体逻辑是:

(1)遍历新图像的每个像素点;

(2)根据像素坐标反算变换之前的点位坐标;

(3)用插值法确定其灰度值,赋值给新图像像素点。

我们给透视变换函数起名 Perspect,代码如下:

```
public static ImageGray Perspect(ImageGray img, Double[] M, bool fast)
//已知透视矩阵的透视变换
{
    ImageGray rtn = new ImageGray(img.Width, img.Height);
    //遍历新图像,求得相应的灰度值
    for (int y1 = 0; y1 < rtn.Height; y1 + +)
    {
        for (int x1 = 0; x1 < rtn.Width; x1 + +)
        {
            //求新点位对应的原始位置
            Double A = M[6] * x1 - M[0];
            Double B = M[7] * x1 - M[1];
            Double C = x1 - M[2];
            Double D = M[6] * y1 - M[3];
            Double E = M[7] * y1 - M[4];
            Double F = y1 - M[5];
            Double G = A * E - B * D;
            Double x = (B * F - C * E) / G; //变换前 x 坐标
            Double y = (C * D - A * F) / G; //变换前 y 坐标
            if (x < 0 || x > = img.Width || y < 0 || y > = img.Height)
            { rtn.setPixel(x1, y1, 0); }
            else
            {
                Double gray = 0.0;
                if (fast) //最邻近插值法
                { gray = Closest(img, x, y); }
                else //双线性插值法
                { gray = Bilinear(img, x, y); }
                rtn.setPixel(x1, y1, Convert.ToInt32(gray));
            }
        }
    }
    return rtn;
}
```

参数 ***M*** 是一个 Double 数组,它含有 8 个元素,表示透视矩阵的 8 个可变元素,顺序为 $[a_{11}, a_{12}, a_{13}, a_{21}, a_{22}, a_{23}, a_{31}, a_{32}]$。

3)求解透视矩阵

上面的函数虽然能实现透视变换,但其实并不怎么具有实用价值,因为使用函数的人(包括我们自己)难以提供一个合适的透视矩阵,即参数 ***M***。因此我们需要对函数做一个扩充,让使用者不必提供矩阵 $\boldsymbol{M}$,而是提供几个成对的新旧点位作为参数,在函数内求出透视矩阵,然后执行变换。这种设计,对函数的使用者就直观、友好得多了,也使得这个函数真正“能用”。

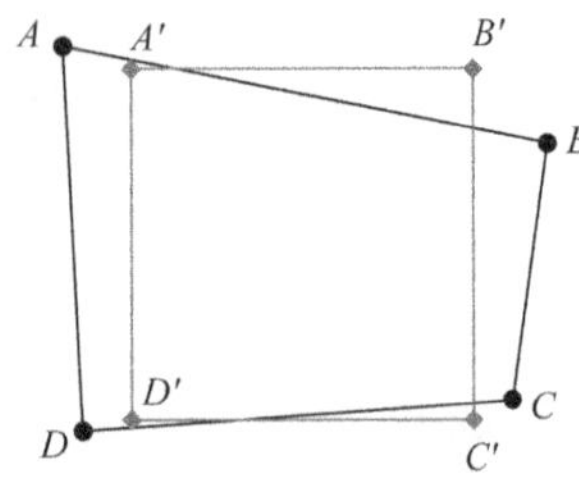

图 3-15　透视矫正示意图

我们知道,透视矩阵共有 8 个可变元素,因此总共需要 4 个成对的新旧点位,依照其横纵坐标可列出 8 个方程,从而解出透视矩阵。如图 3-15 所示,假设现有某张照片,因拍摄角度不正,我们感兴趣的区域在照片上是一个不规则四边形 $ABCD$,现在需要求得一个透视矩阵 $\boldsymbol{M}$,使四边形 $ABCD$ 经变换后恢复成矩形 $A'B'C'D'$。

$ABCD$ 的坐标可在图片中测量得到,$A'B'C'D'$的坐标是我们人为设定的,也就是说以上 4 对点的坐标都是已知的。利用式(3-15),可列出 8 个方程,把 a_{11},a_{12},a_{13},a_{21},a_{22},a_{23},a_{31},a_{32}视为未知数求解,即可得到矩阵 $\boldsymbol{M}$。

设 A 点坐标为(x_1,y_1),A'点坐标为(x_1',y_1'),其他点坐标以此类推。代入式(3-16)可以得到式(3-18):

$$\begin{cases} a_{11}\cdot x_1 + a_{12}\cdot y_1 + a_{13} - a_{31}\cdot x_1\cdot x'_1 - a_{32}\cdot y_1\cdot x'_1 = x'_1 \\ a_{21}\cdot x_1 + a_{22}\cdot y_1 + a_{23} - a_{31}\cdot x_1\cdot y'_1 - a_{32}\cdot y_1\cdot y'_1 = y'_1 \end{cases} \tag{3-18}$$

其他 3 组方程可类似推导。8 个方程一并写成矩阵形式,即:

$$\begin{bmatrix} x_1 & y_1 & 1 & 0 & 0 & 0 & -x_1\cdot x'_1 & -x_1\cdot x'_1 \\ 0 & 0 & 0 & x_1 & y_1 & 1 & -x_1\cdot y'_1 & -x_1\cdot y'_1 \\ x_2 & y_2 & 1 & 0 & 0 & 0 & -x_2\cdot x'_2 & -x_2\cdot x'_2 \\ 0 & 0 & 0 & x_2 & y_2 & 1 & -x_2\cdot y'_2 & -x_2\cdot y'_2 \\ x_3 & y_3 & 1 & 0 & 0 & 0 & -x_3\cdot x'_3 & -x_3\cdot x'_3 \\ 0 & 0 & 0 & x_3 & y_3 & 1 & -x_3\cdot y'_3 & -x_3\cdot y'_3 \\ x_4 & y_4 & 1 & 0 & 0 & 0 & -x_4\cdot x'_4 & -x_4\cdot x'_4 \\ 0 & 0 & 0 & x_4 & y_4 & 1 & -x_4\cdot y'_4 & -x_4\cdot y'_4 \end{bmatrix} \begin{bmatrix} a_{11} \\ a_{12} \\ a_{13} \\ a_{21} \\ a_{22} \\ a_{23} \\ a_{31} \\ a_{32} \end{bmatrix} = \begin{bmatrix} x'_1 \\ y'_1 \\ x'_2 \\ y'_2 \\ x'_3 \\ y'_3 \\ x'_4 \\ y'_4 \end{bmatrix} \tag{3-19}$$

将该式中左边的方阵记为 $\boldsymbol{Q}$,透视矩阵元素组成的列向量记为 $\boldsymbol{X}$,等号右边的列向量记为 $\boldsymbol{R}$,即 $\boldsymbol{Q}\times\boldsymbol{X}=\boldsymbol{R}$。这里需要对 $\boldsymbol{Q}$ 求逆矩阵 $\boldsymbol{Q}^{-1}$,以得到 $\boldsymbol{X}$,即:$\boldsymbol{X}=\boldsymbol{Q}^{-1}\times\boldsymbol{R}$。

由于对 8×8 的矩阵 $\boldsymbol{Q}$ 求逆涉及大量的行列式计算,其效率是很低的,但可以采用初等行变换的手段快速求解式(3-19)。把 $\boldsymbol{Q}$ 与 $\boldsymbol{R}$ 的增广矩阵记作 $\boldsymbol{S}=\boldsymbol{Q}|\boldsymbol{R}$,然后对 $\boldsymbol{S}$ 进行初等行变换使得前 8 列形成单位矩阵:$\boldsymbol{S}=\boldsymbol{Q}|\boldsymbol{R}\rightarrow\boldsymbol{E}|\boldsymbol{Z}$,此时列向量 $\boldsymbol{Z}$ 就是我们所求的 $\boldsymbol{X}$。这个算法相较直接求解逆矩阵要快得多。

3.2.6 卷积变换

"卷积"在数学里指一类特定的运算,在图像处理领域则具体化为一种根据邻域像素加权来计算像素值的运算,它可以实现图像的锐化、模糊化以及边缘信息的提取。

假设一幅图片中某个像素的坐标是(x_0,y_0),我们称该像素为"锚点"。定义其邻域N为$(x_0-p,y_0-q)\sim(x_0+p,y_0+q)$,也就是以锚点为中心,宽度为$2p+1$像素、高度为$2q+1$像素的一个矩形。另有一个对邻域像素的加权矩阵$\boldsymbol{K}$,我们称之为"卷积核",其尺寸与邻域相同。此时,可按式(3-20)计算锚点的新值:

$$F(x,y)=\sum_{y=y_0-q}^{y_0+q}\sum_{x=x_0-p}^{x_0+p}f(x,y)\cdot\boldsymbol{K}(x-x_0+p,y-y_0+q) \tag{3-20}$$

该式的含义是把邻域内每个像素的值乘以卷积核对应位置的值,然后全部累加起来作为新的像素值赋给锚点,如图3-16所示。

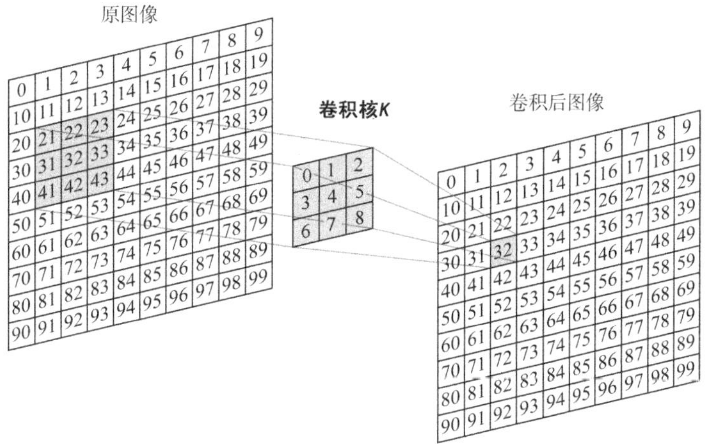

图3-16 卷积运算

图3-16所示为一个高、宽均为3像素的卷积核,锚点在32号点位,经加权求和后得到锚点的新像素值。依次以图像中每个像素为锚点执行这个操作,就完成了对整幅图的卷积。代码如下:

```
public static ImageGray Conv(ImageGray img, Double[] kernel)
//卷积
{
    ImageGray rtn = new ImageGray(img.Width, img.Height);
    int size = Convert.ToInt32(Math.Sqrt(kernel.Length)); //卷积核尺寸
    //遍历原图像所有像素
    for (int h = 0; h < img.Height; h++)
    {
    for (int w = 0; w < img.Width; w++)
    {
```

```
        Double temp = 0;
        //遍历锚点的邻域
        for (int y = h - 1; y < = h + 1; y+ +)
        {
        for (int x = w - 1; x < = w + 1; x+ +)
        {
            if (y > = 0 && y < img.Height && x > = 0 && x < img.Width) //边缘处理
            { temp + = kernel[size *  (y + 1 - h) + x + 1 - w] * img.getPixel(x, y); }
//卷积累加
        }
        }
        rtn.setPixel(w, h, Math.Min(255, Math.Max(0, Convert.ToInt32(temp))));
    }
    }
    return rtn;
}
```

代码逻辑并不复杂，它以一个 Double 数组表示卷积核。需注意，这段代码仅支持正方形的卷积核，变量 size 是把核的元素数量开平方得到核的宽度。例如，如果卷积核尺寸为 3×3，则 kernel 含有 9 个元素，开平方后 size 等于 3。在实际应用中，卷积核大都为正方形，其他形状的核很少用到。

在最后 setPixel 对新像素赋值时，要用 Math. Min 和 Math. Max 函数对累加值 temp 进行处理，把超出灰度范围的值修正为 0 或 255。

另一个需要注意的问题是图像边缘的处理。以 3×3 卷积核为例，当锚点位于图像边缘时，卷积核就有一部分落在图像以外。处理这个情况最简单的办法是把超出边缘的位置视为 0 值，也就是不予累加（上面的代码中正是如此处理的）。除此以外也有其他处理方式，例如反方向向图片内部读取对应像素填补边缘位置，或者用图片另一侧的边缘像素来填补。最常见的还是采用取 0 值的方式，除非图像的边缘部分含有特别重要的信息。

卷积变换的算法是固定的，但卷积核取值不同，会产生不一样的有趣结果。

看下面的 3×3 卷积核：

$$\begin{bmatrix} \frac{1}{9} & \frac{1}{9} & \frac{1}{9} \\ \frac{1}{9} & \frac{1}{9} & \frac{1}{9} \\ \frac{1}{9} & \frac{1}{9} & \frac{1}{9} \end{bmatrix}$$

执行这个卷积后，会使得每个像素的值变为其 3×3 邻域内像素值的平均值。可以预见，卷积后图像会变得模糊，细节分辨被削弱。这样的卷积核被称为“低通滤波”，意思是让低频率的信息通过，而高频率的、剧烈变化的图像特征则在求平均值的运算中被消除了。

具有类似效果的低通滤波还有很多，例如：

$$\begin{bmatrix} \frac{1}{8} & \frac{1}{8} & \frac{1}{8} \\ \frac{1}{8} & 0 & \frac{1}{8} \\ \frac{1}{8} & \frac{1}{8} & \frac{1}{8} \end{bmatrix} \qquad \begin{bmatrix} \frac{1}{10} & \frac{1}{10} & \frac{1}{10} \\ \frac{1}{10} & \frac{2}{10} & \frac{1}{10} \\ \frac{1}{10} & \frac{1}{10} & \frac{1}{10} \end{bmatrix}$$

左边的核把锚点位置的权重定为0,这样,锚点的信息被完全忽略,完全以邻域的信息来确定新像素值,模糊化效果更强烈。右边的核中,锚点位置的权重比邻域位置大一倍,这样就使得原图信息被保留得更多,也就是模糊化效果稍弱一些。

锐化是与模糊化相反的效果,锐化卷积核又被称为"高通滤波",它保留高频率的图像信息,而滤除低频的、变化不大的图像特征。下面的卷积核是一个典型的高通滤波:

$$\begin{bmatrix} 0 & -1 & 0 \\ -1 & 5 & -1 \\ 0 & -1 & 0 \end{bmatrix}$$

此外,也可以在横向、纵向执行不同的滤波:

$$\begin{bmatrix} -1 & -1 & -1 \\ 2 & 3 & 2 \\ -1 & -1 & -1 \end{bmatrix} \qquad \begin{bmatrix} -1 & 2 & -1 \\ -1 & 3 & -1 \\ -1 & 2 & -1 \end{bmatrix}$$

高通、低通滤波测试效果如图 3-17 所示。

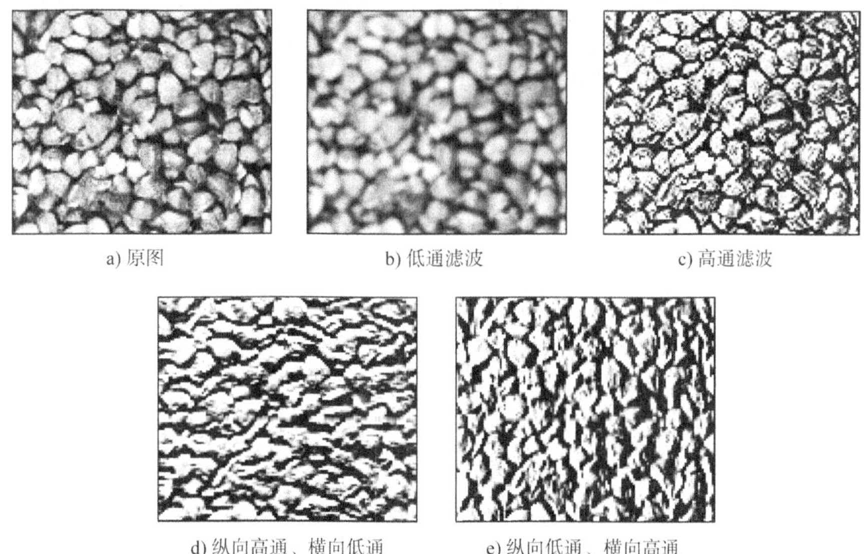

a) 原图　b) 低通滤波　c) 高通滤波

d) 纵向高通、横向低通　e) 纵向低通、横向高通

图 3-17　高通、低通滤波效果

利用特定的卷积核还可以提取图像中的"边缘"信息,它实际上是把特定方向上灰度梯度较大的部分保留下来,而忽略灰度梯度较小的区域。当然,这样提取出来的"边缘"只是视觉性的,并非图像形态学意义上的严格边缘,但在某些情况下也能满足使用要求。下面的三个卷积核是较常使用的边缘提取算子(从左至右分别为一般边缘提取、水平边缘提取和纵向边缘提取):

$$\begin{bmatrix} -1 & -1 & -1 \\ -1 & 8 & -1 \\ -1 & -1 & -1 \end{bmatrix} \quad \begin{bmatrix} -1 & -2 & -1 \\ 0 & 0 & 0 \\ 1 & 2 & 1 \end{bmatrix} \quad \begin{bmatrix} -1 & 0 & 1 \\ -2 & 0 & 2 \\ -1 & 0 & 1 \end{bmatrix}$$

测试效果如图 3-18 所示。

a)原图

b)一般边缘提取

c)只提取水平边缘

d)只提取竖直边缘

图 3-18　常用边缘提取卷积核

卷积算法的作用是使图像某一方面的特征得到突出,而另一些方面特征被削弱,这样有利于更进一步的分析处理。当卷积核尺寸比较大时,计算量显然是相当可观的。为了提高效率,很多时候会利用快速傅里叶变换方法,即把图像视为一种时域信号,经傅里叶变换转为频域信号。理论上能够证明,时域信号的卷积运算等价于频域信号的乘积运算,因此把频域图像与卷积核进行乘积后再经逆傅里叶变换转换回图像,就完成了卷积。事实上傅里叶变换及其逆变换的计算量本身并不小,当卷积核尺寸比较小时,用这种方法不一定能提升整体效率。当采用 3×3 或 5×5 卷积核时,应直接采用传统卷积算法。

3.2.7　桶形畸变与枕形畸变

摄像头拍照时,由于镜头屈光度与光阑位置不同,会引起图像与真实物体相比发生一定程度的变形,称为“桶形畸变”或“枕形畸变”(图 3-19)。这两种畸变在普通民用摄像头中十分常见,尤其是广角摄像头。

两种畸变本质相同,只是变形的方向相反。它们并不影响图像的清晰度,但是图像中物体的位置发生了改变。这两种畸变具有以下 3 个特性：

(1)图像中存在一个畸变中心点，也就是畸变后位置不发生改变的点；

(2)图像中其他点畸变后位置都相对畸变中心发生了靠近（桶形畸变）或远离（枕形畸变）的变化；

(3)越靠近畸变中心，位置改变越小；越远离畸变中心，位置改变越大。

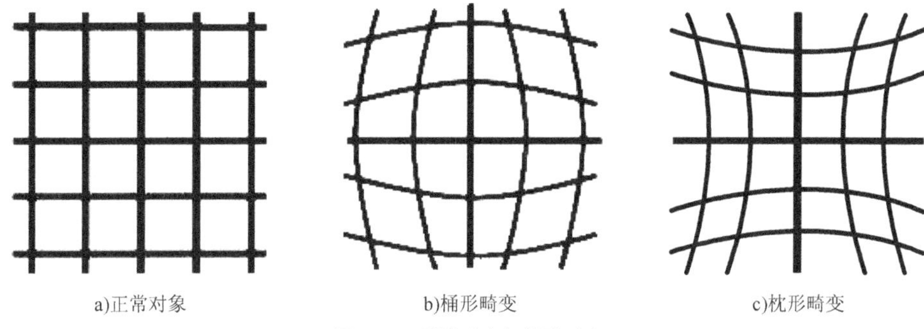

a)正常对象　　b)桶形畸变　　c)枕形畸变

图 3-19　桶形畸变与枕形畸变

过大的畸变有可能影响图像的处理和信息提取，可以利用校正算法来修正图像。在此，我们仅讨论一般性的对图像精度要求不太高的应用情况，不涉及类似摄影测量水平的需求。

首先，对一个特定的摄像头，需要确定其畸变中心在图像中的位置。我们可以利用一张网格纸来大致确定。用摄像头对准网格纸垂直拍摄一张照片，然后用直尺找到纵向、横向最为笔直的网格线，其交点（用图像上的坐标表示）就是近似的畸变中心。绝大部分摄像头，即使存在明显的畸变，其畸变中心也是近似位于图像中心的。

距离畸变的矫正一般服从如下的二次函数规律：

$$s = U \cdot d^2 + V \cdot d \tag{3-21}$$

式中：s——畸变图像中的长度，单位为像素；

d——是矫正之后的图像中长度；

U、V——畸变参数。

为了得到畸变参数，我们在网格纸上至少选取 3 个到畸变中心点不同距离的点，一方面在纸上实际测量出它们到中心的真实距离（以毫米为单位），一方面在图像上计算点位到畸变中心的图像距离（以像素为单位）。例如，图 3-20 中畸变中心为 O 点，图像坐标为(x_o, y_o)，选取了 A、B、C 三个点测定参数。

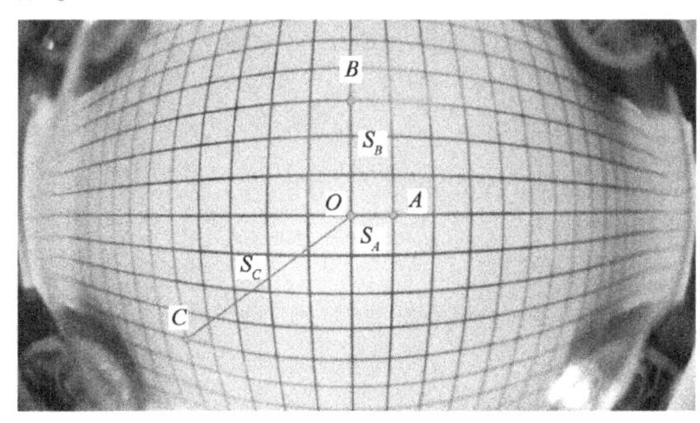

图 3-20　畸变参数的计算

在图像上测得 A 点的图像坐标为(x_A, y_A)，那么可计算出 AO 的图像距离为：

$$s_A = \sqrt{(x_A - x_o)^2 + (y_A - y_o)^2} \tag{3-22}$$

其余两个点的距离 s_B、s_C 也同理计算。

另外，我们在网格纸上用直尺实际量出相应点的实际距离分别为 r_A、r_B 和 r_C。假设在所拍照片中，图上长度与实际长度的比值为 P，也就是对 3 个点均有 $d = P \cdot s$。于是有：

$$\begin{cases} r_A = U \cdot P^2 \cdot {s_A}^2 + V \cdot P \cdot s_A \\ r_B = U \cdot P^2 \cdot {s_B}^2 + V \cdot P \cdot s_B \\ r_C = U \cdot P^2 \cdot {s_C}^2 + V \cdot P \cdot s_C \end{cases} \tag{3-23}$$

由 3 个方程可解出 3 个未知数 U、V、P，其中 U、V 就是我们需要的矫正参数。当然，如果选取的标定点超过3 个，则式(3-23)中的方程数就超过了变量数，需要用最小二乘法求解未知数的最佳值，其精准度更高。但对于一般的应用没有这个必要，取远近不一的 3 个点就可以满足要求了。

有了畸变参数之后，就可以编写矫正代码。总体的逻辑是定义一个新图像，遍历图像上每个点，计算它矫正之前在原图像上的位置，然后用插值法获得像素值。

```
public static ImageGray Correction(ImageGray img, double U,double V,bool fast)
//桶形畸变与枕形畸变矫正
{
    int Cx = img.Width / 2; //默认畸变中心就是图像中心
    int Cy = img.Height / 2;
    ImageGray rtn = new ImageGray(img.Width, img.Height);
    //遍历新图像所有像素
    for (int y1 = 0; y1 < img.Height; y1 + +)
    {
        for (int x1 = 0; x1 < img.Width; x1 + +)
        {
            double temp = 0;
            //获得原图像中对应点位坐标(x,y)
            int x, y;
            //新点位(x1,y1)到畸变中心的距离 d
            double d = Math.Sqrt((x1 - Cx) * (x1 - Cx) + (y1 - Cy) * (y1 - Cy));
            //原点位(x,y)到畸变中心的距离 s
            double s = U * d * d + V * d;
            if (d = = 0)
            {
                x = Cx;
                y = Cy;
            }
            else
            {
```

```
                double k = s / d;
                x = Convert.ToInt32(k *  (x1 - Cx) + Cx);
                y = Convert.ToInt32(k *  (y1 - Cy) + Cy);
            }
            //插值求灰度
            (略)
        }
    }
    return rtn;
}
```

矫正效果如图 3-21 所示。

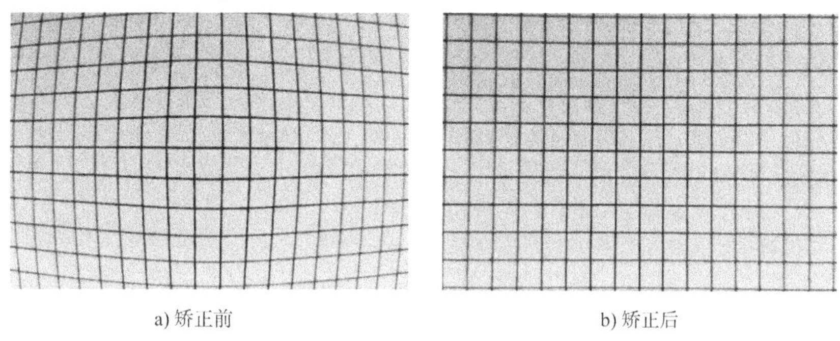

a) 矫正前　　　　b) 矫正后

图 3-21　桶形畸变矫正效果

需要指出的是，摄像头产生畸变的原理比较复杂，不同类型的摄像头畸变原理是不尽相同的。因此，式(3-19)只是一个近似的矫正公式，它不能在理论上完全消除某种摄像头的畸变。公式中，二次项系数 U 控制着矫正类型，对枕形畸变的矫正取 $U>0$，对桶形畸变的矫正取 $U<0$。一次项系数 V 控制着图像的额外缩放，$V>1$ 时缩小，$V<1$ 时放大。之所以说"额外"，是由于二次项的矫正本来就会带来一定的缩放，桶形畸变矫正会使得图像放大，枕形畸变矫正则会使图像缩小，因此，可以利用一次项系数 V 来抵消这个缩放。

在实际应用中，不一定要通过标定解算出矫正参数 U、V，而是往往采用试算法手动调整这两个参数，查看矫正效果，直到测试获得较合适的效果。如果对精度要求较高，则应当考虑在硬件上选用专业的无畸变摄像头。

3.2.8　二值图

如果忽略图像灰度或颜色的深浅，规定只能有黑、白两种颜色，那么就成为一张二值图。二值图的像素只有两个可能的取值，习惯上用 0 表示黑色，1 表示白色。二值图的特点是只保留形状信息，而忽略灰度信息。它能比灰度图更好地反映图像形态特征，很多图像分析和目标识别算法都是基于二值图的。

二值图在计算机中有两种存储方式。紧凑存储方式是在一个字节(byte)中，每一位(bit)表示一个像素值。这样，同样尺寸的二值图所占用的内存仅相当于灰度图的 1/8，而且对少数特定操作(如图像的加减)的效率会比灰度图提高数倍，但其缺点是读取单个像素值时涉及额外的位运算，相对烦琐一些。另一种存储方式是松散存储，虽然像素值只能是 0 或 1，但仍然是用一个 byte(1 字节)或者 int(4 字节)数值来存储。这种方式的弊端显然是浪费了大量存储空间,但好处是便于像素的读写。在本书中,我们都采取松散存储的方式。

1)灰度图转为二值图

二值图也是单通道图像,可以和灰度图互相转化。把灰度图二值化最简单的方法是均值二值化,也就是求出图像的平均灰度值,然后把高于该值的像素改为 1,低于该值的像素改为 0。

在 CVlib 项目中,我们创建一个 ImageBool 类,继承于 Channel 类,并在构造函数中实现均值二值化:

```
public class ImageBool: Channel
{
    public ImageBool(ImageGray src) : base(src.Width, src.Height)
    {
        double a = src.Ave; //源图平均灰度
        for (int y   = 0;y < this.Height;y + +)
        {
            for(int x =0;x < this.Width;x + +)
            {
                this.setPixel(x, y, src.getPixel(x, y)  < a ? 0 : 1);
            }
        }
    }
    public ImageBool(int width, int height) : base(width, height)
    {
    }
}
```

2)二值图转为灰度图

如果把二值图直接当作灰度图显示出来,看起来将像一张全黑的图片。这是因为二值图的白色点取值为 1,作为灰度值,它的颜色几乎就是黑色。所以,把二值图转为灰度图时,主要的任务是把值为 1 的点改为灰度值 255。我们在 ImageBool 中增加一个 ToGray 函数:

```
public ImageGray ToGray()
{
    ImageGray rtn = new ImageGray(this.Width, this.Height);
    for (int y = 0; y < this.Height; y + +)
    {
        for (int x = 0; x < this.Width; x + +)
        {
            rtn.setPixel(x, y, this.getPixel(x, y) = = 0 ? 0 : 255);
        }
    }
```

```
    return rtn;
}
```

作为测试，我们把一张图片文件先转为灰度图，再生成二值图，然后再转为灰度图保存为新的图片文件，效果如图 3-22 所示。

a) 原图

b) 二值图

图 3-22 均值二值化效果

3) 自适应二值化

均值二值化是以整个图像的灰度均值为阈值的。在图 3-22 所示例子中，图片上半部分相对整体偏暗，下半部分则偏亮，二值化后上半部分基本变为黑色，而下半部分基本呈白色，至于更细节的信息如鼓风机、路面标线等都没有保留下来。

造成这个问题的原因显然是单一阈值。如果对于图像的每一个像素点，不以全图平均灰度为阈值，而是采用某个邻域的平均灰度为阈值，则可以更好地保留局部的明暗信息。这个方法就是自适应二值化。

自适应二值化本身的逻辑并不复杂，难点在于提高计算效率。如果我们对一张 600 × 500 的图片，取邻域半径为 20，则需要对每个像素求其周围 40 × 40 范围内的灰度均值，计算均值的次数与像素值相等，即 600 × 500 = 300000 次。如果每个均值都用像素累加的方法来计算，即每个均值需要求和 40 × 40 = 1600 次，这样，总共需要对像素灰度求和的次数则为 300000 × 1600，达到 4.8 亿次，这个计算量是相当巨大的。这还只是一张尺寸较小的图片，对于 1080P 或分辨率更大的照片，计算量更是大得无法接受。

利用积分图可以有效解决这个问题。所谓积分图，就是把原图像中每个像素左上角矩形区域内的灰度之和保存在这个像素的位置，这样构成的一个数据集合称为积分图。可见积分图并不是一张图片，而是由图像转换得到的一个数据集，图像中任意一个像素，在积分图中都对应着一个数值，即该像素左上角区域内的灰度和。对任意一张图像，利用递推算法把所有像素累加一遍，就可以得到相应的积分图。有了积分图，就可以快速求得任意矩形区域的灰度之和。

图 3-23 所示为积分图原理。

将 A、B、C、D 4 个点的值分别记为 S_A、S_B、S_C、S_D。显然，原图中 A、B 上方矩形区域 1-2-B-A 的灰度之和为矩形 O-2-B-3 灰度之和减去矩形 O-1-A-3 的灰度和。根据积分图的定义，矩形

O-2-B-3 灰度之和就是积分图 B 点的值 S_B，矩形 O-1-A-3 的灰度和就是积分图 A 点的值 S_A，所以矩形 1-2-B-A 的灰度之和就是 $S_B - S_A$。同理可知，矩形 A-C-4-3 的灰度之和是 $S_C - S_A$，矩形 A-B-C-D 的灰度之和就是 $S_D - S_B - S_C + S_A$。

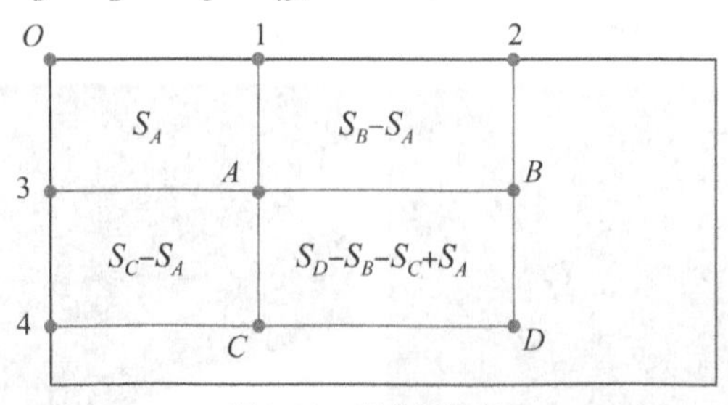

图 3-23　积分图原理

可见，在已知积分图的前提下，无论图像本身尺寸多大，计算某个邻域的灰度之和只需要 3 次加减运算，这样就大大地提高了效率。仍以 600×500 的图片为例，计算积分图需把所有像素累加，运算次数为 300000 次；对每个像素求邻域灰度和需要计算 3 次，总共是 300000×3＝900000 次；总共需要的求和计算次数为 300000＋900000＝1200000 次。它仅相当于原始方法的 0.2%，也就是说效率提高了近 400 倍。邻域半径越大，则效率提升越大，如果邻域半径为 50，效率提升将超过 2000 倍。

正是积分图使得自适应二值化有了实用价值。除了邻域半径（记为 α）以外，一般还会给定另一个阈值调整系数（记为 β）。求出邻域的平均灰度后，乘以系数 β，作为该像素二值化的阈值。仍以图 3-22 所示照片为例，采用不同参数的自适应二值化效果如图 3-24 所示。

a) α=100，β=1.05

b) α=50，β=1.5

图 3-24　自适应二值化效果图

只要取到合适的参数，鼓风机、照明灯以及路面标线、墙壁标线等特征都能被较好地保留下来，这表明自适应二值化更能够捕捉到我们感兴趣的目标，因此它在实践中有很广泛的用途。

3.2.9　膨胀与腐蚀

膨胀与腐蚀是针对二值图的变换而言的。膨胀运算是指，定义一个邻域形状（一般为正方形，尺寸可以是 3×3、5×5 或者更大），对图像中每一个像素点：如果邻域内所有像素都为 0，则该点为 0；如果邻域内有至少一个像素为 1，则该点取 1。膨胀运算使得白色部分向四周扩张，所以名为“膨胀”。

腐蚀运算刚好相反,如果邻域内所有像素都为1,则该点取1;如果邻域内至少一个点为0,则该点取0。这个运算使得黑色部分扩大,白色部分从四周向内部缩小,而尺寸比邻域小的白色点则会消失,因此这个运算称为"腐蚀"。

膨胀与腐蚀本质上都是某种特殊的卷积操作,它们与一般卷积的区别在于,锚点的新数值不是乘积后的求和,而是执行某种逻辑运算的结果。对于膨胀,其逻辑运算是"或";对于腐蚀,其逻辑运算是"与"。

具体到代码开发,我们仅讨论最常用的3×3卷积核的膨胀与腐蚀。首先,需要在Channel类中新增一个方法,获取任意锚点处的3×3邻域。邻域共有8个点,为避免混淆,给它顺时针编号,如图3-25所示。

0	1	2
7	锚点	3
6	5	4

图3-25 对3×3邻域进行编号

显然,邻域包含8个0或1的数值,最直观的办法是用一个数组来表示它。我们把Channel类中的这个方法命名为"N33",代码如下:

```
public int[] N33(int CenterX, int CenterY)  //CenterX、CenterY:锚点坐标
{
    int[] v = new int[8];
    if (CenterX = = 0 && CenterY = = 0) //锚点在图像左上角
    {
        v[3] = getPixel(1, 0);
        v[4] = getPixel(1, 1);
        v[5] = getPixel(0, 1);
    }
    else if (CenterX = = Width - 1 ||CenterY = = 0) //锚点在图像右上角
    {(略)}
    else if (CenterX = = Width - 1 ||CenterY = = Height - 1) //锚点在图像右下角
    {(略)}
    else if (CenterX = = 0 ||CenterY = = Height - 1) //锚点在图像左下角
    {(略)}
    else if (CenterY = = 0) //锚点在图像上边缘
    {(略)}
    else if (CenterY = = Height - 1) //锚点在图像下边缘
    {(略)}
    else if (CenterX = = 0)  //锚点在图像左边缘
    {(略)}
    else if (CenterX = = Width - 1)  //锚点在图像右边缘
    {(略)}
    else //锚点在一般位置
    {
        v[0] = getPixel(CenterX - 1, CenterY - 1);
        v[1] = getPixel(CenterX, CenterY - 1);
        v[2] = getPixel(CenterX + 1, CenterY - 1);
        v[3] = getPixel(CenterX + 1, CenterY);
```

```
            v[4] = getPixel(CenterX + 1, CenterY + 1);
            v[5] = getPixel(CenterX, CenterY + 1);
            v[6] = getPixel(CenterX - 1, CenterY + 1);
            v[7] = getPixel(CenterX - 1, CenterY);
        }
        return v;
    }
```

该函数有个麻烦之处:需要对图像边缘的点位做特殊考虑,使超出图像的邻域位置取0。接下来,在ImageTransformer类中定义两个函数:Expansion(膨胀)和Erosion(腐蚀)。

```
    public static ImageBool Expansion(ImageBool img) //膨胀
    {
        ImageBool rtn = new ImageBool(img.Width, img.Height);
        for (int y = 0;y<img.Height;y++)
        {
            for (int x = 0; x < img.Width; x++)
            {
                if( img.getPixel(x, y) == 1)
                {
                    rtn.setPixel(x, y, 1);
                }
                else
                {
                    int[] n = img.N33(x, y);
                    rtn.setPixel(x, y, n.Sum() > 0 ?1 : 0); //邻域不全为0则取1
                }
            }
        }
        return rtn;
    }

    public static ImageBool Erosion(ImageBool img) //腐蚀
    {
        ImageBool rtn = new ImageBool(img.Width, img.Height);
        for (int y = 0; y < img.Height; y++)
        {
            for (int x = 0; x < img.Width; x++)
            {
                if (img.getPixel(x, y) == 0)
                {
                    rtn.setPixel(x, y, 0);
                }
```

```
            else
            {
                int[] n = img.N33(x, y);
                rtn.setPixel(x, y, n.Sum() < 8 ? 0 : 1); //邻域不全为1则取0
            }
        }
    }
    return rtn;
}
```

选取一张测试图片,其膨胀和腐蚀效果如图3-26所示。

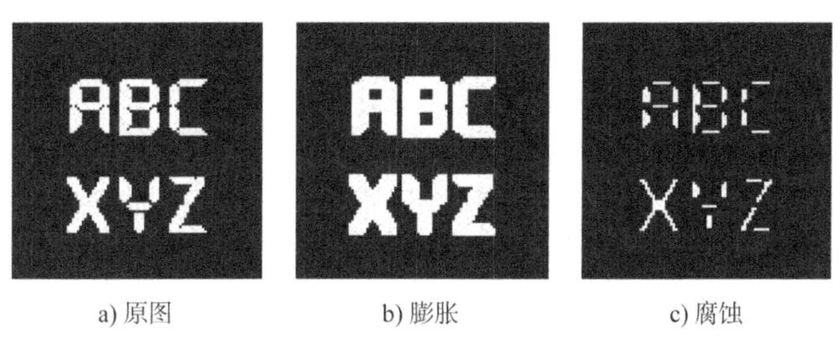

a) 原图　　b) 膨胀　　c) 腐蚀

图3-26　膨胀与腐蚀效果图

将膨胀和腐蚀运算组合使用,会产生其他有用的效果。对图像先膨胀再腐蚀,会使得原图上细小的空洞或缝隙消失,总体轮廓则大致保持不变,这种操作叫作"闭运算"。对图像先腐蚀再膨胀,则会使图中离散的白色点或细线、毛刺消失,而且某些大块形状之间的狭小联系点也会断开,因此这种操作叫作"开运算"。开、闭运算对于消除图像中的噪声以及纠正错误的拓扑关系是十分有效的。开运算与闭运算的效果如图3-27所示。

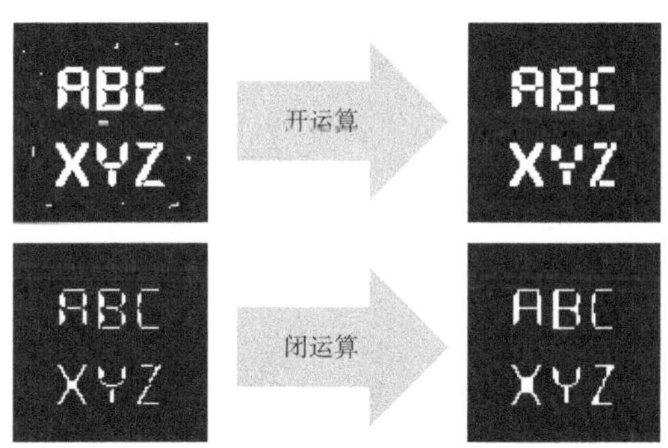

图3-27　开运算与闭运算

与此相关的算法还有黑帽算法和白帽算法。黑帽算法是在闭运算之后与原图像做差,该算法能够突出原图轮廓周围的黑色区域,将轮廓以及空洞高亮显示出来。白帽算法又称顶帽算法,是对原图像与开运算之后的图像做差。该运算删除了图形的主体,而保留了细小的毛刺、线段和噪点。

本节所介绍的都是常用图像变换处理的方法，它们在工程实践中广泛用于原始图像的预处理中。例如摄像头拍摄的照片，必须经过一定的预处理，剔除不需要的信息，保留并突出有用的信息，才能进行下一步的分析。

3.3 常用计算机图像分析算法

3.3.1 寻找直线

对图像的形态进行分析，才能从图像中获取有用的信息。在很多应用场合，需要在一幅二值图中找到可能存在的直线，这也是一个经常用到的分析技术。

1）霍夫变换

直线搜寻的经典算法是霍夫变换（Hough Transform），该算法由 Paul Hough 于 1962 年首次提出。它的重大价值在于提出了将几何空间转换为参数空间并通过统计概率求得可能图形的一般性方法，现已成为检测几何形状的基本思想之一。

我们知道，二值图形是由若干点形成的，通过任意一个点的直线有无数条。直线的斜截式一般方程为：$y = kx + b$，其中 k 是斜率，b 是 Y 轴的截距。显然，通过点 $P(x_0, y_0)$ 的任意直线满足：$y_0 = kx_0 + b$，可化为式(3-24)：

$$b = -x_0 \cdot k + y_0 \tag{3-24}$$

这是经过 P 点的直线所必须满足的条件。假如定义一个新的二维坐标系，以斜率 k 为横轴，截距 b 为纵轴，那么式(3-24)就表示一条直线 L（图 3-28）。这个新的二维坐标系被称为“参数空间”，由于它包含两个维度，又称为“参数平面”。

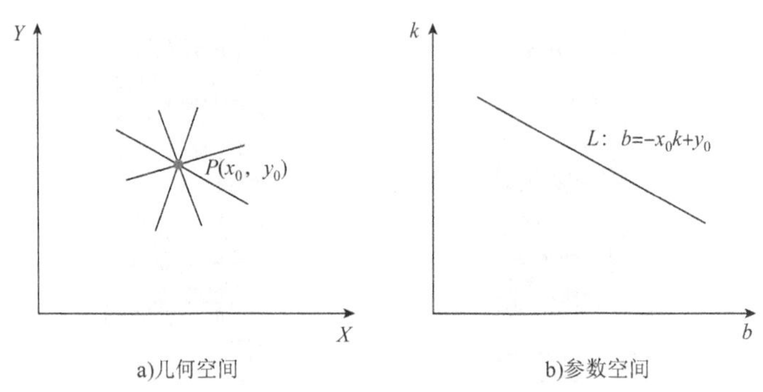

图 3-28 几何空间转为 k-b 参数空间

可见，经过几何空间中点 P 的任意一条直线对应着参数空间直线 L 上的某一个点，直线 L 上的任意一个点也对应着经过 P 的某一条直线。所以，几何空间中的点 P 与参数空间的直线 L 就存在等价关系。

如果图像上有两个点 P_1、P_2，那么在参数空间就对应存在两条直线，这两条直线的交点就对应着几何空间中的这样一条直线，它既经过点 P_1，又经过点 P_2。推广到更多点的情况，如果图像上 N 个点共线，则参数空间中必有 N 条直线交会于同一个点；反过来，如果我们把平面图像上的所有点都转化到参数空间成为直线后，发现参数空间中有很多直线交会于（或近似交会于）同一个点，那么就可以认为在原图像中存在着相应的一条直线。这就是利用霍夫变换搜索直线的原理。

2）实现技巧

以上原理落实到具体操作上，还需要辅以一定的处理技巧。

第一是精度问题。图像中的点都是离散的，其坐标都是整数，不可能在几何上严格共线，只有找到近似共线的点，这个操作才有实际意义。对应到参数空间中，就是要寻找近似而非严格交会于同一点的直线集合。这里需要根据实际情况选择一个合适的精度，方法是把参数空间划分为宽度为 s 的网格，落在同一网格内的点被认为是同一个点。调整 s 的大小，就等于调整精度。

第二是离散化问题。经霍夫变换之后，我们可以在参数空间中得到大量直线，而通过解析几何的方法来求解所有交点显然是不可能的。事实上对于某个交点，我们只关心其参数坐标 (k,b)，并不关心这是由哪两条直线相交得到的。如果把直线离散化为许多个点，那么落入同一网格内的点自然就是交点，只要查看哪些网格内的点数量较多，就知道这里存在多条直线的交点了。那么如何将参数空间直线离散化呢？方法是这样，在几何空间中经过 P 点的所有直线里，每间隔一定的转角取一条直线，一般我们会取 1°为间隔，也就是取经过 P 点的 360 条直线，在参数空间中，对应的直线 L 就被离散化为 360 个点了。

第三个问题是参数空间的优化。现有参数空间的横坐标是斜率，这直接导致的问题是几何空间中平行或近似平行于 Y 轴的竖线，在参数空间中难以表示，因为它的坐标 b 和 k 取值都会接近无穷大（或无穷小）。此外，当几何空间直线接近竖直时，直线方位角的微小变化在参数空间中都体现为点位坐标的巨大突变，这会给实际操作造成极为不利的后果，图像中近似竖向的直线几乎是搜索不到的。

要解决这个问题，需把斜率、截距参数转换为方位角、原点矩参数。方位角是直线与 X 轴正方向的夹角，直线被视为有正负方向，所以方位角取值范围是 0～360°。为了离散化，规定它只能取范围内的整数值（0～359 共 360 个值）。原点矩是指坐标原点到直线的距离，由于直线有正负方向，所以原点矩不存在负值，恒为非负值。显然，在经过 P 点的所有直线里，原点矩的数值最大不会超过 P 点到原点的距离，所以不存在前述坐标无穷大的问题。另外，在经过 P 点的所有直线中，方位角的固定间隔对应到参数空间中的坐标间隔也是固定的，而且当方位角改变时，原点矩的改变是“温和”的，从而避免了坐标突变的问题。

如图 3-29 所示，直线 L 是经过点 $P(x,y)$ 的任意一条直线：

θ 是直线 L 的方向角，d 是其原点矩。根据图 3-29 的几何关系，有：

$$\begin{cases} k = \tan\theta \\ \dfrac{d}{b} = \cos(\pi - \theta) \end{cases} \tag{3-25}$$

代入原先的直线方程 $y = kx + b$，得到式（3-26）：

$$d = -x \cdot \sin\theta + y \cdot \cos\theta \tag{3-26}$$

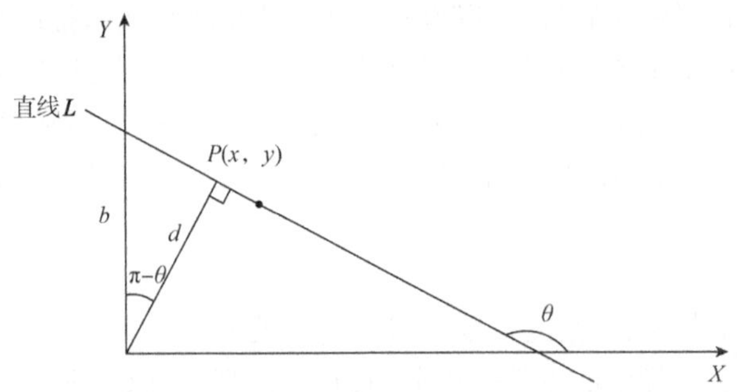

图 3-29　θ-d 参数空间的转换

这就是以方向角和原点矩表示的直线方程。在 θ-d 参数空间中，每个点对应于几何空间的一条直线这一关系仍然成立，而横坐标变为了方向角 θ，纵坐标变为了原点矩 d，方程(3-26)在参数空间中也不再是一条直线。令角度 φ 满足式(3-27)：

$$\begin{cases} \cos\varphi = \dfrac{x}{\sqrt{x^2 + y^2}} \\ \sin\varphi = \dfrac{y}{\sqrt{x^2 + y^2}} \end{cases} \tag{3-27}$$

令 $r = \sqrt{x^2 + y^2}$，则式(3-26)可化为式(3-28)：

$$d = -r \cdot \cos\varphi \cdot \sin\theta + r \cdot \sin\varphi \cdot \cos\theta = r \cdot \sin(\varphi - \theta) \tag{3-28}$$

由此可见，d 与 θ 的关系是一条正弦曲线，φ 与 r 取决于点位 $P(x,y)$。对于两个不同的点，正弦曲线的纵向尺度与横向相位就不相同。在 θ 的取值范围 0 ~ 360°内，也就是正弦曲线的一个周期之内，两条曲线会有唯一一个交点，这就是几何空间中的公共直线(图 3-30)。

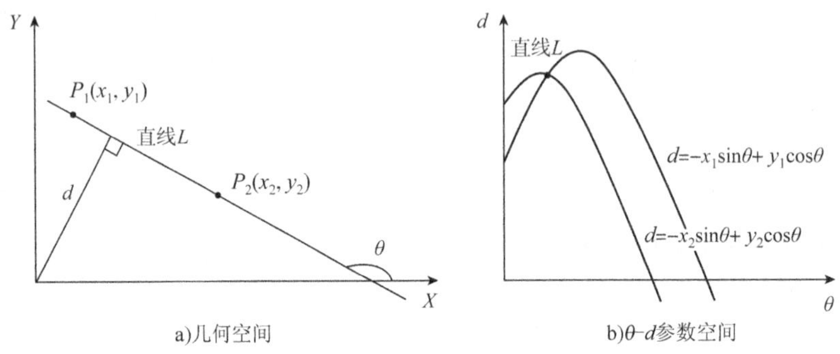

图 3-30　几何空间转为 $\theta - d$ 参数空间

有了以上准备，就可以编写搜索直线的程序代码：

```
public static List<PointF> FindLines(ImageBool BImg, int MinLength)
//搜索直线(以 th-d 成对给出)
{
    double sqr = Math.Sqrt(BImg.Width * BImg.Width + BImg.Height * BImg.Height);
    Channel PSpace = new Channel(360, Convert.ToInt32(sqr) * 2); //定义一个参数空间，横
坐标是 th，纵坐标是 d
```

```
//遍历 BImg 上所有的点,得到所有可能的直线
for (int y = 0; y < BImg.Height; y + +)
{
    for (int x = 0; x < BImg.Width; x + +)
    {
        if (BImg.getPixel(x, y) > 0)
        {
            //获得当前点对应的所有直线
            int[] lines = new int[360]; //每个点等间距取 360 条直线
            for (int th = 0; th < 360; th + +) //th 是方位角
            {
                double rad = Math.PI * th / 180; //th 转为弧度
                double d = -Math.Sin(rad) * x + Math.Cos(rad) * y; //原点矩
                lines[th] = Convert.ToInt32(d);
            }
            //把直线画入参数空间中
            for (int th = 0; th < 360; th + +)
            {
                int v = PSpace.getPixel(th, lines[th] + Convert.ToInt32(sqr));
                PSpace.setPixel(th, lines[th] + Convert.ToInt32(sqr), v + 1);
            }
        }
    }
}
//遍历 PSpace,找到大于 MinLength 的点
List<PointF> rtn = new List<PointF>();
for (int r = 0; r < PSpace.Height; r + +)
{
    for (int th = 0; th < PSpace.Width; th + +)
    {
        if (PSpace.getPixel(th, r) > = MinLength)
        {
            rtn.Add(new PointF(th, r - Convert.ToInt32(sqr)));
        }
    }
}
return rtn;
}
```

PSpace 是 θ-d 参数空间。为了简便起见,它被定义为一个 Channel 对象,其中每个像素点对应着一对 θ-d 参数坐标。每得到一条可能直线,就把相应像素点的值增加 1,所以最终像素点的值就代表图像中有多少个点落在这条直线上。θ 的值域是 0 ~ 360°,d 的值不会大于图像

对角线的长度,但由于 d 是有正负的,因此 PSpace 的高度设为对角线长度的两倍。MinLength 是一个长度阈值,图像里共线的点数超过这个阈值,才认为这里应该存在一条直线。最后的返回值 rtn 是 PointF 列表类型,每个 PointF 含有两个数值,对应着一条直线的 θ-d 值。

直线搜索实例效果如图 3-31 所示。

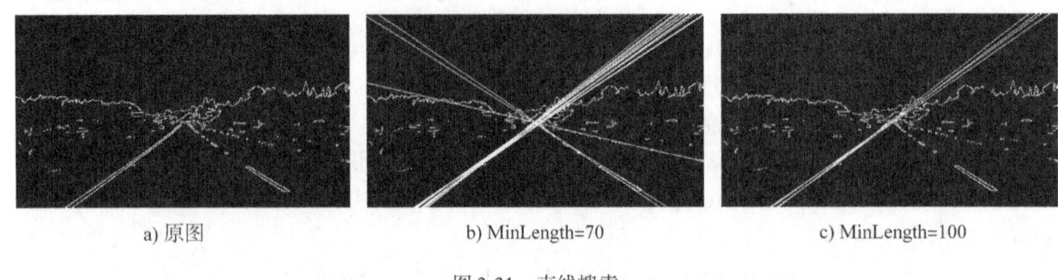

a) 原图　　b) MinLength=70　　c) MinLength=100

图 3-31　直线搜索

MinLength 阈值设置越小,则直线搜索越敏感,并越可能获得无意义的直线;反之,则搜索越不敏感,越可能遗漏有意义的直线。这个参数需要在实际应用场合反复试验得以确定。

3)其他形状的搜索

霍夫变换是个一般性的方法,它最有效的应用是搜索直线,但也可以用于搜索其他形状。其他形状比直线参数更多,因而参数空间不再是一个平面,而是一个三维或更多维空间。

以圆的搜索为例,一个圆可用圆心坐标和半径共 3 个参数来唯一确定,因此其参数空间是一个三维空间。搜索逻辑是:将原图像中每个点可能经过的所有圆标记为三维参数空间中的一系列点,最后检查哪些点重复次数超过所设阈值,则认为原图像中存在相应的圆。

对圆、椭圆等形状的搜索,由于参数个数增加,使计算量明显增大,且搜索效率和效果往往都不甚理想。因此在实际应用中,对复杂形状的搜索一般不使用霍夫变换,而是求助于神经网络。但是对直线的搜索,霍夫变换仍是简单有效、广为应用的基本方法。

3.3.2　主方向与矩

图像的矩分析法常被用来提取点集的整体特征,不同阶数的矩具有不同的含义和特性。对于一幅二值图像,它的(p,q)点处阶矩 $M_{p,q}$定义如下:

$$M_{pq} = \sum_{y=0}^{H-1} \sum_{x=0}^{W-1} \text{Pixel}(x,y) \cdot x^p \cdot y^q \tag{3-29}$$

式中:W——图像的宽度;

H——图像的高度。

Pixel(x,y)是二值图中相应坐标处的像素值,即 0 或 1。可见,二值图的(p,q)阶矩,就是图像上每个白色点的横纵坐标的 p、q 次幂相乘,再全部累加起来。

如果把二值图形看成一个厚度均匀的平面物体,那么根据以上定义可知,(0,0)阶矩数值上等于白色像素点的个数,其几何意义为图像的面积。从物理意义上说,一阶矩与物体的位置有关,(1,0)阶矩为白色像素点以横坐标为权重的加权和,把它除以(0,0)阶矩,就是图像重心的横坐标(表 3-3)。同理,(0,1)阶矩除以(0,0)阶矩就是图像重心的纵坐标。二阶矩被称为

“惯性矩”，与物体的方向有关；三阶矩与物体形状的扭曲有关，其他更高阶矩也各有不同的含义。

表 3-3　二值图面积与重心公式

几何物理意义	计 算 公 式
面积	M_{00}
重心	$\begin{cases} x_c = \dfrac{M_{10}}{M_{00}} \\ y_c = \dfrac{M_{01}}{M_{00}} \end{cases}$

正因为各种矩能反映图形不同方面的特征，因此把它用于图像形态的识别和分类往往十分有效。1962 年 Hu 提出了 7 个“不变矩”，即当图像发生平移、旋转和缩放时，这些矩能保持不变。Hu 不变矩有式(3-30)所给出的定义：

$$\begin{cases} u_{pq} = \sum_{y=0}^{H-1}\sum_{x=0}^{W-1} \text{Pixel}(x,y) \cdot (x - x_c)^p \cdot (y - y_c)^q \\ y_{pq} = \dfrac{u_{pq}}{u_{00}{}^r}\left(r = \dfrac{p+q+2}{2}\right) \end{cases} \tag{3-30}$$

式中：x_c、y_c——表 3-3 中定义的重心坐标。

于是，Hu 不变矩的定义式见表 3-4。

表 3-4　Hu 不变矩

Hu 不变矩	公　　式
I_1	$y_{20} + y_{02}$
I_2	$(y_{20} + y_{02})^2 + 4y_{11}{}^2$
I_3	$(y_{30} - 3y_{12})^2 + (3y_{21} - y_{03})^2$
I_4	$(y_{30} + y_{12})^2 + (y_{21} + y_{03})^2$
I_5	$(y_{30} - y_{12})(y_{30} + y_{12})[(y_{30} + y_{12})^2 - 3(y_{21} + y_{03})^2] +$ $(3y_{21} - y_{03})(y_{21} + y_{30})[3(y_{30} + y_{12})^2 - (y_{21} + y_{03})^2]$
I_6	$(y_{20} - y_{02})[(y_{30} + y_{12})^2 - (y_{21} + y_{03})^2] + 4y_{11}(y_{30} + y_{12})(y_{21} + y_{03})$
I_7	$(3y_{21} - y_{03})(y_{30} + y_{12})[(y_{30} + y_{12})^2 - 3(y_{21} + y_{03})^2] +$ $(y_{30} - 3y_{12})(y_{21} + y_{30})[3(y_{30} + y_{12})^2 - (y_{21} + y_{03})^2]$

$I_1 \sim I_7$就是 7 个 Hu 不变矩，它们在图像的平移、旋转和缩放中保持不变。在实际的图像变换操作中，由于点位取整造成的误差，虽然 Hu 不变矩的值会发生些微变化，但仍然保持了较好的稳定性，因而能够在一定程度上反映图形的某些特点。

与矩相关的另一个反应图形本征的量是主轴方向，简称主方向。关于主轴，有多种等价的定义。从几何角度说，主轴是图形以最小二乘法则拟合得到的最接近直线，在该直线方向上的投影宽度最小。从物理角度说，主轴是物体转动惯量最小的旋转轴。

所谓主方向就是主轴的方向角，取值范围是(－90°,90°)。其计算公式如下：

$$
\begin{cases}
\theta = \dfrac{1}{2}\arctan\left(\dfrac{2b}{a-c}\right) \\
a = \dfrac{M_{20}}{M_{00}} - x_c^{\ 2} \\
b = \dfrac{M_{11}}{M_{00}} - x_c \cdot y_c \\
c = \dfrac{M_{02}}{M_{00}} - y_c^{\ 2}
\end{cases}
\tag{3-31}
$$

我们编写一个统一的函数 Moments 来计算常用的图像矩特征，返回值为包含 11 个元素的数组，按顺序分别是图形面积、重心坐标、主方向以及 7 个 Hu 不变矩。总体的逻辑顺序及代码如下。

1）求 0 ~ 2 阶矩及重心

求 0 ~ 2 阶矩及重心，其代码如下：

```
long M00 = 0, M10 = 0, M01 = 0, M11 = 0, M20 = 0, M02 = 0;
for (int y = 0; y < img.Height; y + +)
{
    for (int x = 0; x < img.Width; x + +)
    {
        int v = img.getPixel(x, y);
        M00 + = v;
        M10 + = x * v;
        M01 + = y * v;
        M11 + = x * y * v;
        M20 + = x * x * v;
        M02 + = y * y * v;
    }
}
double xc = M10 / M00; //重心
double yc = M01 / M00;
```

2）求主方向

求主方向的逻辑顺序及代码如下：

```
double a = M20 / M00 - xc * xc;
double b = M11 / M00 - xc * yc;
double c = M02 / M00 - yc * yc;
double th = Math.Atan2(2.0 * b, a - c) / 2.0 / Math.PI * 180.0; //主方向(角度)
```

3）求系列 u 值

求系列 u 值的逻辑顺序及代码如下：

```
long u00 = M00;
double u00_2 = u00 * u00;
double u00_5_2 = Math.Pow(1.0 * u00, 2.5);
long u20 = 0, u02 = 0, u11 = 0, u30 = 0, u03 = 0, u21 = 0, u12 = 0;
//计算 u
for (int y = 0; y < img.Height; y++)
{
    long dy = Convert.ToInt64(1.0 * y - yc);
    long dy2 = dy * dy;
    long dy3 = dy2 * dy;
    for (int x = 0; x < img.Width; x++)
    {
        int v = img.getPixel(x, y);
        long dx = Convert.ToInt64((1.0 * x - xc) * v);
        long dx2 = dx * dx * v;
        long dx3 = dx2 * dx * v;
        u20 += dx2 * v;
        u02 += dy2 * v;
        u11 += dx * dy * v;
        u30 += dx3 * v;
        u03 += dy3 * v;
        u12 += dx * dy2 * v;
        u21 += dx2 * dy * v;
    }
}
```

4)求系列 y 值

求系列 y 值的逻辑顺序及代码如下：

```
double y20 = 1.0 * u20/ u00_2;
double y02 = 1.0 * u02/ u00_2;
double y11 = 1.0 * u11/ u00_2;
double y30 = 1.0 * u30/ u00_5_2;
double y03 = 1.0 * u03/ u00_5_2;
double y21 = 1.0 * u21/ u00_5_2;
double y12 = 1.0 * u12/ u00_5_2;
```

5)求 Hu 不变矩值,并把所有结果保存在 rtn 数组中

```
double[] rtn = new double[11];
rtn[0] = u00;
rtn[1] = xc;
rtn[2] = yc;
rtn[3] = th;
```

```
rtn[4] = y20 + y02;
rtn[5] = (y20 - y02) * (y20 - y02) + 4.0 * y11* y11;
rtn[6] = (y30 - 3.0 * y12) * (y30 - 3.0 * y12) + (3.0 * y21 - y03) * (3.0 * y21 - y03);
rtn[7] = (y30 + y12) * (y30 + y12) + (y21 + y03) * (y21 + y03);
rtn[8] = (y30 - 3.0 * y12) * (y30 + y12) * ((y30 + y12) * (y30 + y12) - 3.0 * (y21 + y03)
        * (y21 + y03)) + (3.0 * y21 - y03) * (y21 + y03) * (3.0 * (y30 + y12) * (y30 +
        y12) - (y21 + y03) * (y21 + y03));
rtn[9] =(y20 - y02) * ((y30 + y12) * (y30 + y12) - (y21 + y03) * (y21 + y03)) + 4.0 * y11
       * (y30 + y12) * (y21 + y03);
rtn[10] = (3.0 * y21 - y03) * (y30 + y12) * ((y30 + y12) * (y30 + y12) - 3.0 * (y21 + y03)
         * (y21 + y03)) - (y30 - 3.0 * y12) * (y21 + y03) * (3.0 * (y30 + y12) * (y30 +
         y12) - (y21 + y03) * (y21 + y03);
return rtn
```

在计算主方向的代码中,需注意反正切函数要使用 Math. Atan2,而非 Math. Atan。前者是一个改进的反正切函数,区分了象限,所获得的角度范围是($-180°$,$180°$)。图 3-32 给出了 5 个图片为例,图中直线均沿主方向且经过图像重心。

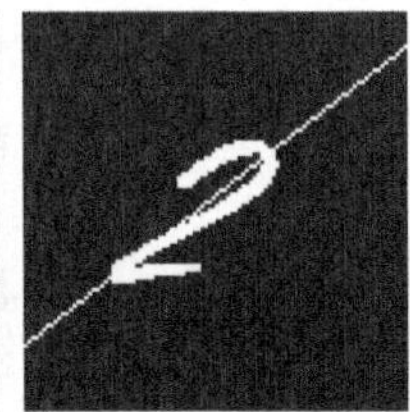
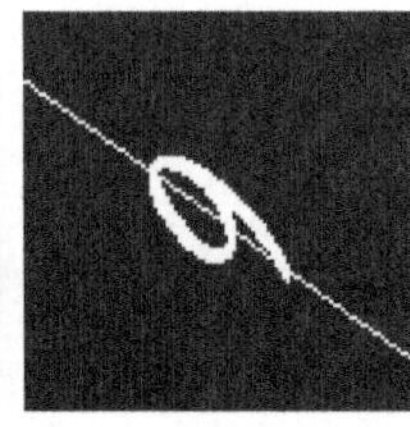
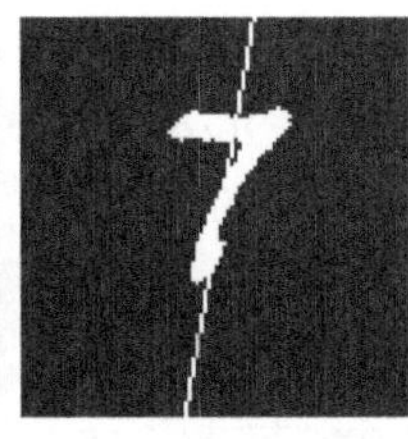
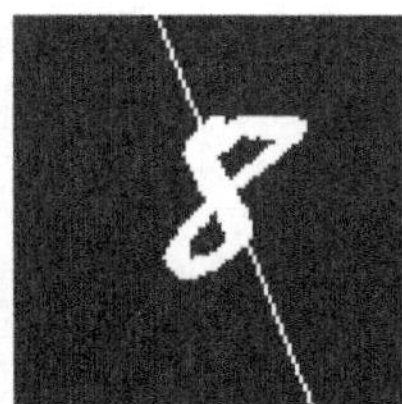

图 3-32 图形主方向

3.3.3 骨架化

在对二值图进行形态学分析时,常用到图形的骨架分析方法。所谓骨架就是把具有一定宽度的图像从边缘向内部剥离,直到剩下仅有一个像素宽度的点或线条。例如长方形的骨架是其长轴中轴线,圆的骨架是圆心点。骨架保持了原图像的形状特点,能反映出图形的很多拓扑信息,在图形识别尤其是字符识别中具有重要的意义。例如,对图像中的数字取骨架后,根据骨架中的端点和交点的位置、数目,以及环状结构等特性,就可以轻易地加以识别。

骨架化算法主要有两类:一类是用类似腐蚀的方法,把图像由外到内逐层剥离,直到剩下骨架;另一类是基于最大圆盘的定义,求出图像内部所有最大圆盘的圆心位置,就是所求骨架。由于第一类方法逻辑清晰,适用性广泛,因此本书采用这类方法中比较具有代表性的 Zhang-Suen 算法进行讲解。

1)算法原理

该算法的基本思想是遍历二值图中所有白色像素点,当像素点满足一定条件时将其删除(即把像素值改为 0),对图像多次遍历,直到当次遍历中删掉的点数为 0 则停止。可以看出,这个算法完全是遵循从外向内逐层剥离的逻辑执行的,其关键问题在于像素点的删除条件。

假设 P 为二值图中任意一个白色点,把它的 3×3 邻域按照图 3-25 的方式进行编号,逐一检查邻域 8 个位置中每两个相邻的位置,即 0-1、1-2,直到 8-0,累计相邻像素取值是(0,1)的情况出现的次数，这称为“0-1 排列数”，记作“$A(P)$”。以图 3-33 为例，按顺时针方向，一周内出现由 0 变为 1 的次数是两次，所以 $A(P)=2$。

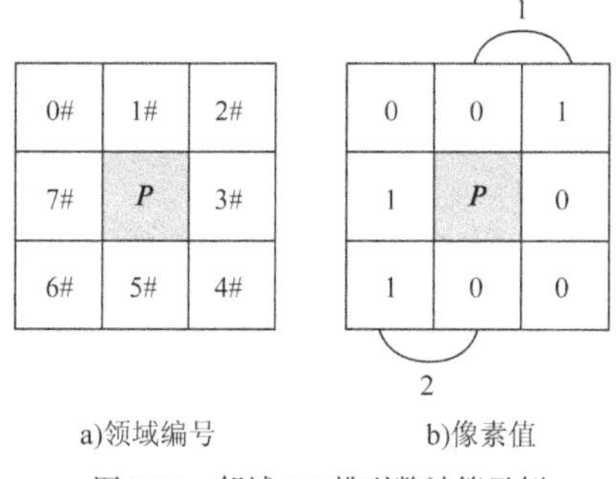

a)领域编号　　b)像素值

图 3-33　邻域 0-1 排列数计算示例

另外，把邻域中取值 1 的个数记作“$B(P)$”，在图 3-33 的例子中，$B(P)=3$。于是按式(3-32)的两组条件(被称为“Zhang-Suen 条件”)进行校核，如果点 P 满足其中任何一组条件，就将其删除。

$$\begin{cases} 2 \leqslant B(P) \leqslant 6 \\ A(P) = 1 \\ P_1 \cdot P_3 \cdot P_5 = 0 \\ P_3 \cdot P_5 \cdot P_7 = 0 \end{cases} \quad 或 \quad \begin{cases} 2 \leqslant B(P) \leqslant 6 \\ A(P) = 1 \\ P_1 \cdot P_3 \cdot P_7 = 0 \\ P_1 \cdot P_5 \cdot P_7 = 0 \end{cases} \tag{3-32}$$

2)程序实现

Zhang-Suen 算法并不复杂，我们在介绍膨胀与腐蚀算法时，已经编写了一个 Channel 类取邻域的方法“N33”，在这里可以直接利用。

```
private static bool ZhangSeunJudge(int[] N33)
{
    //计算 B(P)
    int B = N33.Sum();
    if (! (B > = 2 && B < = 6)) { return false; }
    //计算 A(P)
    int A = 0;
    for (int i = 1; i < 8; i + +)
    {
        A + = N33[i] - N33[i - 1] = = 1 ? 1 : 0;
    }
    A + = N33[0] - N33[7] = = 1 ? 1 : 0;
    if (A ! = 1) { return false; }
    //其他条件
    int mul135 = N33[1] * N33[3] * N33[5];
    int mul357 = N33[3] * N33[5] * N33[7];
    int mul137 = N33[1] * N33[3] * N33[7];
    int mul155 = N33[1] * N33[5] * N33[7];
```

```
        if (! ((mul135 * mul357 = = 0) || (mul137 * mul155 = = 0))) { return false; }
        //满足删除条件
        return true;
    }
```

传入一个 3 ×3 邻域,该函数如果返回 true,则要把相应锚点的值改为 0。完整的骨架化函数 Skeleton 代码如下:

```
    public static void Skeleton(ImageBool img)
    //基于 Zhang-Seun 算法的骨架提取
    {
        int RemovedPointCount; //在单次循环中删掉的点数
        do
        {
            RemovedPointCount = 0;
            for (int y = 0; y < img.Height; y + +)
            {
                for (int x = 0; x < img.Width; x + +)
                {
                    if (img.getPixel(x, y) = = 1)
                    {
                        if (x > 0 && x < img.Width - 1)
                        {   //如果左右都是有色点就跳过
                            if (img.getPixel(x - 1, y) = = 1 &&
                                img.getPixel(x + 1, y) = = 1)
                            { continue; }
                        }
                        int[] n = img.N33(x, y);
                        if (ZhangSeunJudge(n))
                        {
                            img.setPixel(x, y, 0);
                            x + = 1; //如果某个色点被删除要跳过其下一个点
                            RemovedPointCount + = 1;
                        }
                    }
                }
            }
        } while (RemovedPointCount > 0);
    }
```

但是以上代码并不完善。我们用如图 3-34 的图形测试:对竖线的骨架化是正确的,但横线被骨架化为一个点,正方形则被骨架化为一条竖线,因此后两个结果并不正确。究其原因,在于代码中横向遍历的顺序,把矩形的左右两边擦除,而上下端点却被保留,于是矩形骨架化最终得到的是一条竖线。如果算法中改为纵向遍历，即先从上到下遍历左边第一列，再遍历第二列，以此类推，那么矩形会被骨架化为一条横线。

图 3-34　骨架化测试(1)

对此，应当做一个改进，即每一轮循环遍历的内部都分为两部分，先横向、后纵向：

```
public static void Skeleton(ImageBool img)
//基于 Zhang-Seun 算法的骨架提取
{
    int RemovedPointCount; //在单次循环中删掉的点数
    do
    {
        RemovedPointCount = 0;
        //横向扫描
        for (int y = 0; y < img.Height; y++)
        {
            for (int x = 0; x < img.Width; x++)
            {(略)}
        }
        //纵向扫描
        for (int x = 0; x < img.Height; x++)
        {
            for (int y = 0; y < img.Width; y++)
            {(略)}
        }
    } while (RemovedPointCount > 0);
}
```

如此得到的结果对比如图 3-35 所示，可以看出，已经能够得到比较理想的骨架化效果。

3)效率优化

考察 Skeleton 代码会发现，遍历过程中对每一个像素点都调用了判断函数 ZhangSeunJudge。对任何一个点来说，其邻域的取值为 8 个有序的 0 或 1 值，总共有 $2^8=256$ 种可能，这正好是一个字节的 byte 类型整数所能取值的个数。因此，我们可以事先把这 256 种可能的邻域对应的判别结果列成表，对点的判别就不再需要执行 ZhangSeunJudge 函数内部的一系列计算过程，而只需要一步查表就可以得到结果。

计算机中一个字节包含 8 个位(bit)，正好可以对应 3×3 邻域的 8 个位置，每个 bit 可能的取值是 0 或 1，因此，把邻域中 0～7 号位置的值从右往左依次放在一个字节中，就形成一个相应的 byte 整数。这个整数可能的取值是 0～255，对应着邻域的 256 种可能情况(图 3-36)。

在这种设计下，对 N33 方法做改写，返回值不再是 int 数组，而是一个 byte 整数：

```
byte N33 =getPixel(CenterX - 1, CenterY - 1) |
        (getPixel(CenterX, CenterY - 1) < < 1) |
        (getPixel(CenterX + 1, CenterY - 1) < < 2) |
        (getPixel(CenterX + 1, CenterY) < < 3) |
        (getPixel(CenterX + 1, CenterY + 1) < < 4) |
        (getPixel(CenterX, CenterY + 1) < < 5) |
        (getPixel(CenterX - 1, CenterY + 1) < < 6) |
        (getPixel(CenterX - 1, CenterY) < < 7);
```

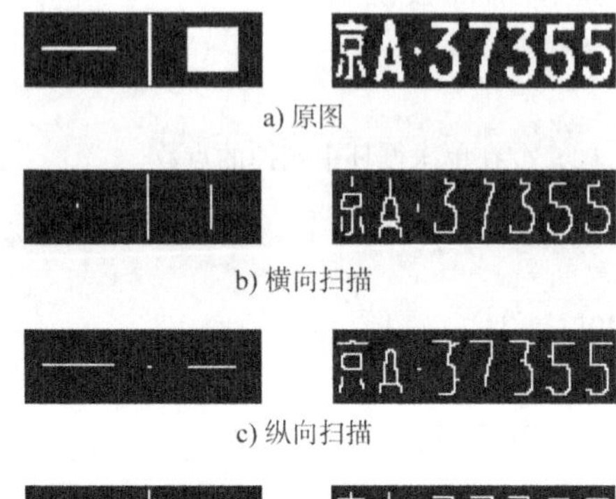

a) 原图

b) 横向扫描

c) 纵向扫描

d) 纵横交替

图 3-35 骨架化测试(2)

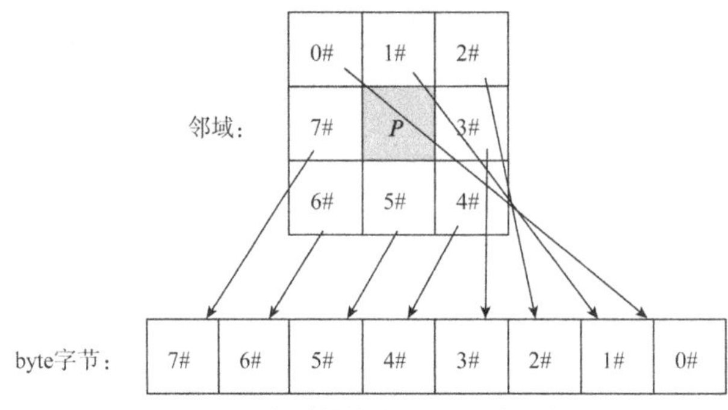

图 3-36 邻域数值转化为一字节整数

接下来是准备待查的判别结果列表,需利用原有的 Zhang Seun Judge 函数把 256 种邻域取值情况都计算一遍,然后按照邻域取值对应的整数(即按照上面的规则计算的 N33)排序,放在一个数组中。这个数组应放在函数之外作为全局常数,其内容如下:

```
private static byte[] SKLD = { 0, 0, 0, 1, 0, 0, 1, 1, 0, 0, 1, 1, 1, 0, 1, 1, 0, 0, 0, 0, 0,
0, 0, 0, 1, 0, 1, 1, 1, 0, 1, 1, 0, 0, 0, 0, 0, 0, 0, 0, 1, 0, 1, 1, 1, 0, 1, 1, 1, 0, 0, 0, 0, 0,
0, 0, 1, 0, 1, 1, 1, 0, 1, 1, 0, 0, 0, 0, 0, 0, 0, 0, 0, 0, 0, 0, 0, 0, 0, 0, 0, 0, 0, 0, 0, 0, 0,
0, 0, 0, 0, 0, 0, 0, 0, 0, 1, 0, 0, 0, 0, 0, 0, 0, 1, 0, 1, 1, 1, 0, 1, 1, 1, 0, 0, 0, 0, 0, 0, 0,
1, 0, 1, 1, 1, 0, 1, 1, 0, 1, 1, 1, 0, 0, 1, 1, 0, 0, 1, 1, 0, 0, 1, 1, 0, 0, 0, 0, 0, 0, 0, 0, 0,
0, 1, 1, 0, 0, 1, 1, 1, 1, 1, 1, 0, 0, 1, 1, 1, 1, 0, 0, 1, 1, 0, 0, 1, 1, 1, 1, 0, 0, 1, 1, 1, 1,
0, 0, 1, 1, 0, 0, 1, 1, 1, 1, 0, 0, 1, 1, 0, 0, 1, 1, 0, 0, 1, 1, 0, 0, 0, 0, 0, 0, 0, 0, 0, 0, 1,
```

```
1, 0, 0, 1, 1, 1, 1, 1, 1, 0, 0, 1, 1, 1, 1, 0, 0, 1, 1, 0, 0, 1, 1, 1, 1, 0, 0, 1, 1, 1, 1, 0, 0,
1, 1, 0, 0 };
```

这个数组中如果查得 1 则表示要删除锚点,查得 0 则不删除。例如图 3-33 中的邻域,对应的整数为 11000100,写成十进制是 196,查数组就是 SKLD[196] =0,所以 P 点不删除。

通过以上的改进,原先一系列的判别计算变成了一个数组取值操作,效率明显提高了。而由于在整个骨架化过程里,判别的次数巨大,因此这个改进所带来的效率提升是十分可观的。

3.3.4 距离变换

距离变换也是一种类似的骨架分析方法,但它并不是获取图形的“骨架”,而是把二值图上每个白色点的值转化为离它最近的黑色点的距离值。越是靠近图形边缘的点,变换后的值越小,越是接近于图形骨架处的点,变换后的值相对越大,如图 3-37 所示。

图 3-37 距离变换效果图

所谓“距离”有多种定义。假设图中有 $P_1(x_1, y_1)$ 与 $P_2(x_2, y_2)$ 两个点,那么常用的几种距离定义如下。

(1)欧几里得距离 D_1。欧几里得距离即两点之间线段的长度,用勾股定理计算:

$$D_1 = \sqrt{(x_1 - x_2)^2 + (y_1 - y_2)^2}$$

(2)曼哈顿距离 D_2。对两个点的横、纵坐标分别做差,取绝对值后相加,也就是从 P_1 点出发,只走水平和竖直两个方向,到达 P_2 点的最短距离:

$$D_2 = |x_1 - x_2| + |y_1 - y_2|$$

(3)棋盘距离。棋盘距离即对两个点的横、纵坐标分别做差,取其绝对值较大的一个差值:

$$D_3 = \max(|x_1 - x_2|, |y_1 - y_2|)$$

距离变换的本质是将每个白色像素点的值更改为一个距离值,变换得到的是一张灰度图,灰度极大值代表了图形的骨架形态。显然,如果直接按照距离变换的定义,对每一个白色点寻找距离它最近的黑色点是不现实的,其计算效率将极为低下。人们也探索出很多快速的计算方法,其中最高效、最为常用的是一种递推式曼哈顿距离变换算法,它虽不能得到严格的单像素宽度骨架,但执行速度比 Zhang-Suen 骨架化算法快得多,在很多场合有重要的用途。

递推式曼哈顿距离变换的具体算法过程如下:

(1)把二值图中值为 1 的像素点都更改为 255。

(2)对二值图从正反两个方向各执行一次遍历,对每个像素(视作“锚点”)的 3×3 邻域,用图 3-38 所示掩模中的 5 个值与邻域中相应位置的像素值求和，得到 5 个和值，锚点处的像素值取这个 5 个和值中的最小值。正向遍历是始于图像左上角，从左向右、从上到下；反向遍历是始于图像右下角从右向左、从下到上。

2	1	2
1	0	

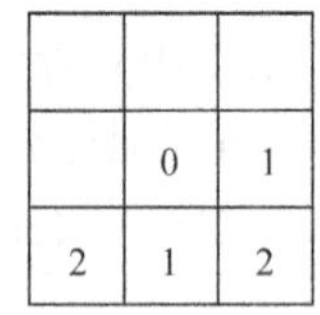

	0	1
2	1	2

图 3-38 距离变换掩模

（3）当图形较细时，变换后的像素值偏小。如果需要增强视觉效果，可以把全图灰度值等比例放大到 0 ~ 255 的范围。

其代码并不复杂，可参考下面的示例：

```
public static ImageGray DistanceTransform (ImageBool img)
// 距离变换
{
    ImageGray rtn = img.ToGray(); // 像素值由 1 更改为 255
    // 正向遍历
    for (int y = 0; y < rtn.Height; y + +)
    {
        for (int x = 0; x < rtn.Width; x + +)
        {
            int v = rtn.getPixel(x, y);
            if (v = = 0) { continue; } // 锚点为 0 则跳过
            int[] N33 = rtn.N33(x, y);
            v = Math.Min(N33[0] + 2, v);
            v = Math.Min(N33[1] + 1, v);
            v = Math.Min(N33[2] + 2, v);
            v = Math.Min(N33[7] + 1, v);
            rtn.setPixel(x, y, v);
        }
    }
    // 反向遍历
    for (int y = rtn.Height - 1; y > = 0; y - -)
    {
        for (int x = rtn.Width - 1; x > = 0; x - -)
        {
            int v = rtn.getPixel(x, y);
            if (v = = 0) { continue; } // 锚点为 0 则跳过
            int[] N33 = rtn.N33(x, y);
            v = Math.Min(N33[3] + 1, v);
            v = Math.Min(N33[4] + 2, v);
```

```
            v = Math.Min(N33[5] + 1, v);
            v = Math.Min(N33[6] + 2, v);
            rtn.setPixel(x, y, v);
        }
    }
    //灰度范围调整到0~255
    int max = rtn.data.Max(); // 图中最大灰度
    double r = 255.0 / max; // 放大比例
    for (int y = rtn.Height - 1; y > = 0; y - -)
    {
        for (int x = rtn.Width - 1; x > = 0; x - -)
        {
            rtn.setPixel(x, y, Convert.ToInt32(rtn.getPixel(x, y) * r));
        }
    }
    // 完成
    return rtn;
}
```

3.3.5 轮廓提取

在讲解卷积变换时已经介绍过,特定的卷积核具有轮廓提取的功能,它是通过卷积,把灰度变化剧烈的部分提取出来,因而这种轮廓本质上是视觉意义上的轮廓。在更多的应用场景里,尤其是基于二值图的形态和拓扑关系来进行识别和判定时,对轮廓的完整性要求十分严格,只有形态学意义上的轮廓才能满足。1985 年,日本学者 Suzuki 发表了著名的论文 *Topological Structural Analysis of Digitized Binary Images by Border Following*,提出了一种高效的二值图轮廓提取算法,该算法不仅能够准确、完整地获取轮廓,而且能区分图形的外轮廓和孔洞轮廓,并能建立轮廓之间的包含和层级关系。作为形态学轮廓提取的经典方法,该算法一经提出就迅速在计算机图形分析、目标识别等场合得到了相当广泛的应用。

1)相关概念

在轮廓跟踪算法里,判断二值像素之间是否连通有两种方式(表 3-5)。

表 3-5 判断二值像素之间是否连通的两种方式

图例	P_1 与 P_2 对角相邻	P_1 与 P_2 左右相邻
4 连通	不连通	连通
8 连通	连通	连通

4 连通方式是两个像素互相处于上、下、左、右 4 个相邻位置则判定为连通,否则不连通;8 连通方式则是两个像素互相处于 8 邻域范围内则判定为连通。轮廓在连通的像素之处肯定是

连续的，在不连通的像素处则断开或者归为两个不同的轮廓。

白色像素区域的轮廓称为“外轮廓”，如果白色区域内存在孔洞，那么孔洞的轮廓被称为“内轮廓”。轮廓之间存在包含关系，没有被任何轮廓包含的轮廓层级定为1，其内部的轮廓层级为2，内层轮廓继续包含的轮廓层级为3，依此类推。被包含的轮廓被称为“子轮廓”，包含它的轮廓称为它的“父轮廓”。对于层级为 N 的轮廓，它的子轮廓中层级为 $N+1$ 的两个轮廓互为“兄弟轮廓”，这种包含关系称为“直接包含”，而层级大于 $N+1$ 子轮廓则称为被它“间接包含”。显然，轮廓还有如下性质：

(1)最外层的轮廓可以不止一个，但它必定是外轮廓。

(2)兄弟轮廓必定层级数相同。

(3)外轮廓与内轮廓必定相互嵌套，即所有外轮廓的层级必定是奇数，所有内轮廓的层级必定是偶数。

2)轮廓提取算法

先看单一轮廓的提取方法。从图像左上角开始，从左向右、从上到下遍历像素，直到找到第一个白色点，这就是找到的第一个最外层轮廓上的第一个点，记为 P_0。此时定义一个轮廓 C，其层级数设为1，类型为外轮廓，轮廓编号为2(这是为了与二值图的白色像素值区分)，并把 P_0 标记为属于这个轮廓(把像素值改为2)。然后基于 P_0，在它的 3×3 邻域中从左侧点(7号位置)开始顺时针搜索到第一个白色点，记为 P_c。如果我们采用8连通定义，那么这个搜索就是在邻域中的8个位置进行；如果采用4连通定义，那么这个搜索就是只在邻域中上、下、左、右4个位置进行。在以下的搜索中也是遵循这个规则。本例采用8连通方式。

接下来，以 P_0 为中心点，从 P_c 开始逆时针搜索到第一个白色点，记为 P_1，P_1 点像素值改为2，即标记为轮廓 C 中的下一个点。再以 P_1 为中心，从 P_0 开始逆时针搜索到第一个白色点 P_2，像素值改为2，如此循环下去，直到遇到 P_c 点，意味着已经完成了一周绕行，第一个轮廓 C 就提取完成了(图3-39)。

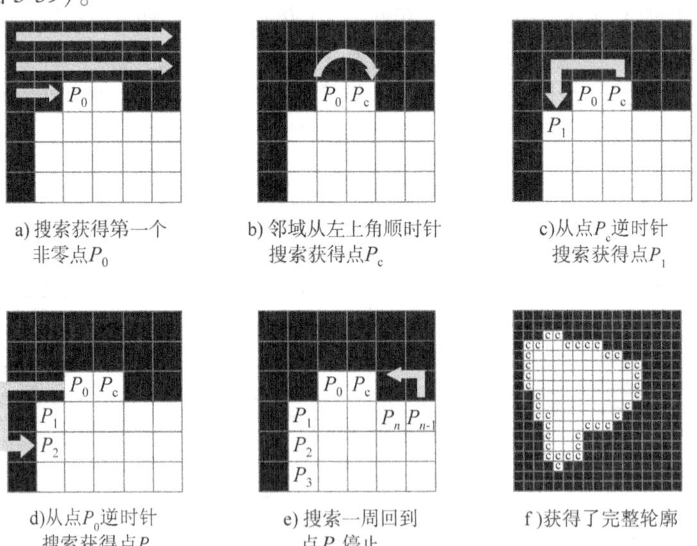

图3-39 轮廓跟踪方法(外轮廓)

为了能提取到多个轮廓,尤其是内部轮廓,对上述过程还需做一个小的改进。对每一个找到的轮廓点 P_i,要判断它的右侧是否是黑色像素,如果是,则把该点像素值改为负值,意思是标记为右边缘。那么,当一个轮廓跟踪完成后,就从它的第一个点 P_0 开始,继续从左向右、从上到下的遍历,当搜索到左侧为黑色点的白点时,则启动新的轮廓跟踪,该轮廓类型为外轮廓,层级数与前一轮廓相同。如果搜索到左侧为白色点的黑色点,也启动一个新的轮廓搜索,但轮廓类型为内轮廓,层级数加 1。如果搜索到标记为右边缘的点,则说明此时跳出了刚才的轮廓,此后找到的轮廓层级数要减 1。这个过程略有些复杂,画成流程如图 3-40 所示。

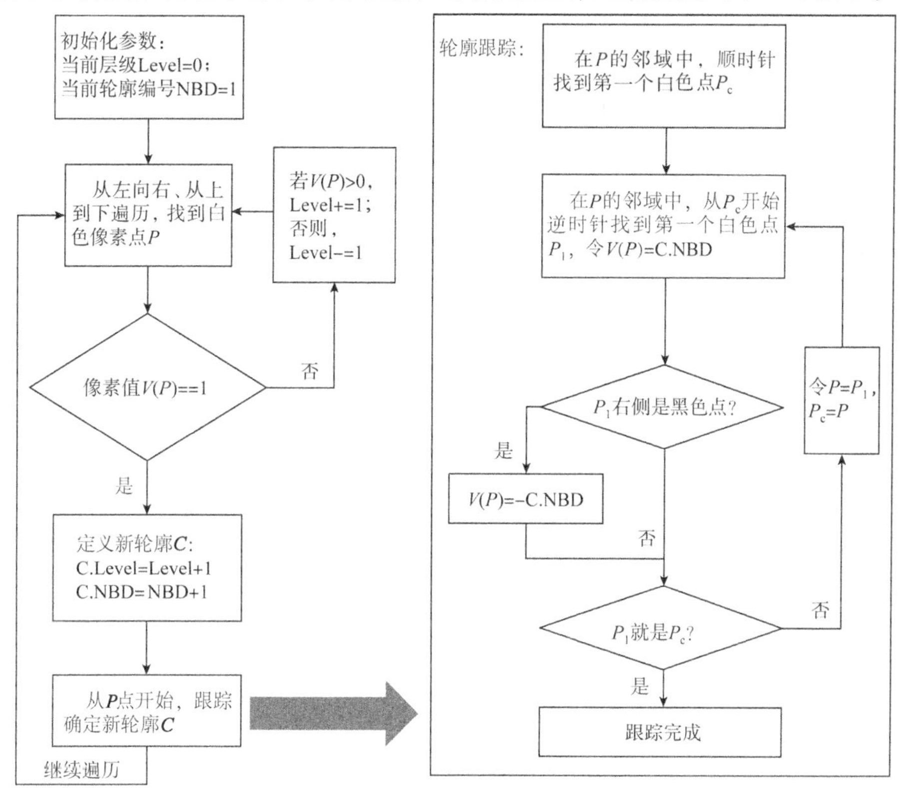

图 3-40　轮廓提取完整流程

上述算法中,当开始跟踪一个新轮廓时,一定要根据它的层级判断它是外轮廓还是内轮廓。在 P 邻域中顺时针寻找 P_c 时,如果是外轮廓,从邻域中 7 号位置(P 的左侧)开始;如果是内轮廓,则从邻域中 3 号位置(P 的右侧)开始。

3)轮廓的特性

按照这个方法得到的轮廓是一系列点的集合,它具有如下特性:

(1)有序性。点集中的点都是沿轮廓按顺序排列的。

(2)有向性。对于外轮廓,点集是逆时针排列的;对于内轮廓,点集是顺时针排列的。

(3)紧邻性。轮廓中任意一个点都与其前后相邻点在图像中紧邻,也就是说任意两个相邻点在图像中都互相处于对方的 8 连通或 4 连通区域中。

(4)闭合性。点集沿轮廓排列一周,最后回到第一个点旁边,形成闭环。也就是说,点集中第一个点和最后一个点也是紧邻的。

(5)首点确定性。点集中第一个点必定是轮廓中首先最靠上、其次最靠左的点。确切而言,第一个点必定是轮廓中 Y 坐标最小的点。如果 Y 坐标最小的点不止一个,则第一个点是它们之中 X 坐标最小的,如图 3-41 所示。

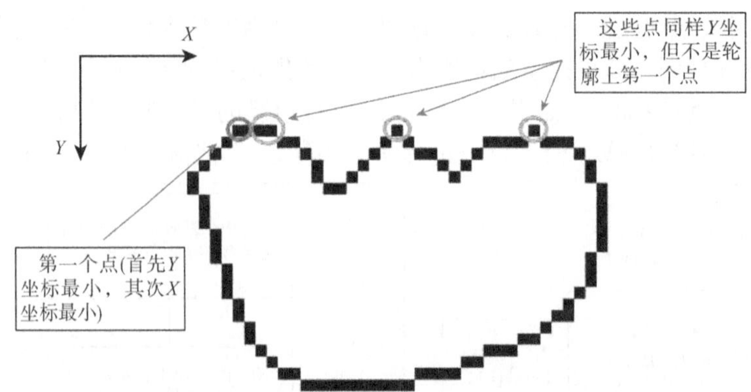

图 3-41　轮廓点集中的第一个点的位置

(6)不可交叉性。轮廓的走向不会交叉。对于图像中的 X 型交叉点,轮廓必定绕行其外侧,而不会交叉。

(7)可重叠性。轮廓上的点是可以重叠的。轮廓可以不止一次地经过某个点,相应地,这个点也会在轮廓点集中被记录不止一次(例如图 3-42 中的特殊图案)。显然,一个点最多可能被同一轮廓经过的次数是 4 次。

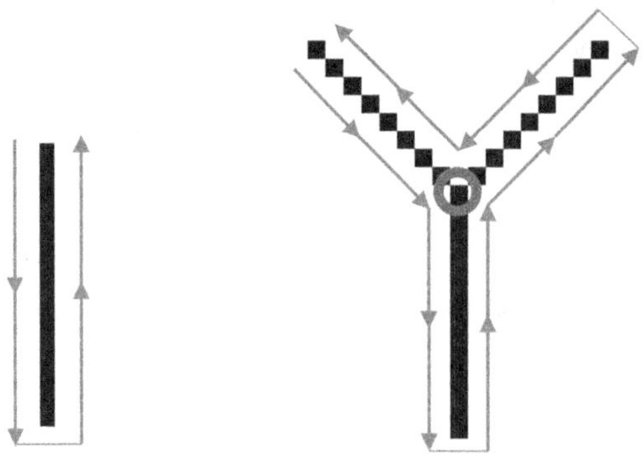

a)对一个宽度为1像素的线条取轮廓，除端点外，每个点被轮廓经过了2次

b)圆圈标注的分叉点被轮廓经过了3次，其余点除端点外被轮廓经过了2次

图 3-42　轮廓可以从某个点经过不止一次

4)代码编写与测试

首先要新建一个 Contour 类,它继承于 List <Point> 类,且具有编号、层级、类型、父轮廓等必要的属性:

```
public class Contour : List < System.Drawing.Point >
{
    public enum ContourType //定义轮廓类型枚举
    {
        OutBorder = 1, //外轮廓
```

```
        HoleBorder = 2, //内轮廓
        Unkown = -1,
    };
    public Contour Father = null; //父轮廓
    public ContourType Type = CVlib.Contour.ContourType.Unkown; //轮廓类型
    public int NBD = -1; //编号
    public int Level = -1; //层级数
}
```

轮廓提取的主函数名为 FindContours：

```
public static List<Contour> FindContours(ImageBool img)
{
    Channel ch = img.Clone();
    int NBD = 1; //令初始 NBD=1
    Contour Frame = new Contour(); //为了逻辑的简洁而虚拟的最外层轮廓,它并不出现在返回值中
    Frame.NBD = 1;
    Frame.Level = 0;
    Frame.Type = Contour.ContourType.Unkown;
    List<Contour> rtn = new List<Contour>();
    Contour currentContour = null; //当前轮廓
    Contour lastContour = null; //上一级轮廓
    //对图像进行逐行扫描
    for (int y = 0; y < ch.Height; y++)
    {
        lastContour = Frame; //新的行扫描开始,把上一级轮廓设为虚拟轮廓 Frame
        for (int x = 0; x < ch.Width; x++)
        {
            int P = ch.getPixel(x, y);
            int AbsP = Math.Abs(P);
            //(x,y)处的点记为 P 点,如果像素值不为 1,则据此确定 lastContour
            if ((P != 1) && (P != 0))
            {
                lastContour = AbsP - 2 <= rtn.Count ? rtn[AbsP - 2] : null;
            }
            //如果 P 值为 1 且左边为 0,则该点定为一个新的外轮廓的起始点,并赋予新的 NBD 值
            //如果 P 值大于 0 且右边为 0,则该点定为一个新的内轮廓的起始点,同样赋予新的 NBD 值
            // 如果不是以上两种情况,继续遍历下一个点
            currentContour = null;
            bool NewContourFound = false;
            if (P == 1)
            {
```

```
                if (x = = 0) { NewContourFound = true; }
                else if (x > 0 && ch.getPixel(x - 1, y) = = 0)
                    { NewContourFound = true; }
            }
            if (NewContourFound)
            {
                currentContour = new Contour();
                currentContour.Add(new Point(x, y));
                currentContour.Type = Contour.ContourType.OutBorder;
                NBD + +;
                currentContour.NBD = NBD;
            }
            else
            {
                if (P > = 1)
                {
                    if (x = = ch.Width - 1) { NewContourFound = true; }
                    else if (x < ch.Width - 1 && ch.getPixel(x + 1, y) = = 0)
                        { NewContourFound = true; }
                }
                if (NewContourFound)
                {
                    currentContour = new Contour();
                    currentContour.Add(new Point(x, y));
                    currentContour.Type = Contour.ContourType.HoleBorder;
                    NBD + +;
                    currentContour.NBD = NBD;
                }
            }
            if (currentContour ! = null)
            {
                //根据"同类为兄,异类为父"的规则,确定当前轮廓的父轮廓
                if (currentContour.Type = = lastContour.Type)
                { currentContour.Father = lastContour.Father; }
                else
                { currentContour.Father = lastContour; }
                currentContour.Level = currentContour.Father.Level + 1;
                FollowSingleBoder(ch, currentContour);
                rtn.Add(currentContour);
            }
        }
    }
```

```
    return rtn;
}
```

其中“FollowSingleBoder”函数是跟踪单个轮廓的过程，代码如下：

```
private static void FollowSingleBoder(Channel ch, Contour c)
{
    Point P = c[0];
    Point Pc; //顺转第一个非零点
    bool BlackRight = false; //表示是否在右边找到了黑色点
    if (c.Type == Contour.ContourType.OutBorder)
    { Pc = FindFirstNonzeroPoint(ch, P, 7, 1, ref BlackRight); }
    else if (c.Type == Contour.ContourType.HoleBorder)
    { Pc = FindFirstNonzeroPoint(ch, P, 3, 1, ref BlackRight); }
    else
    { return; }
    if (Pc.X == -1 && Pc.Y == -1)
    { //找不到非零点，说明 P 是孤立点，返回
        ch.setPixel(P.X, P.Y, -c.NBD);
        return;
    }
    Point P0 = P;
    Point P_currentstarting = Pc;
    c.Clear();
    while (true)
    {
        // 逆时针寻找 P1
        int IND = GetNeighborIndex(ch, P0, P_currentstarting); // 相对于 P0的邻域位置号码
        IND--;
        if (IND == -1) { IND = 7; }
        BlackRight = false;
        Point P1 = FindFirstNonzeroPoint(ch, P0, IND, -1, ref BlackRight);
        // 标记 P0 点的值
        // 如果右边是黑色且被扫描过，则取值为 -NBD
        // 否则，若 P0 点值为 1，则 P0 值改为 NBD
        // 其他情况，P0 值不变
        c.Add(P0);
        if (BlackRight)
        { ch.setPixel(P0.X, P0.Y, -c.NBD); }
        else
        {
            if (ch.getPixel(P0.X, P0.Y) == 1)
            { ch.setPixel(P0.X, P0.Y, c.NBD); }
```

```
            }
            // 如果 P1 = Pc,轮廓跟踪完成
            if (P1.X = = P.X && P1.Y = = P.Y && P0.X = = Pc.X && P0.Y = = Pc.Y)
            { return; }
            else
            {
                P_currentstarting = new Point(P0.X, P0.Y);
                P0 = new Point(P1.X, P1.Y);
            }
        }
    }
```

以上两段代码就是轮廓搜索的核心算法,其中还用到两个辅助函数:GetNeighborIndex 函数是获取某个点相对于当前锚点的邻域位置号码;FindFirstNonzeroPoint 函数是从指定位置开始,顺时针或逆时针寻找第一个白色点。这两个辅助函数逻辑相对简单,其代码不予赘述。

用一个图片测试轮廓提取效果如图 3-43 所示。

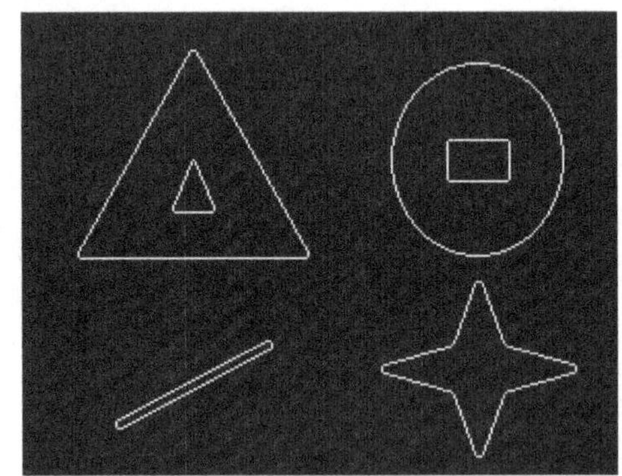

图 3-43　轮廓提取效果图

3.3.6　轮廓填充

在二维数字图像处理技术中,用多边形来一般性地表示任意形状。多边形在计算机中有多种表示方法,轮廓就是其中之一。很多时候需要在二值图中对一个轮廓进行填充,把它恢复成不含孔洞的完整有值区域,以便对其进行骨架化或者矩变换等进一步的特征提取。轮廓填充是一种经常用到的算法技术。

1)递归式水漫填充算法

填充算法中最为熟知的是"水漫填充"(Flood Fill)算法。它是从一个起始点开始填充,向四周如洪水泛滥一样蔓延到轮廓边界之内的所有像素点。如果采用 4 连通规则,就是向上、下、左、右 4 个点蔓延;如果用 8 连通规则,就向邻域中 8 个点蔓延。其代码相当简洁,下面是常用的 4 连通规则水漫算法:

```
public static void FloodFill(ImageBool img, int seedX, int seedY)
{
    if (seedX > = 0 && seedX < img.Width && seedY > = 0 && seedY < img.Height && img.
```

```
getPixel(seedX, seedY) = = 0)
    {
        img.setPixel(seedX, seedY, 1);
        FloodFill(img, seedX + 1, seedY);
        FloodFill(img, seedX - 1, seedY);
        FloodFill(img, seedX, seedY + 1);
        FloodFill(img, seedX, seedY - 1);
    }
}
```

这里用到了递归算法,先判断起始点周围的4个相邻点,然后再对每个相邻点继续判断其相邻点,直到所有的递归分支都碰到已经填充过的点或者遇到轮廓边界而停止。该方法逻辑简单、直观,但最大的问题是容易由于递归过深而造成栈溢出(Stack Overflow),导致程序崩溃。

2)非递归水漫填充算法

在上面的算法中,递归最终得以收敛的关键在于"蔓延"的终止条件,也就是,如果某个点超出了图像边界或者该点的像素值已经是1,那么将不会在这个点进一步"蔓延",当前递归分支在这个点就终止了。

为了避免栈溢出的危险,我们可以对算法做一些改进,用循环来代替递归。在每一步"蔓延"时,把符合填充条件的点(即不满足上述终止条件的点)保存在一个列表中,并及时删除重复点,这样就等价于实现了递归分支的及时终止,从而有控制地完成蔓延。看下面的代码:

```
public static void FloodFill2(ImageBool img, int seedX, int seedY)
{
    List < Point > mList = new List < Point > (); //待填充列表
    Point nextpnt;
    mList.Add(new Point(seedX, seedY));
    while (mList.Count ! = 0)
    {
        // 清除待填充表中的重复点
        mList.Sort(new pntComparer());
        for (int i = mList.Count - 1; i > 0; i - -)
        {
            if (mList[i].Y = = mList[i - 1].Y && mList[i].X = = mList[i - 1].X)
            { mList.RemoveAt(i); }
        }
        int oldLength = mList.Count;
        // 蔓延
        for (int i = 0; i < oldLength; i + +)
        {
            img.setPixel(mList[0].X, mList[0].Y, 1); // 填充列表中第一个点
            // 上
```

```
            if (mList[0].Y > 0)
            {
                nextpnt = new Point(mList[0].X, mList[0].Y - 1);
                if (img.getPixel(nextpnt.X, nextpnt.Y) == 0)
                { mList.Add(nextpnt); }
            }
            //下
            if (mList[0].Y < img.Height - 1)
            {
                nextpnt = new Point(mList[0].X, mList[0].Y + 1);
                if (img.getPixel(nextpnt.X, nextpnt.Y) == 0)
                { mList.Add(nextpnt); }
            }
            //左
            if (mList[0].X > 0)
            {
                nextpnt = new Point(mList[0].X - 1, mList[0].Y);
                if (img.getPixel(nextpnt.X, nextpnt.Y) == 0)
                { mList.Add(nextpnt); }
            }
            //右
            if (mList[0].X < img.Width - 1)
            {
                nextpnt = new Point(mList[0].X + 1, mList[0].Y);
                if (img.getPixel(nextpnt.X, nextpnt.Y) == 0)
                { mList.Add(nextpnt); }
            }
            //删除已填充的点
            mList.RemoveAt(0);
        }
    }
}
```

每一次循环都会填充列表中第一个点,并添加若干个符合条件的待填充点。每次循环都要及时把列表中的重复点删除,如果没有这一步操作,虽然理论上最后也能得出正确结果,但耗费的时间将极长。删除重复点的方法是用.NET框架提供的Sort函数对点集mList排序,然后遍历一次,如果发现前后两个点完全一样,就删除其中一个。Sort函数用到一个自定义的比较器pnt-Comparer,它负责告诉Sort函数如何判断两个点的大小关系,其代码如下:

```
internal class pntComparer : IComparer<Point>
{
    public int Compare(Point pnt1, Point pnt2)
```

```
    {
        if (pnt1.Y > pnt2.Y) { return 1; }
        if (pnt1.Y < pnt2.Y) { return -1; }
        if (pnt1.X > pnt2.X) { return 1; }
        if (pnt1.X < pnt2.X) { return -1; }
        return 0;
    }
}
```

非递归算法的优点仅在于避免了栈溢出，在效率上与递归法相近。由于大量的计算被消耗于对部分像素的反复访问与判断，所以这两种方法的整体效率是比较低的。

3）扫描线填充算法

另一种避免递归的思想是"逐点判断"，也就是把轮廓视为多边形，然后判断图像中每一个点是否处在轮廓之内，从而决定是否对其填充。这种思想的关键在于如何高效率地判断点是否处于轮廓内。这类方法中具有代表性的是"扫描线转换法"。把轮廓视为一个一般的任意多边形，用平行于 X 轴的扫描线依次扫描多边形每条边，获得扫描线与边的交点，再对交点之间处于多边形内部的点做填充（图 3-44）。

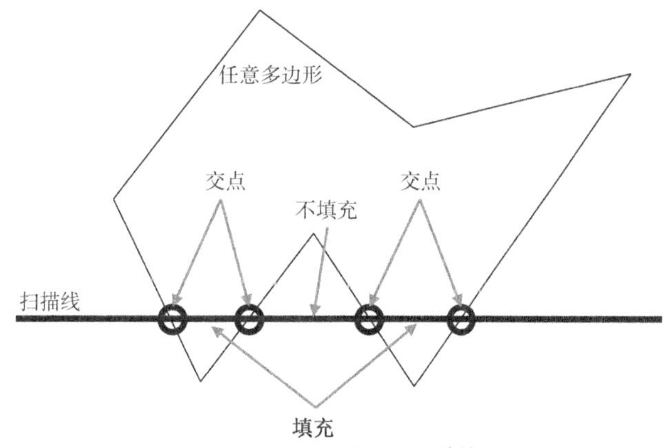

图 3-44　扫描线填充法原理

为了提高效率，引入了活性边表（AET）和新边表（NET）的概念，也就是把可能与当前扫描线相交的边存放在一个有序链表中，并在扫描的过程中动态地维护，从而最大限度地减少扫描线与多边形相交的判断，提高效率。该算法大致的过程是在轮廓取 X 方向的扫描线，对每条扫描线执行以下操作：

（1）调整活性边表；

（2）求交点，即首先求出扫描线与活性边的交点；

（3）交点排序，即将这些交点按 X 坐标递增顺序排序；

（4）交点匹配，即即从左到右确定落在多边形内部的哪些线段；

（5）区间填充，即填充落在多边形内部的线段。

4）有向轮廓快速填充法

上述扫描线转换法对任意多边形具有较好的普遍适用性，它允许多边形只提供其顶点坐标而省略边中的点，对顶点的排序方向也没有要求。如果我们把着眼点只放在轮廓上，由于它具有紧邻性、有向性等特点，因而对于这种轮廓的填充存在一种更快速的方法，本书称之为“有向轮廓快速填充法”。

有向轮廓快速填充法的基本原理是对轮廓上的每一个点，水平地向轮廓内部填充，直到遇到已填充的点或者轮廓边界停止。对于简单的凸形轮廓[图 3-45a)]，当遍历完左侧的点时，轮廓就已经被填充完毕；对于非凸轮廓[图 3-45b)]，左侧的点向右填充，右侧的点向左填充，遍历一遍后仍然可以把所有内部点填充完毕。有向轮廓快速填充法的关键在于正确确定轮廓上某一点的填充方向，以及正确处理同一个点被轮廓多次经过的情况。

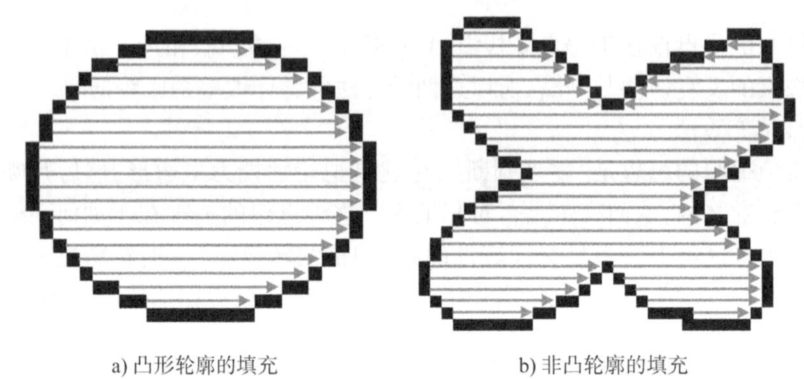

a) 凸形轮廓的填充　　b) 非凸轮廓的填充

图 3-45　有向轮廓快速填充法原理

对轮廓上的任意一点，都要判定其左右两侧哪一侧是轮廓的内部，哪一侧是轮廓的外部。基于轮廓的紧邻性和有序有向性，只需要根据该点和它前后相邻点在 3×3 邻域中的相对位置就可以作出判断。

假设对于 P 点，前一相邻点 P_1 和后一相邻点 P_2 在 P 点邻域中的位置编号分别为 m、n，那么把这种情况记作(m,n)，称为轮廓在 P 点的“走向”（图 3-46）。需指出的是，由于轮廓具有可重叠性，因而 m 和 n 有可能相同。

0	1	2
7	P	3
6	5	4

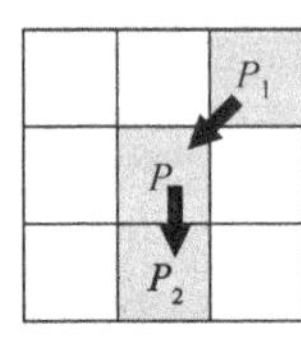

P点走向：(2,5)

图 3-46　“走向”的定义

根据 P 点的走向，再结合轮廓本身的绕行方向（顺时针或逆时针），可以确定 P 点的左右两侧是轮廓内部还是轮廓外部。如图 3-47 所示，这是一个外轮廓，绕行方向为逆时针。

填充方向的判定规则如下：

(1) 如果 P 点的左侧是轮廓内而右侧是轮廓外，则 P 点的填充方向是向左，反之则向右。

(2) 如果 P 点的左右两侧都是轮廓外，则 P 点不需要填充。

(3) 如果 P 点的左右两侧都是轮廓内，则规定 P 点的填充方向向右。

如果轮廓多次经过同一点 P，每次经过时按照以上规则判定的填充方向可能是不同的，则确定 P 点最终填充方向的方法如下：

先给 P 点赋予一个填充方向属性值 d，令 $d=0$。轮廓每次经过 P 点，按照上述填充方向判定规则都可以得到一个填充方向。如果方向向右，则 $d=d+1$；如果方向向左，则 $d=d-1$；

如果方向是“不填充”，则 d 不改变。当轮廓每一次经过 P 点，按照以上规则修改了 d 值之后，最终得到的 d 值再除以轮廓经过 P 点的次数 t 得到商值 s，如果 $s \geqslant 1$，则最终 P 点应向右填充；如果 $s \leqslant -1$，则最终 P 点应向左填充；如果 s 介于 -1 和 1 之间，则 P 点不做填充。

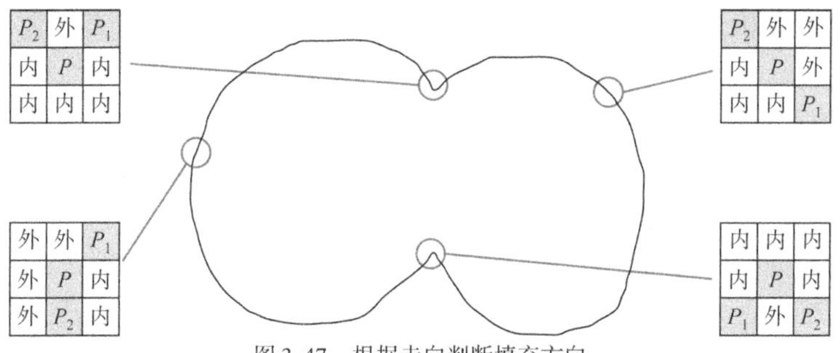

图 3-47 根据走向判断填充方向

以图 3-48a）所示的情况为例，考察线段上的非端点的任意一点 P。P 在轮廓第一次经过时，应向右填充；在轮廓第二次经过时，应向左填充。最终 P 点的 d 值为 0，次数 $t=2$，则 $s=0/2=0$，即无须填充。再看图 3-48b）中的分叉点 P，被轮廓经过了 3 次。第一次填充方向为向右，第二次为向左，第三次按照规则(3)，填充方向为向右，因此该点最终的 d 值为 $1-1+1=1$，则 $s=1/3$，介于 -1 与 1 之间，即无须填充。

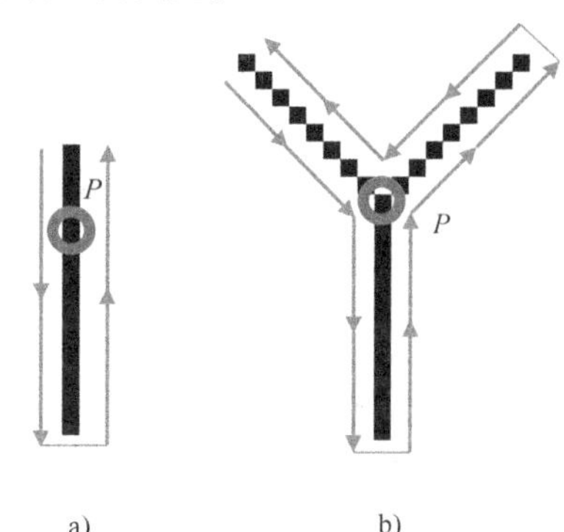

a) b)

图 3-48 填充方向判定示例

具体到代码编写层面，假设二值图 B 上有一个轮廓 C，C 共包含 n 个点，其中的点记作 P_i $(i=0,1,2,\cdots,n-1)$，填充轮廓 C 的完整的算法流程如下。

(1)第一次遍历轮廓，对 $P_0 \sim P_{n-1}$ 逐一做如下操作：

①轮廓经过该点的次数 t_i 增加 1；

②检查 P_{i-1} 和 P_{i+1}，计算 P_i 的走向 (m_i, n_i)；

③d_i 初始值为 0，根据走向确定 P_i 的填充方向，更新 d_i 值。

(2)第二次遍历轮廓：

①令 $$\mathrm{d}x = \begin{cases} 1, & \dfrac{d_{\text{left}} - d_{\text{right}}}{t} \geqslant 1 \\ 0, & -1 < \dfrac{d_{\text{left}} - d_{\text{right}}}{t} < 1 \\ -1, & \dfrac{d_{\text{left}} - d_{\text{right}}}{t} \leqslant -1 \end{cases}$$

其中，d_{left}是P_i点向左填充的次数，d_{right}是P_i点向右填充的次数，t是轮廓经过该点的次数。

②从P_i点位开始[其横、纵坐标为(x_i,y_i)]，把横坐标增加dx得到新位置(x_i+dx,y_i)，如果新位置的像素值为0，则改为1，并继续把横坐标增加dx重复下去，直到遇到像素值不为0的点时停止。

综上所述，该算法是对轮廓进行两次遍历。第一次遍历，根据前后相邻点的相对位置来判定该点位的填充方向（向左、向右或者无须填充），当某个点被轮廓多次经过时，其填充方向会互相叠加或者抵消。第二次遍历，根据每个点位的最终填充方向完成填充。这种方法充分利用了有向轮廓的数据结构特点，最大限度减少了像素点的重复访问，大大提高了执行效率。如果用C++实现这个算法，经测试，其效率明显超过当前主流的OpenCV库所提供的填充函数（OpenCV使用扫描线填充法）。

3.3.7 寻找运动物体

计算机图像分析的核心任务是从图像中提取出人们感兴趣的信息。举个常见的例子，高速公路上设有用于监控车辆的摄像头，当车辆经过时，闪光灯就会激发并拍照抓取车牌号，没有车辆经过时，则不会闪光拍照。路用摄像头具有普通摄像和闪光拍照两种工作模式，在一般情况下持续进行普通摄像，与此同时不断判断画面内是否出现了符合车辆特征的运动物体。当摄像头判断画面中出现了车辆时，就触发闪光拍照，抓取一幅高清晰度的照片，然后利用专门的算法从照片中解析出车牌号。当然在此过程中，还可以识别车辆大致的型号，测出车辆的行驶速度。显然，整个过程的基础是有效地识别出画面中的车辆，这需要用到运动物体检测算法。

运动物体检测算法是一个比较综合的应用性算法，它的基本原理是图像相减，但同时用到很多其他相关的算法和技巧。具体地，它又分为背景减除法与差帧法两类基本方法。背景减除法就是用某一幅画面作为背景，认为这幅画面就是不存在任何运动物体时的基础画面，然后在视频监控时，把每一帧画面与背景图做差，这样背景就被消除成为黑色，而非背景的物体就在画面中留下了痕迹。这种方法十分简单快速，适用于背景稳定不变的场合。但是在很多环境中，例如室外，阳光角度和天气的变化都会造成背景的变化，因此无法使用固定的图片作背景，这时就要使用差帧法。该方法认为背景在几帧图像的短时间之内几乎不会发生变化，于是使用前后间隔一定帧数的两张图片来做差，背景基本被消除，而运动物体则留下明显痕迹。差帧法的适用范围比背景减除法广泛，但是捕获的运动痕迹同时包含两张图的物体轮廓，如果两帧间隔太大或者物体运动速度太快，其捕获的轮廓就会太长，从而需要在后续的处理中适当调整。在大多数应用场合，需捕获的目标物体的大概尺寸是已知的。

识别运动物体的原理十分简单，但在实际应用中，还需要先处理好一系列参数性问题。往往存在一些对处理结果有着显著影响或起到关键调节作用的预设条件，如何确定这些条件，被称作"参数性问题"。

我们以如图3-49所示的两张图为例，来实现一个寻找运动物体的测试函数。

图 3-49　寻找运动物体例图

根据具体问题的需要，有以下参数性问题必须明确：

(1)感兴趣区域(Region of Interest，ROI)。在一幅图像中未必所有的运动物体都是我们感兴趣的。假设在这个具体问题中，只要寻找右幅车道的车辆，左幅车辆不在关注范围内。因此，我们在图像范围中划定一个 ROI，即下面 4 个点围成的梯形范围，如图 3-50 所示。

图 3-50　定义图像 ROI

(2)去噪卷积核尺寸。在图像做差之后往往存在许多噪点和无意义线条，需要用开运算来清理掉。卷积核尺寸太小则不足以完成清理，太大则有可能破坏需要捕获的运动物体形象。合适的卷积核尺寸可以通过试算来确定，对同一个应用场景，可以认为这个尺寸是一定的。

(3)物体尺寸阈值。很多因素都会导致两帧图片之间出现细微的差异，比如摄像机本身的噪声，还有图中的灌木随风摆动，或者有飞鸟闯入画面中，都会在差分结果中留下痕迹。这些显然不是我们要捕捉的物体，因此需要设定一些阈值条件把明显不正确的痕迹剔除掉。

代码编写的逻辑如下。首先，把两帧照片转变为灰度图，然后做差并二值化：

```
//差分
ImageGray diff = new ImageGray(img1.Width, img1.Height);
for(int y=0;y< img1.Height;y++)
{
```

```
        for(int x=0;x< img1.Width;x++)
        {
            int gray1 = img1.getPixel(x, y);
            int gray2 = img2.getPixel(x, y);
            diff.setPixel(x, y, Math.Abs(gray1 - gray2));
        }
    }
    //二值化
    ImageBool diffbool = new ImageBool(diff);
```

于是得到的图像,如图3-51所示。

图3-51　寻找运动物体过程生成的二值图

由于只注意感兴趣区域之内,道路标线轮廓和噪点是我们不需要的信息,因此用开运算来消除。经试算,发现比较好的卷积核尺寸为5,得到如图3-52所示的图像。

图3-52　去噪之后的图像

在前面设定的感兴趣区域内求取轮廓,并按照其中面积筛除不符合阈值要求的(本例中设定的阈值是面积不小于100×100像素),最终剩下的轮廓就被认为是目标运动物体(图3-53)。

图 3-53 下方出现的车辆被探测到(框内)

一般而言,用差帧法寻找运动物体的步骤为:

(1)确定主要的算法参数,包括帧数间隔、感兴趣区域、去噪卷积核、物体尺寸阈值等;

(2)将两帧图片二值化;

(3)做差;

(4)去噪;

(5)求轮廓;

(6)阈值筛查得到结果。

运动物体的搜寻是一个综合的应用性算法。在每一个特定的应用场景下,都需要预先基于视频样本做好充分的测试研究,设置合适的算法参数,这对于整个分析能否得到预期效果至关重要。

3.4 算法库的 C + +实现及相关加速技巧

本章重点是基于 C#语言讲解常用计算机图像预处理算法和图像分析算法的原理及程序编写。C#语言因其简单易用,适合于学习和研究,并且在一些小规模的实用场合也足够有效。在更复杂的一般性工程应用中,由于图片尺寸较大,时效性要求较高,C#语言的执行效率有时还不能满足需要。当今主流的计算机视觉库都使用 C 语言或 C + +开发,其主要原因并不是 C 语言/C + +的跨平台兼容性,而是由于它较高的执行效率。在本节,我们将简单介绍如何用 C + +编写本章涉及的算法程序,供读者参考。

3.4.1 用 VS 开发 C + +

打开 Visual Studio,选择“创建新项目”,在开发语言栏选择“C + +”,项目类型选择“空项目”,点击“下一步”,就创建了一个新的 C + +开发项目(图 3-54)。

在右侧“解决方案资源管理器”窗口,右键点击项目名称(本例中为默认名称“Project1”),再选择“添加项目”,在弹出的对话框里可以选择添加哪种文件。比如我们添加一个 cpp 文

件,并在里面写上如下代码:

```
#include <iostream>
using namespace std;
int main()
{
    cout << "Hello World." << endl;
}
```

然后按 F5 键执行,就能看到控制台运行结果,如图 3-55 所示。

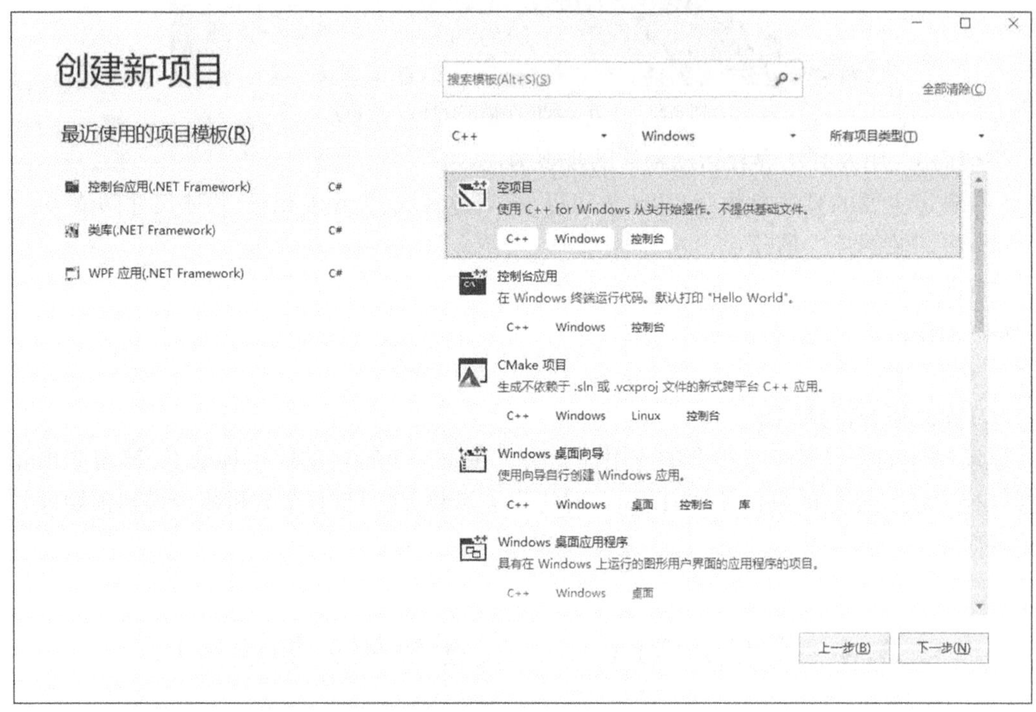

图 3-54　新建 C++开发项目

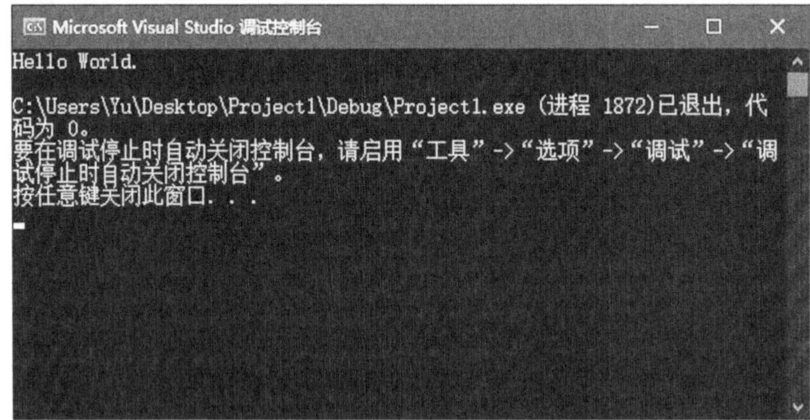

图 3-55　第一个 C++程序 Hello World

仍是在资源管理窗口右键点击项目名称，在弹出菜单中选择“添加类”，就会弹出类对话框，供开发者指定类的名称和相关文件。VS 默认的习惯是对每一个类创建一个同名的 h 文件和 cpp 文件，当然我们可以随自己的意愿来调整。当 h 文件比较多时，相互之间的包含关系就可能出现混乱。通过优化程序的结构和类继承关系能够在一定程度上减少循环依赖，我们也可以在每个 h 文件开头写上这样的宏语句：#pragma once，把这个问题交给编译器去处理。

在 VS 菜单栏的调试控制栏中，可以选择两种调试模式：Debug 和 Release（图 3-56）。

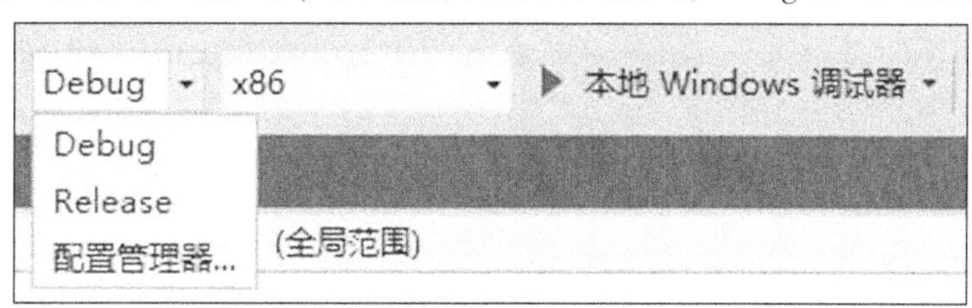

图 3-56 调试模式的选择

在代码测试阶段，尤其是需要设置断点或逐语句运行时，必须使用 Debug 模式。该模式基本不对原代码做任何优化，严格地保持原有的变量、语句和顺序结构，可以在任何语句处暂停并调试。Release 模式则是“发布模式”，就是当程序编写完成，准备发布给他人使用时，应当用这个模式来编译。它在编译过程对原始代码做了很多优化，而且 VS 的 C + + 编译器对 Intel 处理器的支持非常彻底，优化后往往能使执行效率有显著的提升。当我们测试一段程序的实际执行速度时，应当在 Release 模式下编译，它运行起来比 Debug 编译的结果明显要快一些。

3.4.2 用 C + + 编写图形函数

在 C + + 之下没有 .NET Framework 的强大支持，很多原本看似简单的事情可能需要经过一番周折才能做到。由于没有 System. Drawing 库，对图片文件的读写都需要自己动手解决。好在有一些免费的第三方 C + + 库可以使用，例如 libjpeg 库可读写 jpg、jpeg 这一类图片，libpng 库可以读写 png 文件。至于 bmp 文件则没有通用的库，它的文件结构比较简单，可以直接编写有关代码。

使用 C + + 要特别注意防范内存泄漏。在函数体中直接声明的数值或对象都保存在栈内存中，但随着函数的结束，内存也就自动释放了。需要在多个函数之间反复使用的数据，例如图像内容，就应当保存在堆内存中。以 Channel 类为例，它的 data 成员是一个 int 数组，在构造函数中就应当用 malloc 语句分配一段堆内存。而在其析构函数中，也要有相应的代码释放掉这段内存。下面是基于一个灰度图 img 生成积分图对象 ImageIntg 的构造函数和析构函数：

```
//构造函数
ImageIntg::ImageIntg(ImageGray &img)
{
    //malloc 申请堆内存
    _data = (unsigned int* )malloc((img.Width + 1) * (img.Height + 1) * 4);
    _datalen = img._datalen;
    Width = img.Width;
    Height = img.Height;
```

```
    int realWidth = Width + 1;
    int realHeight = Height + 1;
    //逐行进行积分图运算
    memset(_data, 0, realWidth * 4); //把首行设为0值
    for (int y = 1; y < realHeight; ++y)
    {
        unsigned int* ptr = _data + y * realWidth; //当前行的首指针
        unsigned int* ptrlast = _data + (y - 1)* realWidth; //上一行的首指针
        ptr[0] = 0;
        for (int x = 1; x < realWidth; ++x)
        {
            ptr[x] = (unsigned int)(img.getPixel(x - 1, y - 1) + ptr[x - 1] +ptrlast
[x] - ptrlast[x - 1]);
        }
    }
}

//析构函数,释放构造时申请的内存
ImageIntg::~ImageIntg()
{
    if (_data != NULL)
    {
        free(_data);
    }
}
```

上面代码是直接声明数组来保存图像数据,而 C++STL 标准库中还有一个有用的 vector(向量)类,具备数组的所有功能,还支持元素的添加、插入、删除等各种类似于 List 链表的操作,而它最大的优点是能够自动管理内存,无须 free 语句释放。vector 是泛型类,使用时必须指定其元素类型。vector 虽然有点像列表类,但它本质上仍是数组,在内部维护了一个连续的堆内存块,并总是让内存块尾部保留有一定的富余量。如果在 vector 尾部添加一些元素,导致既有内存不够了,那么它就会自动申请一块更大的内存,并把现有数据复制过去。vector 基本的使用方法见表 3-6。

表 3-6　vector 基本使用方法

项　目	语　法	功　能
构造	vector<T>()	创建一个空的 vector
	vector<T>(int size)	创建元素个数为 size 的 vector
访问元素	T vector[iterator i]	获取位置 i 处的元素
元素个数	int size()	返回元素个数
添加元素	push(T x)	在末尾添加一个元素 x

续上表

项　目	语　法	功　能
插入元素	insert(iterator i, T x)	在 i 位置插入元素 x
删除元素	erase(iterator i)	删除位置 i 处的元素

vector 类像数组一样,适合用于频繁读写元素的数组类型的操作,但如果频繁执行添加、插入、删除操作,则可能导致内存的频繁复制或空间浪费,反而损失了效率。对于后一种情况,则应该使用 SLT 中的另一个泛型类 list。它是一个标准的双向链表,每个单元除了保存一个元素外,还保存了一个向上指针和一个向下指针。每个单元都是单独存在的内存块,并不一定是连续的,它通过表中的上下指针把内存块串联起来形成一个完整链表。这种结构非常适合频繁地添加、插入或删除元素,但是如果要访问其中元素,则不能像数组那样直接定位到相应内存位置,而是要从第一个元素开始,按向下指针找到第二个元素,再继续下去直到找到需要访问的元素,这个效率显然比数组低得多。list 与 vector 都能够自动管理内存,它们的方法名称和使用方法也是基本相同的,两者的选用需依据具体情况而定,如果对元素的访问更频繁,就用 vector;如果元素的增、删、插入更频繁,就用 list。

C + + 的关键字、语法规则都与 C#语言有很多相同之处,仅就单个函数而言,C#语言代码有时放在 C + + 项目里只要稍作修改就能正确运行。不过,为了真正体现 C + + 的效率优势,应该尽量多地使用指针来获取和修改数据。例如,C#语言中获取 3 ×3 邻域的语句与 C + + 相应语句有所不同。

```
C#语言版本:
byte N33 = getPixel(CX - 1, CY - 1) |
     (getPixel(CX, CY - 1) < < 1) |
     (getPixel(CX + 1, CY - 1) < < 2) |
     (getPixel(CX + 1, CY) < < 3) |
     (getPixel(CX + 1, CY + 1) < < 4) |
     (getPixel(CX, CY + 1) < < 5) |
     (getPixel(CX - 1, CY + 1) < < 6) |
     (getPixel(CX - 1, CY) < < 7);
```

```
C + +版本:
uchar N33 = * (C - Width - 3) |
      ((* (C - Width - 2)) < < 1) |
      ((* (C - Width - 1)) < < 2) |
      ((* (C + 1)) < < 3) |
      ((* (C + Width + 3)) < < 4) |
      ((* (C + Width + 2)) < < 5) |
      ((* (C + Width + 1)) < < 6) |
      ((* (C - 1)) < < 7);
```

左边 C#语言代码中 CX、CY 都是 int 型数值,含义是锚点 P 的坐标(X,Y),而右边 C + + 代码中 C 是 int 型指针,指向锚点 P 处的内存位置。两份代码的功能完全一样,但 C + + 版本只传递一个指针参数,每改变一次位置只进行最多两次加减;而 C#语言版本传递两个 int 值参数,每改变一次位置除了最多两次加减之外,在 getPixel 函数内部还要再进行一次乘法和一次加法运算。当某个过程调用该语句的次数非常多时(例如骨架化算法),两者的效率差异就会明显表现出来。

3.4.3　提高程序执行效率的技巧

C + + 本身的效率高于 C#语言,而程序结构的优化和更多底层函数的使用,能够进一步提高运行效率。以下仅举几个常见情形为例加以说明,但实际上 C + + 的加速技巧远不止这些。

1)用内存拷贝代替像素遍历

当复制一幅图像时,把保存图像内容的数组整个复制,比遍历像素对新图像赋值快得多。C + + 中使用 memcpy 函数,把数组作为一个内存块直接复制到新的数组中。

2)遍历图像时先行后列

计算机中 CPU 对内存是经由寄存器来间接访问的。因为 CPU 频率远高于内存,如果是直接访问,则 CPU 经常需要等待内存的响应,也就是 CPU 速度被内存拉低了。所以 CPU 附带了寄存器,或称"二级缓存",作为 CPU 和内存之间的缓冲区,寄存器频率介于 CPU 和内存之间。当 CPU 读取内存时,由寄存器先载入一定容量的内存,然后 CPU 再读取寄存器。写入内存的过程也经由寄存器,只是顺序刚好相反。

我们知道,图像数据是以数组形式保存在一个连续的内存块中的,寄存器有一定容量,每次读取都载入一小段连续内存到寄存器中,当然不可能把整幅图像同时载入寄存器。因此,当遍历图像时,按行遍历与按列遍历就有效率上的差异了。

如图 3-57 所示,如果按列遍历,第一次载入一段内存到寄存器后,CPU 读取了其中 P_1 点数值;需要读取 P_2 点数值时,由于 P_2 在内存中距离 P_1 较远,不在已载入寄存器的数据中,因而需要再次载入一段内存。P_3、P_4 的数值读取也是一样。而按行遍历的情形下,第一次载入内存段后,CPU 可以快速读取 $P_1 \sim P_4$ 多个数值,直到超出了寄存器信息范围,再触发下一次内存读取。可见,按行遍历与按列遍历相比,CPU 读取寄存器的次数是一样的,但寄存器读取内存的次数要少得多,这就是按行遍历效率更高的原因。

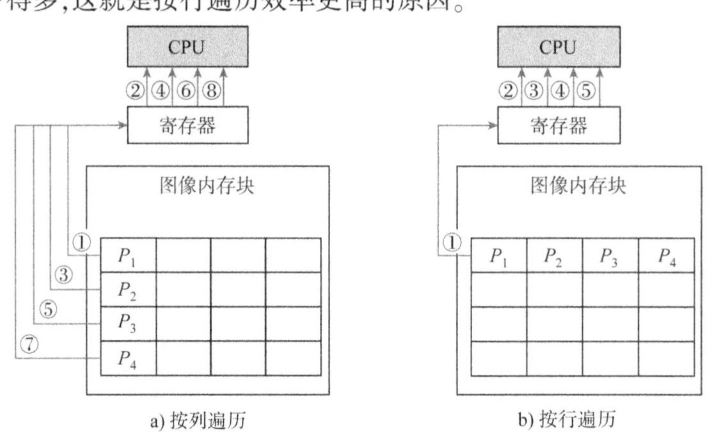

a) 按列遍历　　b) 按行遍历

图 3-57　两种遍历方式的内部差异

所以,在程序中应当尽可能使用按行遍历,即"按行遍历"的写法:

按列遍历:

```
for (int x = 0; x < img.Width; x + +)
{
    for (int y = 0; y < img.Height; y + +)
    {
        ......
    }
}
```

按行遍历:

```
for (int y = 0; y < img.Height; y + +)
{
    for (int x = 0; x < img.Width; x + +)
    {
        ......
    }
}
```

3)用查表代替计算

前文在骨架化算法中介绍了一种用查表法做骨架判别的加速技巧。这个思想在很多地方都有应用,在较早时期,甚至一些软件中对三角函数也是查表计算的。在本书涉及的图像处理领域,也有一些实用的查表法可以显著提高效率。

例如在前面的轮廓跟踪函数中,有一个 FindFirstNonzeroPoint 子函数,用于寻找邻域中第一个非零点的位置。普通的方法是在邻域中按顺序逐个点去判断。前面已经讲过,邻域可能的状况有 $2^8=256$ 种,所以可以把每种状况对应的非零点位置列成表,即写在预定的数组中。这样,FindFirstNonzeroPoint 子函数内部过程就不再是逐点判断,而仅仅是从数组中取一个值。

再如在有向轮廓的填充算法中,也可以利用预设数组加速轮廓点填充方向的判断。在第一次对轮廓遍历时,核心的目的是对每个轮廓点获取其填充方向并记录在相应像素点中。填充方向取决于该点的走向(m,n)。在任意一个点的 8 邻域中,前后相邻点可能的位置分别有 8 种情况,因此该点的走向共有 64 种情况。对此,我们可以确定好每种情况对应的填充方向,在程序中定义为一个常量数组。这样,只需要进行一次寻址操作就可以得到填充方向,效率也得以提升。

4)改进数据结构

数据结构即数据的存储方式,在多种等价的方式之间,会存在使用方便与否的差异,以及随之而来的效率差异。以轮廓填充为例,一般认为轮廓的数据结构应是一组有序点集,即:$(x_0,y_0),(x_1,y_1),\cdots,(x_{n-1},y_{n-1})$。然而,在提取轮廓时也可以改用另一种数据结构,即只记录第一个点的坐标以及依次记录其他点在前一点的 3×3 邻域中的位置。例如,$P_0,P_1,P_2,\cdots,P_{n-1}$是轮廓 C 上的有序点,P_0 是首点,那么可以用这样的数据结构来记录这个轮廓:$C=(x_0,y_0),(m_0,m_1,m_2\cdots,m_i\cdots,m_{n-1})$。其中,$m_i$是一个 char 或者 int 型整数,它的取值是第 $i+1$ 点在第 i 点的邻域中的位置号码。这样的记录方法与点集记录是完全等价的,同时它更加紧凑,能够直接得到每个点的走向,不再需要通过点位坐标相减、判断,从而在轮廓填充算法中显著加速这个环节。

5)利用冗余内存

二值图像像素值只可能是 0 或 1,而像素是作为 char 或 int 类型保存的。char 类型是 1 个字节(byte)、8 位(bit),实际上只有第 1 个 bit 用来记录像素值,前面 7 个 bit 都是不使用的,这称为内存空间的冗余。如果用 int 类型保存像素,冗余就更多。

在某些算法中,需要在像素点上做各种数值标记。另外开辟一块内存空间来保存标记信息,是相对低效的做法。好的办法是直接利用原图像中的冗余内存空间保存标记信息。

仍以有向轮廓填充为例,过程中要记录每个点被轮廓经过的次数 t 和相应的填充方向值 d。因此,可以用像素点相应字节的 1 ~4 位保存轮廓经过该点的次数,用第 5、6 位保存标记为向左填充的次数(容量为 0 ~3 次),用第 7、8 位表示向右填充的次数(容量同样为 0 ~3 次)。在程序中,使用位运算来读写这些位信息,比另外开辟内存效率更高。

6)利用 SIMD 指令并行计算

SIMD(Single Instruction Multiple Data)即单指令多数据运算,是当前绝大多数 CPU 都支持的一种并行运算技术,它在 X86 领域被称为 SSE,在 ARM 领域被称为 NEON。以加法为例,在通常的单指令运算中,CPU 先从内存取得第一个操作数,然后再次访问内存获取第二个操作数,然后执行求和运算,并第三次访问内存,将运算结果写入。而SIMD指令可以访问内存获得4个(32位CPU)或者8个(64位CPU)操作数,再一次访问内存获得另外4个或8个操作数,然后进行一次并行运算,第三次访问内存写入4个或8个运算结果。它主要的特点在于只消耗一次CPU运算的时间,而实质上获得了4次或者8次运算的效果,使得执行效率成倍提升。这种技术在数字图像处理中有相当广泛的应用。

要妥善使用SIMD指令,首先需要把数据结构设计成合理的格式(开发者通俗地把这件工作称为"排数据"),尽量使CPU能够批量读写数据,减少访问内存的次数;另外,程序的核心计算逻辑也要进行一定改动,虽然这会显著增加代码的长度和复杂度。

VS自带的C++编译器对Intel处理器有很好的支持,在Release模式下,能够自动完成少量的SSE优化。如果开发者对程序效率有执着的追求,还是要手动编写代码调用SIMD指令。

3.5 本章小结

摄像头获取的原始图片必须经过预处理和前期信息提取,才能进一步作识别分析。本章讲解了常用的图像处理分析方法,包括图像存储、数据结构和算法原理,可以满足基本的图像预处理需求。本章各算法都给出了C#语言代码,以帮助读者掌握具体的算法步骤。在实际工程应用中,往往使用C++编写更为高效的代码,它与C#语言算法的区别主要在于代码机理方面,而并非算法原理。C++能够实现高性能的程序,但也相对深奥,本章对其代码特点和性能优化方法作了一些介绍,供有兴趣的读者参考。

思考练习题

1. 掌握第3.1~3.3节涉及的各个算法原理,深入理解其算法逻辑和流程。

2. 上机测试第3.1~3.3节所有示例代码,用C#语言代码建立一个图像处理算法库。

3. 将第3.2.9节"膨胀与腐蚀"的N33函数代码补充完整,并上机测试。

4. 编写一个生成灰度直方图的函数,作为ImageTransformer中的静态方法。要求:输入参数为一个ImageGray对象,输出为一个int数组,含有256个int数值,存放直方图数据。

5. 参考第3.2.3节"粘贴"中的内容,编写一个粘贴图片的函数,作为ImageTransformer中的静态方法。函数名为Paste,形式为:public static ImageGray Paste(ImageGray ForeImage, ImageGray BackgroundImage)。

6. 参考第3.2.4节"缩放、切变与翻转"中有关内容,编写切变与翻转的函数,作为ImageTransformer中的静态方法。

7. 尝试按照第3.3.6节"有向轮廓快速填充法"中有关内容,编写有向轮廓填充函数,并测试其效果。

8. 尝试在C#语言中,用第3.4.3节"改进数据结构"所述的数据结构表示轮廓,改写相关的类和轮廓搜索、轮廓填充函数。

4　分类器算法库的编写

从图像中识别目标对象依赖于“分类器”技术手段。人工智能作为一个宽泛的概念，不是指某一种特定的技术，而是许多种技术体系的统称，分类器就是其中的一个分支领域。人工智能所解决的问题大体分为预测（回归）、决策（最优化）、分类（识别）三大类。就机器视觉领域而言，所涉及的主要是分类问题，也称为识别问题，就是自动判别图像中出现的目标对象，或者自动判断和测量目标对象某些方面的性质。本章将详细讲解常用的几种分类器模型及其程序实现。

4.1　分类与识别问题

4.1.1　概述

分类问题的本质是基于对象的若干个属性值，进行一系列运算后，根据结果判定其属于预设的若干类型中的某一类。对象对于我们而言，就是一系列属性值，属性又称为“特征”。自然界中一个对象当然有很多方面的特征，但总有一些是对特定的分类问题比较重要的，而另一些特征则相对没有显著关系。例如我们要对一件食品做分类，如果预设的类型是荤菜、蔬菜，那么我们关注的特征就应当是其来源，即来源于动物还是植物；如果预设的类型是高蛋白类、高糖类、高纤维类，那么就应当关注食物的营养成分特征；如果预设的类型是甜品、开胃食品、主食，那么则应当关注其口味方面的特征。总之，自然对象总是在预处理阶段被转化为若干特征之后再进行分类的，特征值的有序排列被称为“特征对象”。

如图4-1所示，在车牌识别的应用中，原始的车辆照片经过预处理和前期分析之后，获得了图像中车牌数字图形骨架。

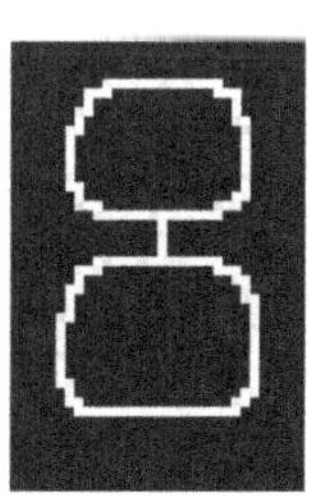
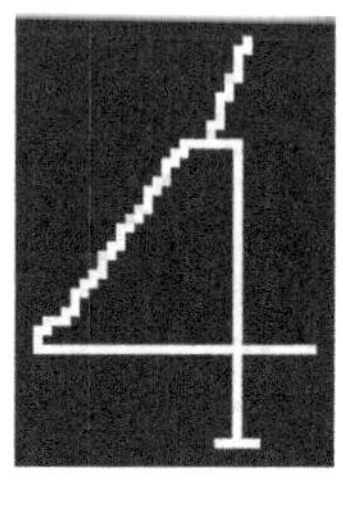
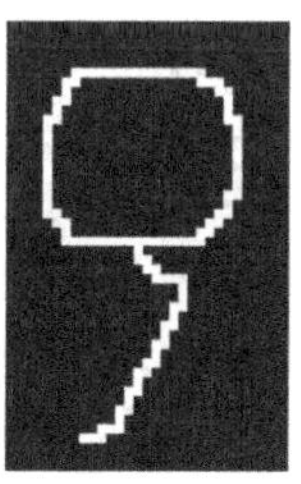

图4-1　预处理得到的数字图片骨架

每张二值图本质上是一个数组，数组长度等于图片的像素数目，然而这些像素值还不是特征。我们可以抽取出“端点数”“分叉点数”这两个特征，其定义如下：

若点 P 的 3×3 邻域中白色点数为 1，则 P 是一个端点；

若点 P 的 3×3 邻域中的 0-1 排列数大于 2，则 P 是一个分叉点。

关于骨架、邻域和 0-1 排列数等概念，请参阅第 3.3.3 小节"骨架化"有关内容。把所有的图片转化为特征对象，写成"（端点数、分叉点数）"的形式，数字"0"的图片就被转化为(0,0)，数字"8"被转化为(0,2)等。真正参与分类的，是转化后的特征对象，而它们原本是怎样的一幅图片，已经无关紧要了。

如图 4-2 所示，通过一系列判别规则的串联和并联，能够判断出特征对象所代表的数字。这其实就是一种古老的分类器——决策树。它看起来像一棵倒置的树，总是从一个条件判断开始，导向更多的条件判断，最终都会止于某一种目标类别的判别结果。决策树属于人工智能模型的一种，虽然看似很简单，但在很多场合发挥着作用。它适用于那些类别数量不太多、类别之间特征差异明显，且不存在复杂的特征交叉的分类问题。

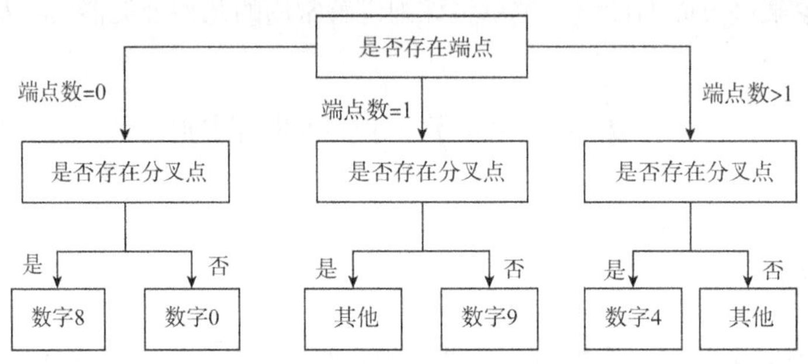

图 4-2　数字骨架判别决策树举例

决策树模型的核心要素是特征和阈值的选取。在上面的例子中，我们选择了端点和分叉点作为特征，分类出 8、0、9、4，而如果有其他数字，就必须引入更多特征了，比如高宽比、拐点、折点等。特征选取并不总是"拍脑袋"，有专门的理论和算法解决此类问题，这一点我们在第 4.4 节的 Boosting 算法中讲到。

阈值决定了当特征值取某个值时，将产生哪一种决策结果。在大多数场合，阈值的选取并不像上面的例子那么明确，有时甚至阈值本身的几何、物理含义都不甚清楚。为了获得适当的阈值，往往采用机器学习的方法，从大量样本中总结提炼出最合适的阈值。神经网络就是处理此类问题的一个典型手段。

本章不展开讲解所有的人工智能技术，而是重点介绍 3 种典型和常用的分类器模型，即线性分类器、神经网络分类器和 Boosting 分类器。应当指出，分类器只是一种手段，并不仅局限于解决某一类问题，不同的模型甚至可以组合起来使用，这有赖于我们对分类器本身的掌握以及对具体问题的深入分析。下面，我们将从一个相对简单的算法入手，逐步理解分类器的工作原理。

4.1.2　kNN 算法

1）最邻近分类法

现有一批"样本"，每个样本都是含有两个特征值的特征对象。假设我们不需要关心这两个特征值是什么含义，只知道这些样本分别属于 3 个不同的类别，如图 4-3 所示。

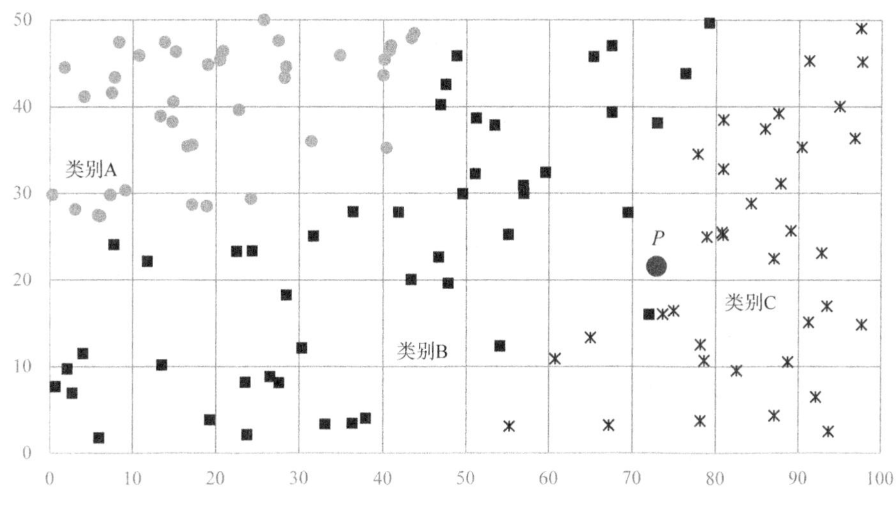

图 4-3 kNN 样本分布

图 4-3 中,横、纵坐标分别代表特征对象的两个特征值。那么,对于一个类别未知的对象 P,如何判定它属于哪一类呢? 我们可以利用的信息,即已知样本。如果 P 非常接近于某个样本,通俗地说就是与某个样本非常"像",那么就可以认为它与这个样本属于同一类,即:P 的类别等于距离它最近的那个样本的类别。这里的距离采用欧氏距离的定义,即式(4-1):

$$d(P,S) = \sqrt{(x_p - x_S)^2 + (y_p - y_S)^2} \tag{4-1}$$

其中 P 是待分类对象,S 是任意样本,x、y 是相应的两个特征值。对象 P 的分类步骤如下:

(1)遍历所有样本 S_i,计算它到 P 的距离 d_i;

(2)比较所求得的距离,取距离最小的样本 S_{near};

(3)P 的类别等于该样本得类别:$C(P) = C(S_{\text{near}})$。

这种简单的方法被称为最邻近法,简称为 NN 法(Nearest Neighbor)。我们也可以改变其中距离的定义,比如使用曼哈顿距离或者棋盘距离,那么所找到的最邻近样本可能有所不同。

2)kNN 分类法

NN 法是一种比较"武断"的方法。假设最近的 5 个样本的距离分别为 100、101、102、103、104,最近的样本是 A 类,而另外 4 个样本都是 B 类,显然 NN 法会把目标对象判为 A 类,但直觉告诉我们,这很可能是不正确的。

对 NN 法做一个小的改进就可以解决这个问题。预先规定一个正整数 k,找出距离目标对象最近的 k 个样本,然后以距离的倒数为权重(距离越小权重越大),求每个类别的加权值,最终把目标对象判定为权重最大的那个类别。在上面的例子中,取 $k=5$,那么类别 A 的权重是 $1/100 = 0.01$,B 类别的权重是后 4 个样本距离的倒数之和,即 0.039。显然,目标对象被判为 B 类。

这种取多个邻近样本按权重决定类别的方法,就是 kNN 法。k 值是在分类之前就预先指定的。k 值越大,kNN 算法的泛化能力越好,即普适性越好,但是所需要的样本数量会更多,计算量也会相应增大;k 值越小,泛化能力则越弱;当 $k=1$ 时,还原为 NN 法。

为了定量测试 kNN 判别的准确度,应从样本中随机取出一小部分作为测试集,其余的样本仍作为样本集。对测试集中每个样本进行判别后,就能得到一个准确率,用来衡量算法的效果,尤其是检测 k 值是否取值合适。

k 值需要经试算确定。在大多数情况里,当样本不变时,随着 k 值从 1 开始增大,判别准确率也会随之提高。当 k 取到某一个临界数值之后,判别的准确性就不再继续提高,而是上下振荡。这个临界点往往就是合适的 k 值。当然,k 值的选取并不是非此即彼的,不同的 k 值只是效果程度上的差异,并不意味着某个 k 值是错误的。

图 4-4 是以图 4-3 中的样本,取不同 k 值计算的判定区域。经试算,$k=5$ 是一个比较好的值。当 k 超过 5 时,判定区域的变化就不大了,继续增大 k 值已没有必要。

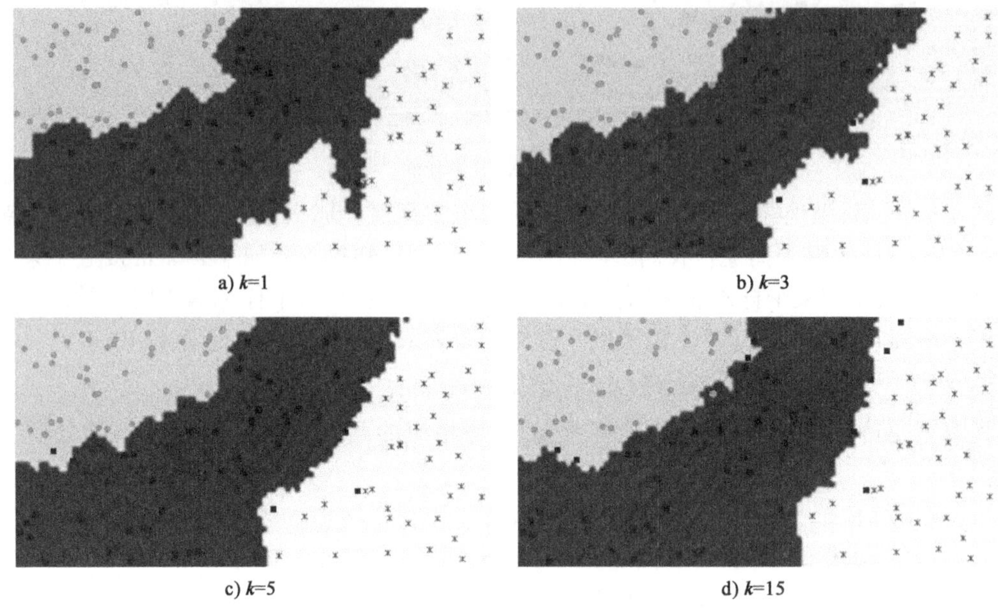

图 4-4　不同 k 值的判别域

以上的例子中,样本和目标对象都只含两个特征值。如果含有更多特征值,处理方式也是相同的,式(4-1)就变为式(4-2):

$$d(P,S) = \sqrt{(x_p - x_S)^2 + (y_p - y_S)^2 + (z_p - z_S)^2 + \cdots} \tag{4-2}$$

其中,x、y、z 等都是特征值分量。

3)有训练的 kNN 法

kNN 算法虽然原理简明,程序实现也不复杂,但其缺点是显而易见的:每次做判别都需要求出所有样本到目标对象的距离。这会导致分类效率非常低下,在样本数量很大时是无法接受的。

这引发我们去寻找从根本上提高效率的可能性,也就是引入“训练”机制。受图 4-4 的启发,如果我们在执行分类之前,先基于样本求出取值空间内每一点的分类,那么进行分类时就不再需要求每个样本的距离,只要看看目标对象在取值空间内的位置,就可以直接得出分类结果了。

如图 4-5 所示,假设有一组样本,已知目标对象的坐标取值范围是一定的,如图 4-5a)所示。那么首先遍历整个取值空间,把每个点作为目标对象进行 kNN 分类,记录下每个点位对应的类别值，得到图4-5b）。有了这个中间结果，就可以抛开样本，直接进行分类操作。对于目标对象 $P_0(x_0,y_0)$，在图中查看相应位置对应类别C，从而直接判定 P_0 属于C类。

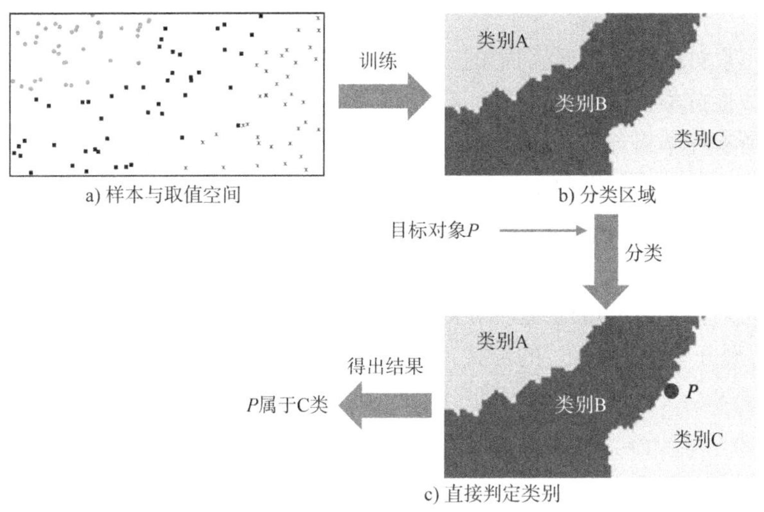

图4-5　有训练的kNN法

这种方法被称为有训练的kNN法。把样本转化为另一种有助于快速得出结果的中间信息，这一步骤被称为"训练"。训练一旦完成，样本就可以舍弃。对目标对象分类只需要依据训练结果，快速得到分类。尽管训练的过程计算量很大，但只需要预先计算一次。训练机制使得kNN的效率大为提升，在样本量大时也具有了实用价值。

有训练的kNN法虽然在一定程度上解决了分类效率的问题，但仍然存在很大的局限性。它的训练结果实质上是穷举出所有可能的对象取值情况，因而需要耗费极大的计算量和存储空间。在很多实际应用中，对象的特征值数量很多，取值空间也很大，穷举法往往是不太可行的。

如果把分类看成一个函数计算过程，即式(4-3)：

$$C = f(\boldsymbol{I}) \tag{4-3}$$

其中，C 是分类结果，$\boldsymbol{I}$ 是目标对象特征值组成的列向量，称为"特征向量"，f 则是分类函数。前述方法中，训练所得到的结果本质上就是一个 f 函数，只不过这个函数是以取值空间内所有点位的穷举形式给出的，因而其内容非常庞大。接下来，我们将介绍另一种分类器模型，它所得到的训练结果是一个确定大小的矩阵，相应的 f 函数是一个简单的矩阵乘法运算，因此不再有存储空间和存储效率方面的问题。

4.2　线性分类器

4.2.1　线性分类原理

线性分类模型是一种基于线性运算的分类方法。在训练阶段，它基于样本获得一个评分矩阵。在分类时，只要将该矩阵与目标对象的特征向量做一次乘法运算，就可得出分类结果。

对于一个一般性的分类问题，如果预设的类别有 m 个，那么训练得到的评分矩阵 $\boldsymbol{M}$ 就有 m 行，与目标对象的特征向量 $\boldsymbol{I}$ 相乘后得到一个 m 行的列向量 $\boldsymbol{C}$，即：

$$\boldsymbol{C} = \boldsymbol{M} \cdot \boldsymbol{I} \tag{4-4}$$

$\boldsymbol{C}$ 中每个元素对应着 m 个类别中的一类，而 $\boldsymbol{I}$ 被判别为 $\boldsymbol{C}$ 中数值最大的元素所对应的那一类。这就是线性分类器的分类方式。与 kNN 法相比，它不需要保存所有的样本，也不需要把目标对象与所有样本做比较，计算效率很高；与有训练的 kNN 法相比，它的训练结果是一个有限大小的矩阵，而非穷举测试的结果。

从这个原理可以看出，矩阵 $\boldsymbol{M}$ 实现了对目标对象 $\boldsymbol{I}$ 到每个类别的映射，映射得到的数值表征了 $\boldsymbol{I}$ 与该类别的相符程度，我们称之为“评分”，正因此 $\boldsymbol{M}$ 被称为评分矩阵。最大评分值对应的类别就是对象 $\boldsymbol{I}$ 最有可能属于的类别。在线性分类模型中，这个映射是一个线性映射。我们把式(4-4)展开写成式(4-5)的形式：

$$\begin{bmatrix} C_1 \\ C_2 \\ \cdots \\ C_m \end{bmatrix} = \begin{bmatrix} W_{11} & W_{12} & \cdots & W_{1n} & b_1 \\ W_{21} & W_{21} & \cdots & W_{2n} & b_2 \\ \cdots & \cdots & \cdots & \cdots & \cdots \\ W_{m1} & W_{m1} & \cdots & W_{mn} & b_m \end{bmatrix} \times \begin{bmatrix} I_1 \\ I_2 \\ \cdots \\ I_n \\ 1 \end{bmatrix} \tag{4-5}$$

根据矩阵的运算法则，向量 $\boldsymbol{C}$ 中对应于第 i 类别的评分值 $\boldsymbol{C}_i$ 的计算式为式(4-6)：

$$C_i = W_{i1} \cdot I_1 + W_{i2} \cdot I_2 + \cdots + W_{in} \cdot I_n + b_i = \boldsymbol{W}_i\boldsymbol{I} + b_i \tag{4-6}$$

可见对第 i 类别评分值 C_i 是对象 $\boldsymbol{I}$ 各特征值的一个线性组合：$\boldsymbol{W}_i\boldsymbol{I} + b_i$，这也正是该模型被称为线性分类器的原因。矩阵中 $m \times n$ 个 W 值被称为权重，m 个 b 值被称为偏置，这两者又被合称为参数。在后面的内容里，若没有特别说明，我们用 W 来统一指称矩阵中的参数，不具体区分权重和偏置。

4.2.2 SVM 损失函数

线性分类模型利用一个矩阵就可以高效地同时衡量对象与多个类别的相符程度。训练的目标就是获取一个最合适的评分矩阵 $\boldsymbol{M}$，即确定其中的参数。在训练时，将样本看作给定且不变的，而矩阵参数被视为尚不确定的未知数。一旦训练完成，获得了矩阵 $\boldsymbol{M}$，样本集就可以丢弃。

我们无法像解方程那样直接由样本计算得到最合适的矩阵参数，而是采用不断迭代的方法提高矩阵的分类准确程度，最终得到准确度足够高的一个矩阵，也就是我们所要的训练结果。那么，如何衡量矩阵的分类准确程度？假设在训练开始之时，我们给定了一个初始的矩阵 $\boldsymbol{M}_0$，按照式(4-4)，利用它对某个样本 $\boldsymbol{I}$ 进行分类，得到评分向量 $\boldsymbol{C}$。于是，我们用某个关于 $\boldsymbol{C}$ 的函数来衡量它的准确程度：

$$L = f(\boldsymbol{C}) \tag{4-7}$$

这个函数被称为“损失函数”，它表征当前分类结果与正确分类之间的偏差程度，即“损失”。损失值 L 越大，则表明分类越不正确；反之 L 越小，则说明分类越接近完全正确。如果矩阵 $\boldsymbol{M}$ 对所有样本的分类结果的综合损失值达到了极小，则这就是最佳的训练结果。所以，所谓训练，就是在迭代中不断修正参数值，使得损失不断减小，最终达到极小的过程。

这里所说的“极小”是数学术语，指函数值在当前自变量的某个邻域内是最小值，并不一定是在整个定义域内取得了最小值。

常用的一种损失函数是 SVM 函数，使用这种损失函数的线性分类器被称为支持向量机。单个样本的损失值可按式(4-8)计算：

$$L_i = \sum_{j \neq t(i)} \max\left[0, C_j - C_{t(i)} + \Delta\right] \tag{4-8}$$

式中：j——候选类别的序号；

i——当前样本在样本集中的序号；

C_j——当前样本对应第 j 个类别的评分值；

$t(i)$——当前样本的正确类别的序号；

Δ——临界损失值。

Δ 是一个与分类器灵敏度有关的预设值，接下来我们将分 3 种情况解释它的含义和作用。假设 Δ 取值为 10，在对某一个样本试算时，正确类别的评分 $C_{t(j)}$ 值为 50，那么第一种情况，如果错误类别 j 的评分值 C_j 远小于 $C_{t(j)}$，假设为 20 分，则在式(4-8)中，$\max(0,\ C_j - C_{t(i)} + \Delta) = \max(0, 20 - 50 + 10) = 0$。也就是说，此时第 j 类评分的损失为 0。第二种情况，假设错误类别 j 的评分 C_j 略小于正确类别的评分 $C_{t(j)}$，假设为 48 分，则 $\max(0,\ C_j - C_{t(i)} + \Delta) = \max(0, 48 - 50 + 10) = 8$。此时第 j 类评分的损失为 8。第三种情况，假设 C_j 大于 $C_{t(j)}$，比如 55，则 $\max(0,\ C_j - C_{t(i)} + \Delta) = \max(0, 55 - 50 + 10) = 15$。此时第 j 类评分的损失为 15。

可见，如果某个错误类别的评分比正确类别的评分低，且低过了 Δ，SVM 就认为这个结果很合理，损失为 0；如果某个错误类别的评分只是略低于甚至高于正确类别评分，SVM 就按照两者的差距计算损失。所以，Δ 控制着损失为 0 的分数差值限度。在实际应用中，Δ 需要取值合理。如果取值太小，则导致分类器灵敏度不够，降低训练速度；如果取值太大，则导致要求过于苛刻，影响训练结果的可靠性。

式(4-8)是对单个样本损失值的计算公式，对样本集的整体损失值一般定义为每个样本损失的平均值，即式(4-9)：

$$L = \frac{1}{N} \sum_{i}^{n} L_i \tag{4-9}$$

式中：N——样本数量。

到这里，SVM 损失函数还不够完善。由于其中参数 W 的取值范围是整个实数空间，能够达到损失函数值极小目标的矩阵 $\boldsymbol{M}$ 并不是唯一的。假设有两个分类效果完全相同的矩阵，人们则会倾向于选用各参数整体上更接近于 0 的那个矩阵。为了把训练结果往这个方向引导，我们要在损失函数中引入一个新的项，称为正则化损失：

$$R = \sum W^2 \tag{4-10}$$

它的定义很简单，就是评分矩阵 $\boldsymbol{M}$ 中所有参数的平方和。于是损失函数就变为式(4-11)：

$$L = \frac{1}{N} \sum_{i}^{n} L_i + k \cdot \sum W^2 \tag{4-11}$$

总的损失就由分类错误导致的损失与参数非正则程度导致的损失两部分组成。在该函数的引导下，矩阵参数将向着分类误差尽可能小，且参数值尽可能接近 0 这一方向训练。式中 k

是一个权重因子,用于调节两个损失成分的相对显著程度。如果 k 取值太小,正则化损失就不够明显,正则化效果不佳;如果 k 太大,正则化将过于强烈,反而分类能力被削弱甚至丧失。

对于线性分类器而言,损失函数并不是唯一的,SVM 只是众多选项的一种。但是,所有的损失函数都必定具有这样的性质:损失值与分类结果的错误程度正相关。例如,把式(4-8)改成式(4-12)的形式,也是一种损失函数:

$$L_i = \sum_{j \neq t(i)} [C_j - C_{t(i)}]^2 \tag{4-12}$$

它对严重偏离正确结果的情形更加敏感,用平方的手段使损失值急速增加,施以更加强烈的"惩罚",而对较小程度的偏离比较"温柔"。从训练效率方面看,这种损失函数会使训练初始阶段收敛很快,而在后期阶段比较慢。

不同的损失函数在损失程度的判定上有一些差异,会导致训练速度和训练效果上的不同,而这个不同并非一定的,而是与样本集的具体情况密切相关。

4.2.3 梯度下降法

损失函数使我们有了定量衡量评分矩阵 $\boldsymbol{M}$ 之效果的指标,接下来的问题就是如何得到合适的矩阵 $\boldsymbol{M}$,即参数最优化。首先我们可能会想到一个"差劲"的方法,就是随机搜索。这种方法随机生成矩阵参数,并计算其损失值,只要尝试次数足够多,总会得到一个相对满意的矩阵。当然,这样"碰运气"绝不是一个好方法。

随机搜索的愿望无非是能碰上一个损失值比当前更低的矩阵。如果我们基于当前的矩阵,向不同的方向稍微调整其参数值,比较哪一个调整的损失值下降最快,然后就以此更新矩阵参数,循环执行这个过程,理论上可以确保损失不断下降,直到达到极小点。这种思路被形象地称为"蒙眼下山法",好像一个站在半山腰的人,他被蒙住了眼睛,只能用脚向各个方向试探,找到下山的那个方向,然后向前迈一步,循环重复这个动作,直到发现各个方向的高度都不再降低,于是他知道自己已经从山坡来到了一个山坳点。

图 4-6 为蒙眼下山法的示意图。假设只有两个参数,参数取不同数值对应的损失值以颜色的深浅来表示,颜色越深则损失值越小。初始参数值处于位置 1,将参数向周围 8 个方向进行一定距离的调整,试算发现位置 2 处的调整是损失下降最快的,于是参数被迭代为位置 2。如此重复进行,直到参数到达位置 6,即实现了损失极小化。

对周围各个方向的搜索须赋以一个步长值 s,它相当于这个蒙眼者伸脚试探时迈步的距离远近。如果步长值设置太小,则"下山"太慢;如果步长值设置得太大,则可能极小值恰好处于两个迭代点之间,使得最终位置距离理论极小值点还有一定距离。当然,实践中不可能刚好到达理论极小值点,但我们应追求最终位置距离它不要太远。

上述方法无疑比随机搜索要好得多,但它也存在明显的问题。如果试算方向比较少,比如图 4-6 中只选上、下、左、右 4 个方向,则损失下降偏慢,到极小值点附近经常出现"绕圈"现象。如果试算方向很多,比如 8 个或者更多,则每一步迭代消耗的计算量太大。这是蒙眼下山法的主要缺陷。

然而从数学上讲,损失函数作为一个多元函数,其梯度方向就是函数上升最快的方向,反之,负梯度方向就是损失值下降最快的方向。于是,通过对损失函数求负梯度,我们可以直接获得参数迭代方向，相当于这位下山者“摘下了眼罩”，他一眼就看出该往哪个方向下山。

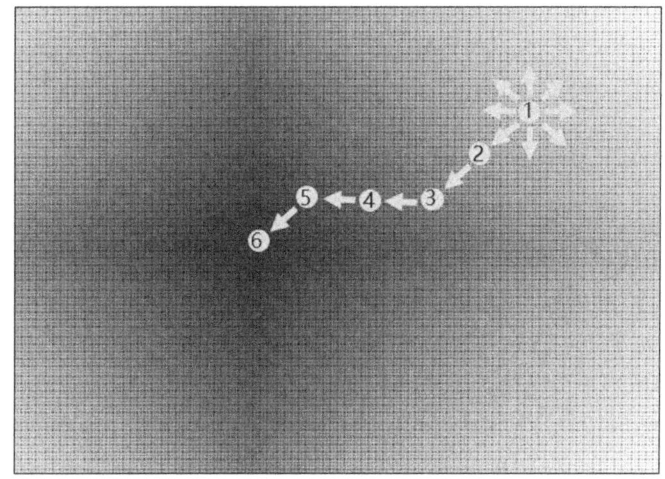

图4-6 蒙眼下山法示意图

根据式(4-8)及式(4-11)，SVM损失函数如下：

$$L = \frac{1}{N}\sum_i L_i + k \cdot \sum W^2 = \frac{1}{N}\sum_i \sum_{j \neq t(i)} \max\left[0, C_j - C_{t(i)} + \Delta\right] + k \cdot \sum W^2$$

再结合式(4-6)，得到式(4-13)：

$$L = \frac{1}{N}\sum_i \sum_{j \neq t(i)} \max\left[0, W_j I_i - \boldsymbol{W}_{t(i)} \boldsymbol{I}_i + \Delta\right] + k \cdot \sum W^2 \tag{4-13}$$

式中：$\boldsymbol{I}_i$——第 i 个样本，它是样本的所有特征值和一个常数1组成的列向量；

$\boldsymbol{W}_j$——评分矩阵的第 j 行，包括若干个权重和一个偏置。

在式(4-13)中，各参数 W 视为自变量，样本 $\boldsymbol{I}$ 及预设参数 N、k、Δ 都是已知常数，于是 L 的梯度方向就是各自变量 W 的偏导数组成的向量方向。下面给出梯度公式的推导过程，即式(4-14)：

$$\begin{aligned}
\frac{\partial L}{\partial \boldsymbol{W}_{t(i)}} &= \frac{1}{N}\frac{\partial\left(\sum_i L_i\right)}{\partial \boldsymbol{W}_{t(i)}} + k \cdot \frac{\partial\left(\sum \boldsymbol{W}^2\right)}{\partial \boldsymbol{W}_{t(i)}} \\
&= \frac{1}{N}\sum_i \frac{\partial L_i}{\partial \boldsymbol{W}_{t(i)}} + 2k \cdot \boldsymbol{W}_{t(i)} \\
&= \frac{1}{N}\sum_i \left[-\sum_{j \neq t(i)} (\boldsymbol{W}_j \boldsymbol{I}_i - \boldsymbol{W}_{t(i)} \boldsymbol{I}_i + \Delta > 0?1:0) \cdot \boldsymbol{I}_i\right] + 2k \cdot \boldsymbol{W}_{t(i)}
\end{aligned} \tag{4-14}$$

式中小括号内是一个判断函数，写成了C#语言语法的形式，即“?”前面的不等式如果成立就取1，否则取0。对评分矩阵 $\boldsymbol{M}$ 中所有的参数都照此公式求出偏导数，组合为一个向量，就是梯度。

损失函数 L 在第 i 次迭代时的矩阵 $\boldsymbol{M}_i$ 处的梯度记作 Grad_i。它实际上代表了一个方向。为了迭代，还需要把它的长度缩放为步长 s，即式(4-15)：

$$\mathrm{d}M = \frac{\mathrm{Grad}_i}{\|\mathrm{Grad}_i\|} \cdot s \tag{4-15}$$

其中双竖线符号为取模，即梯度向量 Grad_i 的长度，其值为向量中所有元素的平方之和再开方。经式(4-15)把梯度向量缩放为步长 s，得到新的向量 $\mathrm{d}\boldsymbol{M}$，于是评分矩阵迭代为式(4-16)：

$$\boldsymbol{M}_{i+1} = \boldsymbol{M}_i + \mathrm{d}\boldsymbol{M} \tag{4-16}$$

迭代后的矩阵 $\boldsymbol{M}_{i+1}$ 将重复代入样本集计算新的损失值和梯度。

4.2.4 自适应步长与终止条件

基于梯度下降法，我们就可以给出一个随机的评分矩阵 $\boldsymbol{M}_0$，其中所有参数暂且认为都取随机数，然后不断迭代逼近损失极小点。前面已经提到，恰好达到理论上的极小点是不可能的，我们只能让迭代停止在一个距离理论极小点比较近的地方。在固定步长的情形下，当第 i 次迭代的损失值 L_i 大于上一次迭代的损失值 L_{i-1} 时，意味着这一次迭代已经跨过了极小值点，迭代应当终止，以本次迭代之前的评分矩阵 $\boldsymbol{M}_{i-1}$ 为最终结果。

在这里引入一个步长自适应的机制，可以让迭代更加逼近极小值点(图 4-7)。当发现第 i 次迭代后损失值不减反增时，则把步长 s 缩小，例如缩减为原先的一半，重新执行第 i 次迭代。这个缩减步长的机制持续有效，直到步长缩减到小于我们预先规定的最小值 s_{m}，则迭代终止。自适应是一个很好的机制，一方面使评分矩阵最终能足够接近极小损失点(通过设定合适的 s_{m})，另一方面也使我们可以设定一个比较大的初始步长值，在距离极小值点尚远的训练初始阶段"大踏步前进"，而在距离极小值点越来越近的后期阶段谨慎前行，整体训练效率和训练质量都得到提升。

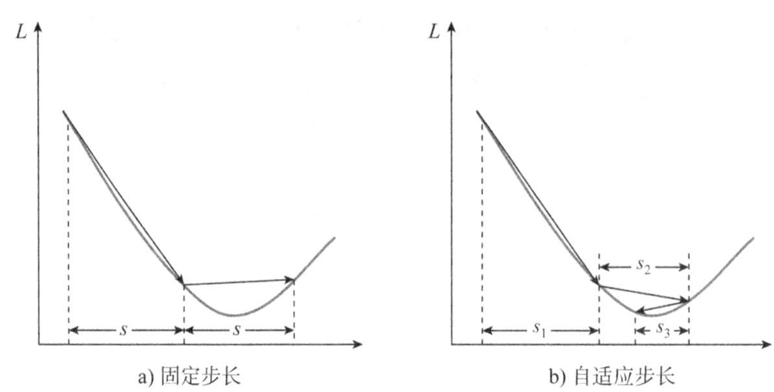

图 4-7　两种训练终止条件

4.2.5 初始化

为了改善训练效果，在训练之前做好初始化工作是非常必要的。初始化工作包括样本数据的初始化与评分矩阵的初始化两个方面。

我们无法预料样本数据会在什么范围内取值，但在训练之前应当对其做中心化和归一化处理。中心化是指同一组数据减去本组均值，使得数据均值为 0；归一化是指将同一组数据分布范围等比例缩放到(－1,1)区间内，如图 4-8 所示。假设一个样本向量 $\boldsymbol{I}$ 含有 n 个特征值，那么每一组特征应分别进行中心化和归一化，而不是将所有特征数值混在一起执行这一操作。

设含有 n 个特征的样本 $\boldsymbol{I}=\{I_1,I_2,I_3,\cdots,I_n\}$，其某一个特征 I_i 的初始化处理公式如下：

$$X_i = (I_i - \mathrm{Ave}_i) \times \lambda_i \tag{4-17}$$

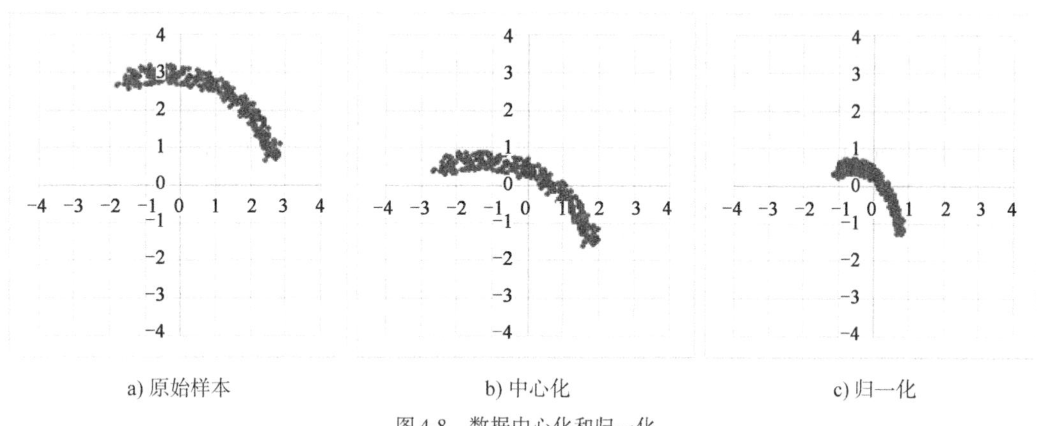

图 4-8 数据中心化和归一化

其中，X_i是初始化后的特征值，Ave_i是第 i 个特征的均值，λ_i是第 i 个特征的归一化系数。Ave_i及 λ_i都是对所有样本而言的，这两者合称为"初始化参数"。需注意，训练所得的评分矩阵 $\boldsymbol{M}$ 只适用于初始化之后的对象而非原始对象，所以，之后用它来做分类时，必须把目标对象用同样的初始化参数代入式(4-17)，然后再用矩阵 $\boldsymbol{M}$ 分类。

另一个初始化技巧是关于训练开始时的初始矩阵 $\boldsymbol{M}_0$。线性分类器对初始矩阵不敏感，理论上说，只要不是给出一个全零矩阵就可以训练。实际操作中往往以随机数来给出 $\boldsymbol{M}_0$中各参数。随机数有以下两种取法：

(1)在 $-1 \sim 1$ 范围内的均匀分布随机数；

(2)均值为 0，标准差为 0.5 的高斯分布随机数。

在第二种取法中，由于标准差是 0.5，则随机数有 95.5% 的概率落在(-1,1)区间内。无论哪一种取法，都是使初始参数值大致位于(-1,1)区间内，这与样本的归一化处理是相适应的。

综上所述，我们可以把 SVM 的训练和分类写成图 4-9 所示的流程。

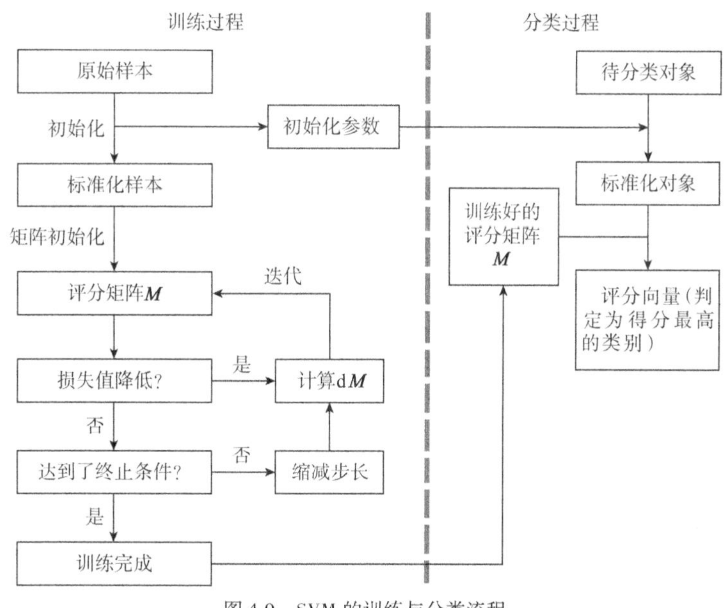

图 4-9 SVM 的训练与分类流程

4.2.6 程序实现

现在我们要用 C#语言实现一个 SVM 分类器并检验其分类效果。需建立两个类：SVMClassifier 和 SampleCollection。前者是 SVM 分类器，后者是样本集。单个样本不需要建立新类，可以直接使用.NET 自带的泛型类：KeyValuePair < int, Double[ ] >。该类型包含两个组成部分，第一部分是一个整数，用于标识该样本所属的分类；第二部分是 Double 数组，可看作一个向量，用于保存样本的特征值。假设有一个样本名为 S，那么"S. Key"将获得它的 int 部分，即分类号，"S. Value"将获得它的 Double[ ]部分，即特征向量。把样本集单独作为一个类的好处是使它具有通用性，在后面讲解神经网络等其他分类模型时同样可以使用。

SampleCollection 类的主要功能除了保存样本数据之外，还有执行初始化并保存初始化参数。其代码如下：

```
public class SampleCollection : List < KeyValuePair < int, Double[] > >
{
    public List < Double[] > PrePara = new List < Double[] > ();//初始化参数
    public void Pretreat() //初始化样本并生成初始化参数
    {
        if (this.Count = = 0) { return; }
        int d = this[0].Value.Length; //单个样本的特征值个数
        Double[] sum = new Double[d]; //保存各样本同特征的和
        Double[] max = new Double[d]; //各样本同特征的最大值
        Double[] min = new Double[d]; //各样本同特征的最小值
        //max 与 min 数组的初始化
        for (int n = 0; n < d; n + +)
        {
            max[n] = Double.MinValue;
            min[n] = Double.MaxValue;
        }
        //遍历样本集得到各特征的最大、最小值及和值
        for (int i = 0; i < this.Count; i + +)
        {
            for(int n =0;n < d;n + +) //遍历特征
            {
                sum[n] + = this[i].Value[n];
                max[n] = Math.Max(max[n], this[i].Value[n]);
                min[n] = Math.Min(min[n], this[i].Value[n]);
            }
        }
        //计算初始化参数,保存在 PrePara 中
        PrePara.Clear();
        for (int n = 0; n < d; n + +)
```

```
            {
                double[] p = new double[2];
                p[0] = sum[n] / this.Count; //中心化参数
                p[1] = (max[n] - min[n]) / 2; //归一化参数
                PrePara.Add(p);
            }
            //样本初始化
            for (int i = 0; i < this.Count; i + +)
            {
                for (int n = 0; n < d; n + +)
                {
                    this[i].Value[n] - = PrePara[n][0]; //减去均值
                    this[i].Value[n] / = PrePara[n][1]; //缩放到( -1,1)
                }
            }
        }
    }
```

初始化参数保存在变量 PrePara 中,它被定义为一个列表,每个单元是成对的两个 Double 值,第一个是中心化参数,第二个是归一化参数。样本或者待分类对象的初始化都按照统一的算法进行,即先减去中心化参数再除以归一化参数,这个顺序不能颠倒。

而对于 SVMClassifier 类,它主要是实现训练和识别这两个功能,其中大量用到了矩阵的运算。在网络上有很多开源的. NET 矩阵类库可供选择,比如半官方的 Math. NET 库。当然,自己动手写一个基本的矩阵类也是完全可行的。以下代码用到的矩阵类为 Matrix 类,为了便于阅读代码,把涉及的矩阵运算函数说明列于表 4-1 中。

表 4-1 SVM 分类器代码中用到的矩阵运算函数

函　数	含　义
Matrix(int row, int col)	指定行数列数构造新矩阵
Matrix(int col, double[ ] v)	给定列数和矩阵内的数据,构造新矩阵
Matrix Clone()	复制一个矩阵副本
Matrix MulX(double x)	矩阵数乘 x
Matrix MulM(Matrix M2)	与另一矩阵 **M2** 相乘
double Item(int row, int col)	获得第 row 行第 col 列的元素
Matrix Plus(Matrix M2)	与另一矩阵 **M2** 相加
double Norm()	矩阵的模,即各元素的平方和
void AddAsRow(Matrix R)	把另一个矩阵 **R** 拼接在自身的下方

SVMClassifier 类的成员数据如下:

```
public Matrix M; //评分矩阵
public double Deta; //SVM 临界损失参数
```

```
public List<double[]> PrePara; //初始化参数
private SampleCollection Samples; //样本
```

其中 Sample 只是在训练时用到。

构造函数有两个，一个是用于分类时，给定已知的评分矩阵 ***M*** 来创建分类器；另一个是训练时，给出样本集创建分类器。

```
public SVMClassifier(Matrix m, double deta, List<double[]> prepara)
{ //用于分类
    this.Deta = deta;
    this.PrePara = prepara;
    this.M = m; //给出已知的评分矩阵 m
}
public SVMClassifier(SampleCollection samples, double deta, int ClassCount, int
FeatureCount)
{ //用于训练。ClassCount:样本集的类别数目;FeatureCount:单个样本的特征数目
    this.Samples = samples;
    this.Deta = deta;
    this.M = new Matrix(ClassCount, FeatureCount + 1); //列数比特征数多1
    //用均匀分布初始化矩阵
    Random rnd = new Random(); //.NET 自带的随机数发生器
    for (int i = 0; i < M.V.Length; i++)
    {
        M.V[i] = rnd.NextDouble() * 2 - 1; //(-1,1)上的均匀分布
    }
}
```

分类器训练的主函数如下。先从步长为 1 开始，每次自适应调整都把步长缩减一半，直到步长小于 MinStep 时终止。

```
public void Train(double MinStep)
{
    Samples.Pretreat(); //样本初始化
    this.PrePara = Samples.PrePara; //保存初始化参数
    double lastLOSS; //上一次迭代时的损失值
    double newLOSS = this.LOSS(); //当前迭代的损失值
    double s = 1; //当前迭代的步长
    Matrix G = null; //梯度方向
    Matrix last M; //上一次迭代后的评分矩阵 M
    int LoopTimes = 0; //记录迭代次数
    while (true)
    {
        while (true)
        {
```

```
            lastLOSS = newLOSS;
            G = this.Grad(); //计算梯度方向
            if (G = = null) { return; }
            lastM = M.Clone(); //迭代前保存评分矩阵副本
            M = M.Plus(G.MulX(-s)); //沿负梯度方向前进
            newLOSS = this.LOSS(); //重新计算损失
            LoopTimes + = 1;
            Console.WriteLine("第" + LoopTimes.ToString() + "次迭代;损失值:" +
newLOSS.ToString() + ";步长:" + s.ToString());
            if (newLOSS > lastLOSS) //如果损失反而上升
            {
                M = lastM; //把评分矩阵还原
                newLOSS = lastLOSS;
                break;
            }
        }
        if (s > MinStep) { s / = 2.0; } //步长减半
        else { break; }
    }
}
```

该函数实现了训练的流程,其中还用到两个关键的子函数,即计算损失的函数 LOSS 和计算梯度方向的函数 Grad。

损失的计算依据式(4-8)和式(4-9)进行,代码如下:

```
private double LOSS() //计算样本集总损失
{
    double rtn = 0;
    for (int i = 0; i < Samples.Count; i + +)
    {
        rtn + = this.LOSSi(i);
    }
    rtn / = Samples.Count;
    return rtn;
}

private double LOSSi(int i) //计算样本集中第 i 个样本的损失
{
    KeyValuePair<int, Double[]> smp = Samples[i];
    //生成样本向量 I,末尾加一个“1”
    double[] v = new double[smp.Value.Length + 1];
    smp.Value.CopyTo(v, 0);
    v[v.Length - 1] = 1;
```

```
    Matrix I = new Matrix(1, v);
    //计算损失
    Matrix C = this.M.MulM(I); //评分向量 C
    double rtn = 0;
    int ti = smp.Key; //ti 是样本的类别号
    for (int n = 0; n < ti; n++)
    { rtn += Math.Max(0, C.Item(n + 1, 1) - C.Item(ti + 1, 1) + Deta); }
    for (int n = ti + 1; n < C.rCount; n++)
    { rtn += Math.Max(0, C.Item(n + 1, 1) - C.Item(ti + 1, 1) + Deta); }
    return rtn;
}
```

梯度方向的计算依据式(4-14)、式(4-15)进行。所得结果是梯度的方向,即模为 1 的矩阵,这样处理是为了便于主函数中缩放到步长的长度。

```
Private matrix Grad()//求当前 M 对整个样本集的梯度方向
{
    Matrix rtn = new Matrix(M.rCount, M.cCount);
    for (int i = 0; i < Samples.Count; i++)
    { rtn = rtn.Plus(this.Gradi(i)); }
    //修正为单位矩阵
    double s = rtn.Norm(); //计算 rtn 的模
    if (s == 0) { return null; }
    s = Math.Sqrt(s);
    return rtn.MulX(1.0 / s);
}

private Matrix Gradi(int i) //求当前 M 对第 i 个样本的梯度
{
    KeyValuePair<int, double[]> smp = Samples[i];
    //生成样本向量 I,末尾加一个"1"
    double[] v = new double[smp.Value.Length + 1];
    smp.Value.CopyTo(v, 0);
    v[v.Length - 1] = 1;
    Matrix I = new Matrix(1, v);
    //计算梯度
    Matrix C = M.MulM(I); //计算评分
    I = new Matrix(I.rCount, I.V); //把 I 改写为行向量
    int ti = smp.Key;
    Matrix[] GradRows = new Matrix[C.rCount];  //存放梯度的每一行
    int f1 = 0;
    int tmp;
    for (int n = 0; n < ti; n++) //求 ti 之前的各行
```

```
    {
        tmp = C.Item(n + 1, 1) - C.Item(ti + 1, 1) + Deta > 0 ?1 : 0;
        GradRows[n] = I.MulX(tmp);
        f1 + = tmp;
    }
    for (int n = ti + 1; n < C.rCount; n + +) //求 ti 后的各行
    {
        tmp = C.Item(n + 1, 1) - C.Item(ti + 1, 1) + Deta > 0 ?1 : 0;
        GradRows[n] = I.MulX(tmp);
        f1 + = tmp;
    }
    GradRows[ti] = I.MulX( - f1); //求第 ti 行
    //形成梯度矩阵
    Matrix rtn = GradRows[0];
    for (int n = 1; n < C.rCount; n + +)
    { rtn.AddAsRow(GradRows[n]); }
    return rtn;
}
```

以上代码实现了 SVM 分类器的训练。相比而言,其分类函数就相当简单了。

```
public int Classify(double[] sample)
{
    //初始化
    for (int n = 0; n < sample.Length; n + +)
    {
        sample[n] - = PrePara[n][0];
        sample[n] / = PrePara[n][1];
    }
    //在向量末尾加 1
    double[] v = new double[sample.Length + 1];
    sample.CopyTo(v, 0);
    v[v.Length - 1] - 1;
    Matrix I = new Matrix(1, v);
    //计算评分向量
    Matrix C = M.MulM(I);
    //寻找得分最高的类别
    int rtn = -1;
    double maxScore = double.MinValue;
    for (int i = 0; i < C.rCount; i + +)
    {
        if (C.Item(i + 1, 1) > maxScore)
        {
```

```
                maxScore = C.Item(i + 1, 1);
                rtn = i;
            }
        }
        return rtn;
    }
```

该函数输入一个数组形式的目标对象，返回其类别的序号。

我们使用图 4-5 中的数据进行测试。图 4-5 中共有 121 个二维点，分属于 3 个类别。把它们整理成样本集的数据格式，调用 Train 函数，控制台显示的信息如图 4-10 所示。

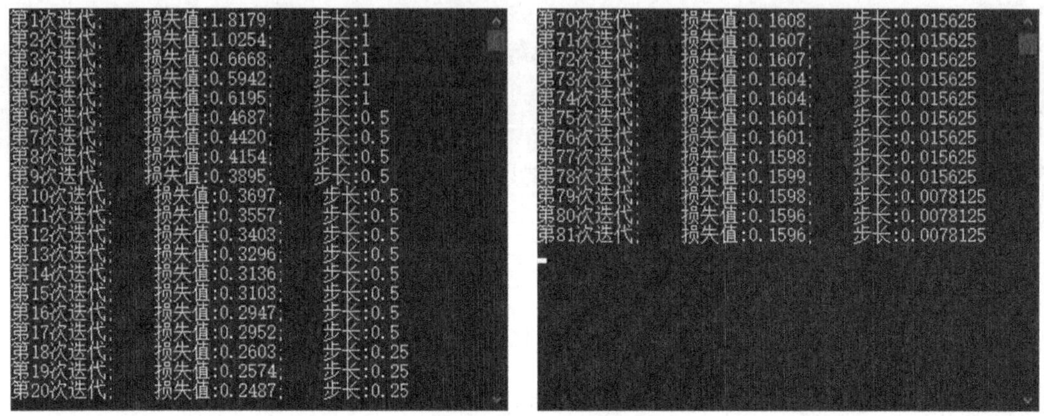

图 4-10　线性分类器训练

可以看到，总共进行了 81 次迭代。步长值是自适应减半的，损失值也从最初的 1.8179 降低至最终的 0.1596。

4.2.7　线性分类器的优缺点

在上面的测试中，训练完成后再用样本数据进行自测试，得到的分类准确率为 95.04%。如果分别执行多次训练，每次训练的迭代次数和最终损失值会有所不同，这是由于随机生成的初始矩阵 $\boldsymbol{M}$ 不同，而自测试的准确率都在 95% 左右。这个结果证明了线性分类器的有效性，但并不意味着它在任何时候的表现都能令人满意，其分类准确率取决于样本对象内在的分类规律。

评分值是特征值的一个线性组合，这是线性分类器的特点。所以，它相当于以超平面将样本空间划分为若干个凸集，每个凸集是一个类别区域。凸集是线性分类器最大的优点，它确保了损失函数在整个参数空间中只有一个极小值点，因而无论评分矩阵取何种初始值，都能朝着极小值点收敛。理论上只要步长取足够小，就能无限地接近。由于这个优良的性质，线性分类器很容易训练，对矩阵初值和临界损失 Δ、步长 s 等预设参数都不敏感，有很好的鲁棒性。

对于图 4-5 所示的样本数据，线性分类器用两条直线将样本空间（也就是图中的平面空间）分为 3 个区域，如图 4-11a）所示。训练的目的可以说就是获取这两条直线。然而在大多数情形中，数据并不服从线性的区分关系。如图 4-11b）所示，如果以两条曲线来划分样本可能更为准确。当然,这是线性分类器做不到的。所以,对于比较复杂的现实问题,线性分类器往往并不适用,具体表现为往往是无论怎么训练,效果总是很不理想。接下来要介绍的神经网络分类器则具有更强大的能力,并很好地弥补线性分类器的不足,并在诸多实际应用中取得极佳表现。

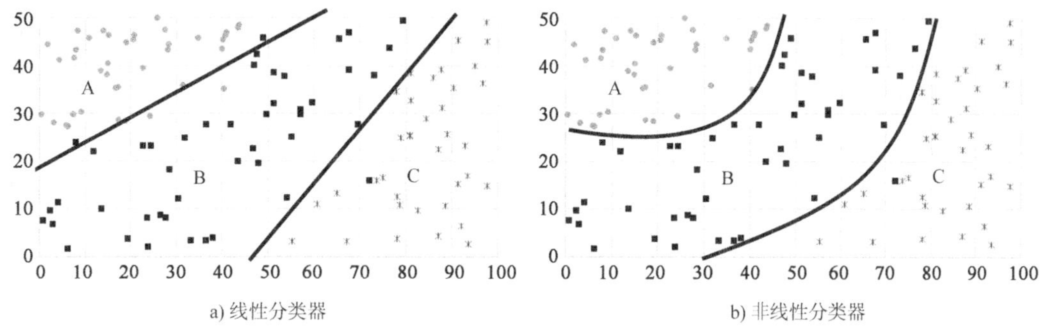

图 4-11 线性分类器与非线性分类器

4.3 神经网络分类器

神经网络模型的总体框架与线性分类器有很多相似之处,都分为训练和分类这两个独立的过程,训练的方法也都是基于梯度下降的参数迭代,样本和参数的初始化方法也基本一样。但是,在具体的模型结构和相应算法上还是有着本质的不同,神经网络远比线性分类器更加灵活和复杂。

“神经网络”是一个形象的比喻,它表达出这种模型看起来与动物神经系统相似,有神经细胞,有细胞之间的连接,细胞之间有信息的传递,而且最重要的是,有根据经验不断学习的能力。

当然,工程上使用的神经网络与人造大脑不是一回事,它只是针对某一个具体的问题而被打造的,经过训练后也只能处理某一类具体的任务,适用于某一种具体的情形。例如,如果用大量猫的照片作为样本训练了一个能够识别猫的神经网络,那么它就只能做这一件事,不能用它去识别青蛙或者别的东西。再如,如果用大量白天拍摄的车辆照片作为样本训练了一个识别车辆的神经网络,那么它只能在白天工作,对于晚上拍摄的车辆照片,它将无法识别。

即便如此,能够在特定的情形下可靠地完成某一种分类任务,这已经是非常理想的成果了。很多实践都证明,结构设计合理且经过妥善训练的神经网络对图片的识别能力(无论是效率还是准确率)可以超过人类。一般而言,一款神经网络产品的工作准确率达到95%以上时,就可以用于商用和民用;如果要用于工业和军事用途,准确率需要达到99.5%以上。

下面,我们将从神经网络(以下简称网络)的基本单元感知器开始,逐步深入讲解网络模型的具体原理和实现。

4.3.1 感知器原理

感知器又被称为“神经元”或“单元”,其功能是输入一组信号,经一定的处理后输出一个信号。

图4-12所示是感知器的标准模型。它形似一个神经细胞，左侧有若干个突触。突触的功能是接受一个刺激信号并将其传递到细胞体时，其敏感性各有不同，有的突触接收到一个很弱的刺激，却给细胞体传递很强的信号，也有的突触相反。这种差异用突触本身的一个属性来表示，即权重 W。输入的信号 X 与权重 W 相乘后传递到细胞体，W 就发挥了对输入信号做强化或者弱化的作用。细胞体带有一个参数 b，称为偏置，它可以理解为细胞体本身对信号的主观感受偏差。当一组信号 $\{X_1, X_2, \cdots, X_n\}$ 经由各个突触传递到细胞体时，细胞体将其综合为一个整体信号 Z：

$$Z = \sum_{i=1}^{n} X_i W_i + b \tag{4-18}$$

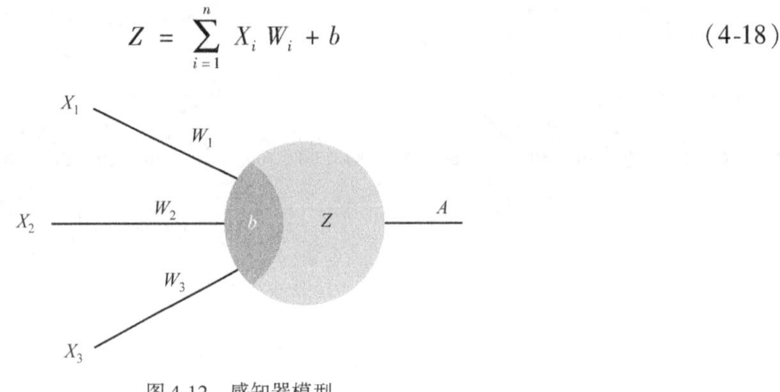

图4-12　感知器模型

接下来，细胞体本身对信号有一个响应，即对信号做了一定处理，再把结果输出。每个细胞可以有自己独特的处理方式，这被称为激活函数。综合信号 Z 经激活函数 f 处理后，得到输出信号 A：

$$A = f(Z) \tag{4-19}$$

以上就是感知器完整的正向感知过程，它很像一个多元函数，一组信号作为自变量代入，输出一个函数值 A。激活函数一般是非线性的，正是它使感知器和网络有了非线性分类的能力。假设激活函数取这样的形式：$f(Z) = \{Z > 5?\ 1:0\}$，这意味着当综合信号强度未超过5时，细胞体处于休眠状态，输出的信息是0；而一旦信号强度超过5，细胞体就输出信号1，仿佛突然被“激活”了。激活函数这一名称形象地表达了非线性的响应机制。

4.3.2　神经网络的结构

1）全连接神经网络

一个感知器获取的信号可以是原始输入数据，也可以是其他感知器输出的数据。同样，这个感知器输出的数据也可以作为另一感知器上某一突触的输入信号。感知器的互相连接是多对多的关系，一个感知器可以通过突触接收多个感知器输出的信号，也能把自己的输出信号传递给多个其他感知器。

为了便于操控和解读，人们总是把网络设计成层级结构，数据和信息逐层传递，最终输出结果。图4-13所示是典型的全连接神经网络示例。

图中每一个圆圈代表一个感知器。全连接神经网络的特点是：每个感知器都接收上一层中所有感知器的输出，同时也把自己的输出传递给下一层所有感知器，但同一层的感知器不互相连接。

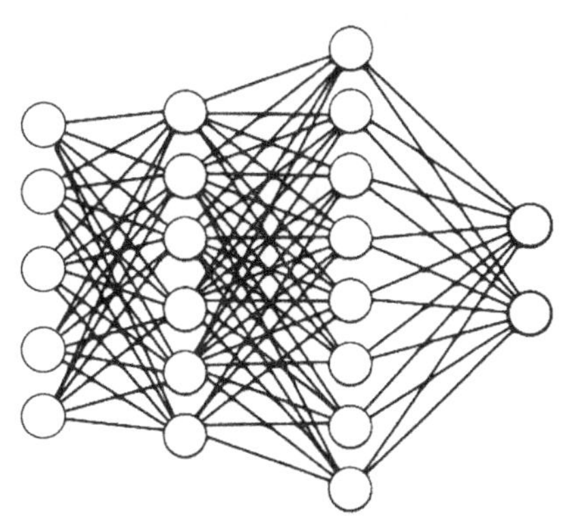

图 4-13 全连接神经网络示例

当然,感知器完全可以不是全连接的,这种情况称为非链接神经网络。比如,只接收上一层中部分感知器的输出,或者只把输出传递给下一层中的部分感知器,甚至可以没有层级结构(图 4-14)。

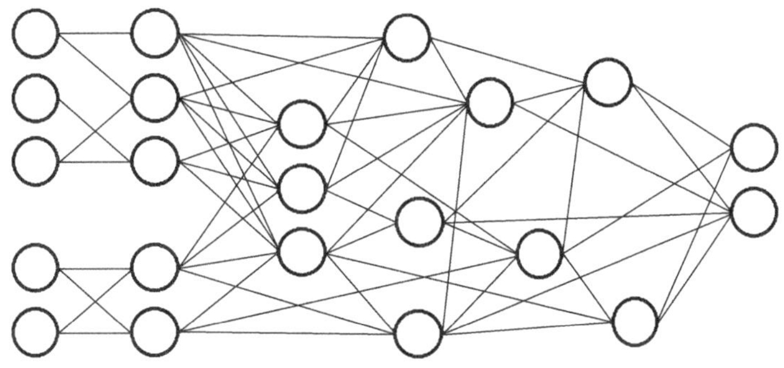

图 4-14 非全连接神经网络示例

除了极特殊的情况,人们使用的一般都是全连接神经网络。通常习惯上把输入数据也视为一个层,称为输入层。同样,每一个输入数值被视为一个特殊的感知器,它没有突触,不接收输入数值,而仅是向下一层输出一个确定的数值。网络的最后一层被称为输出层,这一层的输出数据就是网络运算结果。在输入层与输出层之间,至少要有一层,这被称为中间层或者隐藏层。最简单的神经网络结构是三层结构,即输入层、输出层和一个隐藏层。如果隐藏层有很多个,那么这种网络被称为深度神经网络。

用于分类问题的神经网络称为神经网络分类器。它的输入层神经元个数等于样本或对象的特征值个数,而它的输出层神经元个数等于候选类别的个数。与线性分类器一样,它本质上也是建立了一个由对象到评分的映射,输出层的各输出值就是对应于每个类别的评分,对象被判别为评分最高的那个类别。

2)损失函数

在训练阶段,神经网络与线性分类器一样有一个损失函数。输出层的输出数据被代入损失函数,计算出一个损失值。损失函数有很多种,不同情况下适宜的函数不尽相同。

如果网络被训练用于回归和预测,那么常用的损失函数是距离函数,即把输出值视为一个向量,以向量到目标点的距离为损失值。此处的距离可以取曼哈顿距离公式或欧式距离等不同定义。距离反映了输出值相对于正确值的偏差，通过训练使损失降到最小，那么网络与回归目标的差异就降到了最低。

在分类问题中，支持向量机的损失函数也可用于神经网络分类器，其公式与式(4-8)完全相同。另一个常用的损失函数是 Softmax 函数：

$$L_i = -A_{t(i)} + \log\left(\sum_j e^{A_j}\right) \tag{4-20}$$

式中：L_i——第 i 个样本的损失值；

$t(i)$——第 i 个样本正确的类别序号；

A_j——输出层第 j 个输出值，即第 j 类别上的评分。

从式(4-20)中可看到，Softmax 损失值与所有类别的总体评分值和正确类别的得分有关。当总体分值稳定时，正确类别的得分越高，则损失越小；反之，当正确类别的得分不变时，总体评分越高，说明正确类别相对而言越不明显，损失值越大。

对于二分类问题，输出层只有两个神经元，可以使用一个简洁的损失函数表示：

$$L_i = \frac{1}{2}\left(\sqrt{x^2 + 4} - x\right) \tag{4-21}$$

式中：x——正确类别得分减去错误类别得分。

正确类别得分越是领先，则损失值会越小，但始终非负；正确类别得分越是落后，则损失值越大，且接近于 45°方向线性上升。

3）激活函数

除输入层之外的感知器都有一个激活函数。虽然每个感知器可以有不同的激活函数，但实践中没有这个必要，一般还是让所有感知器取同一种激活函数。激活函数决定了感知器对输入数据的响应行为，是神经网络中的一个重要环节。

(1)Sigmod 函数。如图 4-15 所示，Sigmod 函数本身的形式和求导形式都非常简洁，十分常用。它对神经元的激活频率有形象的意义。当输入值很小时，神经元输出几乎为 0；当输入值在(-5,5)区间中，神经元会做出明显的正向反应；而输入值很大时，则神经元的反应达到"饱和"状态。

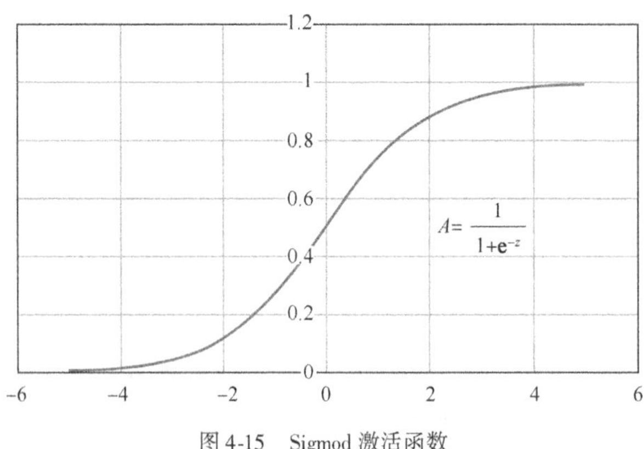

图 4-15 Sigmod 激活函数

(2)Tanh 函数。Sigmod 函数的输出值在(0,1)区间内，有时人们认为这个性质不够好，希望激活值能分布在以零为中心的(－1,1)区间内。于是有了改进的 Tanh 函数,如图 4-16 所示。

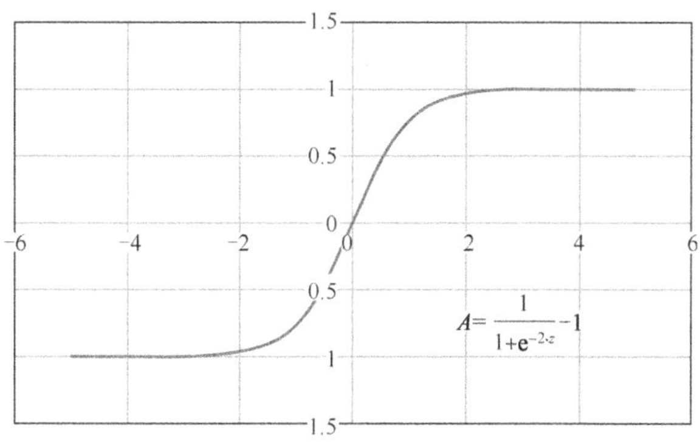

图 4-16　Tanh 激活函数

Tanh 函数的形状与 Sigmod 函数相似,只是值域不同。但它与 Sigmod 函数都有一个明显的缺点,即当输入信号很大或很小时,相应的梯度值会非常接近 0。在后面即将讲到的反向传播机制里,接近于 0 的梯度会在连续相乘运算中让后续一系列梯度都接近 0。这可能会导致梯度失效,相关的参数变得难以训练,仿佛这个神经元“死”了一般。

(3)ReLU 函数。如图 4-17 所示,ReLU 函数是大名鼎鼎的卷积神经网络的标配激活函数,随着卷积神经网络的成名而随之广为人知。当 Z 非负时,ReLU 激活值就等于 Z;当 Z 小于 0 时,激活值恒为 0。在训练中,它的收敛速度要优于 Sigmod 函数和 Tanh 函数,计算效率很高。但它的缺点是 Z 值为负时神经元容易“阵亡”。由于卷积神经网络主要用于图像识别,作为输入数据的像素值恒为非负,所以神经元死亡问题并不显著。但对于一般性的应用,ReLU 函数并不是一个很好的选择。

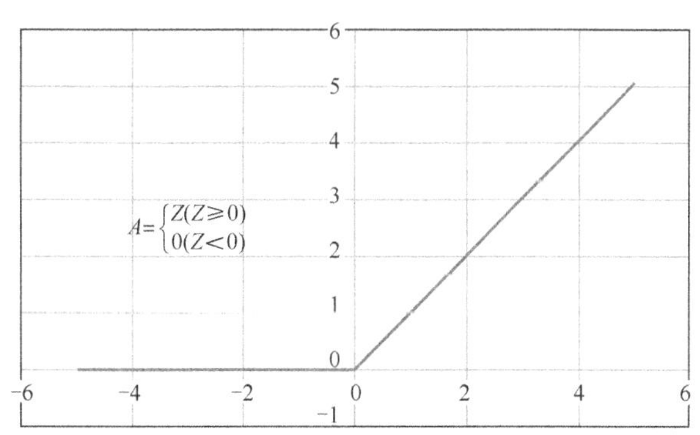

图 4-17　ReLU 激活函数

(4)LeakyReLU 函数。如图 4-18 所示,LeakyReLU 被提出是为了解决 ReLU 函数的神经元“死亡”问题。λ 是一个介于 0、1 之间的系数,一般认为它的值不宜太大。

(5)SmoothReLU 函数。如图 4-19 所示,SmoothReLU 函数是 ReLU 函数的另一种改进。它有两条渐近线,当 Z 值很大时,它趋近于 45°斜线;当 Z 值很小时,它趋近于 0。它保留了 ReLu 函数收敛快的特点,同时在一定程度上可以避免梯度失效的问题,而且整个函数是连续的,会为求梯度带来方便。

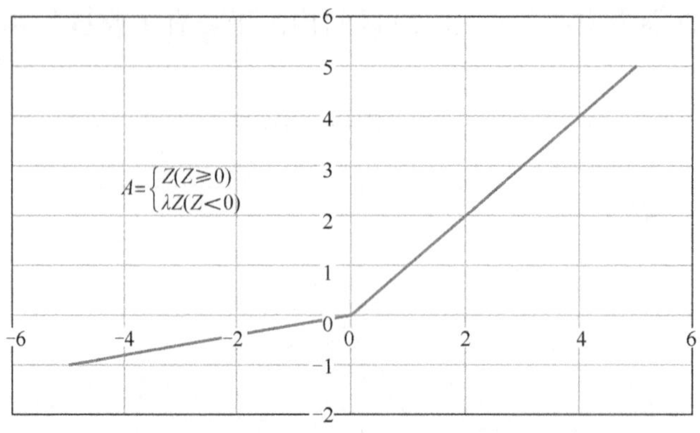

图 4-18 LeakyReLU 激活函数

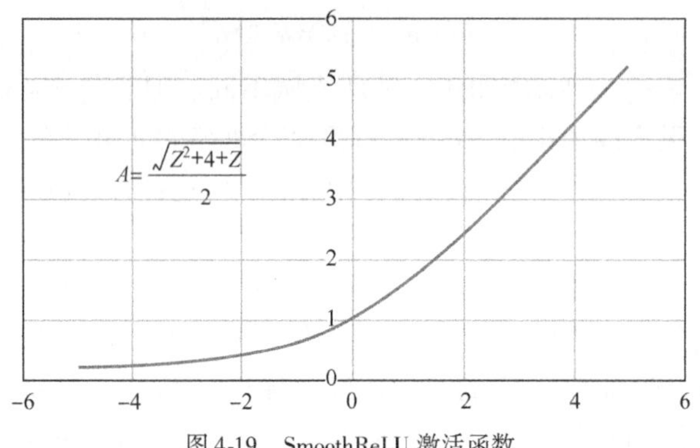

图 4-19 SmoothReLU 激活函数

4）正向传播

神经网络从输入层开始，每一层的输出作为下一层的输入，直到输出层得出结果，这个过程称为正向传播。对一个训练好的网络输入对象数据并分类识别，就是一个正向传播。

全连接网络的正向传播可以写成矩阵运算的形式，这有助于我们更好地理解这种运算机制。假设有一个 3 层网络，输入层、隐藏层、输出层的神经元个数依次为 3、3、2。各神经元的权重和偏置参数如图 4-20 所示。

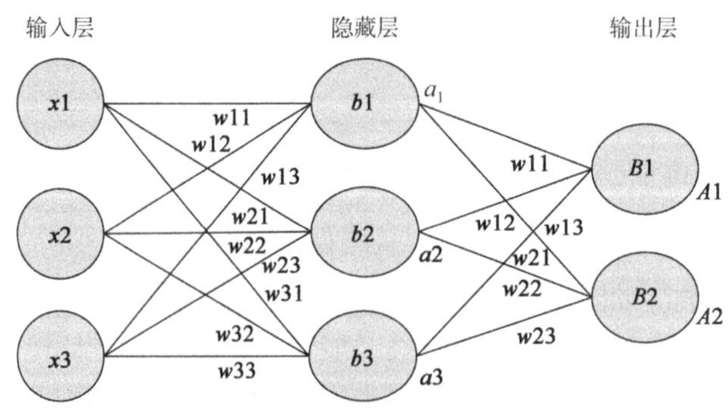

图 4-20 三层神经网络参数图

隐藏层的参数用小写字母 w_i、b_i 表示，输出值用小写 a_i 表示；输出层的参数用大写字母 W_i、B_i 表示，输出值用 A_i 表示（$i=1,2,3$）。隐藏层的计算如下：

$$
\begin{aligned}
a1 &= f(z1) = f(w11 \cdot x1 + w12 \cdot x2 + w13 \cdot x3 + b1) \\
a2 &= f(z2) = f(w21 \cdot x1 + w22 \cdot x2 + w23 \cdot x3 + b2) \\
a3 &= f(z3) = f(w31 \cdot x1 + w32 \cdot x2 + w33 \cdot x3 + b3)
\end{aligned} \tag{4-22}
$$

其中，f 是激活函数。式(4-22)写成矩阵形式，即式(4-23)：

$$
\boldsymbol{a} = f(z) = f(\boldsymbol{w} \times \boldsymbol{x}) = f\left(\begin{bmatrix} w11 & w12 & w13 & b1 \\ w21 & w22 & w23 & b2 \\ w31 & w32 & w33 & b3 \end{bmatrix} \times \begin{bmatrix} x1 \\ x2 \\ x3 \\ 1 \end{bmatrix}\right) \tag{4-23}
$$

向量 $\boldsymbol{a}$ 是隐藏层的输出，它作为输入数据传递到输出层。于是，输出层的计算写成矩阵形式为式(4-24)：

$$
A = f(Z) = f(\boldsymbol{W} \times \boldsymbol{a}) = f[\boldsymbol{W} \times f(\boldsymbol{w} \times \boldsymbol{x})] \tag{4-24}
$$

这就是上述 3 层网络的完整正向传播过程。不难看出，每一层的传播本质上是一个矩阵乘法和一个激活函数运算。无论网络的尺寸有多大、层次有多深，其传递机制都是相同的，都可以写成式(4-24)的形式，只是隐藏层数量越多，公式中的嵌套层次就越多。

假如神经元没有激活函数(即 $A = Z$)，或者激活函数取线性方程 $A = k \cdot Z$，那么式(4-24)就简化为式(4-25)：

$$
A = kZ = k\boldsymbol{W} \times \boldsymbol{a} = k\boldsymbol{W} \times k\boldsymbol{w} \times \boldsymbol{x} = \boldsymbol{M} \times \boldsymbol{x} \tag{4-25}
$$

矩阵运算满足结合律，所以令 $k\boldsymbol{W} \times k\boldsymbol{w} = \boldsymbol{M}$，就得到了式(4-25)。这说明如果激活函数为线性，那么神经网络就退化为线性分类器，线性分类器其实是神经网络的一个特例。因为非线性激活函数的存在，神经网络才有了更普遍的拟合能力。从数学理论上可以证明，如果神经元数量足够多，那么网络就可以任意精度逼近任何多元非线性函数，而这正是它与线性分类器的本质区别。

4.3.3 神经网络的训练

神经网络的训练原理与线性分类器相同。在损失函数中，把输入的样本看作已知数，而各个感知器的参数(即权重 $\boldsymbol{W}$ 和偏置 b)是可变量。因此，训练的过程就是不断调整参数值使得总的损失不断降低的过程，它的实现同样是基于梯度下降原理，但是由于非线性激活函数的存在，梯度的求法要更复杂一些。

在式(4-24)的基础上代入损失函数，则损失函数首先是输出层的输出值 $\boldsymbol{A}$ 的函数，可以写为式(4-26)：

$$
\boldsymbol{L} = l(A) = l[f(Z)] = l\{f[\boldsymbol{W} \times f(\boldsymbol{w} \times \boldsymbol{x})]\} \tag{4-26}
$$

神经网络的层次结构决定了损失函数是一个多层的嵌套函数。损失值首先是输出层 A 的函数，A 则是输出层的综合信号值 Z 的函数，Z 又是上一层的输出值 $\boldsymbol{a}$ 的函数，依次向前推导，最终归结为整个网络的输入值 x 的函数。这样，根据复合函数求导的原则，我们从损失函数对输出值 A 的函数开始，逐级求梯度，并将其依次相乘，就得到了整个损失函数的梯度，这种机制称为梯度的“反向传播”。

以一个 3 层全连接网络为例，其输入层、隐藏层和输出层分别有 k、n、m 个神经元。那么，隐藏层每个神经元的突触数为 k、偏置数为 1，则整个隐藏层的参数个数有 $(k+1) \times n$ 个；输出层每个神经元的突触数为 n、偏置数为1，整个输出层的参数个数有 $(n+1)\times m$ 个。所以整个网络总的参数个数为 $(n+1)\times m+(k+1)\times n$，损失函数的梯度就是这些参数求偏导数所组合成的向量。

具体的操作过程如图4-21所示。

(1)基于损失函数，损失值 L 对输出层的 m 个 A 值求得了 m 个偏导数 ∂L，此时总的偏导分量为 m 个。

(2)基于激活函数，每个输出层 A 值对 Z 求偏导数 ∂A，并与 ∂L 相乘，此时总的偏导分量数目仍为 m 个。

(3) Z 值是由输出层自身的参数 $\boldsymbol{W}$、$\boldsymbol{B}$ 和上一层(隐藏层)传递过来的 $\boldsymbol{a}$ 值经线性组合运算得到。由于隐藏层神经元的参数 $\boldsymbol{w}$、$\boldsymbol{b}$ 参与了 $\boldsymbol{a}$ 值的计算，所以 $\boldsymbol{a}$ 不能视为已知数，而是一个中间变量，也要求出 Z 对 $\boldsymbol{a}$ 的偏导数。所以，得到了 $n+1$ 个 $\partial Z/\partial(\boldsymbol{WB})$ 分量和 n 个 $\partial Z/\partial a$ 分量，总的分量个数为 $(n+1)\times m+n$ 个。

(4)隐藏层 a 值继续对 z 值求偏导数，与上面的过程得到的 n 个 $\partial Z/\partial \boldsymbol{a}$ 分量相乘，总的分量个数仍为 $(n+1)\times m+n$ 个。

(5)隐藏层 z 值对自身的参数求偏导，每个 z 值得到 $k+1$ 个偏导分量，总的分量数增加到 $(n+1)\times m+(k+1)\times n$ 个，与整个网络的参数个数相等，至此梯度求取完毕。

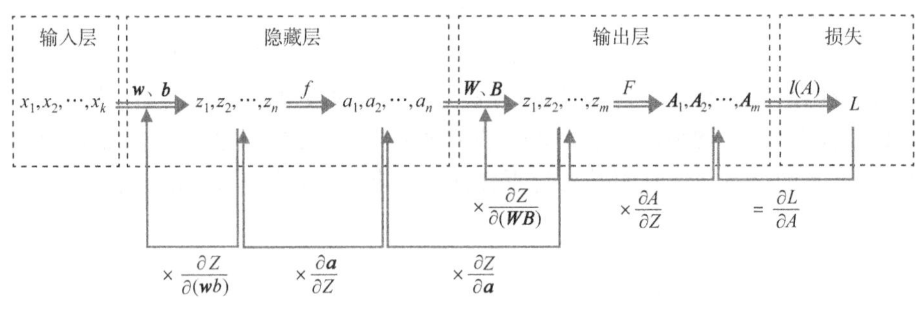

图4-21 梯度反向传播

反向传播机制具有很好的一般性，无论神经网络取何种结构，只要给定了神经元之间的连接关系，就能用反向传播原理逐级计算梯度。从单个神经元的视角来看(以图4-12所示的神经元为例)，它接收到下一级神经元传递回来的梯度分量 $\boldsymbol{G}$，乘以自身激活函数的导数 $\partial A/\partial Z$，进而分为两支：一支是把梯度传递到神经元自身的各个参数，到 $\partial Z/\partial(\boldsymbol{WB})$ 停止，不再传递；另一支则是传递到各个突触，如第 i 个突触上的梯度分量为 $\partial Z/\partial A_{\mathrm{last}i}$(其中 $A_{\mathrm{last}i}$ 是连接到该突触的上一级神经元的输出值)，这个分量继续传回上一级神经元。单个神经元的反向传播过程如图4-22所示。

图4-22中实线框是不再传播的梯度分量，包括经由 Z 值传递到 $\boldsymbol{W}$ 和 $\boldsymbol{b}$ 的梯度，因为 $\boldsymbol{W}$、$\boldsymbol{b}$ 本身就是待定参数，所以梯度分量不再传递。虚线框是要继续传递的梯度分量，梯度首先从 A 值传递到 Z，由于 Z 也是前一级输出值 $A_{\mathrm{last}i}$ 的函数，因此它还要继续传递到每个突触，并继续传递给前面的神经元，并在前面的神经元中重复这个过程。当传递到输入层时，由于输入层的神经元是特殊的，它不接收输入数据，也没有激活函数，仅是输出一个确定的数值，也就是说它只有 A 值，而没有 Z、$\boldsymbol{W}$、$\boldsymbol{b}$ 等成员，所以不需要在输入层神经元做任何传递，反向传播就停止于此。

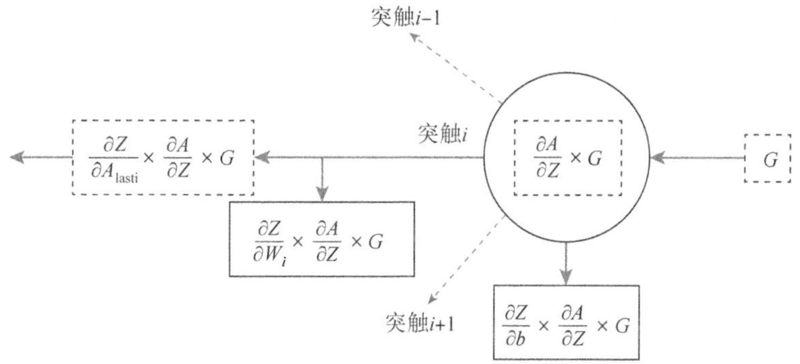

图 4-22　反向传播经过神经元

一次反向传播执行完后，就得到了一系列梯度分量组成的梯度向量。与线性分类器一样，把梯度向量缩放为步长 s，并对网络中的参数修正一次，然后再次交替执行正、反向传播，直到达到损失极小值附近为止（图 4-23）。这就是神经网络的训练流程，其中也涉及终止条件和自适应步长的问题，其内容与线性分类器相似，此处就不再赘述。

图 4-23　神经网络训练过程

4.3.4　神经网络的程序实现

通过神经网络的程序代码，能够完全清楚地展示整个神经网络的结构和工作细节。下面将以 C#语言代码实现一个适用于二分类问题的全连接神经网络类库。在其中会定义分类器、神经网络、神经层、神经元、突触这几个对象的类，有助于使代码结构清晰、易于理解。

1）突触类 NSynapse

突触类命名为“NSynapse”，它主要是保存一系列成员数据：

```
public class NSynapse
{
    public double W = 1.0; //突触的权重
    public double dW = 0.0; //∂Z/∂W，也可以视作等效于 W 的修正值
    public NUnit LastUnit = null; //连接到的上一个神经元
    public double dLastA = 0.0d; //∂Z/∂a，a 是上一个神经元传递过来的 A 值
public NUnit Owner = null; //自身所在的神经元
}
```

按照神经网络模型,突触必然依附于某个神经元,这个信息保存在 Owner 属性中,其类型 NUnit 是后面即将定义的神经元类型。突触也连接着前一层级上的某个神经元,即 LastUnit 成员。同时它还要保存自己的权重参数和对应权重和上一级输出值的偏导数,分别为 $\boldsymbol{W}$、d$\boldsymbol{W}$、dLast$A$ 这三个成员。

2)神经元类 NUnit

神经元类型名为“NUnit”,它的数据成员如下:

```
public List<NSynapse> Synapses = new List<NSynapse>(); //所包含的突触
public double b = 0.0; //偏置
public double db; //∂Z/∂b 偏导数
public double Z; //Z 值
public double A; //输出值
public List<NSynapse> NextSyn = new List<NSynapse>();  //所连接的下一层级神经元的突触(多个)。对于全连接而言,它连接的突触数就是后一级的神经元数
internal double dA_OutputLayer; //仅用于输出层(输出层神经元的 NextSyn 为空,其 dA 不是累加得到而是损失函数求偏导得来的)
```

隐藏层的神经元当然应包含自身突触对象、下一级连接的突触对象,以及 $\boldsymbol{b}$ 参数和 d$\boldsymbol{b}$、Z、A 等过程量。对于输入层神经元,由于它不包含突触对象,就令其 Synapses 成员取值 null。对于输出层神经元,它没有连接下一级突触,因而 NextSyn 成员为 null,此时反向传播时它的输出值 A 的偏导数需要有一个单独的变量保存,即 dA_OutputLayer。

我们希望当神经元在构造时就自动生成所有的突触对象,于是构造函数为:

```
public NUnit(int SynapseCount)
{
    for (int i = 0; i < SynapseCount; i++)
    {
        NSynapse s = new NSynapse();
        s.Owner = this;
        this.Synapses.Add(s);
    }
}
```

构造时需要传递一个参数 SynapseCount,即该神经元的突触数量。在构造函数内部,依据这个数量创建了突触对象,并设置好神经元与突触之间的隶属关系。如果是创建输入层神经元,则 SynapseCount 应设为 0,于是构造函数不会创建任何突触对象,整个神经元的突触集合 Synapses 取默认值 null。

神经元最重要的两个行为就是正向传播和反向传播,这也是其代码的主体部分。正向传播就是基于突触获取的输入数据计算 Z、A 值:

```
internal void Forward() //正向传播
{
    //1,计算 Z
```

```
    double tmp = 0.0d;
    for (int i = 0; i < this.Synapses.Count; i++)
    {
        tmp += Synapses[i].W * Synapses[i].LastUnit.A;
    }
    this.Z = tmp + b;
    //2,计算 A
    A = (Math.Pow(Z * Z + 4, 0.5) + Z) / 2; //SmoothReLU
}
```

Z 的计算按照式(4-18)进行。A 的计算则是依据激活函数而定。此处使用的是 SmoothReLU 函数,当然也可以使用其他类型的激活函数。

反向传播的代码略复杂一些,参照第 4.3.3 小节尤其是图 4-22 的讲解,编写其代码如下:

```
internal void Backward() //反向传播
{
    //计算 A 的偏导数 dA
    double dA = 0.0;
    if (this.NextSyn.Count == 0) //输出层
    { dA = dA_OutputLayer; }
    else //隐藏层
    {
        for (int i = 0; i < this.NextSyn.Count; i++)
        {
            dA += this.NextSyn[i].dLastA;
        }
    }
    //计算 Z 的偏导 dZ
    double dZ = dA * (Math.Pow(Z * Z + 4, -0.5) + 1) / 2;
    //计算 W 的偏导
    for (int SynIndex = 0; SynIndex < this.Synapses.Count; SynIndex++)
    {
        this.Synapses[SynIndex].dW = dZ * this.Synapses[SynIndex].LastUnit.A;
    }
    //计算 b 的偏导
    db = dZ;
    //计算输入值(即下一级神经元的 A 值)的偏导
    for (int SynIndex = 0; SynIndex < this.Synapses.Count; SynIndex++)
    {
        if (this.Synapses[SynIndex].LastUnit != null) //如果前一层不是输入层才计
算输入值的偏导
        {
```

```
                this.Synapses[SynIndex].dLastA = dZ * this.Synapses[SynIndex].W;
            }
        }
    }
```

NUnit 对象的成员 dA_OutputLayer 在这里发挥了作用。如果是隐藏层神经元，下一层级的每个神经元都会传递回来一个梯度分量，因此该神经元输出值 A 的偏导数 dA 是所有梯度分量之和。但如果自身就在输出层，不存在下一层级的神经元，其 dA 偏导数是由损失函数传递回来的，因而计算方式不相同。

在 Backward 方法中，上一级输出值的梯度被保存在突触的 dLast$A$ 成员中，在下一级神经元的 Backward 方法中会被读取并继续参与后续的反向传播计算。

3）神经层类 NLayer

一个层级是由若干个神经元构成的，因此神经层类型可以继承 List < NUnit > 泛型类，共享很多现成的方法与函数，如增、删、插入、索引等。神经层对象同样需要有正向、反向传播函数，但其内容很简单，不过是驱动其内部各个神经元的正、反向传播而已。

```
public class NLayer : List < NUnit >
{
    internal void Forward()
    {
        for (int i = 0; i < this.Count; i + +)
        {
            this[i].Forward();
        }
    }
    internal void Backward()
    {
        for (int i = 0; i < this.Count; i + +)
        {
            this[i].Backward();
        }
    }
}
```

但它应有的性能还不止于此。当我们新建一个全连接神经网络时，会希望程序根据我们给定的层次数和神经元数目自动生成相应的对象，而无须另外编写代码去创建一个个的神经元并把它们组装到各个层级中去。为了实现这个功能，神经层类应当提供相关静态方法，自动生成内部的所有神经元并完成基本配置。

CreateInputLayer 函数按照指定的神经元数目生成一个输入层：

```
internal static NLayer CreateInputLayer(int UnitCount) //生成一个输入层
{
    NLayer rtn = new NLayer();
```

```
    for (int i = 0; i < UnitCount; i + +)
    {
        NUnit tmp = new NUnit(0);
        rtn.Add(tmp);
    }
    return rtn;
}
```

其中创建的神经元突触数均为0,这意味着它们没有前一层神经元。

接下来,CreateFullConnectedLayer 函数生成一个隐藏层或者输出层,此时除了给定神经元数目之外,还应指明上一层级,以便所生成的各个神经元与上一层级神经元完成连接。

```
internal static NLayer CreateFullConnectedLayer(int UnitCount, NLayer Last)
{
    NLayer rtn = new NLayer();
    for (int i = 0; i < UnitCount; i + +)
    {
        NUnit tmp = new NUnit(Last.Count); //按上一层神经元数目生成突触数
        for (int j = 0; j < tmp.Synapses.Count; j + +)
        {
            tmp.Synapses[j].LastUnit = Last[j];
            //前一层每个神经元都与本层神经元某一突触相连
            Last[j].NextSyn.Add(tmp.Synapses[j]);
        }
        rtn.Add(tmp);
    }
    return rtn;
}
```

4)神经网络类 NNet

一个神经网络是由一个输入层、一个输出层以及若干个隐藏层组成的,因此 NNet 类可继承于 List <NLayer> 泛型。在构造函数中,依据给定的各层的神经元数目来生成所有神经元并建立连接关系。由于这里只针对二分类问题,因此输出层的神经元个数为2。

```
public class NNet : List <NLayer >
{
    public bool ResultY; //当前输入训练样本的类别
    internal List <NLayer > Grad = null; //存放累计梯度的副本。其结构完全相同
    public NNet(int InputLayerUnitCount, int[] HiddenLayersUnitCount)
    {
        this.Add(NLayer.CreateInputLayer(InputLayerUnitCount)); //输入层
        for (int i = 0; i < HiddenLayersUnitCount.Length; i + +) //隐藏层
        {
            this.Add(NLayer.CreateFullConnectedLayer(
```

```
HiddenLayersUnitCount[i], this.Last()));
        }
        this.Add(NLayer.CreateFullConnectedLayer(2, this.Last())); //输出层
    }
}
```

既然是二分类问题,样本的类别就只有两类,通常被称为正样本和负样本。代码中 Grad 对象是神经网络的一个副本,它有两个作用,一是用其中神经元的 d**W** 和 d**b** 来存放不同样本的梯度累加值,二是用神经元的 **W**、**b** 来存放每次循环前的参数值,以便于回滚操作。

神经网络创建之后显然需要把参数初始化,在此使用均匀分布的初始化方式:

```
public void InitPara(double p1, double p2)
{
    //参数初始化,p1、p2 是均匀分布的上下限
    Random rnd = new Random();
    for (int l = 1; l < this.Count; l + +) //跳过输入层
    {
        for (int u = 0; u < this[l].Count; u + +)
        {
            NUnit unit = this[l][u];
            unit.b = rnd.NextDouble() * (p2 - p1) + p1;
            for (int s = 0; s < unit.Synapses.Count; s + +)
            {
                unit.Synapses[s].W = rnd.NextDouble() * (p2 - p1) + p1;
            }
        }
    }
}
```

调用 Input 方法输入一个样本,本质上就是把输入层的 A 值赋值为样本特征值。

```
internal void Input(double[] X_, bool Y_) //X 的维数应当和输入层中神经元数量相同
{
    this.ResultY = Y_;
    for (int i = 0; i < this[0].Count; i + +)
    {
        this[0][i].A = X_[i];
    }
}
```

正向传播逻辑很简单,就是从第二层级开始,逐层向前传递直到输出层。正向传播结束后,用 Lossi 函数计算当前样本的损失值[此处使用式(4-21)的二分类损失函数]。

```
internal void Forward() //正向传播
{
```

```
        for (int i = 1; i < this.Count; i++) //每个普通层依次计算
        {
            this[i].Forward();
        }
    }

    public double Lossi() //当前样本损失
    {
        double x = this.Last()[0].A - this.Last()[1].A;
        x = this.ResultY ? x : -x;
        return (Math.Pow(x * x + 4, 0.5) - x) / 2;
    }
```

反向传播的逻辑按照第4.3.3小节有关内容，首先是根据损失函数计算输出层两个输出值A的偏导数，然后再逐步往回传递。

```
    internal void Backward(int TrainingDataCount)
    {
        //x是输出层两个神经元A值之差
        double x = this.Last()[0].A - this.Last()[1].A;
        x = this.ResultY ? x : -x;
        //损失函数求导数
        double f = (Math.Pow(x * x + 4, -0.5) * x - 1) / 2 / TrainingDataCount;
        //传递回输出层
        if (this.ResultY)//正样本
        {
            this.Last()[0].dA_OutputLayer = f;
            this.Last()[1].dA_OutputLayer = -f;
        }
        else//负样本
        {
            this.Last()[0].dA_OutputLayer = -f;
            this.Last()[1].dA_OutputLayer = f;
        }
        //传播
        for (int i = this.Count - 1; i >= 1; i--)
        {
            this[i].Backward();
        }
    }
```

需注意，损失函数求导时要除以样本的个数 TrainingDataCount。这是由于需要对总损失函数求导数，而总损失是每个样本损失的平均值，因此需要除以这个系数。

当第 i 个样本反向传播完成后，梯度分量保存在各神经元的 d$\boldsymbol{W}$、d$\boldsymbol{b}$ 参数中。在代入第 $i+1$个样本之前，要把梯度分量累加到 Grad 对象中：

```
internal void AddGrad() //把各个样本的梯度值累加到 Grad 中
{
    for (int l = 1; l < this.Grad.Count; l + +) //跳过输入层
    {
        for (int u = 0; u < this.Grad[l].Count; u + +)
        {
            this.Grad[l][u].db + = this[l][u].db;
            for (int s = 0; s < this.Grad[l][u].Synapses.Count; s + +)
            {
                this.Grad[l][u].Synapses[s].dW + = this[l][u].Synapses[s].dW;
            }
        }
    }
}
```

当样本集的所有样本都完成了一次反向传播后，Grad 对象中累加了所有样本的梯度分量，形成了总梯度。此时要把它缩放到步长 s 的长度再按负梯度方向更新网络参数，这分为梯度向量归一化(GradNormalize)和更新参数(UpgradePara)两个步骤：

```
internal void GradNormalize() //总梯度归一化，得到梯度方向
{
    //求各参数平方和
    double tmp = 0.0;
    for (int l = 1; l < this.Grad.Count; l + +) //跳过输入层
    {
        for (int u = 0; u < this.Grad[l].Count; u + +)
        {
            tmp + = Math.Pow(this.Grad[l][u].db, 2);
            for (int s = 0; s < this.Grad[l][u].Synapses.Count; s + +)
            {
                tmp + = Math.Pow(this.Grad[l][u].Synapses[s].dW, 2);
            }
        }
    }
    //求归一系数 tmp
    tmp = 1.0 / Math.Sqrt(tmp);
    //参数归一化
    for (int l = 1; l < this.Grad.Count; l + +) //跳过输入层
    {
        for (int u = 0; u < this.Grad[l].Count; u + +)
```

```
        {
            this.Grad[l][u].db * = tmp;
            for (int s = 0; s < this.Grad[l][u].Synapses.Count; s + +)
            {
                this.Grad[l][u].Synapses[s].dW * = tmp;
            }
        }
    }
}

internal void UpgradePara(double s) //更新参数,s 为步长
{
    for (int l = 1; l < this.Count; l + +) //跳过输入层
    {
        for (int u = 0; u < this[l].Count; u + +)
        {
            NUnit unit = this[l][u];
            this.Grad[l][u].b = unit.b; //保存当前参数副本
            unit.b - = this.Grad[l][u].db *  s; //更新参数
            for (int i = 0; i < unit.Synapses.Count; i + +)
            {
                this.Grad[l][u].Synapses[i].W = unit.Synapses[i].W; //保存
                unit.Synapses[i].W - = this.Grad[l][u].Synapses[i].dW *  s; //更新
            }
        }
    }
}
```

在更新参数的同时,原参数也保存在了 Grad 中。

5)分类器类 NClassifier

分类器类名为“NClassifier”,与线性分类器一样,它主要的任务是训练和识别,此外,样本的初始化代码也放在这个类里。它主要有以下 4 个成员变量:

```
public List<double[]> PositiveSamples;  //正样本
public List<double[]> NegativeSamples;  //负样本
public NNet Net; //一个分类器只含有一个网络
internal List<double[]> PrePara; //保存样本归一化参数
```

如果创建分类器用于训练一个网络,则需要给出正、负样本和一个已知结构的神经网络;如果基于一个已经训练好的神经网络,创建分类器以进行分类,则不需要给出样本了。两种用途下的分类器构造函数如下:

```
//构造函数 1:用于训练
public NClassifier(List<double[]> PositiveSamples_, List<double[]> Negative-
```

```
Samples_, NNet net)
{
    PositiveSamples = PositiveSamples_;
    NegativeSamples = NegativeSamples_;
    Net = net;
    CalcPrePara();
}

//构造函数2:用于分类
public NClassifier(NNet already_trained_net)
{
    Net = already_trained_net;
}
```

其中,CalcPrePara是计算样本初始化参数的过程,算法与线性分类器基本一样,此处不再赘述。

分类函数也相对简单,即代入给定的目标对象执行一次向前传播,然后查看输出层的评分值A即可:

```
public bool Classify(double[] X) //X的维数必须等于输入层的神经元个数
{
    //归一化修正
    this.Normalization(X);
    //判断
    this.Net.Input(X, true);
    this.Net.Forward();
    NLayer lastLvl = this.Net.Last();
    return lastLvl[0].A > lastLvl.[1].A;
}
```

对所有样本求总损失值的函数为LOSS。分别将正、负样本代入分类器,对每个样本的损失值求平均就是总损失:

```
private double LOSS()
{
    Net.GradPara2Zero(); //Grad对象所有参数清零
    double rtn = 0.0d;
    int sum = this.PositiveSamples.Count() + this.NegativeSamples.Count();
    //带入正样本
    for (int i = 0; i < this.PositiveSamples.Count; i++)
    {
        Net.Input(this.PositiveSamples[i], true);
        Net.Forward(); //向前转播
        rtn += Net.Lossi();
```

```
        Net.Backward(sum); //向后传播
        Net.AddGrad(); //把每个样本的梯度值累加到 Grad 中
    }
    //代入负样本
    for (int i = 0; i < this.NegativeSamples.Count; i + +)
    {
        Net.Input(this.NegativeSamples[i], false);
        Net.Forward(); //向前转播
        rtn + = Net.Lossi();
        Net.Backward(sum); //向后传播
        Net.AddGrad(); //把每个样本的梯度值累加到 Grad 中
    }
    rtn = rtn / (this.PositiveSamples.Count + this.NegativeSamples.Count);
    Net.GradNormalize(); //获得总梯度方向
    return rtn;
}
```

单纯地求总损失只需要向前传播,但为了方便起见,LOSS 函数中在计算了单个样本损失之后就执行了向后传播,把梯度值累加到 Grad 中。待所有样本都执行一遍后,梯度方向也就获得了。总的训练函数如下:

```
public void Train(double firstS = 1.0, double minS = 0.00001, double dLossLimit
= 0.00001)
{
    double S = firstS ;
    this.Net.InitPara(0, 1);  //参数初始化
    double oldLOSS; //本次迭代之前的损失值
    this.Net.RefreshGrad(); //创建新的 Grad 对象,与.Net 结构相同
    double newLOSS = this.LOSS(); //获得第一个损失值
    Console.WriteLine("初始损失:" + newLOSS.ToString());
    int LoopTimes = 0;
    while (true)
    {
        while (true)
        {
            oldLOSS = newLOSS;
            Net.UpgradePara(S); //更新参数
            newLOSS = this.LOSS(); //获得新的损失值
            LoopTimes + = 1;
            Console.WriteLine(LoopTimes.ToString() + "; 损失值:" + newLOSS.ToS-
tring() + ";步长:" + S.ToString());
            if (oldLOSS - newLOSS < = dLossLimit)
            {
```

```
                Net.RollbackPara(); //还原
                newLOSS = this.LOSS();
                break;
            }
        }
        if (S > minS) //检查终止条件
        { S /= 2.0; } //步长减半
        else
        {break; }
    }
}
```

可以看到,Train 函数的内部逻辑与线性分类器的训练十分相似。first$S$ 是初始步长值,默认为 1.0;min$S$ 是最小步长,当步长自适应缩减到这个阈值以下,则终止迭代。dLossLimit 是第二个终止条件,当损失值降低到这个阈值之下时,也终止迭代。RefreshGrad 函数是对神经网络生成一个相同结构的 Grad 对象,RollbackPara 是回滚函数,用 Grad 对象中的参数替换当前神经网络的参数。这两个函数逻辑相对简单,其代码就不予赘述。

现在,我们用这个神经网络分类器来分类图 4-5 中的数据。虽然数据有 3 个类别,但我们可以用两次二分类来实现三分类,即第一次二分类把 A 类与非 A 类区分开,第二次二分类把 B 类与 C 类区分开。两次分类都采用两个隐藏层的神经网络,每个隐藏层神经元个数均为 3 个。运行后控制台显示的信息如图 4-24 所示。

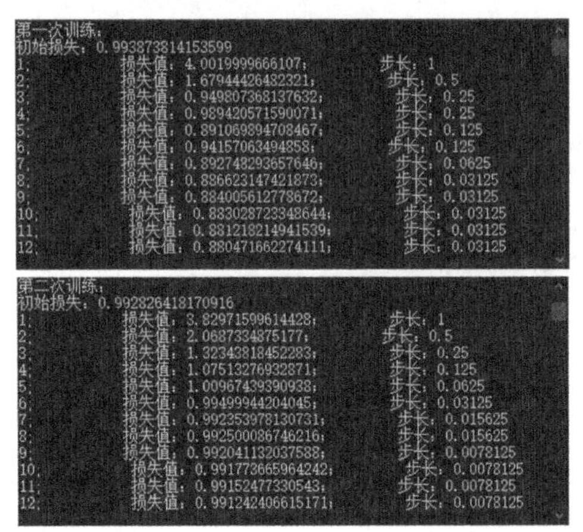

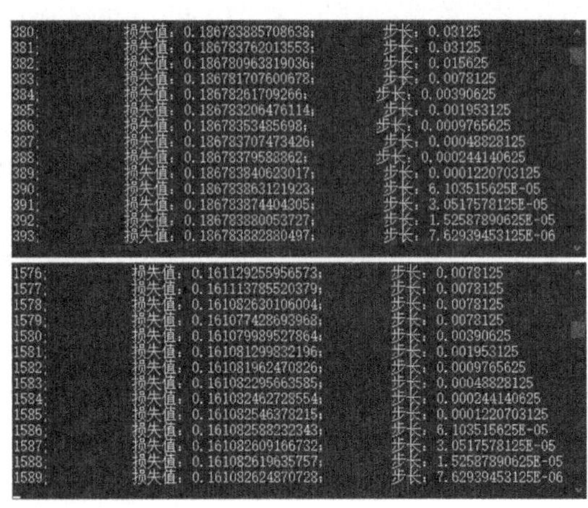

图 4-24　神经网络分类器训练

两个分类器的训练分别进行了 393 次和 1589 次迭代。训练完成后用训练数据进行自测试,得到正确率为 97.52%。这个结果看起来比线性分类器要好一些。如果测试数据的非线性更强,则神经网络分类器相对于线性分类器的优势会更加明显。

4.3.5　文件存储

一个性能良好的神经网络依赖于大量高质量的样本和设计合理的网络结构,而且训练过程往往要耗费大量的时间。因此,一个训练好的神经网络既是一个相对稳定的工具资源,又是一件宝贵的数据资产。它被保存在一个文件里，以便每次使用时直接从文件中读取。

在文件中存储一个神经网络，就是存储它的结构和参数。神经网络的参数是 double 类型数值，对精度是比较敏感的，因此它不适宜用文本存储的方式（如 XML），必须使用二进制存储方式存储。

1）神经网络的序列化

文本存储的方式可以用特殊字符来分隔数据或标记不同含义的信息，但二进制存储方式不是这样，它只能通过规定好的字节数来区分对应的数据。对一个全连接神经网络，我们规定其二进制存储内容为 3 部分，见表 4-2。

表 4-2　全连接神经网络二进制存储结构

序　号	数据内容	字节数	内容编排
1	网络结构信息	4 + 4 × 结构层数	4 字节 int 值，存放结构层数 L；接下来 $4 \times L$ 字节即 L 个 int 值，存放每一层的神经元数目
2	初始化参数	16 × 样本特征值数	每个样本特征值有两个初始化参数，参数为 double 类型，两个参数为 16 字节
3	神经网络参数	8 × 总参数数	从第二层开始，按顺序排列各个神经元的参数，参数为 double 类型

对于单个神经元，按照 W_1、W_2、…、W_n、b 的顺序排列为一个字节型数组（byte[ ]），$\boldsymbol{W}$ 和 b 都是 double 型数值，每个 double 存储为 8 个字节。单个神经元的序列化函数应作为 NUnit 类中的一个方法，代码如下：

```
internal byte[] ToByte()
{
    List<byte> bt = new List<byte>();
    for (int i = 0; i < this.Synapses.Count; i++)
    {
        bt.AddRange(BitConverter.GetBytes(this.Synapses[i].W));
    }
    bt.AddRange(BitConverter.GetBytes(this.b));
    return bt.ToArray();
}
```

BitConverter.GetBytes 是.NET 自带的函数，可将 double、int 等数值转换为二进制数组。

同理，神经层 NLayer 的序列化就是按照顺序把每个神经元的序列化拼合起来，神经网络 NNet 的序列化也一样。

```
internal byte[] ToByte() //NLayer 类及 NNet 类中都要有这个成员方法
{
    List<byte> bt = new List<byte>();
    for (int i = 0; i < this.Count; i++)
    {
        bt.AddRange(this[i].ToByte());
```

```
    }
    return bt.ToArray();
}
```

由于初始化参数包含在分类器对象中,所以完整的序列化函数应作为 NClassifier 类的成员方法:

```
internal byte[] ToByte() //NClassifier 类中
{
    List<byte> bt = new List<byte>();
    //头部信息
    bt.AddRange(BitConverter.GetBytes(this.Net.Count));
    for (int i = 0; i < this.Net.Count; i++)
    {
        bt.AddRange(BitConverter.GetBytes(this.Net[i].Count));
    }
    //初始化参数的序列化
    for (int i = 0; i < this.PrePara.Count; i++)
    {
        bt.AddRange(BitConverter.GetBytes(PrePara[i][0]));
        bt.AddRange(BitConverter.GetBytes(PrePara[i][1]));
    }
    //神经网络序列化
    bt.AddRange(this.Net.ToByte());
    //完成
    return bt.ToArray();
}
```

将处理好的字节数组存入一个二进制文件,可使用.NET 自带的 System.IO.BinaryWriter 类。为代码简洁起见,应在 NClassifier 代码文件的开头加上"using System.IO;"。下面的函数将把神经网络序列化并写入指定的二进制文件:

```
public void SaveToFile(string FileFullPathName)
{
    BinaryWriter bw = new BinaryWriter(new FileStream(FileFullPathName, FileM-
ode.Create));
    bw.Write(this.ToByte());
    bw.Close();
}
```

2)反序列化

将信息从文件中读取出来并恢复成一个神经网络对象的过程称为"反序列化"。使用 System.IO.BinaryReader 类可从指定的二进制文件读取数据,形成一个字节数组。后续的工作就是按照我们既定的数据结构解析这个数组。

总的反序列化函数可参考下面的代码。如果这个函数放在 NClassifier 类中,就应写成静态方法,因为在反序列化的时候,分类器对象尚不存在。

```
internal static NClassifier FromByte(byte[] data)
{
    //读取信息头
    int LayerCount = BitConverter.ToInt32(data, 0);
    int[] UnitCounts = new int[LayerCount];
    for (int i = 0; i < LayerCount; i + +)
    {
        UnitCounts[i] = BitConverter.ToInt32(data, i * 4 + 4);
    }
    data = data.Skip(LayerCount * 4 + 4).ToArray();
    //读取 PrePara
    List < double[] > prepara = new List < double[] > ();
    for (int i = 0; i < UnitCounts[0]; i + +)
    {
        prepara.Add(new[] { BitConverter.ToDouble(data, i * 16), BitConverter.
ToDouble(data, i * 16 + 8) });
    }
    data = data.Skip(UnitCounts[0] * 16).ToArray();
    //读取 Net
    NNet net = NNet.FromByte(data, UnitCounts); //神经网络对象的反序列化
    //完成
    NClassifier rtn = new NClassifier(net);
    rtn.PrePara = prepara;
    return rtn;
}
```

该函数解析了文件头和初始化参数,把网络结构保存在 UnitCounts 数组中,初始化参数保存在返回对象的 PrePara 属性中,然后调用了 NNet 类的一个静态函数 FromByte 生成神经网络对象。该函数代码如下:

```
public static NNet FromByte(byte[] bt, int[] StructInfo)
{
    NNet rtn = new NNet();
    //输入层
    rtn.Add(NLayer.CreateInputLayer(StructInfo[0]));
    //依次生成后续层
    byte[] tmp = bt;
    for (int i = 1; i < StructInfo.Length; i + +)
    {
        int LastLayerUnitCount = rtn.Last().Count;
```

```
        int LayerByteLength = (LastLayerUnitCount + 1) * StructInfo[i] * 8;
        NLayer L = NLayer.FromByte(tmp.Take(LayerByteLength).ToArray(), Struct-
Info[i]); //调用了 NLayer 的静态函数 FromByte
        tmp = tmp.Skip(LayerByteLength).ToArray();
        //与前一层的神经元挂接
        NLayer LastL = rtn.Last();
        for (int j = 0; j < L.Count; j + +) //遍历层中的神经元
        {
            NUnit U = L[j];
            for (int k = 0; k < U.Synapses.Count; k + +) //遍历当前神经元中的突触,每
个突触挂接到前一层的每个神经元上
            {
                NSynapse S = U.Synapses[k];
                S.LastUnit = LastL[k];
                LastL[k].NextSyn.Add(S);
            }
        }
        rtn.Add(L);
    }
    return rtn;
}
```

该函数调用了 NLayer 的静态函数 FromByte,即通过二进制数组转换为一个神经层。这一函数相对简单,此处就不列出其代码了。

以上代码可视为神经网络序列化(文件存储)与反序列化(文件读取)的一个例子,关键在于定义一个明确且合理的数据结构,确保所有必要的信息都得到了保存,并且反序列化能还原为一个和序列化之前完全相同的分类器对象。当然,所谓合适的数据结构并不是唯一的,可以根据不同的需求条件给出不同的定义。在实际应用中,有时为了数据保密,会在序列化之后增加一个压缩加密的环节,把加密后的二进制数据写入文件。相应地,反序列化之前也有一个解密解压缩的步骤。

4.3.6 卷积神经网络简介

卷积神经网络是一种专门用于图像识别的大型深度神经网络。它的雏形是 20 世纪 90 年代出现的 LeNet 结构,后来被 Alex Krizhevsky 等人加以改进扩展,在 2012 年度 ImageNet 大赛中夺得了冠军,从此卷积神经网络引起了广泛关注。当然在那以后,人们对卷积神经网络的继续研究和发展并没有停止,后来又出现了 ZFNet、GoogLeNet、ResNet(残差神经网络)等多种升级版本。不过,它们都属于卷积神经网络类型,都有共同的结构性特征。

卷积神经网络将图像视为一个立体数据块,除了宽度、高度外,还有第三个维度“深度”。对于彩色图像,“深度”一般是指图像的颜色通道数。卷积网络的隐藏层数目很多,分为卷积层、汇聚层、全连接层 3 个部分,其中卷积层与汇聚层可以交替设置多次(图 4-25)。

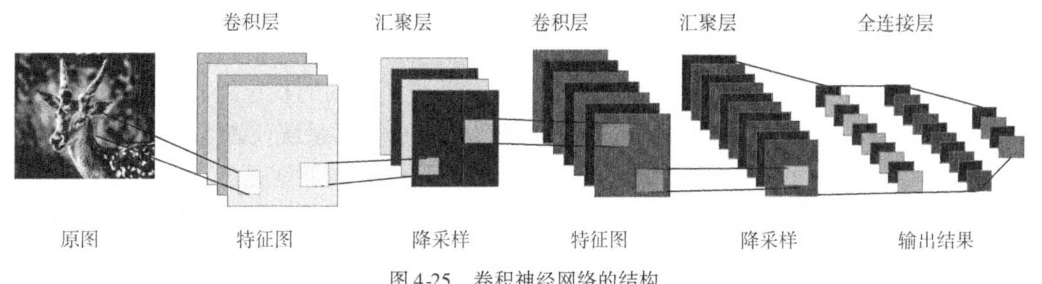

图 4-25　卷积神经网络的结构

卷积层中并不是只有一层,而是若干个并列设置的层级,每个神经元连接到原图中的一部分像素。因此,卷积层的数学意义是一种滤波器,执行的是一种卷积运算。神经元在原图中连接的像素区域就相当于卷积核,被称为"感受野",其尺寸大小是预先设定的。卷积层的功能是用卷积运算提取图像某个方面的特征。

汇聚层被交替性地插入卷积层之间,它的作用是分阶段地整合卷积结果,同时不断降低图像尺寸,减少变量数量,起到提升效率、降低过拟合的作用。汇聚层还有一个生动的名字叫"降采样层",它指出了汇聚层本质上是对原图的某种"采样",汇聚层中每一个单独的层级都保存了原图的某一方面的信息。不过最新的一些研究表明,汇聚层并不是必需的,不使用或者很少使用汇聚层,卷积网络也能很好地工作。

全连接层一般置于卷积网络的末端,它是全连接的,而且实际上不止一层。它的作用是对前面所有卷积层和汇聚层处理结果的最终汇总,输出图像识别的结果。

卷积神经网络是对人类视觉的一种模拟,它直接以图像像素为样本数据。对于一幅 600 ×800 的图片,其像素数为 48 万个,这意味着一个样本的特征值数目是 48 万。如果是彩色图像,那么这个数字是 144 万。由此可见,直接处理原始图像需要一个很大尺寸的神经网络。由于视觉本身的复杂性,卷积网络用一系列的卷积层和汇聚层的组合来提取图像不同侧面的特征信息,最后由全连接层来对这些特征信息进行汇总识别。

当然,由于卷积网络在结构设计、训练追踪、超参数调整等多方面的复杂性,如果有其他更简单的办法能够达到目的,应该尽量不使用卷积网络。在工程中一些特定的应用场合,视觉目标形态和图像拍摄环境都是高度单一的,我们有可能用一组固定的图像预处理操作来提取相关特征信息,取代卷积层的作用,从而只需要规模不太大的全连接网络就能实现目标。

4.4　Boosting 分类器

Boosting 分类器是一种与神经网络完全不同的分类模型。Boosting 一词的中文意思是"提升",它基于 PAC 学习理论,认为把有限个弱分类器组合起来,就能形成一个强分类器。而所谓弱分类器,通俗的理解就是分类正确性不是太高,仅比随机猜测要好一些而已。PAC 学习过程在迭代中逐步增加弱分类器的数量,同时提高整体的准确度,即形成了一个强分类器。PAC 理论认为,只要样本数量足够多,强分类器的错误率就可以降低到足够小。

4.4.1 集成学习原理

Boosting 算法是一种“集成学习”，若干个弱分类器按照不同的权重组合起来，按照投票的方式决定最终分类结果。这种强分类器有时也被称为多分类器系统或者委员会分类器。

在一个强分类器中，单个的弱分类器一般是同一模型，比如最常见的二叉树或三叉树，此时称这个强分类器是“同质”的。每个弱分类器又被称为“基学习器”，相应的弱分类器的训练方法被称为“基学习方法”。单个弱分类器也可以是不同的模型，比如把线性分类器、神经网络分类器、二叉树等多个分类器集成起来。此时称总的强分类器为“异质”的。当然，一般实用中的还是同质分类器为多。

有的集成学习模型中，每个弱分类器之间是独立并列关系，训练时并无相互依赖，以 Bagging 算法和随机森林模型为代表。而 Boosting 算法是另一种关联方式的代表，即弱分类器之间有严格的顺序依赖，必须依次进行训练。

假设我们有一个强分类器，它包含 3 个权重相同的弱分类器。表 4-3 表明了这 3 个弱分类器的性能如何影响集成后的强分类器。

表 4-3 弱分类器的叠加

分类	第 1 种情况			第 2 种情况			第 3 种情况		
	样本 A	样本 B	样本 C	样本 A	样本 B	样本 C	样本 A	样本 B	样本 C
弱分类器 1	√	√	×	√	×	×	√	√	×
弱分类器 2	√	×	√	×	√	×	√	√	×
弱分类器 3	×	√	√	×	×	√	√	√	×
集成后	√	√	√	×	×	×	√	√	×

第 1 种情况是最好的情况，3 个弱分类器各自的正确率是 67%，但是由于错判样本刚好错开了，最终集成后得到的结果是完全正确的。在第 2 种情况中，弱分类器各自的正确率只有 33%，最后集成得到的正确率是 0。这是由于集成分类器叠加了弱分类器的效果，如果弱分类器正确率低于 50%，集成后的正确率将更加降低。第 3 种情况下弱分类器的正确率仍是 67%，但错判的样本集中于样本 C，导致最终集成分类正确率并无提高。该例子说明，单个弱分类器的正确率应当越高越好，而且，弱分类器之间应该有尽可能大的差异，即：它们可以犯错误，但尽量不要在同一样本上犯错误。

4.4.2 AdaBoost 模型

1）AdaBoost 算法流程

Boosting 模型的具体算法有很多大同小异的变种，其中比较常用的是 AdaBoost 算法，即“Adaptive Boosting”，它是一种自适应算法。其特点是每个样本带有一个权重，每一轮迭代后，判错的样本权重加强，判对的样本权重则降低，直到整个集成分类器的误差足够小，也就形成了一个强分类器。

给定一个样本集 $\boldsymbol{X}=\{\boldsymbol{x}_1, \boldsymbol{x}_2, \cdots, \boldsymbol{x}_n\}$，其中 $\boldsymbol{x}_1, \boldsymbol{x}_2, \cdots, \boldsymbol{x}_n$ 是向量形式的样本，每个样本包含 m 个特征值。同时，给定了标记集合 $\boldsymbol{Y}=\{y_1, y_2, \cdots, y_n\}$，其中 $y_1, y_2, \cdots, y_n$ 是相应样本的

已知类别，取值只能是 +1 或 -1，代表正样本和负样本。再有给定的初始权重集合 $\boldsymbol{W}=\{w_1, w_2, \cdots, w_n\}$，对应着每个样本的权重。

(1)首先，初始化权重集合，每个样本在训练之初都有相同的权值，但权值之和要等于单位 1，即：

$$\boldsymbol{W}=\{w_1,w_2,\cdots,w_i,\cdots,w_n\} \quad w_i=\frac{1}{n}, i=1,2,\cdots,n \tag{4-27}$$

(2)接下来是训练第一个弱分类器。一般选用二叉树形式的分类器，它训练简单，且分类运算很快。二叉树弱分类器只针对样本 m 个特征值中的一个，数学形式如下：

$$G_j(x_i)=\begin{cases}1 & p\cdot x_{i,j}\leqslant p\cdot\theta \\ -1 & p\cdot x_{i,j}>p\cdot\theta\end{cases} \tag{4-28}$$

分类器针对样本的第 j 个特征值，对样本 $\boldsymbol{x}_i$ 的分类结果就是判断其第 j 特征值是否大于或小于某个阈值 θ，其中 p 取值为 +1 或 -1，是用于控制不等号方向的参数。对这个弱分类器的训练，实质就是确定 j、θ、p 三个参数。

(3)对训练好的弱分类器按式(4-29)计算错误率：

$$e=\sum_{i=1}^{n} w_i\cdot[G(x_i)==y_i?1:0] \tag{4-29}$$

式中采用了 C#语法的形式表示判断，分类器的错误率就是所有分类错误的样本的权重之和。

(4)计算弱分类器的效率：

$$\alpha=\frac{1}{2}\ln\frac{1-e}{e} \tag{4-30}$$

错误率 e 取值越小，效率 α 就越大。当 e 取 0.5 时，效率为 0。e 大于 0.5，则效率为负。这就是说，如果分类器分类能力比随机猜测还要低，那它所起到的作用就是负的。正如第 4.4.1小节中提到的，一个合格的弱分类器其正确率必须高于 50%，否则它在集成分类器中将起反作用。

(5)按照样本被正确或错误分类的情形，按式(4-31)更新样本的权重。如果分类正确，则权值降低；如果分类错误，则权值上升。

$$w_{i+1}=w_i\cdot e^{h_i\cdot\alpha}=w_i\cdot e^{-y_i\cdot G(\boldsymbol{x}_i)\cdot\alpha} \tag{4-31}$$

其中，$h_i=-y_i\cdot G(\boldsymbol{x}_i)$，它是一个符号标记，若样本 $\boldsymbol{x}_i$ 分类正确，则 h_i 取 -1，反之则取 +1。通过这样的调整，下一次迭代训练时，错误分类的样本将受到更多的“重视”。

(6)权重更新之后，样本集权重之和并不是单位 1，因此需要将其归一化，即所有样本权重除以权重之和。

(7)然后增加一个新的弱分类器，重复步骤(2)进行训练。当有多个弱分类器时，总的集成分类器为式(4-32)：

$$C(x)=\operatorname{sign}\left[\sum_{k=1}^{L}\alpha_k G_k(x)\right] \tag{4-32}$$

也就是说，各个弱分类器的分类结果加权求和，然后其正负符号就是最终的判定结果。按(2)~(7)步骤重复执行，直到最终分类器 $C(x)$ 的错误率达到足够低为止，Adaboost 分类器就训练完成了。

2)弱分类器的训练

(1)最佳 θ、p 的选取。

样本集的第 j 个特征值可视为一个向量,如何找到一个最佳阈值 θ 以及符号 p,使得错误率 e 最小,这是训练弱分类器的第一个问题。

将特征值向量从小到大排序,显然 θ 可能的取值就是向量中每两个相邻大小的数值之间的某个值,为简明起见我们规定为相邻值的中值。如果样本数为 n,则 θ 可能的取值有 $n-1$ 个。再加上 p 可能的取值为 $+1$、-1,那么就有 $2\times(n-1)$ 种情况。最简单的思路当然是把每一种情况都按照式(4-29)测试一遍,取错误率最低的一组 θ、p 值。但是,这种方法的效率是非常低下的。

下面介绍一种高效率获取 θ、p 值的"权重积分"算法(图 4-26)。所谓权重积分,就是把样本按特征值从小到大排序后,将样本的权重与类型的乘积依次累加,形成积分函数:

$$F(I) = \sum_{i=1}^{I} w_i \cdot y_i \tag{4-33}$$

式中:I——样本在序列中的序号,取值范围是 $1\sim(n-1)$;

w_i——第 i 个样本的权重;

y_i——第 i 个样本的类别值,取 $+1$、-1。

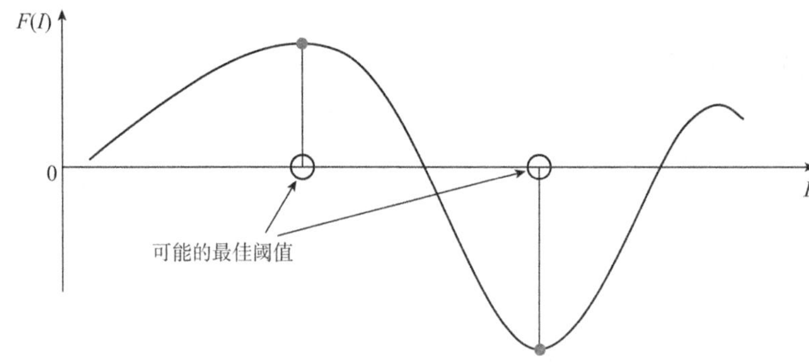

图 4-26 权重积分法

从 $I=1$ 开始,当样本 $\boldsymbol{x}_i$ 的类别为 1 时,$F(I)$ 将相对 $F(I-1)$ 增加 w_I;如果 $\boldsymbol{x}_i$ 的类别为 -1,$F(I)$ 则相对 $F(I-1)$ 减少 w_I。所以从图形上看,积分函数的升降表示了归于类别 1 或 -1 的权重总和值的大小。因此,最佳阈值必定落在积分函数的最高点或最低点上。如果最佳阈值在最高点上,则 p 取 1,否则 p 取 -1。

假设有如下经过排序的特征值向量:$\boldsymbol{W}=\{0,1,2,3,4\}$,它包含 5 个样本,其权重均为0.2,类别分别为:$\boldsymbol{Y}=\{1,-1,-1,1,1\}$,那么按照式(4-33),得到 $F(I)$ 值为:$F=\{0.2,0,-0.2,0\}$。最大值在 $I=0$ 处,相应的阈值是序号为 0、1 的两个样本特征均值,即 0.5;最小值在 $I=2$ 处,相应的阈值是序号为 2、3 的两个样本特征均值,即 2.5。也就是说,最佳阈值参数有两种可能:$p=1$, $\theta=0.5$ 或 $p=-1$, $\theta=2.5$。然后,计算这两种情况的错误率分别为 0.4、0.2,从而确定最佳阈值参数为 $p=-1$, $\theta=2.5$。

如前文所述,如果用穷举试算的方法确定阈值参数,需要计算 $2\times(n-1)$ 次错误率,而权重积分法只需要计算 2 次。当样本数量很大,即 n 值很大时,权重积分法的优势就极为明显了。

(2)最佳特征的选取。

上面讲述了如何对给定的特征值确定最佳 θ、p 值的方法,接下来还需要确定当前弱分类器所针对的特征值,即确定 j 值,这是训练弱分类器的第二个问题。这一步骤比较简单,就是对所有特征值确定出相应的最佳 θ、p 值和相应错误率,然后取错误率最小的一个特征,也就得到了 j 值。

3)一个算例

下面,给定一组只含有一个特征的训练样本,用 Adaboost 方法训练一个强分类器。

样本值 $\boldsymbol{X}=\{0, 1, 2, 3, 4, 5, 6, 7, 8, 9\}$

样本类别 $\boldsymbol{Y}=\{-1, 1, 1, -1, -1, -1, -1, -1, 1, 1\}$

初始化样本权重,10 个样本的权重均为 0.1。

(1)第一轮迭代,用权重积分法得到最佳阈值参数为 $p=-1$, $\theta=7.5$,即第一个弱分类器 G_1:

$$G_1=\begin{cases}1 & x \geqslant 7.5\\ -1 & x<7.5\end{cases} \tag{4-34}$$

它的错误率是 0.2。样本 2、3 由于小于 7.5,类别被错判为 -1;其余样本都判定正确。根据式(4-30)计算分类器的效率 $\alpha_1=0.6931$。然后按照式(4-31)更新权重并归一化,得:

$\boldsymbol{W}_1=\{0.0625, 0.2500, 0.2500, 0.0625, 0.0625, 0.0625, 0.0625, 0.0625, 0.0625, 0.0625\}$

其中 2、3 两个样本的权重提高了,其他样本的权重则降低了。

(2)再一次执行这个过程,训练一个新的弱分类器 G_2,得到 $p=1$,$\theta=2.5$:

$$G_2=\begin{cases}1 & x \leqslant 2.5\\ -1 & x>2.5\end{cases} \tag{4-35}$$

此时总的错误率为 0.1875,效率 $\alpha_2=0.7332$。权重更新为:

$\boldsymbol{W}_2=\{0.1667, 0.1538, 0.1538, 0.0385, 0.0385, 0.0385, 0.0385, 0.0385, 0.1667, 0.1667\}$

(3)继续训练下一个弱分类器 G_3,得 $p=-1$, $\theta=0.5$:

$$G_3=\begin{cases}1 & x \geqslant 0.5\\ -1 & x<0.5\end{cases} \tag{4-36}$$

此时错误率为 0.1923,效率 $\alpha_3=0.7175$。权重更新为:

$\boldsymbol{W}_3=\{0.1032, 0.0952, 0.0952, 0.1000, 0.1000, 0.1000, 0.1000, 0.1000, 0.1032, 0.1032\}$

(4)以上步骤中每一次训练出一个弱分类器,就用式(4-32)所述的强分类器检验错误率,当训练到 G_3 时,强分类器为式(4-37):

$$C(x)=\operatorname{sign}(0.6931\, G_1+0.7332\, G_2+0.7175\, G_3) \tag{4-37}$$

用式(4-37)判别所有样本,发现所有样本均已分类正确。强分类器到此就训练完成了。

4.4.3 其他 Boost 模型

除 AdaBoost 外,Gradient Boost 也是一种常见的提升算法,又叫作“梯度提升”。它是基于残差抵消的思想来提升整体分类器精度。对一个样本集,训练第一个分类器并计算分类结果与正确值之间的残差,然后基于残差来训练第二个弱分类器,依此类推。每一个弱分类器的训练目标都是抵消前面一系列分类器的累计残差,直到最后一个弱分类器把累计残差抵消到足够小为止。在这个模型中,各样本的残差也可以理解为总损失的负梯度,这正是该方法命名的由来。

某个样本的残差的计算公式为:

$$r = y - f(x) \tag{4-38}$$

式中:r——残差;

y——样本类别标记;

$f(x)$——当前继承分类器对样本的判定结果。

弱分类器同样采用二叉树形式,其训练是基于一个损失函数 L,一般采用平方误差函数,求得使损失最小的 j、θ、p 参数。

此外还有其他的 Boost 算法,如 XGBoost 算法,它将损失函数进行泰勒展开,然后基于经验损失函数的负梯度来构造新的弱分类器。各种 Boost 算法的框架都相同,差异只在于训练过程中分类器的误差评价方式不同,如 AdaBoost 是把错判样本的权重之和作为误差,而 Gradient Boost 是把各样本平方误差之和作为总误差。

在各种 Boost 算法中,一个弱分类器永远只用到样本的一个特征。假如样本有 M 个特征值,最终训练出的强分类器完全可能只用到了远少于 M 的 m 个特征。这是因为每个弱分类器在训练时都选择了在相应环节最显著的那个特征,这些特征可以形象地称为比较“强”的特征,它对于区分样本的类型作用相对较大。而另有一些特征对样本类型区分的作用很小,这些特征比较“弱”,它们有可能始终没有被任何弱分类器选中。

主动地筛选特征,这是 Boosting 算法的一个重要特性。相比较而言,神经网络和线性分类器等模型总是使用给定的所有特征,只不过较“强”的特征所关联的神经元权重会相对比较大,而较“弱”的特征所关联的权重则会很小,通过这种机制把强的特征突出,把弱的特征淡化。但是,在有些应用场合,这种不加筛选的方式会导致大量的冗余运算,使训练过程和分类运算都变得更加困难。例如,当我们需要在一幅图片中找出人脸(也就是常说的“人脸识别”)时,只有人脸区域的像素对于识别是有意义的,而其他绝大部分区域的像素没有意义。如果把所有像素都作为特征纳入分类器,显然整个体系会极为庞大和臃肿。但 Boosting 算法可以在训练中筛选出强的特征,非人脸区域的大部分特征则不予理睬,它的效率显然就高得多了。正因此,有很多图像识别算法使用 Boosting 模型而非神经网络。不过,Boosting 算法很少直接把像素值当作特征,而是使用 Haar 特征值。在下面的内容我们将会看到,Haar 特征不仅能表达全图任意位置的图案信息,还具有快速定位目标的作用。

4.4.4 Haar 特征简介

Boosting 算法最广为人知的典型应用是人脸识别,同时也包括图像中一些特定种类的物体的识别。这与小图片分类是完全不同的应用场景，因为小图片默认是刚好包含一个完整的目标对象（就像人们拍摄的证件照那样），不存在目标定位的问题。而在物体识别应用中，目标对象（如人脸）在图中可能出现在任何位置，而且因拍摄距离不同而导致对象尺寸大小各异。也就是说，目标识别算法不但要能“认出”对象，而且要能够在图片中任意位置“找出”对象。

这个看似艰难的任务被 Haar 特征巧妙地解决了。所谓 Haar 特征，是指在图像中给定一个固定形状的窗口（称为 Harr 窗口），其中又划分为黑白两个区域，其白区像素值之和减去黑区像素值之和，再除以窗口尺寸就是 Haar 特征值。以图 4-27 为例，这个 Haar 特征给定了一个矩形窗口，其高度为 n 像素，宽度为 $3\times n$ 像素。n 可以取任意整数值，窗口可以放置于图片任意位置，只要窗口不超出图片。此时窗口中白色部分的像素值之和减去黑色部分的像素值之和就是一个 Haar 特征值。

图 4-27 Haar 特征的定义

显然对于这样一个 Haar 窗口，会在一幅图片中形成很多个 Haar 特征值。例如，图片尺寸为宽 1800 像素、高 1000 像素，那么，上述 Haar 窗口的最小尺寸是 3×1，即 n 取 1 像素；而最大尺寸是 1800×600，即 n 取 600，此时窗口宽度占据整个图像宽度。在这个情形下 n 的取值范围是 1 ~ 600，而每一个取值下的窗口又可以放在图片的任意位置，例如 $n=1$ 时有 $(1800-3+1)\times(1000-1+1)=1798000$ 种位置情况，也就产生了同等数目的特征值。经计算，综合 n 的所有取值，这个 Haar 窗口总计会产生 432059700 个特征值。

Haar 窗口类型还有很多种，如图 4-28 所示。

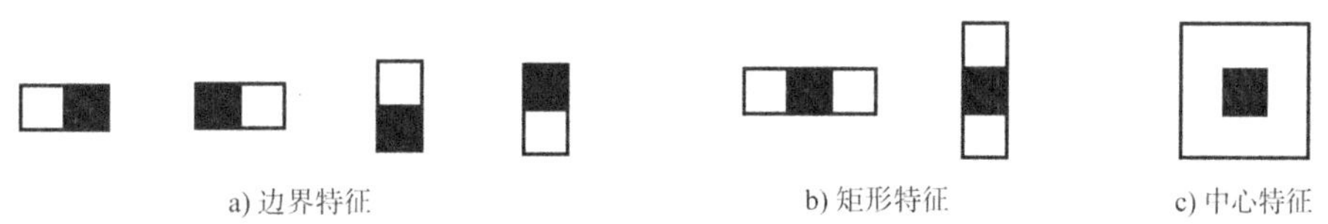

图 4-28 部分常用 Haar 窗口

在具体应用中，使用哪一些 Haar 窗口是在训练之前就规定好的。当 Haar 窗口选定之后，分类模型的训练就是基于 Haar 特征，而不再是基于原本的像素值了。可以认为，作为像素集合的图片被改写成了 Haar 特征值的集合。由于每个 Haar 特征值都对应着明确的位置和尺寸信息，因此基于它就可以确定目标对象的位置和尺寸。举一个简单的例子，假设有一个经过训练的分类器使用图 4-27 所示的 Haar 窗口,认为当 Haar 特征值小于 40 时就判定为一对人眼。分类器搜索了所有可能的窗口,发现如图 4-29 所示的窗口满足识别条件。此窗口在识别人眼目标的同时,也获取了目标的位置和尺寸信息。

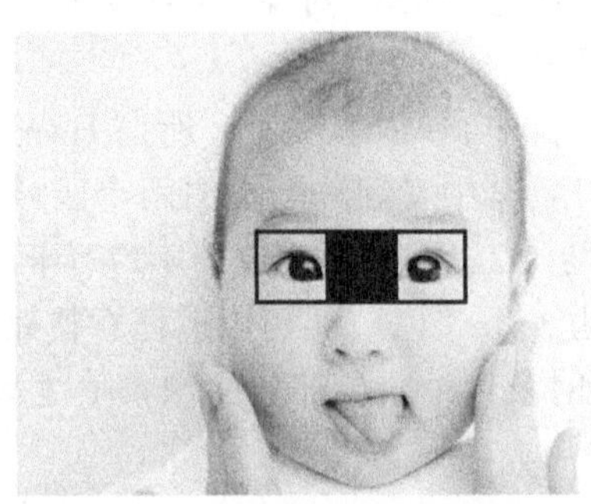

图 4-29 用于检测人眼的 Haar 窗口

在目标识别时要进行大量的特征值计算。如果用逐像素累加的方法计算显然效率太低,因此在这个环节用到了积分图加速技术。一个 Haar 窗口无论其尺寸位置如何,都只需用积分图上相应区域的四个角点值进行三次加减运算即得到一个白区或黑区的像素和,不仅运算量大大减少,还保证了整体算法的效率。

如前文所述,每个 Haar 窗口都能产生大量的特征值,虽然通常会限定窗口尺寸的可变范围,但一幅图片的总的 Haar 特征值数量仍然是相当大的,不过其中真正发挥作用的只是极少部分。Boosting 算法的特征选取机制在这里发挥了关键作用。每一次弱分类器的训练,都只选取一个 Haar 特征,最终形成的强分类器所用到的特征数量也是很少的。这样,只有极少数最"强"的 Haar 特征被纳入算法中,整个分类器的体量得到了最大精简,执行效率也得到了保障。

4.4.5 AdaBoost 模型的程序实现

下面将用代码实现一个 AdaBoost 分类器的核心功能。由于样本有了权重属性,因而需要对样本类做一些改变。我们定义一个新的样本类"BSample",其代码如下:

```
public class BSample
{
    public int Y { get; set; }  //样本类别,即正样本或负样本
    public double[] X { get; set; } //特征数据
    public double W { get; set; } //样本权重
    public BSample(int Label, int FeatureCounts)
    {
        X = new double[FeatureCounts];
        Y = Label;
    }
}
```

弱分类器类命名为"WeakBC",它的成员数据包括不等式方向参数 p、阈值参数 θ、样本特

征值序号等。

```
public class WeakBC
{
    public int P { get; set; } //控制不等式方向的 p 参数
    public double TH { get; set; } //阈值参数
    public int FeatureInd { get; set; } //特征值序号参数
    public double Err { get; set; } //分类器的误差
    public double Alfa { get{ return Math.Log((1 - Err) / Err) / 2; } }
}
```

其中,Alfa 是按照式(4-30)计算的分类器效率。弱分类器训练的核心步骤是获取最佳的 p、θ 参数和相应样本特征值序号,这个功能通过两个函数实现:Threshold 函数负责对指定的特征值序号求出最佳 p、θ 参数,Train 函数对所有特征序号执行这个运算并选取错误率最小的一组参数。

Threshold 函数返回一个 double 数组,包含 3 个数值,依次为 p、θ 和相应错误率。输入参数 FInd 是指定的特征值序号。

```
private double[] Threshold(List<BSample> samples, int FInd)
{
    //按照特征值将样本排序
    SmpComparer Cpr = new SmpComparer(FInd);
    samples.Sort(Cpr); //样本集从小到大排序
    //权重积分
    double[] ITG = new double[samples.Count - 1]; //积分序列
    ITG[0] = samples[0].W * samples[0].Y;
    int minInd = 0, maxInd = 0; //积分序列中最大最小值的序号
    double minVal = ITG[0], maxVal = ITG[0]; //积分串中最大值
    for (int i = 1; i < samples.Count - 1; i++)
    {
        ITG[i] = ITG[i - 1] + samples[i].W * samples[i].Y;
        if (ITG[i] < minVal)
        {
            minVal = ITG[i];
            minInd = i;
        }
        else if (ITG[i] > maxVal)
        {
            maxVal = ITG[i];
            maxInd = i;
        }
    }
    //积分结束。到此,得到了一个波浪形的曲线(积分序列),其最大值和最小值点就是可能存在的
```

```
最佳阈值点
    double[] res1 = new double[3]; //对应 maxVal
    res1[0] = 1; // p
    res1[1] = (samples[maxInd].X[FInd] + samples[maxInd + 1].X[FInd]) / 2; //阈值
    res1[2] = CalcErr(samples, FInd, Convert.ToInt32(res1[0]), res1[1]); //错误率
    double[] res2 = new double[3]; //对应 minVal
    res2[0] = -1;
    res2[1] = (samples[minInd].X[FInd] + samples[minInd + 1].X[FInd]) / 2;
    res2[2] = CalcErr(samples, FInd, Convert.ToInt32(res2[0]), res2[1]);
    if (res1[2] < res2[2])
    { return res1; }
    else
    { return res2; }
}
```

其中,对样本排序的过程用到了一个 SmpComparer 类型的自定义比较器,它的作用是按照某一个特征值指明两个样本的大小顺序:

```
public class SmpComparer : IComparer<BSample>
//根据某个特征值来排序
{
    public int FtrInd;
    public SmpComparer(int ActiveFeatureIndex)
    { FtrInd = ActiveFeatureIndex; }
    public int Compare(BSample x, BSample y)
    { return Math.Sign(x.X[FtrInd] - y.X[FtrInd]); }
}
```

Train 是训练弱分类器的主函数,对各特征值循环调用 Threshold 函数,选取错误率最小的参数:

```
public void Train(List<BSample> samples)
{
    this.Err = double.MaxValue;
    //遍历特征值并训练
    for (int i = 0; i < samples[0].X.Length; i++)
    {
        double[] res = Threshold(samples, i);
        if (res[2] < this.Err)
        {
            this.P = Convert.ToInt32(res[0]);
            this.TH = res[1];
            this.Err = res[2];
            this.FeatureInd = i;
```

```
        }
    }
}
```

由于强分类器是一系列弱分类器的线性组合,因此定义它继承于弱分类器的 List 列表,其训练函数如下:

```
public void Train(List<BSample> samples, double DestErr, int maxT = int.MaxValue)
{
    this.Clear();
    //初始化样本权重
    foreach (BSample s in samples)
    { s.W = 1.0 / samples.Count; }
    打印样本(samples);
    do
    {
        //训练一个弱分类器(找到最佳的特征和相应的最佳阈值)
        WeakBC wbc = new WeakBC();
        wbc.Train(samples);
        this.Add(wbc);
        //扩充强分类器,并衡量效果
        if (this.CalcErr(samples) < DestErr) { break; } //判断终止条件
        //更新样本的权重
        double sum = 0.0;
        double d1 = Math.Exp(wbc.Alfa);
        double d0 = Math.Exp(-wbc.Alfa);
        foreach (BSample s in samples)
        {
            if (wbc.Classify(s) != s.Y) //分类错误,Alfa
            { s.W *= d1; }
            else //分类正确,-Alfa
            { s.W *= d0; }
            sum += s.W;
        }
        foreach (BSample s in samples) //归一化
        { s.W /= sum; }
    } while (this.Count < maxT);
}
```

参数 DestErr 是最小错误率,当分类器错误率小于这个数值时,就认为其性能已经满足要求,可以停止迭代;参数 maxT 是最大迭代次数,当弱分类器个数达到这个数量时则停止迭代。设置 maxT 参数的意义在于防止训练失效的情况。有时由于样本太少或质量不佳会导致分类器错误率迟迟不能收敛,从而利用 maxT 参数强行终止训练。

其中,Classify 函数是强分类器的判别函数,按照式(4-32),所得结果为 +1 或 -1,分别代表正、反两种类型。CalcErr 函数是计算强分类器的错误率,即对所有样本执行 Classify 函数的判别,并计算错判的个数所占的比例。需注意强分类器的错误率仅与错判样本的个数有关,而与样本的权重无关。

4.5 超 参 数

在人工智能模型中,事先设定好的、不依赖于样本、在训练开始之前就规定好的因素,叫作超参数,又称先验参数。以神经网络模型为例,主要的超参数有以下几项:

(1)网络模式和拓扑结构;

(2)网络层数、各层的神经元数目、神经元之间的连接方式;

(3)激活函数、损失函数;

(4)训练时的参数初始值。

超参数对于训练效果影响极大。在一些研发机构中,会有一个专门的岗位——调参师,专门负责超参数的设定。对于普通工程应用者,可能更多的是凭经验。超参数是人工智能底层技术中最为艰涩的部分,本节不过于深入讲解,仅从几个主要和常见的问题上加以探讨。

4.5.1 样本预处理

1)样本数量

在前面的章节中,介绍了三种不同类型的分类器模型,分别是线性分类器、神经网络分类器和 Boosting 分类器。各种模型的具体结构形式不同,但都具备机器学习的一般特点。学习是一个从样本获得经验以调整自身参数,最后获得某种识别能力的过程。所有机器学习都包含表示、评价、优化三个要素。

首先,一个分类模型必须用计算机能够存储和处理的某种数据结构来表示,而相应地,样本也被抽象地视为一个数据集或者向量。一种特定的机器学习算法只能形成某一类特定的分类器,这些同类的可能形成的分类器的集合被称为假设空间。能够训练得到的分类器只能在这个集合中,而不在该空间中的其他分类器不可能被该学习算法得到。

其次,必须有一个评价函数(也就是所谓损失函数,或者目标函数)能够定量地判断分类器的性能好坏。这个评价函数具有两个性质:它必须与分类准确度存在理论上的相关性,其函数值能够代表分类器效能;它可以在某些定义域不可导,但必须是处处连续的,否则将无法训练。

第三,必须有一个搜索方法,能够在假设空间中找到评价函数得分相对较高的那个分类器。这要求搜索方法能够基于当前分类器寻找到一个相对更好的分类器,并且最终能够停止于一个相对最好的分类器。很多时候我们无法确定所得到的是否是假设空间中的最佳分类器,也就是说,我们未必能确定搜索到达了评价函数的全局最小点,但是至少它应该是一个局部的极小点,并且分类误差在可接受的范围内。

在训练算法一定的情况下,影响分类器效果的因素一是分类器模型结构,例如神经网络的层数、神经元数目等;二是样本的数量和质量。所以,提高训练成果的方法无非是使用更优化或者更复杂的分类器结构,或者收集更多更丰富的样本数据。在研究层面,对于前者的关注更多,但在实践层面,后者却是更有效、更有保障的途径。

我们在同一个样本集中选取不同数量的样本,采用不同尺寸的神经网络来进行测试,得到关于准确率、训练次数、训练耗时、训练后的分类效率等方面的对比(表4-4、图4-30)。

表4-4 五种不同尺寸的神经网络模型和相应样本数

神经网络模型	A	B	C	D	E
隐藏层数目	1	1	2	3	4
神经元总数	5	10	10	15	20
样本数	2500	1500	500	150	60

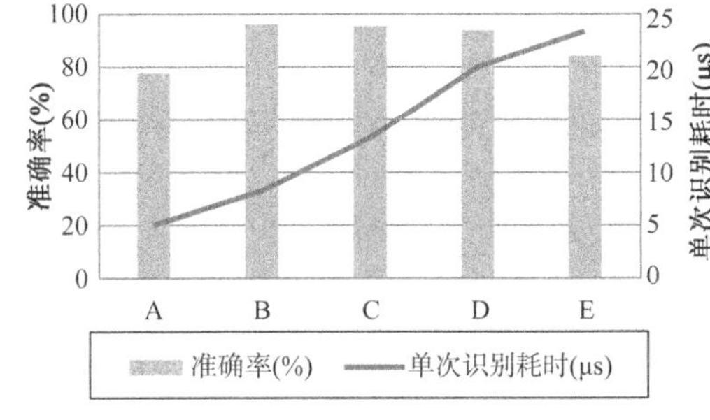

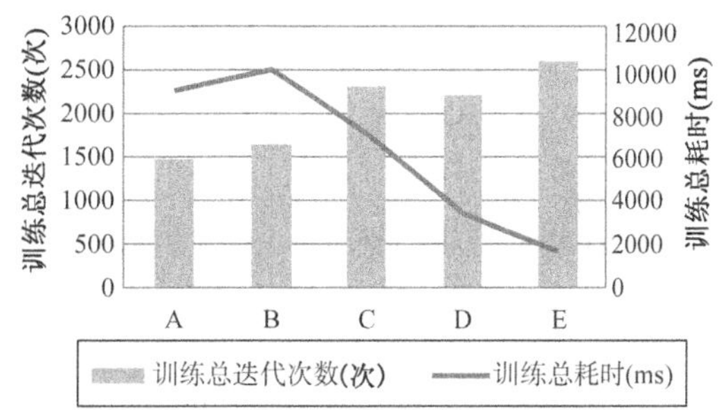

图4-30 训练效果对比

从模型A到模型E,单次识别(分类)运算耗时逐个增长,因为识别运算的复杂度是与神经元数目直接相关的,同时也与隐藏层数量有次要的相关性。模型A结构最简单,训练时更容易收敛,因而迭代次数也最少,不过由于样本数量多的缘故,总的训练时间并不短。模型E结构最为复杂,因而迭代次数最多,表明它相对更"难"训练。

从准确率看,模型A由于结构过于简单,拟合能力不足,因而准确率偏低。模型E虽然拟合能力较强,但由于样本数量太少,准确率同样不理想。相比之下,模型结构和样本数比较合适的模型B、C、D的效果更好。

这个例子给我们一些有意义的启示。首先模型结构本身必须具有一定的规模和复杂性,过于简单的结构导致拟合能力不足,而这是样本数量不能弥补的。当模型结构达到一定规模时,再继续扩大复杂度就不如提高样本数目更加有效,因为模型过于复杂不仅会增加训练的难度、降低分类效率,还可能导致更大的过拟合问题,这一点将在后面加以讨论。

除了数量之外,样本的质量也会显著地影响训练效果。一种常见的情形是样本比例不平衡。例如对二分类问题,假设总共收集了1000个样本,其中990个是正样本,而只有10个负样本,那么分类器只要不分青红皂白统统判定为正类型,在该样本集中就能获得99%的"优异表现"。然而这样一个分类器其实是相当糟糕的,因为它识别不出任何负类型。从理论上说,在一个样本集中,各类样本的占比应该与实际应用场景下各类样本出现的概率相近,这是最理想的数量比例。不过很多时候我们并不知道现实中这些概率是多少,比较保守的做法是让各个类型样本数量差不多。

在二分类问题中,正样本总是相似的目标,而负样本是千差万别的。例如,我们要在高速公路监控视频中识别汽车,此时正样本就是各种汽车的图片,而负样本可能是灌木、路面、护栏、标识牌、排水沟等任何物体。为了达到比较好的训练效果,应该把各种负样本尽可能都包含进来,以便训练分类器辨识这些物体是不是汽车。假如负样本过于单一,比如只有地面的图片样本,那么分类器可能对灌木或者护栏的判定就不够精确,因为它没有“见过”这类负样本。

2)特征选择

样本是用特征来描述的,所有样本都可以抽象为一个特征向量。不过并非所有特征都适合用于训练和分类。有一些分类模型如 Boosting 算法,能够在训练中选取最“强”的一部分特征,而放弃那些不敏感的“弱”特征。在构建分类模型时,先对特征进行分析并加以选择或者改造是一项专门的技术,被称为特征工程。

特征的选择方式有两种,第一种是取子集。例如在医疗自动诊断技术的研究中,整个人体就是样本,复杂的人体拥有无数的特征量,显然只应选取其中与诊断目标有关的那些特征。如果诊断的是感染性疾病,那么血液和免疫化验参数就应该作为主要的特征量,而其他一些关系不大的特征如体重、年龄、性别等则可以归入次要特征而较少考虑。这种选取更多地依靠人们所掌握的相关理论知识。

第二种特征选择更加深刻也更有效,就是特征的改造,即将一类特征经过变换形成另一类更加能够表达对象本质的特征。损失函数以特征数值为固定参数,特征选取得当,会使得损失函数相对平滑单调,网络较容易训练,更快速找到损失最小点[图 4-31a)];特征选取不当,则可能使损失函数的形态过于起伏,存在许多局部极小值点,非常难以收敛[图 4-31b)]。所以,特征变换的根本目的就是把难以训练的特征转换为容易训练的特征。

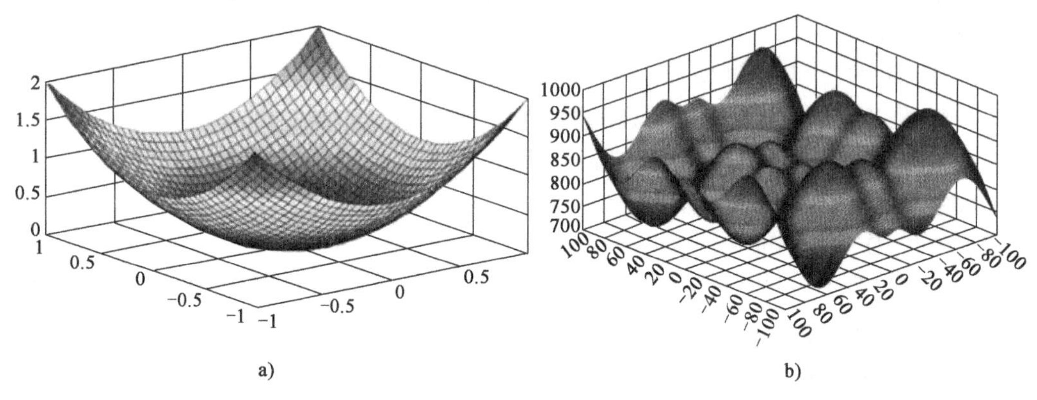

图 4-31　选取不同的特征对应着不同形态的损失函数

图像作为样本,最直接的特征当然是像素值,而 Haar 特征则是像素值转换得到的另一类特征,它比像素值更加能够反映一个区域的像素变化特点,因而在 Boosting 算法中得到极有效的应用。特征的变换选择并不是件简单的事,需要我们对当前问题的本质有深入的分析和掌握。

举一个简单的例子,我们要识别一个数字是奇数还是偶数。样本就是一个整数,它本身的数值就是最直接的特征,也就是说它就只有一个特征值。如果使用神经网络模型,会发现模型失效了,无论采用怎样的网络规模或深度,无论用多少个数字作为样本,都无法训练出这个分类器。然而,如果用二进制来表示这个整数,并选取其最后一位作为特征值,那么仅用一个感知器和不超过 100 个样本就可以轻松完成训练并达到近乎 100% 的准确率。这或许是一个极端的例子,但它体现出选取适当的特征对于分类器的实现有决定性影响。

4.5.2　网络结构

1)网络效率

在一般的计算机应用中,限制性的资源主要是两个:时间和容量,或者说 CPU 速度和内存大小。但是在机器学习领域,还有第三个限制,就是样本资源。在不同的场景下,哪一个资源会成为瓶颈是不一定的。在现代工程应用中,随着传感设备和监控设备的不断进步和普及,瓶颈往往不是样本数量而是时间。我们能获得很多的样本数据,而且每个样本自身数据量很大(例如图片和视频),以至于没有足够的时间来处理和训练。这就造成一个悖论:即使理论上说,更多数据意味着我们可以学习更复杂的模型,但在实践中由于复杂分类器需要更多的训练时间和更大的失败可能性,我们往往会选用更简单的模型。有两条原则可以帮助我们选择复杂程度适当的模型。

第一条原则是,在实践中应该优先尝试较简单、规模较小的分类模型。如果简单的模型能达到目的,绝不使用复杂的模型。复杂和庞大的分类器虽然能力更强,但它们通常难以驾驭,需要训练更多的参数才能得到好的结果,而且其内部机制更加难以追踪。

第二条原则是,分类器的规模应与样本特征数量相适应。这主要是针对规模确定的分类器而言,即神经网络模型和线性分类模型。一定规模的分类器所能处理的数据量是有限的,当样本自身的规模很大时(即特征数很多),太小的分类器就不能再有效地学习了。图 4-30 所示的例子中模型 A 就属于这种情况。在设计神经网络模型时,隐藏层的尺寸一般要大于输入层,以确保网络拥有足够的拟合能力;其次,隐藏层数目越多,则每一层的尺寸可以越小,反之亦然。以上两条只是经验性的结论,在具体的应用场合,还需要我们自己去实践和总结。

2)过拟合问题

过拟合是指分类器在训练所用的样本集(称为训练集)上准确度很高,然而在测试集上(或实际使用时)准确度却显著较低。过拟合现象意味着这个分类器的训练有些“过头”了,它对训练集的针对性太强,反而在实际使用时准确度不足了。造成这种情况的原因是两方面的,一方面是样本集容量不够或者代表性不足,另一方面是分类器的设计过于复杂,对细节的拟合过于精确,反而丧失了一般性,人们称其为“泛化”能力不足。

与过拟合相对的概念是“欠拟合”,也就是训练不充分,或者模型过于简单。以第 4.1.2 小节中图 4-3 的训练数据为例,假设我们训练得到了如图 4-32 所示的三种分类器。

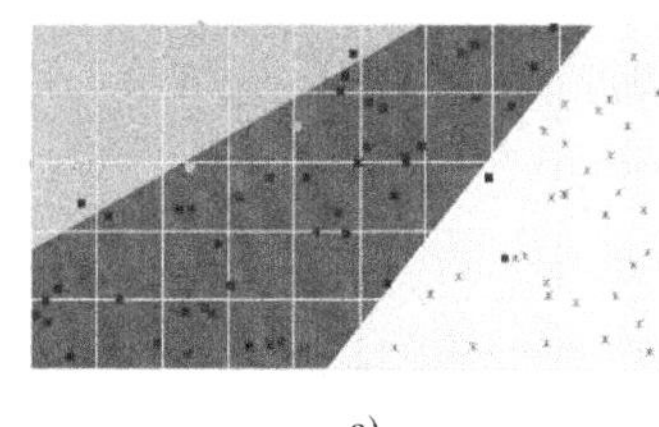

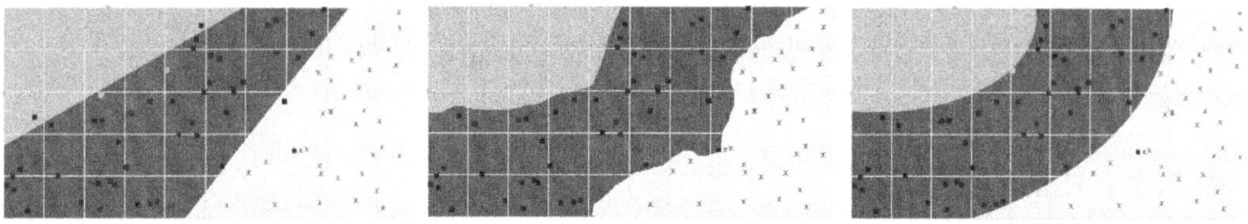

a)

b)

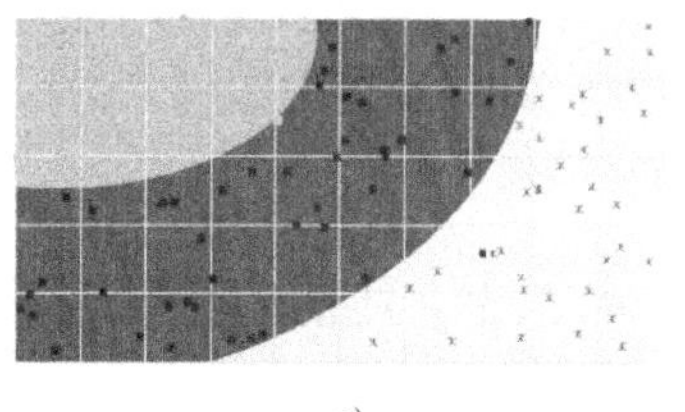

c)

图 4-32　过拟合与欠拟合

图 4-32a)所示的分类器过于简单,将样本空间做线性划分,它不能很好地拟合样本真实的分布规律,这种情况属于欠拟合。图 4-32b)所示分类器则过于追求对训练样本进行正确分类,虽然在训练集上达到了 100% 准确度,但是同样没有反应真实的分布规律,在实际使用时效果欠佳,这种情况属于过拟合。图 4-32c)所示则相对是更好的训练结果,尽管在样本集上准确度不如图 4-32b),但在实际使用时准确度却优于后者。

为了检验分类器是否过拟合,需要从总体样本中随机抽离出一小部分,一般是 10% 左右,用于训练完成后最终的测试,这个小样本集称为测试集,而另 90% 样本则被用于训练,被称为训练集。无论分类器最后在训练集上准确度如何,它在测试集上的表现才代表了真正的效果。测试集应被视为一种非常珍贵的资源,除非训练已经完成并且所有的优化、调整、交叉测试都已结束,否则不要轻易使用它。

根据分类器在训练集与测试集上的表现,我们可以定性地将三种拟合情况总结于表 4-5 中。

表 4-5　过拟合与欠拟合的表现

类　型	项　目	
	在训练集上的准确度	在测试集上的准确度
过拟合	高	低
欠拟合	低	低
适度拟合	高	高

有多种方法可以防止过拟合。首先是交叉验证,我们把训练集随机地划分为若干个子集,每次轮流选取其中一个子集作为临时测试集,其他子集作为训练集。当多次尝试后,找到某一个分类器对所有临时测试集的准确度都比较高,则可以认为它是一个没有过拟合的训练结果。相反,如果某个分类器对一部分临时测试集准确度很高,而对另一些临时测试集不甚理想,则是出现了过拟合。

此外,提高样本集的质量也是一个有效的办法。过拟合一个重要的成因是样本集代表性不足。用统计学术语说,这个样本集本身就是“有偏”的,那么训练出来的分类器当然也就“偏”了。例如,我们收集了大量树叶样本,要训练一个能够识别出“树叶”对象的分类器。树叶的形状有多种类型,如果训练样本全都是羽状叶,那么训练得到的分类器就会认为只有这种形状才是树叶,从而把圆形、扇形、针形等其他树叶全都判为非叶片。丰富样本的类型可以显著地解决这个问题。

另一个方法是简化样本,也就是剔除掉一些不重要、非本质的特征。简化样本就是强制性地要求分类器不要关注那些不重要的细节,同时它在一定程度上减少了样本数据中的噪声,这都有助于减少过拟合。

当然,在确保不致欠拟合的前提下降低模型的复杂性也是一个有效方法。模型过于庞大、参数过多,可能会导致模型的拟合能力过强,把样本中的随机误差也当成本质特性予以表达,从而导致过拟合。

4.5.3　其他超参数

1)初始参数

初始参数指训练开始时神经网络中各神经元的初始 W、b 值。由于样本集不可避免的局限性，损失函数一般有多个极小值点，其中有一些对应着很低的损失和很高的准确度，而另一些极小值点则对应着较高的损失和较低的准确度，前者被称为损失函数的全局极小点，后者被称为局部极小点。

训练遵循梯度下降原则。每一次迭代，都寻找损失函数在当前位置下降最快的那个方向，而这未必会导向一个全局极小点，也有可能会止步于一个局部极小点。图4-33所示是一个形象的例子，如果训练初始参数选在起点 p，那么梯度下降会导向一个局部极小点 P；而如果初始参数选在起点 q，那么就可以收敛到全局极小点 Q。两者效果是完全不一样的。

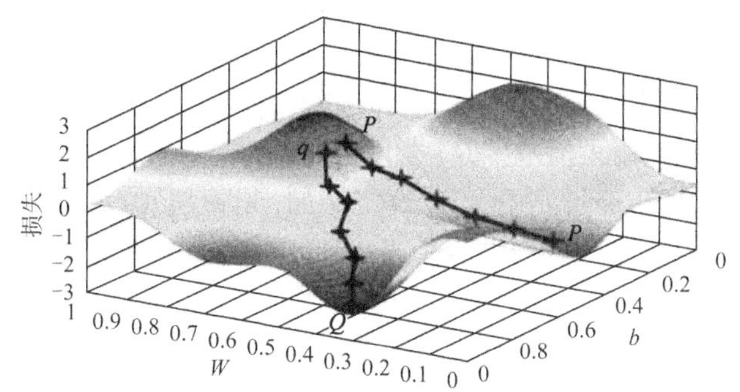

图4-33　不同初始参数可能导致不同的收敛结果

损失函数作为一个多元函数，我们难以洞悉其到底存在哪些全局极小点和局部极小点。前文提到的一些方法如增加样本的数量、提高样本的种类代表性、优化特征选取等，都可以在很大程度上减少损失函数的波浪形态，即减少收敛到局部极小点的概率。另外，用随机初始参数进行多次尝试也不失为一个有效的办法。

2）步长

关于训练步长，在线性分类器中已经介绍过。步长在神经网络中也表现出同样的含义和性质。大的步长训练很快，但容易跨过损失极小值点引起损失值振荡；小的步长更容易接近损失极小值点，但训练较慢。自适应步长可以很好地解决这个问题，不过初始步长值和步长缩减率也是对训练效果有一定影响的超参数。再次强调，样本的归一化处理非常重要，正因为把输入数据限制在（−1，+1）范围内，才能够相应地使用同一范围的随机数作为初始参数，同时初始步长值的设定也有了相对的参考，一般可设为0.1～0.01。至于步长缩减率，则对结果影响不太大，可视情况而定，取0.5、0.2或0.1都是可行的。

3）终止条件

训练迭代的终止条件一般有三类。

（1）损失条件：当损失值下降到某个值以下时，认为已经达到了理想的训练效果，可以停止迭代；或者，当损失值相对于上一次迭代所下降的幅度小于某一阈值，认为继续训练对损失的降低已经不显著时，应该停止迭代。

（2）步长条件：仅在自适应步长时有效，当步长值缩减到某个阈值以下时，则认为损失函数在该极小值点处已经无法满足损失值的要求，再继续缩减步长已经没有意义，应该停止迭代。

（3）次数条件，即当迭代次数超过某一阈值时，认为迭代次数已经太多，可能是出现了某种错误,继续训练已经没有必要,应该停止迭代。

三类终止条件中,只有损失条件是正常训练完成时的终止条件,另两类都是可能出现了某种异常情况而不得不终止。三种损失条件应该同时使用。如果损失阈值设定得太低,低到连全局极小点都达不到要求,那么显然损失条件是不会触发的,只能依靠另两类条件来终止训练。步长阈值如果设置过低,则有可能增大过拟合的风险。总之在不同的场景下,具体的阈值设定方案是不同的,经验是一个很重要的因素。

4)激活函数与损失函数

激活函数和损失函数也是重要的超参数,在第4.3.2小节中已经谈及各类常见函数及它们的特性。激活函数是一个非线性函数,它主要影响神经元的训练响应。选用激活函数时,无论是用常用函数还是根据自己的想法创造一种函数,都须注意避免梯度饱和及梯度失效的问题。例如,某一层神经元的输入值范围是$(-1,1)$,那么它的激活函数就不应该取ReLu,因为ReLu对负输入值没有响应,会造成梯度失效。又如,某一层神经元的输入值范围是$(-\infty,+\infty)$,那么它的激活函数就不应取Sigmod或Tanh,因为这类函数对绝对值较大的输入值响应太弱,会造成饱和。

损失函数的选用相对没有太严苛的讲究,只要求它能够定性地反映分类结果的"错误程度",即损失值要与错误程度成正相关。神经网络很少使用SVM损失函数,多分类情形一般使用式(4-20)(Softmax函数),二分类问题使用式(4-21)更简明一些。这两种损失函数对于分类模型都是足够的。

4.6 本章小结

本章主要讲述了线性分类器、神经网络分类器、Boosting分类器这三种分类模型的原理,并基于C#语言介绍了它们的程序实现。其中重点是神经网络分类器,它在实际工程中应用也最为广泛。反向传播机制是神经网络训练的核心,也是其原理和程序开发的难点。

超参数对分类器的训练效果和工作性能影响很大。本章对样本预处理、神经网络结构,以及网络参数初始化和步长、终止条件等问题进行了初步的探讨。训练之前,一定要对样本进行归一化处理,而且应当抽取一小部分样本作为测试集,以检验分类器的最终效果。在训练过程中,交叉测试是避免过拟合的有效方法。

当然,要娴熟、有效地搭建和使用分类器,仅掌握原理是远远不够的,还需要大量的实践锻炼以积累经验,这尤其体现在超参数的设定以及各种训练技巧的使用上。

思考练习题

1. 按照第4.1.2小节"kNN算法"内容,用C#语言实现一个KNN函数。

2. 按照第4.2节"线性分类器"内容,测试有关程序代码,实现一个线性分类器算法库。

3. 参照第4.3.4小节"神经网络的程序实现",测试有关程序代码,编写一个神经网络分类器算法库。

4. 了解 Boosting 算法的原理，以及 AdaBoost 算法的步骤。

5. 设计一个神经网络分类器，用表 4-6 的样本集训练，并测试它在样本集上的准确率。

表 4-6　训练样本

序　号	样　本	类　别	序　号	样　本	类　别
1	(64,−29)	2	11	(63,−52)	2
2	(80,55)	1	12	(21,71)	1
3	(−15,85)	2	13	(−80,40)	2
4	(18,60)	1	14	(−74,−82)	1
5	(−47,−93)	1	15	(22,−89)	2
6	(84,92)	1	16	(75,−24)	2
7	(9,7)	1	17	(14,−67)	2
8	(−4,48)	2	18	(9,58)	1
9	(−74,27)	2	19	(−46,26)	2
10	(8,−59)	2	20	(−77,33)	2

第2部分

应用实例

5 混凝土表面裂缝的自动检测

自动检测混凝土裂缝是机器视觉技术的一项典型工程应用,它涉及图像采集、预处理、特征变换和分类器训练等一系列逻辑连贯的技术手段,比较完整地反映了机器视觉的具体实践应用过程。本章从系统设计开始,详细讲解其开发思路和硬件组成、软件算法等技术细节。通过这个实例,读者可以掌握机器视觉技术系统的关键技术,同时理解开发新设备的一般性思维方法。

5.1 行业需求概述

水泥混凝土材料自 100 多年前被发明之后,迅速在全球普及应用,取代了木、石、砖块材料,成为几乎所有房屋、交通等基础设施不可或缺的基础性材料。在公路行业,水泥混凝土材料被用于桥梁的桩基、墩柱、梁板、索塔等主要结构物,以及用于隧道初期支护、二次衬砌,发挥主要承力作用,也被用于浇筑水泥混凝土路面。

水泥混凝土使用极为广泛,尤其应用于重要的结构受力部位,因而其质量好坏直接关系到各类工程构造物的结构安全。作为一种抗压而不能抗拉或抗剪切的材料,混凝土最常见的损坏类型是开裂。以桥梁为例,在役桥梁在长时间反复应力作用下,可能出现细小裂纹,严重者发展为明显的开裂。即便在新建桥梁上,也常因为材料品质、施工工法、养生、内部应力等原因出现裂缝(图 5-1)。一方面,裂缝是混凝土结构病害进一步发展的原因,会导致混凝土承载能力降低、防水性变差、寿命缩短,甚至发生严重结构性破坏;另一方面,裂缝也是混凝土内部损坏的结果和安全隐患的预警信号,结构的破坏常常是从表面出现裂缝开始的。因此,对混凝土裂缝的检查一直是工程质量检测和使用性能评估中极其重要的环节。快速并准确地发现混凝土裂缝,是提早发现隐患、避免安全事故、减少损失、保障结构安全稳定的重要手段。交通运输部及住房和城乡建设部所颁布的多个规范中,都明确要求对混凝土裂缝进行检查。

例如,《公路工程竣(交)工验收办法实施细则》交公路发〔2010〕65 号和《混凝土结构工程施工质量验收规范》(GB 50204—2015)规定,在工程交工验收时必须对各类新建成的混凝土结构物进行"外观检查",其中一项重要内容是观察是否存在裂缝,以及测量记录裂缝的长度、宽度和形态。检查对象包括桥梁上部结构(梁)、下部结构(墩柱)、桥面系(护栏和铺装)、隧道衬砌、路基涵洞、挡土墙等。

《公路技术状况评定标准》(JTG 5210—2018)规定,对在役桥梁和隧道要进行定期的技术性能检查。根据《公路桥梁技术状况评定标准》(JTG/T H21—2011)、《公路隧道养护技术规范》(JTG H12—2015)等文件,对桥梁上下部结构和隧道衬砌进行裂缝检查是重要且必做的项目。

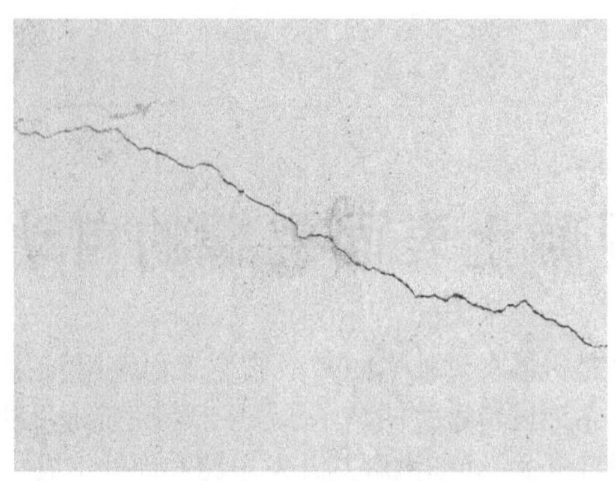

图 5-1　混凝土桥梁表面裂缝

我国交通基础设施存量巨大,并仍在不断的快速建设中。我国高速公路通车里程超过 16 万 km,国省道和地方公路、农村公路的总里程超过 500 万 km,两者均为世界第一。其中,大小桥梁、隧道和挡土墙等其他构造物数量极多,按照有关规范标准的要求进行外观检查的工作量是相当巨大的。

目前,混凝土裂缝的检测方法主要有两种。第一种是利用超声波检测裂缝,其原理是利用超声波穿透混凝土内部,通过检测反射或透射的声波来探测裂缝。检测者手持一对超声波收发器,将其分别置于混凝土构件两个不同的表面(对测法)或者同一表面上的不同位置(平测法),开动超声波换能器,接收并观察信号。这种方法效率非常低,不适用于大面积的裂缝普查,主要是针对已经发现的裂缝进行宽度、深度等进一步的检测。

第二种方法是当前混凝土构造物外观检查所使用的一般方法,即基于人眼观察发现裂缝,然后用裂缝观测仪(或称裂缝测宽仪,图 5-2)测定其宽度。观测仪的主要检测部件是一个经过标定的微距摄像头,把它置于裂缝上方,能够根据裂缝图形在宽度方向上所占据的像素数目推算出其实际宽度。

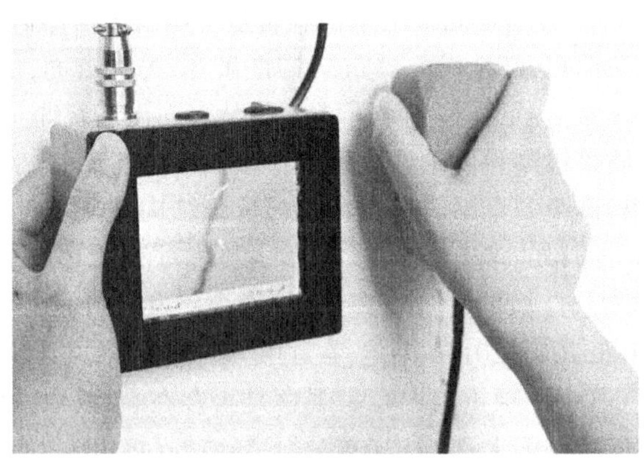

图 5-2　裂缝观测仪

这种方法虽然比超声波法效率高,但是对人的精力损耗很大。除了极少数严重开裂的情况外,混凝土构造物一般的表面裂缝宽度大多在 0.01 ~ 0.1mm 量级,有如头发丝一般,用人眼观察必须十分仔细才能发现。观察者一般在 20min 内就会感到明显的视觉疲劳,敏感度大幅降低。显然,这种方法并不太适合大面积的裂缝普查。

裂缝观测仪可以利用摄像头采集混凝土表面的图像,如果在此基础上做一个改进,从图像中自动识别出裂缝,那么就无须先用人眼观察,只要手持摄像头在混凝土表面推扫一遍就可以了。发现裂缝和测量宽度的任务都交给程序去完成,把人眼解放出来,从而解决视觉疲劳的问题。如今机器视觉技术的发展,使这项改进完全成为可能。当然,要实现这个解决方案,需要解决图像处理和分类器训练等一系列问题。

新设备、新仪器的开发一般分为需求分析、设计研究、原型机开发和产品化几个阶段。需求分析阶段的主要任务是深入调查相应行业或生活生产领域中的"痛点"、需求或是困境,明确解决方案和技术系统的研发目标方向,确定其基本功能和根本任务。设计研究阶段重点解决具体功能的设计、技术路线的编排以及关键技术的研究,使系统具有客观的可实现性。原型机开发阶段是对设计研究结果的验证,依据所涉及的方案制造样机,搭建临时系统,以检验其可行性、有效性,发现未预料到的问题和缺陷,并进一步加以解决改进。最后,在技术基本成型、方案全面确定,效果得到验证之后,再进行产品化改良设计和生产线设计,进入产品量化生产组织的阶段。

下面,我们将实现一个具备裂缝自动识别和测量功能的裂缝检测器,从需求分析和功能设计入手,进而讨论其主要软件算法,直到测试系统的搭建。

5.2　系统设计

5.2.1　需求分析

在工程学范畴中,由相互联系的组件和组件之间的相互作用构成一个统一具备特定功能的专用工具、设备或产品,被称为一个技术系统。技术系统的创新设计是一个涉及面相当广泛的综合性智力活动。如果人们在生产、生活实践中遇到了问题,这就是创新的开端。那么,接下来就需要对问题作出进一步分析,加以界定和分解,再根据对现有工程技术的理解和掌握,最终将若干种不同的技术和工艺有机联系在一起,设计出一种可行的解决方案。这是一个非常抽象和复杂的脑力活动,涉及自然科学、实践经验、逻辑推理、分析工具、概念抽象等许多方面的知识储备和思维能力(图5-3)。

创新的第一步,是对问题进行归纳、理解和表述。例如,我们发现寻找桥梁上的裂缝很困难,主要体现为视力疲劳、效率低下。但是,真正的问题是什么?从生理学或医学的角度看,发明一种缓解视力疲劳、提高工作耐力的药物或者眼镜能够解决问题;而从工程学的角度看,发明一种替代人眼的新工具可以解决问题。人们在生产生活中遇到的"麻烦"是直观的、基于感受的,但我们要做的第一步是从中抽象出"问题",用概念的语言来表述这个问题的本质。从"麻烦"到"问题"的转化,是从被动感知到主动理解的飞跃,它决定了整个创新活动的基本方向和最终成果(图5-4)。

在明确问题的基础上,需要对问题作出进一步的界定。我们必须清楚地回答以下三个问题:

(1)这件工具在什么时间、什么环境下被使用?

(2)这件工具被什么人使用?

(3)这件工具被如何使用?

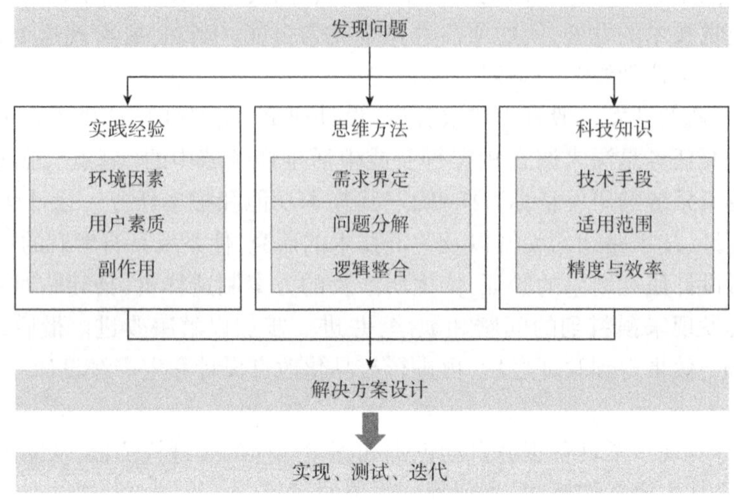

图 5-3　创新设计的一般思维框架

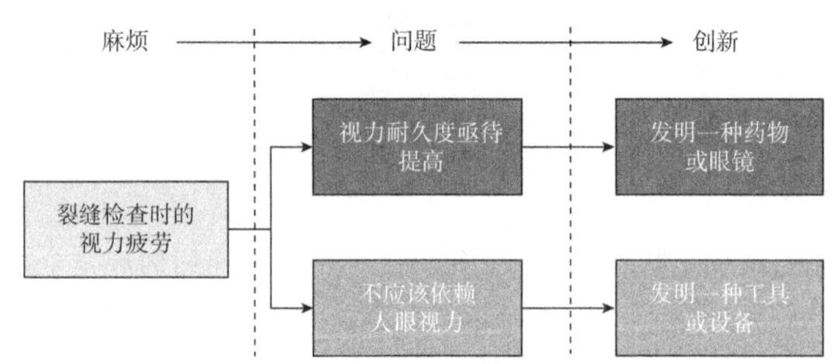

图 5-4　对问题的理解决定了创新的方向

有时候,我们并不会意识到这些问题,因为在思考的过程中已经下意识地作出了回答。但一般而言,这些问题必须是在思考详细的功能项目之前就加以明确的。因为我们不可能发明一种“万能”的工具,所以必须对需解决的问题在范围和深度上作出限定,即这项工具只在某种条件下发挥作用,超出范围的问题不在考虑之列。

就本章论及的具体问题而言,这项裂缝检测设备应是在桥梁、隧道等水泥混凝土构造物的外观检查时被使用;使用者是一般的工程检测人员,他们不应被要求有高超的技艺或丰富的经验;在使用时,检测者只需要手持着设备在被测物表面扫动。由此可见,这项设备应被设计成一种便携的、小型的、低门槛的专用手持式工具。初看起来以上描述可能是多此一言,但其实它们非常重要。如果我们的目标不限定在水泥混凝土构造物上,而是可以包括砖瓦、石材、木料甚至塑料、金属,那么这个设备的软件算法将大大复杂化;如果设备不是低门槛的而是要求使用者具备高度的专业技能,则可能其普及推广能力将大打折扣;如果不限定为手持式设备而是要让它具有自动攀爬功能,那么其物理结构将极为复杂甚至超出短时间内有限的创新能力。

5.2.2 功能分析方法

功能是指系统或系统内某个组件,改变或保持另一对象的某个参数的行为和作用。价值工程理论认为,任何产品的本质都是功能。人们使用一件工具,其实是在使用它的功能。现代的技术系统都包含硬件与软件两部分,硬件是指其物理结构,软件是其工作逻辑和算法。硬件与软件共同工作,实现某种功能。因此,功能是软硬件结构的抽象和存在理由,而软硬件则是功能的外在表现和载体。所谓功能分析,就是对技术系统的功能进行抽象的描述,并进行分解、整理、重组的过程。

1)功能的定义

系统整体上发挥的功能是主要功能,但主要功能并不是一步到位就实现的,它需要通过系统各个组件的相互协作,经过一系列步骤而最终形成。在开发或改进新的技术系统时,需要先确定系统的主要功能,然后将主要功能分解为若干子功能,这就是功能的分解。

无论是主要功能或子功能,都应作出定义,用简明、准确的语言进行描述。按照功能的一般性定义,功能的通用描述方式是:

X 更改(或保持)Y 的参数 Z

其中,X 是功能载体,即系统或系统内某个组件;Y 是功能对象,它可以是系统外的对象,也可以是系统内的某个组件或数据信息;Z 是功能对象 Y 的某个参数。

功能定义应简明扼要,描述功能一般用动宾词组,即:功能 = 动作 + 对象。例如摄像头作为一个组件,其功能是采集(混凝土表面的)图像,而它还有另一项功能是导出(数字化的)图像。描述功能时尽量不要使用否定性动词,例如外加光源的功能不应描述为“让图像不受环境光线变化的影响”,而应描述为“保持图像的光照稳定”。

功能定义要准确明晰,在描述方式上应使用本质表达而不是直觉表达。本质表达描述的是功能本身的行为,而直觉表达描述的不是功能而是功能所产生的效果。例如分类器算法的功能应使用本质表达“对裂缝特征运算返回 true、对非裂缝特征运算返回 false”,而不应使用直觉表达“把裂缝识别出来”。

有一个常见的思维误区是把组件和相关功能绑定起来,这样将使我们的思路变得狭窄。正确的思维是把组件与功能分离,时刻意识到在此时此刻,组件和功能哪个更基本,是否有更好的实现方式。有时功能是相对固定且不可改动的,而组件却可以替代、优化或者合并;而有时组件更加固定不可更改,它的某项功能则可以调整,或被其他组件替代,或是把别的功能并入其中。

2)功能的分类

功能可分为有用功能和有害功能。有用功能使作用对象的某个参数向期望的方向发生改变,而有害功能则让作用对象发生与期望相反的改变。例如,我们在设计裂缝检测器外壳时,假如使用铁质材料,它当然使得系统的物理结构更加稳固耐用,但是同时也增加了重量,可能导致使用者易疲劳。这种情况属于“副作用”,或称“有害功能”。

根据功能对象在系统中所处地位,功能可分为不同的重要性等级,如基本功能、辅助功能和附加功能。这三个重要性等级的含义和区别见表 5-1。

表 5-1 不同重要性功能等级的特点

重要性等级	功能作用的对象	存在的意义	所回答的问题
基本功能	对象是系统目标	整个系统存在的主要理由	“系统能做什么?”
辅助功能	对象是系统内组件	支撑基本功能	“系统需要什么?”
附加功能	对象是系统外部	提供附带的益处	“系统还能做什么?”

如果一种功能距离整个系统的功能目标越近,那么其重要性等级就越高,其价值越大,越不可替代。例如,裂缝检测器的组件中可能包含有外加光源和测距轮,外加光源的功能是保持图像的光源稳定,测距轮的功能是计量检测器移动的距离,前者直接关系到裂缝的实时识别,后者则是为了标记裂缝的一维位置。显然前者更接近整个系统的功能目标,外加光源是更加基本的组件。

对于有害功能,同样要分析重要性等级,如果一个有害功能离整个系统的功能目标越近,那么它对系统的危害越大,越值得付出代价将其消除。假如一个组件同时带来了有用功能与有害功能,但后者的重要性等级高于前者,那么这个组件就应该被改进、替换或者禁用。如前面举例的铁质外壳,其有害功能大于有用功能,因此应该被替换为塑料、铝合金或其他更轻质的材料。

功能之间存在逻辑关系,它展示出功能的必要性和相互依赖关系。如果有 A、B 两个功能,它们必须依次实现,即必须先实现 A 功能,才能进一步实现 B 功能,那么称它们为从属关系,A 是 B 的下位功能(目的),B 是 A 的上位功能(手段)。如果 A、B 两个功能相互无依赖关系,可以分别实现,则称为独立关系,它们互为独立功能。独立关系中有一种特殊情况,如果 A、B 两个功能彼此独立,但只有它们都实现后,才能下一步实现功能 C,此时称 A、B 为并列关系。

从用户使用要求的角度,功能又可分为使用功能与品味功能。使用功能是给用户带来使用效果的功能,往往也被称为核心功能。而品味功能是核心以外的,让用户使用时更加舒适、愉悦的功能,比如设备外观的美化装饰。

功能过度或功能不足都是系统的不利因素,在效果、成本、便捷等方面达到平衡才是恰当的功能设计。功能分类能够帮助我们将系统的总体功能目标分解为多个小的环节,并厘清它们的轻重缓急,为后续的功能整理和裁剪提供必要的依据。

3)功能整理

功能整理是对所定义的各项功能进行分析、整理,明确功能之间的关系,分清功能类别,排列建立功能模型框架。

首先,要找出系统的基本功能。基本功能的特征是:

(1)它是系统必不可少的功能点;

(2)它是系统的主要目的;

(3)一旦它的作用改变了,将导致系统中大部分组件的改变。

如果功能具备以上特征,就可以确定为基本功能。

然后是明确每个功能之间的逻辑关系,主要是从属关系与并列关系。明确逻辑关系的主要方法是从最终功能目标开始,反过来逐级回溯,确定功能从属链条,即“以目的找手段”。此过程中也可以穿插使用“以手段找目的”的方法作为补充。

对每一个功能,我们应该向上思考,为什么需要这项功能?它是否是为了实现某个必需的上位功能?同时,还应该向下思考,要通过什么手段才能实现这项功能?这个问题是为了找出其下位功能,即手段。

无论系统中各功能关系简单或复杂,同一产品中的功能一定是成系统的。把系统内大大小小的功能按照内在逻辑串联起来,就形成了功能系统。将功能之间的上下位关系或并列关系排列出来,上位功能在左侧,下位功能在右侧,就形成了表示功能关系的功能模型图(图5-5)。

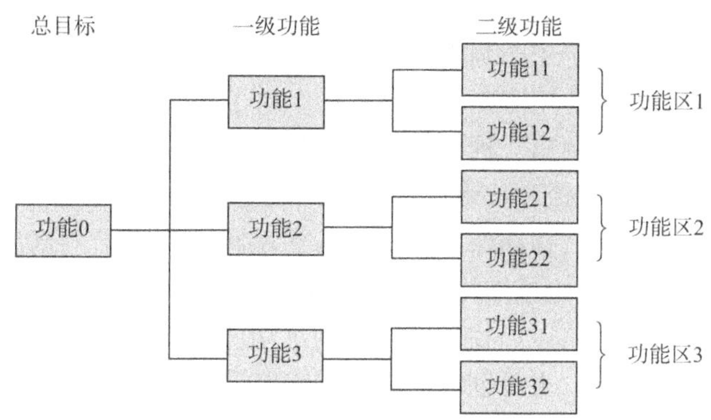

图5-5　功能系统模型示意图

在图5-5中,第一层级的功能都是功能总目标的手段,而第二层级的功能又是第一层级功能的手段。如果某一个手段功能的子系统中每一个功能都不与外部任何功能发生关系,则称该功能和它的子系统构成一个功能领域。

功能都是与组件相关的,有时功能模型图中会对每个功能项注明其所依赖的组件。所谓组件是系统的一个有一定独立性的部分或子系统,它可以是有形的物理组件,也可以是软件等无形组件,但它肯定能承担和执行一定的功能。初学者常常关注系统的组件,基于组件来思考系统的功能,但有经验的工程师却是反过来,以功能为中心,思考应该采用哪些组件。这就需要在确定系统的主功能链条的基础上,研究各组件对系统功能的贡献,揭示组件之间的相互作用关系,分析各组件带来的有用功能和有害功能,并分析重要性等级。

4)功能裁剪

功能裁剪建立在充分的功能分析基础之上。功能裁剪有两种情形,一是纯粹的削减,把有害功能过大或者成本过高的功能砍掉,当然这要以不影响主要功能为前提。第二种情形是优化,把有用功能提取出来,让系统中的其他组件去完成这个功能,从而简化组件结构,降低制造成本。总之,功能裁剪的原则是,消除被裁减部分产生的有害功能,降低成本,同时所执行的有用功能依然保留。

裁剪对象不能是对主要功能起支撑作用的对象,首选是具有有害功能的组件、低价值的组件和提供辅助功能的组件。裁剪应注意以下几个方面:

(1)降低成本,即裁剪功能价值低而制造成本高的组件;

(2)规避风险,即裁剪容易发生故障或引起专利纠纷的组件;

(3)改善系统,即裁剪有害功能大于有用功能的组件;

(4)精简结构,即裁剪复杂度高或者难以调试的组件。

如果某个功能的作用对象被裁减了,那么这项功能就可以被裁减,而其功能载体组件很可能也可以裁剪。如果系统中有其他的组件能完成某一组件的功能,那么该组件可以被裁减。在日常生活中,有很多优良的系统裁剪案例。例如半框眼镜或无边框眼镜,就是传统全框眼镜的裁剪结果。

以裂缝检测器举两个例子。假设我们最初设计了检测到裂缝后通过4G(第四代移动通信技术)网络把相关数据自动传输到云端服务器的功能,但事实上这项功能的价值并不大,而且会增加一些专门的组件如4G上网模块等,因此这项功能可以被裁减掉,这属于裁剪的第一种情形,即纯粹的功能削减。又如,假设我们最初设计在检测器上安装四个轮子以便于在被测表面推动,而在侧面还有第五个轮子即测距轮,专门用于测定仪器被推过的距离。那么是否可以把原本的四个轮子缩减为三个,用测距轮充当第四个轮子,同时发挥支撑和测距两个作用?如果答案是肯定的,这就是裁剪的第二种情形,把第四个轮子的功能提取出来,合并到测距轮上。

功能分析是一项专门的理论和技术,在大型技术系统的团队设计开发中尤其有用,它有效地筛选和定义了系统的功能点,并确保了设计团队在思路和概念上的高度统一。功能分析思想的本质是把对系统具体物理组成结构的思考抽象为对系统功能的思考,从而排除了系统外在形式对思维的束缚,拓展思路以寻找一切可能满足功能要求的解决方案。功能分析是实现技术系统创新的重要思想方法,也是创新活动的核心思维技术之一。

5.2.3 功能与组件图式

1)基本功能

与任何技术系统的创新一样,按照科学的功能分析方法对裂缝检测器进行功能设计,并最终形成系统开发的蓝图。裂缝检测器的基本功能设定为以下两条。

基本功能A:使用者手持摄像头扫描混凝土表面,在屏幕上实时显示摄像画面并自动识别裂缝,当画面中出现裂缝时以LED(发光二极管)灯闪烁和蜂鸣器发出提示音的方式予以提示,自动测量,并在屏幕中显示出裂缝的宽度。

基本功能B:使用者手持摄像头以一定方向扫描混凝土表面,扫描过程中设备保持静默,但屏幕上实时显示摄像画面,扫描完成后系统自动生成扫描区域的完整图像并将其中裂缝识别和标记出来,储存为一个文件。

以上两个基本功能对应着两种使用模式,第一种是实时探测模式,实际使用时一人持设备,另一人持纸笔记录,这种模式符合当前一般性的工程外观检查工作习惯。第二种模式是直线扫描模式,即沿直线方向扫过构件表面,扫描结束后生成复原图像和裂缝数据,以文件的方式存储和导出,这种模式适合于大批量的专项裂缝普查。显然,以上两种基本功能都需要自动识别图像中的裂缝,依赖于特定的识别算法。

2)功能逻辑结构

为了便于在混凝土构造物表面扫动,摄像头需要与小轮固定,辅以手柄,形成手持式轻便结构。外加光源也与摄像头固定在一起。为了尽可能减少手持重量,整个裂缝检测器被设计成分离式结构。手持部分为摄像头、光源和小轮(包括测距轮);非手持部分包含屏幕、卡片电脑、电池等其他组件,结合一条背带挂在检测者胸前。

使用时,检测者单手持摄像头部件在构造物表面扫动,使小轮紧贴构造物滚动。由于摄像头与小轮是固定的,因而摄像头到被测表面的距离是固定的,这个距离正好等于摄像头的标准物距，使得成像清晰。

在第一种模式下，随着摄像头的扫动，屏幕上实时显示所拍摄到的图像，同时，卡片电脑内置的分类器算法在图像中寻找裂缝。当发现裂缝时，则测算其最大宽度，然后做出如下三种提示动作：

(1)在屏幕上标记裂缝的最宽位置，显示宽度数值(图5-6)；

(2)LED灯亮；

(3)蜂鸣器发出一声提示音。

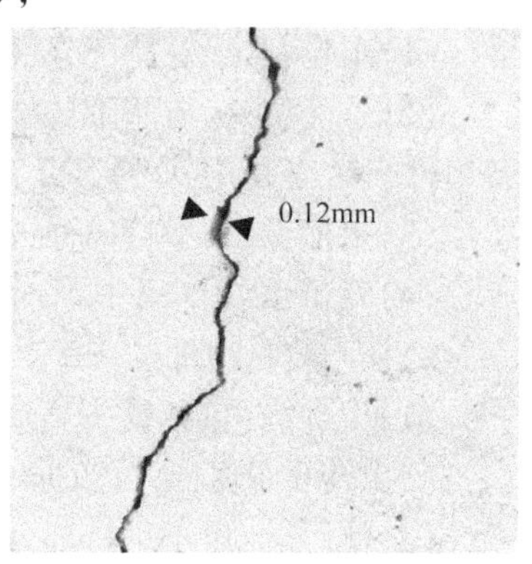

图5-6 裂缝宽度标记

此时，裂缝检测器的工作流程即告完成。按照一般的外观检测工作习惯，检测者和记录者两人一组，检测者口头报出裂缝宽度，记录者在纸质记录表上做好相应记录。有时，还需要在混凝土表面用粉笔把裂缝勾勒出来。需指出的是，当已经知道某处存在裂缝，并且已经在屏幕上看到裂缝的外形时，再用肉眼去观看裂缝是很容易的，并不易产生疲劳。

对于第二种模式，检测者须手持摄像头部件在构造物表面以直线方向扫动，屏幕上同样可以实时显示拍摄的图像，只是此时无须实时识别裂缝。摄像头的帧率和曝光时长是一定的，客观上要求扫动的速度不能太快，以免造成图像模糊或者前后图像不搭接的情况。当前普通工业级摄像头的性能完全可以跟上人手臂一般的推动速度。由于检测者推动速度不是恒定的，因此相邻两帧图像重叠的部分大小也不一定，如果推动速度较快，重叠的部分就较小，反之则较大。这就需要利用测距轮给每帧图像定位，从而按照图像距起始位置的距离，把各图像拼接为一张长条形的图像，即复原了被扫过构件表面的影像。当然，图像拼接并不像理论上如此方便，由于人手推动仪器时不是非常严格地沿着一条直线，因此图像拼接时还需要作出一些调整。完成了图像拼接之后，再整体进行一次裂缝识别，并把有关数据保存在一个文件中，这就完成了第二种模式的工作流程。

在使用时，两个工作模式一般只选其一，但其功能链条存在许多公共的部分。我们将其写成一个完整的功能逻辑图，如图5-7所示。

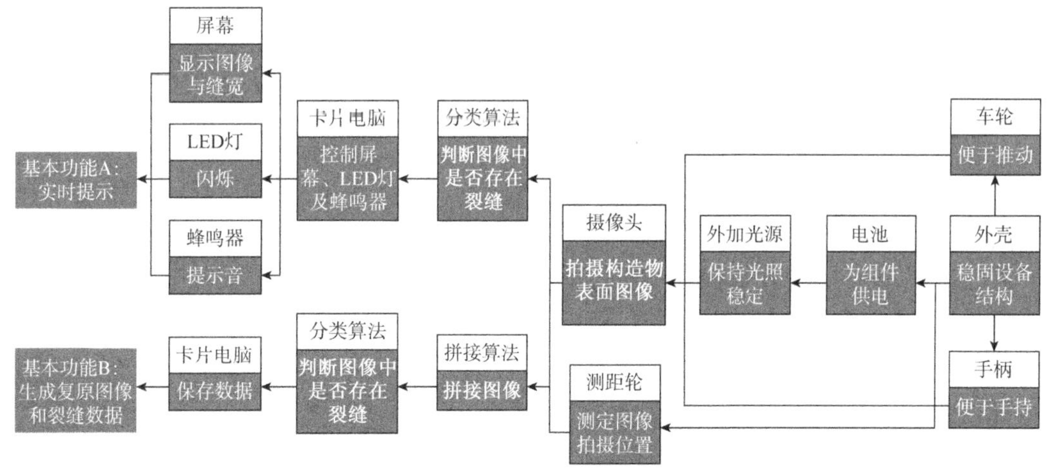

图5-7 裂缝探测器基本功能逻辑图

5.2.4 组件结构设计

基于功能需求来考虑所需要的软件、硬件组件，并尽可能把相似功能整合在同一硬件上。如前文所述，裂缝检测器分为手持部分与非手持部分，所需要的组件结构及功能作用如下。

1）结构支撑组件

（1）车轮：属于手持部分，便于设备在被测构件表面扫动。

（2）外壳：手持与非手持部分均有外壳，主要作用是给设备提供稳固的保护性外壳、固定各组件相对位置，以及为摄像头提供准确且稳定的检测物距。

（3）手柄：属于手持部分，便于检测者用手抓握设备。

（4）背带：属于非手持部分，便于检测者携带。

2）核心测量组件

（1）摄像头（包括镜头）：属于手持部分，通电时持续稳定地以一定帧率和一定曝光时长采集被测物表面图像，通过数据线将图像逐帧传输到卡片电脑中。

（2）测距轮：属于手持部分，随设备的扫动而一起运动，每经过一定时间间隔向卡片电脑传输一个滚动距离值。

3）辅助测量组件

（1）电池：属于非手持部分，给卡片电脑、摄像头、光源、屏幕、LED 灯、蜂鸣器和测距轮供电。

（2）外加光源：属于手持部分，为摄像头提供稳定的光照环境。

（3）主线：主线是手持与非手持部分之间的连线，分为数据线和电源线两部分。数据线将摄像头与测距轮的数据传输回卡片电脑，并从卡片电脑传输控制信号给 LED 灯；电源线则是给手持部分中的摄像头、光源、LED 灯和测距轮供电。

4）主控组件

卡片电脑：属于非手持部分，它是整个系统的控制和响应中枢，具体功能包括接收摄像头和测距轮采集的数据，控制 LED 灯、屏幕和蜂鸣器，容纳操作系统等各软件组件，以及存储复原图像和裂缝数据。

5）显示组件

（1）触摸幕：属于非手持部分，具备触摸功能，用于显示摄像头拍摄到的图像和裂缝宽度标记，并与用户做简单的交互操作。

（2）LED 灯：属于手持部分，探测到裂缝时闪亮。

（3）蜂鸣器：属于非手持部分，探测到裂缝时发出提示音。

6）软件组件

（1）操作系统：一般操作系统，如 Windows 或 Linux 均可，需满足其他软件组件的运行需求。

（2）用户交互软件：是用户直接使用的入口软件，能做简单的交互操作，支持用户选择检测器使用模式（即实时监测模式或直线扫描模式），以及导出数据文件。

（3）分类器算法：是一个特定的裂缝识别函数。给定一幅图像，经处理后可以识别图像中的裂缝，并返回裂缝在图像中的轮廓和位置信息。

(4)图像拼接算法:是一个特定的函数,能针对一组图像,结合各图像的位置坐标(经测距轮数据计算得到),拼接成一个完整的长条形图像并返回。

(5)裂缝测宽算法:是一个特定的函数,给定一幅图像和图像中的某个裂缝轮廓,能找出裂缝最宽位置,并测算其最大宽度,返回最大宽度数值。

综合以上的组件需求,裂缝检测器的概念图及硬件拓扑结构分别如图5-8、图5-9所示。

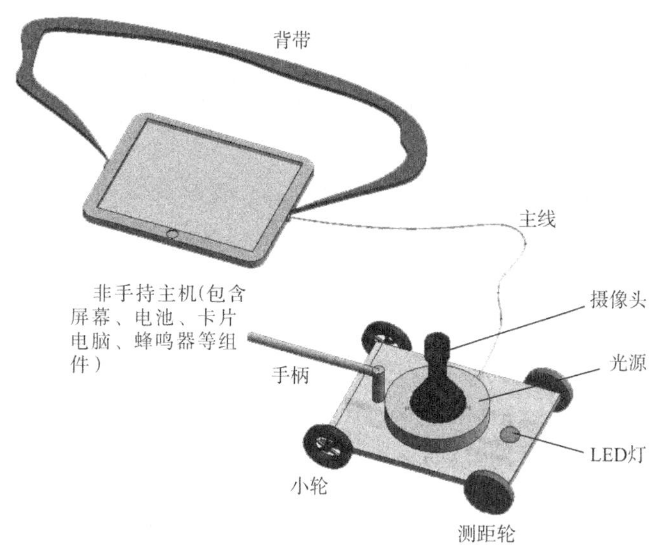

图5-8　裂缝检测器概念图

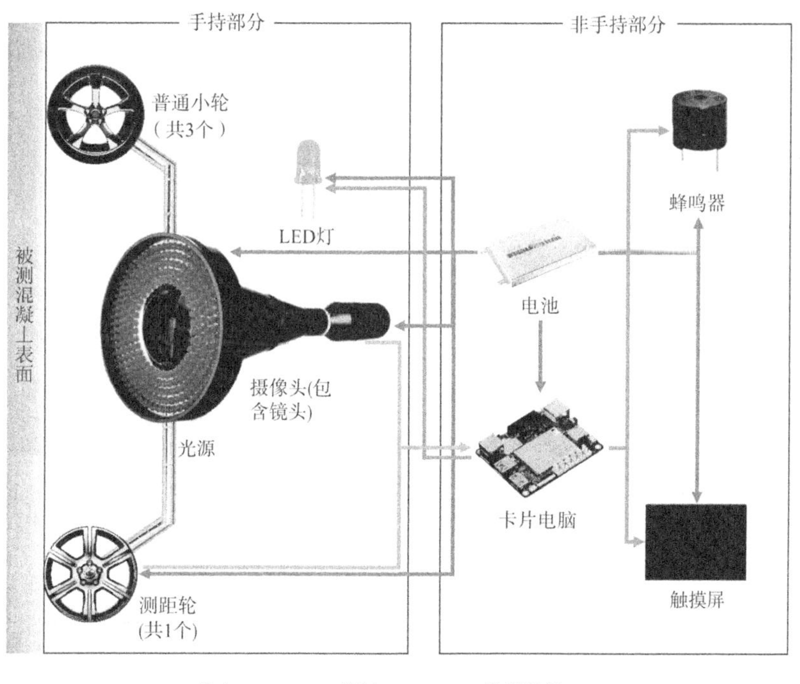

图5-9　裂缝检测器硬件拓扑结构

5.3 主要算法

5.3.1 裂缝识别算法

混凝土表面除了裂缝之外，还可能会存在各种各样的纹理图案，如污渍、斑纹等。我们把这些能在影像上留下痕迹的统称为混凝土表面的视觉对象（简称“对象”）。一个好的识别算法必须能够区分裂缝对象与其他非裂缝对象。那么，在众多的分类器模型中，该如何选择和设计我们所需要的算法呢？

首先，用于人脸和车辆识别的 Haar 特征 + boosting 算法并不可取。在上一章已经谈过，Haar 特征反映的是临近像素区域之间的明暗变化关系，这适合用来鉴别人或动物的面部特征。但裂缝的形态和走向是各异的，因此这种模型很难适用。

其次，一般性的物体识别算法是直接以图像像素为特征，通过训练一个庞大的深度神经网络实现识别，例如卷积网络或者 Yolo 算法。这种方法或许有效，但实现难度极大。

最好的办法还是针对具体问题的特点，对样本进行特征转换，把像素点变换为其他的特征值，用于区分裂缝与非裂缝。这样，只需要用一个轻巧的级联神经网络模型就可以达到目的。

1）样本特征分析

根据对大量混凝土表面照片的分析，可以把存在的视觉对象分为以下几个类别，如图 5-10 所示。

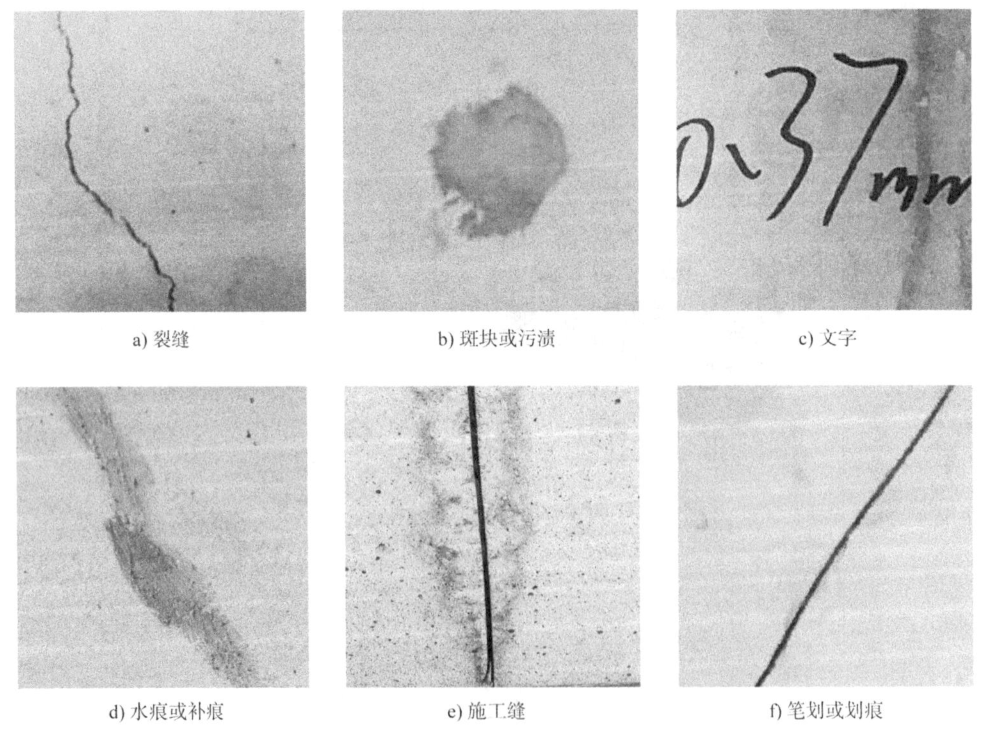

a) 裂缝　b) 斑块或污渍　c) 文字

d) 水痕或补痕　e) 施工缝　f) 笔划或划痕

图 5-10　水泥混凝土表面视觉对象类型

(1)裂缝:形态为细长型,分布方向不定,线性不平顺,细节上有许多曲折。

(2)斑块或污渍(或块状修补痕迹):形状为块状,有一定的面积。

(3)文字:包括数字、英文字母、汉字以及其他符号图案,形态上扭曲而集中,线形细节较平顺。

(4)水痕或补痕:水痕是水沿混凝土侧壁流下形成的条形痕迹,补痕是施工人员修补裂缝形成的条形痕迹,两者形态相似,都具有一定的宽度。

(5)施工缝:在混凝土浇筑时留下的模具缝或拼接缝,形态为细长型,笔直、平顺。

(6)笔画或划痕:笔画或划痕形状不定,但细节上都比较平顺。

通过以上分析可以发现,裂缝与其他视觉对象的区别主要在于其形态方面,而不在于颜色、亮度等视觉参数。当检测器拍摄到混凝土表面图像后,经过二值化处理,可以得到各个视觉对象的轮廓数据。由于轮廓保留了对象的形态特征,因此我们可以对轮廓进行进一步的处理,提取出有用的特征值,这样就实现了样本的特征转换。基于轮廓,区分裂缝与其他对象的有效特征有如下几个。

(1)周长(F_p)。轮廓的周长是轮廓边缘像素点个数之和。裂缝的周长应该大于某个阈值,因为太小的多边形不被视为是裂缝,它只是混凝土表面的一个小孔洞。因此,周长可设定一个阈值条件,周长低于这个阈值的轮廓可以直接排除。

(2)面积比(F_a)。面积比的定义是轮廓的面积除以周长。轮廓裂缝的形态是狭长的,因而其面积比一般很小。面积比稍大的轮廓很可能是水痕或其他非裂缝对象。

(3)圆率(F_c)。圆率等于轮廓的面积除以周长相同的圆的面积,取值介于0和1之间。它衡量的是轮廓的形状与圆形的接近程度。轮廓形状越粗胖并接近圆,圆率取值越接近1;轮廓形状越狭长越细,则圆率取值越接近0。直观上看,裂缝是狭长纤细的,它的圆率会很小,该特征对污渍对象的排除比较有效。

(4)方正率(F_e)。方正率等于轮廓最小外接矩形的宽长比,取值介于0和1之间,它反映了轮廓在二维平面上的集中程度。轮廓的分布越集中,外接矩形就越接近正方形,因而方正率越接近1;轮廓分布越接近直线,则外接矩形形状越扁,方正率越接近0。如果裂缝走向比较直,则它的方正率很小;如果裂缝的走向有大的拐弯,则它的方正率会大一些。虽然单凭这个特征并不能判定一个轮廓是否是裂缝,但它对文字和斑迹的排除很有效。

(5)填充度(F_r)。填充度是轮廓自身的面积与最小外接矩形的面积之比,取值介于0和1之间,它表达了轮廓整体形状的笔直程度。形状越笔直,填充度越接近1;形状越弯曲,则填充度越接近0。该特征对施工缝和划痕的排除尤其有效,因为裂缝在细节上是存在很多扭曲的,而施工缝、划痕则相对平直、光滑得多。

(6)离散度(F_s)。离散度是轮廓上每个点到最小外接矩形的中心的距离平均值。它既反映了轮廓在二维平面上的集中程度,也反映轮廓的绝对尺寸大小。离散度越大,说明轮廓越分散,整体尺寸越大,反之说明轮廓越集中,尺寸越小。该特征对斑块、文字、污渍等对象的排除都比较有效。

综上所述,裂缝检测器获取到被测表面的图像后,经过二值化、提取轮廓、求取特征3个步骤,就实现了视觉对象的特征转换。对一个视觉对象是否是裂缝的判别,就转化为对一组特征值的判别。为了更形象地讲解,这里给出一个具体的示例。

摄像头从混凝土表面采集到的原始图像,如图 5-11 所示。

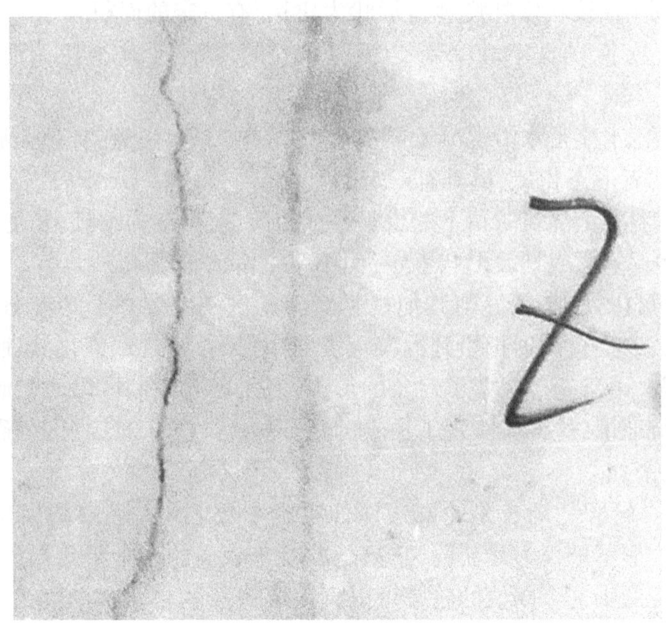

图 5-11　特征转换示例:原始图像

其中主要的视觉对象有 3 个:左侧的裂缝、中部的水痕以及右侧的文字。

将图像二值化,得到图 5-12。

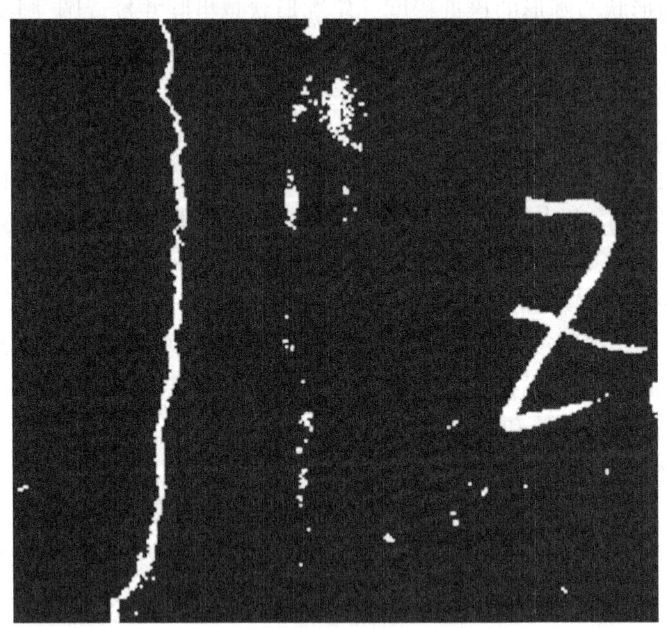

图 5-12　特征转换示例:二值化图像

对图 5-12 提取轮廓,共得到 55 个轮廓。按照周长不小于 30 的阈值滤除图中噪点,剩下 4 个轮廓如图 5-13 所示。

对 4 个轮廓分别求其特征值,得到结果见表 5-2。

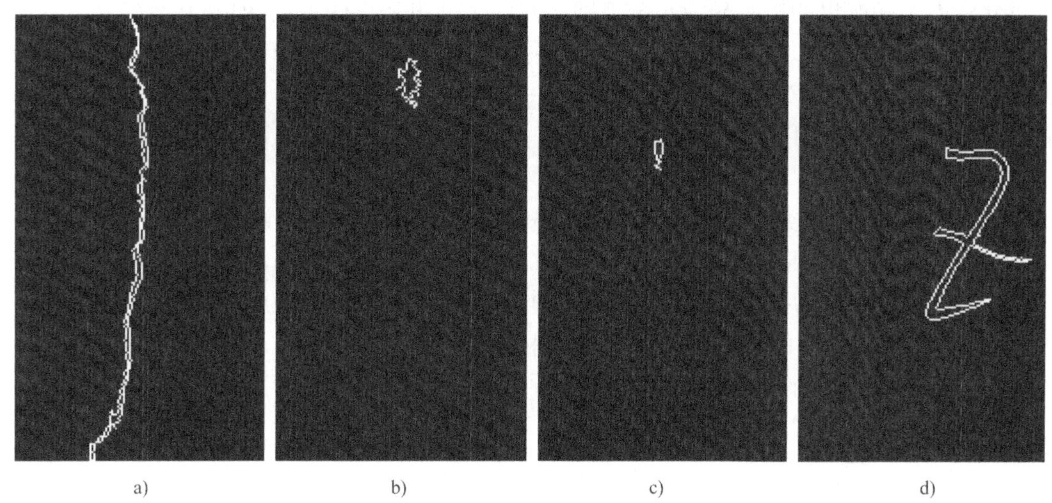

图 5-13 特征转换示例:提取轮廓

表 5-2 特征转换示例:特征转换

轮廓编号	周长(F_p)	面积比(F_a)	圆率(F_c)	方正率(F_e)	填充度(F_r)	离散度(F_s)
1	453	0.6803	0.0158	0.0813	0.0906	57.5701
2	96	1.2094	0.1538	0.4958	0.4298	7.1084
3	54	0.8292	0.2618	0.2667	0.5500	4.4268
4	387	1.4518	0.0426	0.5919	0.1354	27.51873

经过以上转换,一个视觉对象就被变换为了由6个双精度数值组成的数组。这个数组被认为完全代表了相应视觉对象,后续的分类器训练和识别都是基于这些特征数组来进行的。

2)建立样本集

在裂缝检测器的开发中,我们选取神经网络作为分类器模型。其建立分为结构设计和训练两个阶段。结构设计是确定网络的超参数,主要是设定结构层数目、神经元数目以及选取激活函数和损失函数。训练阶段是把事先准备好的样本代入神经网络,经梯度下降获得网络参数。这些参数不属于程序代码,而是保存在代码之外的某个文件中,在以后的使用中发挥作用。

样本库对于训练是至关重要的,它来自多地公路桥梁和隧道的调研采样。需要注意的是,样本采集方式要与实际使用时一致,即:

(1)采集样本与实际使用要是同样的设备;

(2)采集样本与实际使用要有相同的环境,如使用相同的补充光源等;

(3)采集样本的范围应与实际使用范围一致,例如,如果该仪器将来仅用于桥梁,那么就应当只用于桥梁采集样本而不用于隧道采集样本。

在采集照片时不仅要采集裂缝照片,还要采集其他各类非裂缝对象的照片。把照片分为5.3.1小节所述的6个类型,根据一般经验,各类型的照片数量应大致相同,且不低于1000张。然后,按照前文所述的步骤进行特征提取,形成样本。单张照片中可能包含不止一个对象,则提取特征后应分别保存为样本。

最终,人工筛选出的样本分为6个组别。其中裂缝组是正样本集,即分类器需要学习识别的样本类型,其他组(斑块组、文字组、水痕补痕组、施工缝组、笔画组)属于负样本集,即分类器需要学习排除的干扰对象。每个样本都是一个包含6个特征值的有序数组(参见表5-2),而原始照片已经不再使用了。

3)级联分类模型

裂缝识别算法的分类器模型采用神经网络模型。但网络的结构设计是很灵活的,在很大程度上决定了其最终效果。

最直接的思路是使用一个输入层为6个神经元(对应样本数组的大小),输出层也为6个神经元(对应6个组别)的网络。隐藏层可以根据经验设定,比如10个神经元的单隐藏层,或者更多层,如图5-14中的"网络A"。

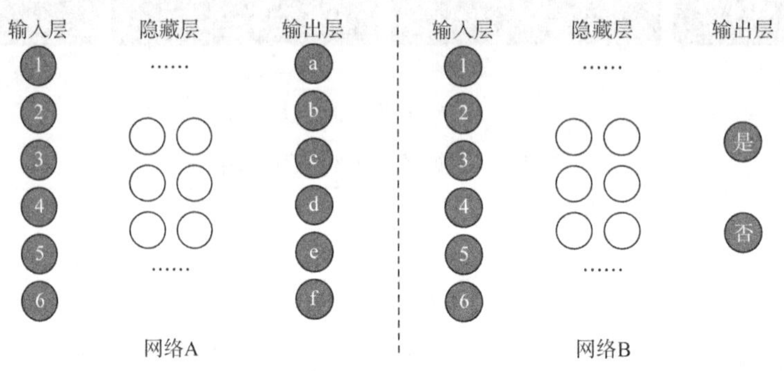

图5-14　两种可选神经网络结构的比较

当然,考虑到我们的最终目的只需要知道"是"或"否"的结论,所以这实际上是一个二分类问题,可以把输出层设为两个神经元,第一个代表"是裂缝",第二个代表"非裂缝",如图5-14中的"网络B"。

大量的实践表明,当样本集的数量和质量一定时,神经网络的任务越简单,则所需的网络结构越简单,训练也越容易。这可作为我们在实际问题中设计网络结构的一个基本原则。在目前的问题中,如果隐藏层结构相同,则网络B更优于网络A,因为其输出层只有两个神经元,它的任务更加简单,所以它将比网络A更容易训练,准确率一般会更高。

(1)级联结构的提出。让我们的思考更进一步。网络B是把6个组别的样本集代入训练,要获得区分是否是裂缝的分类能力。那么,假如仅把裂缝组和另一个非裂缝组代入,比如斑迹组,通过训练获得区分裂缝与斑迹的能力,这个任务相对前者而言就更加简单了。这意味着,如果仅对裂缝与某一个负样本组做区分,所需的网络结构会更简单,训练效果更好。于是,我们可以针对每一个负样本组训练一个专门排除它的分类器,再把它们串联起来,形成一个级联结构,每一级分类器都排除一类特定的非裂缝,而通过了所有分类器的对象,就确定是裂缝了。其识别方式如图5-15所示。

(2)子分类器结构设计。级联中每一级为一个子分类器。由于任务单一且简单,它们不需要很复杂的结构,只要双隐藏层、总共4层的神经网络就可以满足需要。图5-15中5个子分类器的结构统一设定为:输入层(6个神经元)+隐藏层A(10个神经元)+隐藏层B(8个神经元)+输出层(2个神经元)。

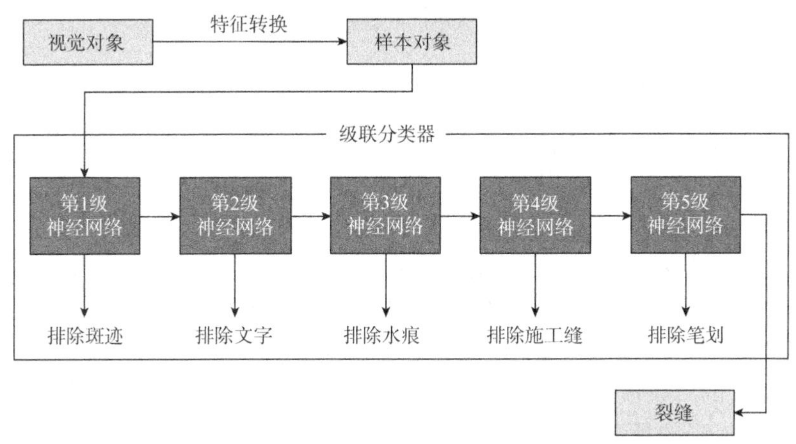

图 5-15 裂缝识别算法的级联分类器结构

(3)激活函数。各个子分类器的结构、激活函数、损失函数都是相同的,它们相互的区别仅在于训练样本不同,因而所学习的任务能力也不同。为了利于梯度平稳下降,各神经元的激活函数可统一采用 SmoothReLU 函数。

(4)损失函数。在统计学中,有两类假设检验错误。第一类错误是"弃真"错误,即把本来是正类型的样本判定为负类型从而将其排斥。第二类错误是"纳伪",即把本来是负类型的样本判定为正类型从而将其采纳。在分类器工作时,这两类错误都表现为准确度的下降,一般情况下人们不会区分这两类错误。然而,在本节所述的级联分类器中,情况有些不同。

每一个子分类器的主要任务是排斥一类特定的非裂缝对象,通过所有子分类器而不被排斥的对象才最终被判定为裂缝。每个子分类器的弃真率必须被严格控制,而允许存在一定的纳伪。这是因为,如果某个非裂缝对象在某个子分类器中被识别为"裂缝",即出现了纳伪,那么它还有机会被后续的分类器拒绝;而一旦某个裂缝对象被错误地当作负样本类型而拒绝,那么它就永远地被拒绝了。级联分类器的这种串联结构特性,要求我们把两类错误分开对待。具体到设计层面,就是改进损失函数,对弃真错误施以更严厉的惩罚,而对纳伪错误相对放宽松。

在第 4.3.2 小节中,我们介绍了一种适用于二分类问题的损失函数,函数自变量 x 等于正确类别得分减去错误类别得分。这个损失函数把两类错误同等看待,施以相同程度的损失惩罚。在此,为适应级联分类器,对其做一些改动:

$$L_i = k \cdot \frac{1}{2}(\sqrt{x^2+4} - x) \tag{5-1}$$

x 的定义不变,只是在原式基础上乘了一个系数 k。当训练样本 i 为裂缝时,为了对弃真错误提高损失,k 被设定为大于 1 的值;当训练样本 i 为非裂缝时,应降低纳伪错误的损失,k 被设定为介于 0 ~ 1 之间的数值:

$$k = \begin{cases} 1.50 & \text{样本为裂缝} \\ 0.67 & \text{样本为非裂缝} \end{cases} \tag{5-2}$$

(5)训练样本。子分类器的训练应独立进行。由于每一子分类器对应着一个特定的非裂缝对象,因此其训练的正样本统一都是裂缝样本组,而负样本则应使用对应的样本组。例如图

5-15 中的第 1 级网络,负样本应选用斑迹样本组,其他级分类器也以此类推。

5.3.2 裂缝测宽算法

根据裂缝检测器的功能设计,当某个轮廓被识别为裂缝后,需要基于图像测定和标记其最大宽度。在图像上测定的宽度是以像素为单位的。对于一套定型设备而言,一个像素代表的实际宽度可以事先标定,并作为设备本身的固有技术参数。因此,只要测定了裂缝的图像宽度(单位为像素),就能换算成裂缝的实际宽度(单位为毫米)。在已知裂缝轮廓图形的前提下,测算其宽度分为两个步骤:一是找到裂缝的最宽位置,二是测定该位置的宽度。

1)利用距离变换获取最宽位置

关于最大宽度的严格数学定义如图 5-16 所示。以轮廓内任意一点 P 为圆心作圆,使圆不超出轮廓边界,所得到的最大圆半径为 R。在轮廓内的所有点中,R 值最大的点 P_{max} 就是轮廓最宽位置,相应的最大圆直径 D_{max} 就是轮廓的最大宽度。

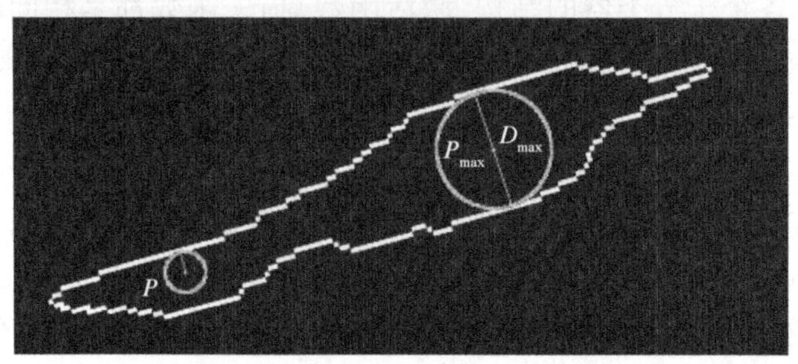

图 5-16　轮廓最大宽度的定义

用计算机去完成这个工作,出于效率考虑,显然不能按照定义去穷举轮廓中的每个点。我们采用的是一个巧妙的方法,基于距离变换,可直接获取轮廓中近似的最宽位置。以图 5-16 所示的轮廓为例,首先将轮廓填充,然后做距离变换,如图 5-17 所示。

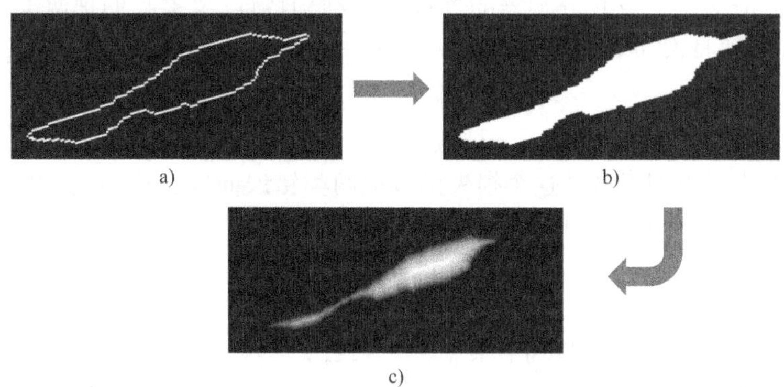

图 5-17　对轮廓填充并做距离变换

关于轮廓填充和距离变换的具体算法可参见第 3.3.4 小节及第 3.3.6 小节,此处不再赘述。变换后的图 5-17c)是一幅灰度图,其中像素点的灰度值定性地反映了原图中相应点到最近的黑色点的距离。因此,在图 5-17c)中选取灰度最大的点,就是原图轮廓的最宽位置。

2)获取最宽位置的垂直方向

参考图 5-18,当我们已经找到裂缝轮廓的最宽位置 P,那么过点 P 做一条直线 L,它与 P

附近的轮廓相交于 A、B 两点。如果直线 L 垂直于裂缝在 P 点的主方向，那么 AB 的距离就是裂缝的最大宽度，此时直线 L 被称为 P 点处的测宽线。

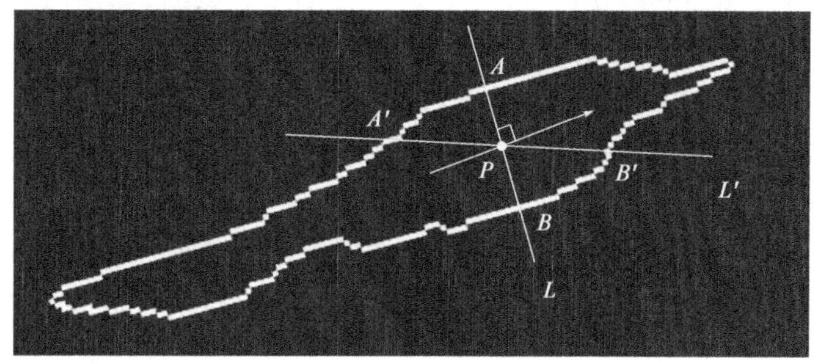

图 5-18 确定测宽方向

基于同一位置 P，沿不同的方向去测量，得到的轮廓交点是不同的。只有沿垂直方向测量，才能得到裂缝的宽度。在图 5-18 中，箭头所示的方向是裂缝轮廓在 P 点的主方向，垂直于主方向的直线 L 是测宽线，而不垂直的直线 L′则不是我们需要的。所以，问题归结为如何寻找轮廓在 P 点的主方向。

由于裂缝形态是扭曲拐弯的，所以不同点位对应的主方向不同。因此，要规定 P 点附近的一个邻域范围，根据这个邻域内的轮廓图形来计算主方向。为了避免邻域本身的形状对主方向计算造成干扰，邻域应取圆形或近似圆形。由于裂缝轮廓比较狭窄，故邻域不宜定得太大，比如可取 3 像素或 5 像素作为邻域圆半径，具体还是应根据所用相机的分辨率而定。

在距离图上框定邻域范围后，有两种方法可求得主方向。一种方法是利用第 3.3.2 小节的有关算法。如果有关代码已经编写过，那么直接使用这种方法是最快捷的。另一种方法相对直观一些，把邻域内的像素点看作一个点集，以每个点的灰度值为权重，做加权线性回归，得到一条回归直线，这就是主方向所在的直线，它过点 P 的垂线就是测宽线。

对第二种方法要稍作说明。首先，所谓加权线性回归，即灰度越高的点权重越大。在一般的基于二维点集的线性回归算法中，具体做法是把点位按照其灰度值复制若干份，并加入到点集中，然后再回归。例如，某点灰度值是 25，则把该点复制 25 - 1 = 24 份，即额外增加 24 个相同的点，加入点集。当然，直接按灰度值复制可能导致点集体量太庞大，那么不妨把灰度值除以 50 再复制，这相当于把 0 ~ 255 的灰度范围等分为 5 个区间，0 ~ 50 区间不复制，51 ~ 101 区间复制 1 份，以此类推，灰度最大的区间复制 4 份，同样可以达到加权效果，且不至于复制太多的点。

另外需注意的一个问题是，一般的二维点集线性回归原理是基于纵坐标的最小二乘法。但是当点集分布方向接近竖直时，这种方法就失效了。理论上严密的线性回归应是基于点到回归线垂直距离的最小二乘法，不过这增加了代码编写的复杂度。比较简便的做法是先分别找出点集横坐标、纵坐标的最大和最小值，分别相减，得到点集在横、纵方向上的分布宽度。如果在横方向上分布较宽，则认为回归线更接近水平方向，采用原来的基于纵坐标的最小二乘法；如果在纵方向上分布较宽，则认为回归线更接近竖直方向，采用基于横坐标的最小二乘法。此方法虽然在数学上并不严密，但由于点集来源于裂缝轮廓这一特殊性，它仍然是正确有效的。

3)轮廓测宽算法步骤

综上所述,裂缝测宽的完整算法过程如下:

(1)摄像头拍摄一幅原始图片后,按第5.3.1小节的方法提取轮廓(假设共有 n 个轮廓),转换为特征值数组,即样本(样本数目同样为 n 个)。

(2)将每个样本代入训练好的分类器进行判别。

(3)当某样本被判定为裂缝时,则在步骤(1)提取的轮廓中取对应序号的轮廓,按第5.3.2小节的方法确定最大宽度位置点 P。

(4)按第5.3.2小节的方法确定测宽线,并得到裂缝在图像上的宽度(单位为像素)。

(5)按照事先的标定结果(标定方法在第5.4.2小节中介绍),把像素转换为毫米单位,即得到裂缝的宽度。

5.3.3 图像拼接算法

裂缝检测器的第二种工作模式是使用者手持摄像头以一定方向扫描混凝土表面,系统自动生成扫描区域的完整图像并将其中裂缝识别和标记出来。由于摄像头是逐帧采集图像,为了输出一幅完整的扫描区域的连续图像,就需要把多张连续照片拼接起来。

1)图像运动模型

把两张或更多张照片拼接在一起,形成类似"全景照片"的效果,这项技术已经比较成熟,甚至应用在很多手机拍照软件中。

如图5-19所示,需拼接的两幅图像一般存在一定重复部分,但由于拍摄角度和方位存在微小差异,重复部分并非完全重叠。一般而言,为了完成两幅图像的配准,需要建立将一幅图像中的像素点坐标映射到另一幅图像的数学变换关系,这被称为图像的运动模型。有了正确的运动模型,才能实现配准和拼接。

图5-19 图像拼接示例

图像的运动模型有如下四种:

(1)平移运动。在最理想也是最简单的情形下,两幅图像之间只存在平移运动。像素点的映射服从仿射变换关系(参见第3.2.4小节),而在仿射矩阵中只有两个平移参数 T_x、T_y(矩阵的其他部分与单位阵相同),故变换自由度为2,只要按照平移参数把两幅图的相对位置定好就可以完成拼接。如果两张照片只存在平移运动关系,那么要求相机自身无任何旋转,保证两幅照片的拍摄方向完全平行,且相机移动向量与拍摄方向垂直(图5-20)。

(2)仿射运动。与平移运动相似,仿射也是基于仿射变换矩阵,但是在仿射矩阵中存在6个变换参数,即自由度为6。像素点的变换关系多了旋转、缩放和切变这3种变化。如图5-21所示,该运动拼接是同时存在平移、切变、旋转和缩放的仿射拼接。两幅照片存在仿射运动关系的条件只有一条,即拍摄方向要完全平行。

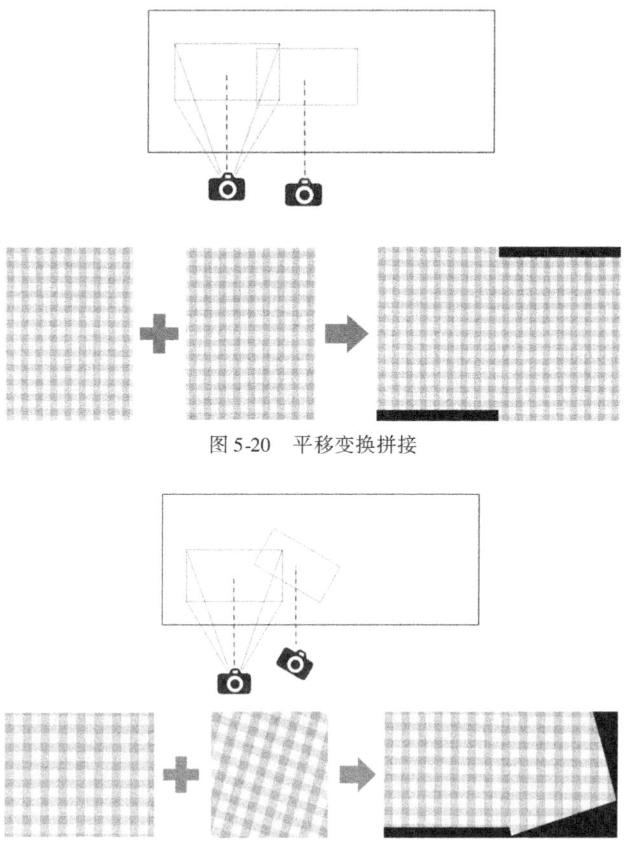

图 5-20　平移变换拼接

图 5-21　一般仿射变换拼接

(3)透视运动。有关透视变换的概念请参见第 3.2.5 小节,它比仿射变换更有一般性,允许相机发生任意的移动和角度旋转(图 5-22)。它的变换规律服从透视矩阵,共存在 8 个自由度。

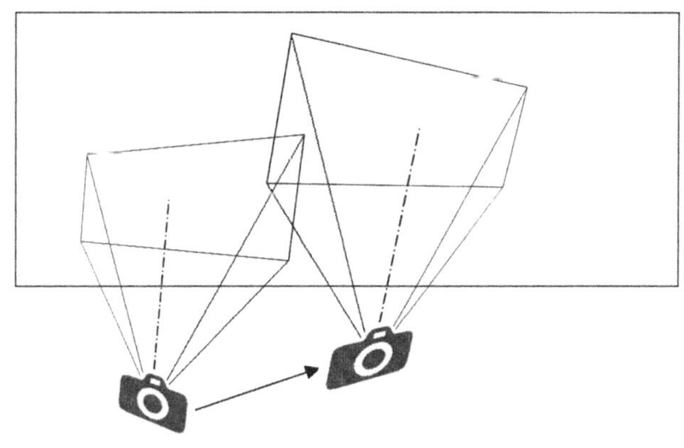

图 5-22　透视变换运动关系

(4)3D 运动。在前面 3 种运动模型种,被拍摄物体只是一个足够大的平面。但真实景物是立体的,相机从不同位置,按不同方向拍摄到的是景物的不同侧面,这就导致了一种更为复杂的图像运动模型:3D 运动。在图 5-19 所示的例子中,其实就存在 3D 运动,只是 3D 效应不明显，在拼接时可以不予考虑，直接当成透视运动处理即可。但是如果3D效应较明显且不可忽略，就要用到三维重建等更加复杂的技术，这超出了本书的讨论范围。

2）图像配准的基本原理

在已知图像来源的前提下，图像之间的运动模型种类也是已知的。需解决的关键问题仅在于计算两幅图像之间的变换矩阵参数，这个环节被称为“图像配准”。当前主流的配准方法是基于特征点的配准。特征点就是能代表局部特征的关键点，一般都出自图像中灰度变化比较剧烈的部位，并且具有缩放和旋转的不变性。SIFT特征就是一种比较理想的特征，对于光线强弱、噪声以及微小的透视畸变不敏感。基于这些特性，它具有鲁棒性高、显著性强、区分度大、容易计算等诸多优点。

SIFT特征的变换基于高斯尺度空间的差分。高斯函数如下：

$$G(x,y,\sigma) = \frac{1}{\sqrt{2\pi\sigma^2}} \cdot e^{-\frac{x^2+y^2}{2\sigma^2}} \tag{5-3}$$

式中：σ——标准差参数，σ取值越大，SIFT特征的匹配判定越宽松。

在原图像M上，按照一定的卷积核尺寸，做高斯函数卷积，可得到新的卷积图像L。而两幅不同σ值的卷积图做差分，就得到差分图D：

$$\begin{cases} L(x,y,\sigma) = G(x,y,\sigma) \cdot M(x,y) \\ D(\sigma_2 - \sigma_1) = L(\sigma_2) - L(\sigma_1) \end{cases} \tag{5-4}$$

通过高斯尺度差分，得到关键点，即候选的特征点。然后还要计算每个点附近的局部梯度，为每个点分配方向，即式(5-5)：

$$\theta_p = \arctan\left(\frac{L_{down} - L_{up}}{L_{right} - L_{left}}\right) \tag{5-5}$$

式中：θ_p——位于p点的梯度方向；

L_{up}、L_{down}、L_{left}、L_{right}——卷积图p点处上、下、左、右4个方向的相邻像素的值。

通过以上步骤，每个关键点有位置、比例、方向3个要素，接下来为其构建一个描述符，不随旋转、缩放等变化而变化，这就建立了一个SIFT特征值。实际计算中，通过不同尺度的差分，每个点可产生多个特征值，从而组成SIFT特征向量。在两幅图中，如果分别存在一个点位，其SIFT特征向量的内积小于某个预设阈值，则认为这两个点来源于客观景物上的同一点(图5-23)。

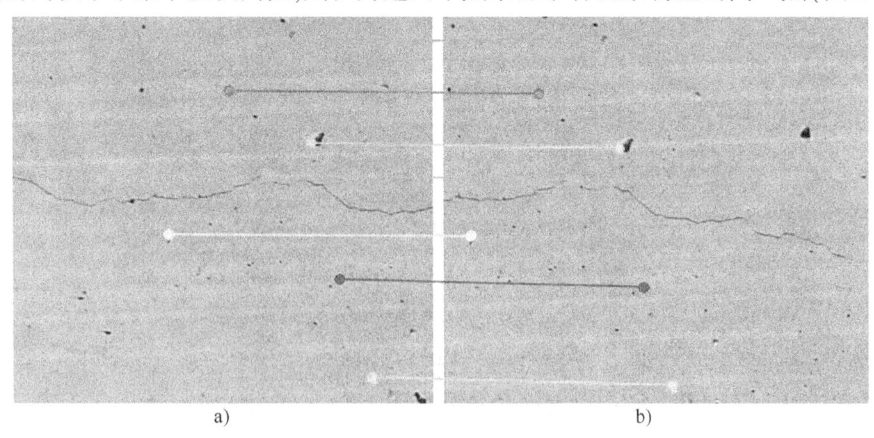

a)　　b)

图5-23　基于特征的图像配准示例

只要在两幅图像上找到的成对特征点数目多于透视变换矩阵中的参数数目(即透视运动的自由度数目),就可以基于这些特征点的坐标用最小二乘原则拟合确定透视变换矩阵,也就能实现图像的配准。至于仿射和平移运动的情形,都可视为透视运动的特例,算法相同。

3)裂缝检测器的图像拼接

对于裂缝检测器的使用场景,在理想情况下,它沿着一条直线扫描混凝土表面,因此相邻图像之间只存在 X 方向的平移运动。又由于测距轮的存在,我们可以把两张相片的相对位移计算出来:

$$\Delta x = \frac{D_2 - D_1}{k} \tag{5-6}$$

式中:k——图像尺度参数,即图像中长度与真实长度的比例关系。

k 是与仪器整体有关的固有参数,在仪器设计和制造阶段就可通过标定算出,其数值等于图像拍摄范围的实际长度 D 除以图像的像素数 w。Δx 是两张图片拼接时错开的距离,只要获取两张照片拍摄瞬间对应的测距轮距离坐标 D_1、D_2,就可按照式(5-6)算出横向错位距离 Δx。

当然,现实中并没有这么理想。手持操作过程随时可能出现微小的偏转和纵向错位,但由于仪器始终紧贴被测表面,拍摄方向和拍摄距离始终不变,所以图像间不存在透视和缩放,其运动模型属于较单纯的仿射运动,畸变形式包括平移和旋转两种。于是,我们将第一幅图像称为基准图,第二幅图像称为拼接图,把它拼接到第一幅图像上的变换矩阵是一个仿射矩阵:

$$\begin{bmatrix} x' \\ y' \\ 1 \end{bmatrix} = \begin{bmatrix} R_{00} & R_{01} & T_x \\ R_{10} & R_{11} & T_y \\ 0 & 0 & 1 \end{bmatrix} \begin{bmatrix} x \\ y \\ 1 \end{bmatrix} \tag{5-7}$$

其中,R_{00}、R_{01}、…、R_{11} 以及 T_x、T_y 是仿射矩阵中的未知参数,因此至少需要6个方程就能解出它们,也就是需要3对已知点位。

以图5-23为例,两幅相邻图像中确定了共7对点位,每一对点位坐标记作(x_n, y_n)-(x_n', y_n'),其中 $n = 1 \sim 7$,x_n、y_n 是拼接图上的点位,x_n'、y_n' 是基准图上的点位。把点位坐标代入式(5-7),可得到14个方程,形成了一个含6个未知数的线性方程组:

$$\begin{cases} x_1 \cdot R_{00} + y_1 \cdot R_{01} + T_x = x_1' \\ x_1 \cdot R_{10} + y_1 \cdot R_{11} + T_y = y_1' \\ \qquad \cdots \\ x_7 \cdot R_{00} + y_7 \cdot R_{01} + T_x = x_7' \\ x_7 \cdot R_{10} + y_7 \cdot R_{11} + T_y = y_7' \end{cases} \tag{5-8}$$

令:

$$\boldsymbol{X} = \begin{pmatrix} R_{00} \\ R_{01} \\ R_{10} \\ R_{11} \\ T_x \\ T_y \end{pmatrix}, \quad \boldsymbol{A} = \begin{pmatrix} x_1 & y_1 & 0 & 0 & 1 & 0 \\ 0 & 0 & x_1 & y_1 & 0 & 1 \\ \cdots & & \cdots & & \cdots & \\ x_7 & y_7 & 0 & 0 & 1 & 0 \\ 0 & 0 & x_7 & y_7 & 0 & 1 \end{pmatrix}, \quad \boldsymbol{B} = \begin{pmatrix} x_1' \\ y_1' \\ \cdots \\ x_7' \\ y_7' \end{pmatrix}$$

写成矩阵方程形式,即式(5-9):

$$\boldsymbol{AX}=\boldsymbol{B} \tag{5-9}$$

根据超定方程的最小二乘解原理,$\boldsymbol{X}$ 的最小二乘解为式(5-10):

$$\boldsymbol{X}=(\boldsymbol{A}^{\mathrm{T}}\boldsymbol{A})^{-1}\boldsymbol{A}^{\mathrm{T}}\boldsymbol{B} \tag{5-10}$$

这样就得到了拼接变换矩阵。利用这个矩阵将拼接图做仿射变换,就可以直接按变换后坐标与基准图拼接在一起了。

一般地,两幅相邻图像可以得出很多个特征点对,我们会选取其中对应关系最为显著的若干对,理论上只要超过 3 对,就可以计算出拼接变换矩阵。点对越多,则拼接越准确,但运算量也越大。根据经验,选择 6 ~ 8 对点就足够了。

综上,拼接两幅相邻图像的大体步骤为:

(1)对两幅图像提取特征点;

(2)图像配准(利用最小二乘法求变换矩阵);

(3)把第二幅图像变换到第一幅图像的坐标系,使特征点对应重合;

(4)把第二幅图像拷贝到第一幅图像的特定位置(即拼接)。

需注意的是,当把多张照片依次拼接时,要把所有照片的坐标系统一到第一张图片上。所以当已经拼接了第 N 张图片后,要把配准变换之后的第 N 张图片与第 $N+1$ 张图片做配准,而非用原始的第 N 张图片。

拼接之后往往在图像边缘处有缝隙,这可以通过加权平均等滤镜算法加以弱化或消除,不过由于裂缝检测器所拍摄照片性质单一,光照条件恒定,这个现象并不明显。图 5-24 是混凝土表面照片拼接的一个例子。

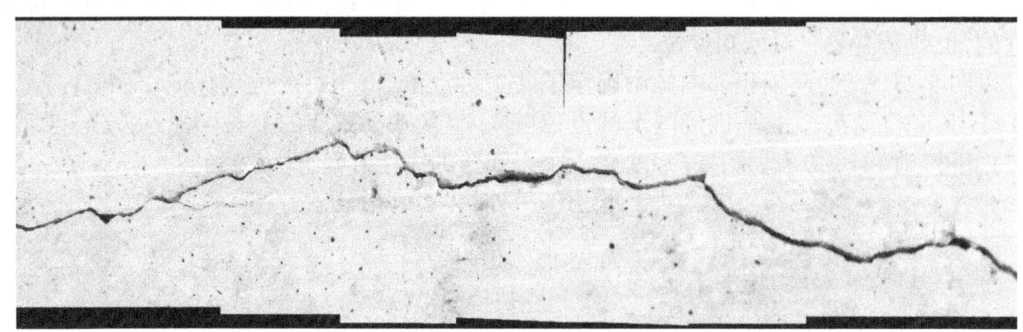

图 5-24　混凝土表面照片的拼接

5.4　用微距摄像头和卡片电脑搭建原型机

5.4.1　硬件选型

1)硬件选型的一般原则

硬件选型是制造原型机之前首先要完成的工作,主要是确定各组件技术性能和物理构造,便于在制造前进行组件采购或者加工。目前理论上关于硬件选型方法并没有一定的模式和方法,更多是根据具体场合,依靠研发人员的知识和经验来进行。然而无论什么设备,硬件选型都遵循着同样的逻辑和原则。

(1)有效原则:硬件的选型必须基于相关功能组件设计和技术方案设计,硬件必须能够完成必要的功能。这意味着硬件选型必须在功能设计和关键技术研究之后进行。

(2)无害原则:所选硬件不应对设备主要功能的实现造成任何妨碍。用功能设计的术语来说,即采用的硬件不得引入新的有害功能。

(3)廉价原则:所选硬件应当是在保证功能和质量的前提下的最廉价的。例如,在选择CPU芯片时,应当使所选芯片性能刚好能满足设备特定用途,或者略有富余,但如果大大超过用途需要,就会造成性能的冗余和成本浪费。

(4)便利原则:硬件的选型必须考虑批量生产时的便利性。硬件货源应稳定充裕,利于随时快速采购;硬件质量应当稳定,宜采用大型供应商而非"小作坊"的产品;硬件供应市场不应存在垄断,以免发现可能的成本上升风险和货源中断风险。此外,还应考虑可能存在的专利权风险以及海外贸易政策的风险。

2)摄像头选型

摄像头包括相机与镜头两部分,它是裂缝检测器中最关键的数据采集组件,其性能好坏直接影响到主要功能的实现。摄像头的技术要求主要包括以下几个方面。

(1)分辨率:分辨率在很大程度上代表了图像的清晰度。由于裂缝检测器功能上要求能拍摄到宽度量级在0.01mm的裂缝,因此对清晰度有较高要求。但是,如果要求过高的清晰度会导致图片数据量过大,使得电脑芯片处理能力跟不上,无法实现实时识别裂缝的效果。

(2)拍摄范围:在分辨率一定的情况下,拍摄范围越大,则对细节的反映越弱,反之则反映细节越强。例如,为了拍摄到0.01mm宽度的裂缝,拍摄范围不能过大。然而,拍摄范围也不宜太小,因为拍摄范围太小意味着扫描检测区域太小,代表性不足。

(3)物距:物距指物体到镜头透镜的距离,又称为镜头的"工作距离"。在成像清晰的前提下,物距越大,拍摄的混凝土表面范围就越大,图像中物体清晰度就越低。

(4)畸变:普通民用镜头都存在一定的枕形或桶形畸变,广角镜头还存在鱼眼畸变。畸变会使对象在照片中变形,直接导致裂缝图案的宽度异常。因此,裂缝检测器的摄像头应选用无畸变工业摄像镜头,如远心镜头。这样,除了使成像更为精确之外,还省去了后续处理中的畸变矫正这一环节,提高了处理效率。

(5)帧率:帧率是指相机每秒钟拍摄的照片数量。当进行直线扫描检测时,由于相邻照片的拍摄区域必须有一部分重叠,所以帧率提高,从而允许扫描速度更快。当然,过高的帧率会增加数据传输和处理的负担,对芯片速度的要求随之提高。

(6)曝光时长:拍摄单张照片所持续曝光的时间称为曝光时长,高品质工业相机的曝光时间一般是以微秒计。由于裂缝检测器是在运动中拍照,曝光时长就必须足够短。如果时长太长,就会导致照片画面模糊,极大地降低成像质量。

(7)图像颜色:工业相机都有彩色和黑白两种模式可选。本系统采用黑白模式,这是因为系统所用到的后处理算法不需要颜色信息,只要灰度图就可以满足要求。另外,灰度图的数据量只有彩色图的1/3,能节省宝贵的数据传输带宽和数据处理性能。

(8)其他技术参数:关于摄像头的其他技术参数还包括质量、尺寸(长度)、功率、输入电压等,在前述主要参数基本确定的前提下,这些次要参数往往大同小异,且对拍摄性能和图像质量影响不大。另外,工业摄像头有不同的数据接口,常见的有 USB3.0 接口或 RJ45 千兆网口,这对原型机开发而言并无显著差别。

综上所述,我们将摄像头的技术参数要求汇总于表 5-3,并给出每个参数的适宜范围,以及说明超出范围会造成怎样的不良影响。

表 5-3 摄像头技术参数要求

技术参数	单位	适宜取值	过高的影响	过低的影响
分辨率	MP	2.0~4.0	数据量大,处理速度跟不上	无法拍摄细微裂缝
拍摄范围	cm^2	60~400	分辨率不足	代表性不够
物距	cm	5~20	分辨率不足	代表性不够
畸变	—	无畸变	—	—
帧率	FPS	5~20	数据量过大	扫描检测速度慢
曝光时长	μs	50~150	照片模糊	照片过暗
图像颜色	—	黑白	—	—
供电方式	—	USB 或 POE	—	—
输入电压	V	5~12	—	—
数据接口	—	USB 或 RJ45	—	—
功率	W	<13	减少电池续航时间	—
质量	kg	<300	检测者易疲劳	—
尺寸(长度)	cm	<25	使用不便	—

3)卡片电脑选型

在制造原型机的阶段,我们采用 X86 芯片的卡片电脑,操作系统是 Windows10,软件开发语言使用 C#语言。这样既能实现原理和算法,也便于快速开发界面程序。到后续的产品化阶段,则需改用主流的 ARM 芯片板卡,操作系统为 Linux,软件开发语言为 C/C++,界面程序可以基于 GTK 或 QT 等 UI 库进行开发。

卡片电脑的选型主要考虑性能、接口、功耗 3 个方面。性能和功耗是一对互相矛盾的属性。性能太低则不足以支持实时运算处理,性能太高又会提升功耗,降低电池续航时间,或者增大电池的体积和质量。因此,需要找到两者的平衡。接口方面,需要适应摄像头和测距轮的接口要求。摄像头需要千兆网口或 USB3.0 口,LED 灯、蜂鸣器和测距轮一般是普通 USB 口或者 GPIO 接口。卡片电脑的一般技术参数要求见表 5-4。

表 5-4 卡片电脑技术参数要求

技术参数	单位	适宜取值	说明
CPU 主频	GHz	3.0~4.0	需满足在 0.1s 内完成一张照片的所有处理,包括读取、显示、图像处理分析、识别等。照片的尺寸越大,计算效率要求越高
内存	GB	>6	内存能需满足操作系统和有关程序流畅运行
USB3.0 接口	个	1	连接摄像头
USB2.0 接口	个	>2	调试时连接鼠标、键盘;导出数据时可插入 U 盘

续上表

技术参数	单　位	适宜取值	说　明
千兆网口	个	1	连接摄像头
GPIO 针脚	组	1	LED 灯、蜂鸣器和测距轮通过 GPIO 连接。相较 USB 连接,实时性有所提高,但是物理连接和软件操控比 USB 接口略复杂一些
HDMI	个	1	连接触摸屏
输入电压	V	5	适用于一般的锂电池模块

4)测距轮选型

测距轮的功能是随着轮的转动实时测定累计运动距离。在直线运动中,这个累计距离等价于仪器的一维坐标,从而可以给照片定位,便于拼接。测距轮本质上是一个增量型编码器,一般有两个或更多个相位,每个相位对应着一个输出针脚,输出高低电平组成的方波。例如图 5-25所示为某普通三相位增量编码器测距原理图。

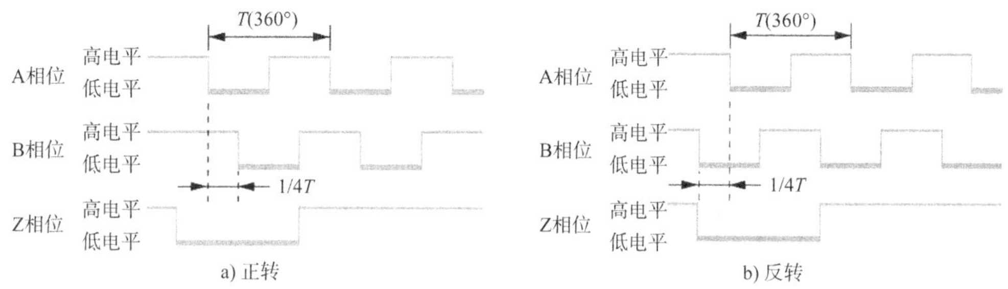

图 5-25　普通三相位增量编码器测距原理

该编码器的 Z 相位用于判断转动启动;A、B 相位中任意一个都可以测定轮轴转动的圈数,从而换算为距离,而 A、B 相位结合使用的目的是测定转动方向。当 A 相位提前 B 相位1/4周期,即为正转;当 A 相位落后 B 相位 1/4 周期,则为反转。3 个相位对应着 3 根数据线,连接于卡片电脑的 GPIO 针脚上,在程序中通过中断事件函数读取各相位高低电平的变化,从而实现计数测距。

测距轮(编码器)的主要技术参数见表 5-5。

表 5-5　测距轮(编码器)的主要技术参数

技术参数	单　位	适宜取值	主要说明
输入电压	V	5	—
分辨率	ppr	>60	分辨率的含义是轮轴旋转一圈,产生的方波周期数。周期数越多,每一个方波代表的轮轴旋转角度就越小,从而测距越精确
输出相位数	个	≥2	至少两相位,能识别正反方向

测距轮还应考虑物理尺寸。一般整体尺寸不应大于 40mm,轮半径应与其他 3 个普通轮半径相同。

5)其他设备选型

(1)附加光源。附加光源的基本要求是各向同性且具有足够的强度。为了各向同性,必须采用碗形或环形光源,中心开孔的直径应略大于镜头前部直径,使得镜头能够固定于光源中心孔处(图 5-26)。

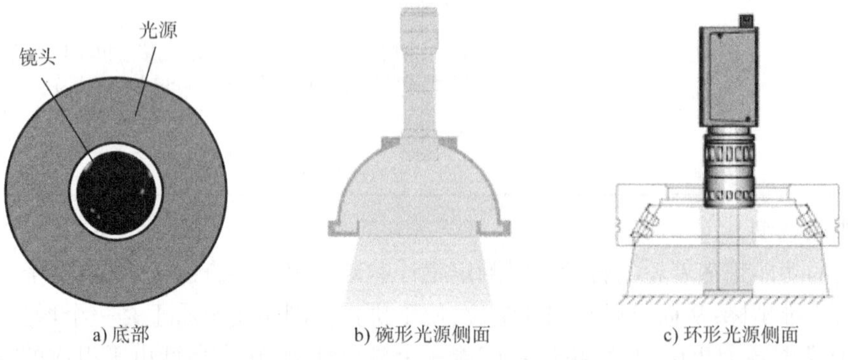

图 5-26　附加光源安装示意图

碗形光源与环形光源相比,光线更均匀,这是由于光线经过碗形内膜的漫反射再照射到被测表面。环形光源的优势在于光线照射角度很小,对被测表面微小的起伏变化比较敏感,成像也更有立体感。光源的颜色可采用白光或单色光,相比之下红色光效果略好,且受环境微尘的影响更小。

(2)LED 灯和蜂鸣器。LED 灯和蜂鸣器可以采用常见的型号,使用方法也很简单,只要把控制针脚接到卡片电脑 GPIO 口即可。在程序中通过设置相应 GPIO 口的电平来操控灯的亮灭和蜂鸣器启停。

(3)触摸屏。触摸屏的尺寸宜为 5 寸或 7 寸,分辨率应不低于 800×600 像素。

5.4.2　标定

1)测距轮标定

由于测距轮传输到卡片电脑 GPIO 针脚的是几个相位的电平值,因此我们通过程序获取的实际上是各相位的周期数。通过周期数换算为小轮滚动过的距离,这依赖于事先对测距轮标定,也就是确定式(5-11)中的 k 值。

$$S = k \cdot N \tag{5-11}$$

式中:S——小轮滚动过的总计距离,单位为 m;

N——累计周期数,无量纲;

k——标定系数,其含义是每一个周期对应的实际移动距离。

(1)周期数的获取。

编码器输出方波形态的高低电平,通过 GPIO 针脚读取电平值,从而判断波形,计算周期数。落实到代码层面,我们不能用循环监测的机制来读取 GPIO 电平,也就是每隔一个很小的时间片去读取一次电平值,这会浪费大量的运算性能。GPIO 针脚的监听是通过某种内置的“中断”函数来实现的。“中断”是一个专有的概念,它是指当某个条件被触发时,芯片立即跳出正在进行的函数,进入另一个函数,执行完成后再回到原来的跳出点,继续进行原来的工作。中断函数有两个要素:一是中断条件,二是回调函数。中断条件是指发生中断事件所需要的条

件;回调函数是指中断发生后要执行的代码。以目前比较流行的 Arduino 板卡为例,其 C 语言中断函数格式为:

```
attachInterrupt(int interrupt, func function, int mode)
```

其中,interrupt 参数是监视的 GPIO 针脚号,function 是回调函数名称,mode 是针脚电平变化的类型,有以下几个常量枚举选项:

①LOW,当针脚为低电平时,触发中断;

②CHANGE,当针脚电平发生改变时(无论高变低还是低变高),触发中断;

③RISING,当针脚由低电平变为高电平时,触发中断;

④FALLING,当针脚由高电平变为低电平时,触发中断。

在一个方波周期中,高电平和低电平各出现一次。我们可以把高电平区间的起点定为周期起点,把低电平区间的终点定为周期终点。那么,每次低电平变为高电平时,就是一个新周期的开始。下面的代码就能监听 1 号针脚,每次有低变高事件出现时就触发中断,并把周期计数值"N"加 1。在主要工作函数中,只要引用 T 的值,就等价于累计的编码周期数。

```
int N = 0; //计数值
void setup() //初始化函数
{
    pinMode(1, OUTPUT);
    attachInterrupt(1, myfunc, RISING);
}
void loop() //主要工作函数
{……}
void myfunc() //回调函数
{
    N + +; //计数增加 1
}
```

(2)计算法标定 k 值。

编码器的分辨率规定了轮轴旋转 360°产生的方波数,因此,一个方波周期对应的转动角度是可计算的;进而,在已知小轮直径的前提下,可以计算出一个方波周期对应的移动距离,也就是标定系数 k:

$$k = \frac{C}{\mathrm{PPR}} = \frac{\pi \cdot D}{\mathrm{PPR}} \tag{5-12}$$

式中:C——小轮周长,它等于 π 乘以小轮直径 D;

PPR——编码器分辨率。

现实情形中,小轮轮圈材质一般是橡胶,有一定的弹性。当检测者把仪器按压在被测面上,直径 D 会有微小的压缩,从而导致一定的误差。

假设直径 6cm 的小轮被挤压到直径 5.9cm,产生了 1.67% 的误差。根据式(5-12),k 值也将产生同等比例的误差。鉴于式(5-11),实际距离 S 与 k 为线性关系,从而把同等比例的误差传递给 S。假设一张照片的横向拍摄宽度是 10cm,相邻照片重叠 5cm,则重叠部分的宽度误差

为 $5\times1.67\%=0.0835$cm。如果照片横向像素数为1000，那么这个误差反映在图像上就是8像素。可见，小轮直径的误差会直接影响照片定位，当然，通过第5.3.3小节所述的拼接算法可以在一定程度上消除这个误差。另外，小轮外圈采用较硬的材料也可以减少误差。

(3)实测法标定 k 值。

另一种降低误差的方法是直接通过实测距离来标定 k 值。如图5-27所示，在一个平面上做好距离标尺，同时在轮圈上也做一个标记。从位置(a)开始计周期数，滚动到位置(b)，此时小轮刚好旋转了一整圈或者多个整圈，为了减少误差，整圈数越大越好。然后，在平面上量取小轮滚动的距离 S，除以程序里读取的方波周期计数 N，即得到 k 值。

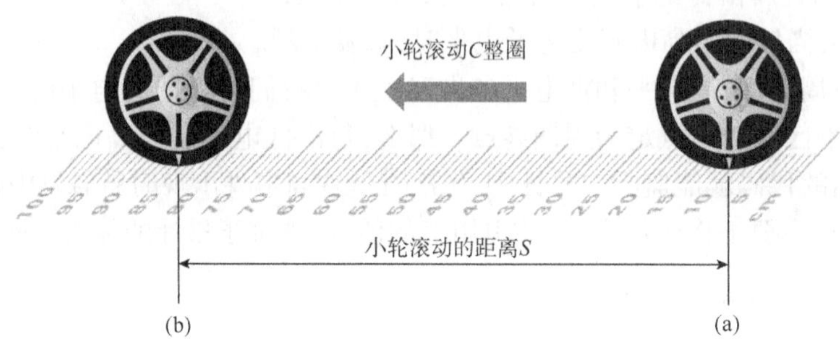

图5-27　实测法标定 k 值

如果平面距离标尺的读数误差是一定的，那么圈数 C 越大，k 的相对误差就越小。由于在标定时就模拟了实际使用的工作状况，因此可在一定程度上将系统误差通过标定消除掉。实测法是更推荐采用的测距轮标定方法，并且小轮的标定圈数 C 应尽可能大。

2)像素宽度标定

水泥混凝土表面的被测裂缝宽度为0.01mm量级，测宽精度要求也是不低于0.01mm。按照第5.3.2小节所述裂缝测宽算法，实质是根据最宽处跨越的像素数目来换算实际宽度。这就需要事先进行标定。

(1)尺度换算方程。

假设二值图像中有一个直线段 AB，两端点坐标分别为 $A(X_A, Y_A)$、$B(X_B, Y_B)$，则线段的图上长度 S 按式(5-13)计算：

$$S=\sqrt{(X_A-X_B)^2+(Y_A-Y_B)^2} \tag{5-13}$$

设线段 AB 相应的实物的长度为 L，那么其比例系数 λ 被称为图像尺度系数。S、L、λ 存在如式(5-14)的线性关系：

$$L=\lambda\cdot S \tag{5-14}$$

(2)单一采样方法。

利用一个宽度已知或可测的样本体，在图像中获取其轮廓和宽度，这称为单一采样。一次采样可获得一组 L、S 值，进而算出一个比例系数 λ。

样本体可以是墙体裂缝或者细丝状物体，它必须满足两个条件：一是其特定部位的宽度可测；二是该宽度数值与被测裂缝处于同一数量级，即宽度在0.01～0.1mm范围内。

如果选取某个墙体裂缝作为样本体，为了测定其宽度，需要借助于另一台经过检定的“裂缝测宽仪”。大体步骤为：

①用待标定仪器采集裂缝特定部位的照片，经二值化、轮廓提取处理后，选取一个特定部位做测宽线，获得代表此处裂缝宽度的线段 AB；

②根据 AB 两端点坐标，按式(5-13)计算图上宽度 S；

③用经过检定的测宽仪测量该裂缝同一部位的宽度，记录实测宽度 L；

④按式(5-14)计算系数 λ。

这种方法存在一些固有缺点。首先是操作上的不便。标定原理客观上要求图像中选取的测宽线段 AB 必须与测宽仪实测宽度处于同一位置，由于裂缝各部位宽度都不相同，这个位置的微小偏差都会导致系数 λ 的误差。其次，裂缝测宽仪本身也存在测量误差，这个误差在标定中进一步放大，累积在系数 λ 上。

另一种方式是使用极细钨丝作为样本体(图5-28)。极细钨丝在市场上很容易买到，有不同的直径规格，满足标定数量级的要求。同时，极细钨丝的直径比较均匀，可以认为其不同部位的直径是相同的，因而可以容忍标定部位的偏差。钨丝的实际直径用螺旋测微器(精度为0.001mm)测量。采样的大体标定步骤为：

①选取一小段钨丝，置于背景颜色均匀的平面上；

②用待标定仪器采集钨丝照片，经二值化、轮廓提取处理后，选取一个特定部位做测宽线，获得代表此处钨丝宽度的线段 AB；

③根据 AB 两端点坐标，按式(5-13)计算图上宽度 S；

④用螺旋测微器测量钨丝同一部位的宽度，记录实测宽度 L；

⑤按式(5-14)计算系数 λ。

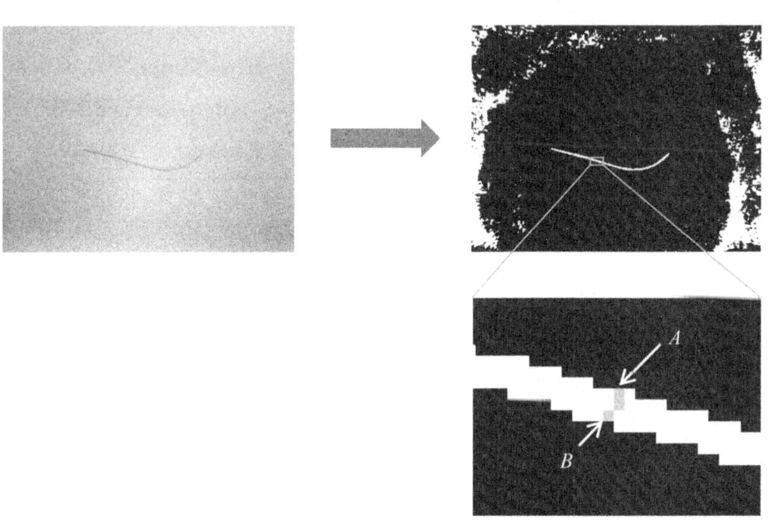

图5-28　利用极细钨丝标定图像尺度换算系数

(3)平行试验。

上面讲解了单一采样的具体过程，一次采样已足以计算得到尺度系数 λ。但由于各种误差因素的存在，每次采样计算的 λ 是有差异的。不考虑随机误差，只分析影响 λ 值的系统性因素，主要有3个方面：

①样本体在图像中的位置的影响，以所选测宽位置到照片中心点的距离来度量。以存在

明显枕形畸变的普通民用镜头为例,样本体距离图像中心越远,其成像越被拉伸,看起来会更粗,使得 λ 值偏小。

②样本体的真实直径。理想情况下,图像尺度系数 λ 对任何宽度的换算都是一样的,但有可能因为镜头成像的原因,不同直径的对象会有差异。

③样本体的摆放方向。图像像素是按方格点阵形式排列的,当细丝状的拍摄对象处于横向、竖向或斜向位置时,计算得到的测宽系数可能会有差异。

为了测试以上 3 个方面因素对标定结果的影响,首先使用直径 0.04mm 的极细钨丝,按横向摆放,拍摄多张照片,使之出现在照片的各个不同部位。在对每张照片标定持续系数 λ 的同时,也计算测宽位置到图像中心的距离 D,结果如图 5-29 所示。

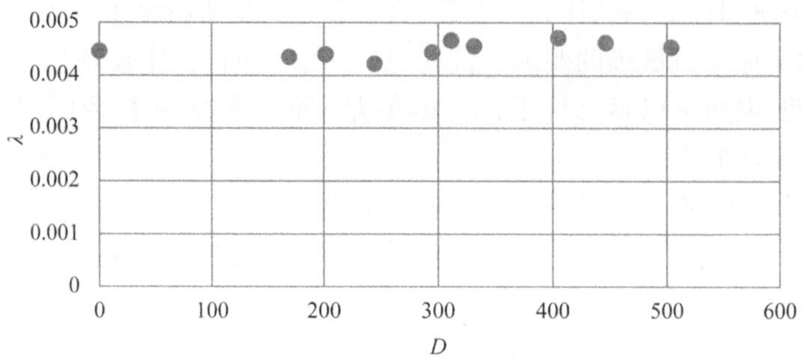

图 5-29　不同成像位置对标定结果的影响

从 10 张照片测试结果来看,标定所得系数 λ 与图中距离 D 关系不显著,这说明采用无畸变的高品质工业镜头,能够显著消除位置因素的不利影响,使标定结果稳定可靠。

其次,我们采用直径分别为 0.02mm、0.04mm、0.06mm、0.08mm 和 0.10mm 共 5 根极细钨丝进行标定,测宽位置都处于图像中心,且均按横向摆放,所得结果见表 5-6。

表 5-6　不同目标宽度对标定结果的影响

钨丝直径(mm)	0.02	0.04	0.06	0.08	0.10
λ	0.003737	0.004472	0.004536	0.004598	0.004510

可以看出,当钨丝直径不小于 0.04mm 时,λ 值相对是比较稳定的。而直径为 0.02mm 时,由于图像分辨率的限制,钨丝宽度范围内像素个数较少,导致误差相对偏大。

第三,仍选用 0.04mm 直径的钨丝,置于图像中心处,摆放方向从横向开始,每转动 10°拍摄一幅照片进行标定,直到 90°,结果如图 5-30 所示。

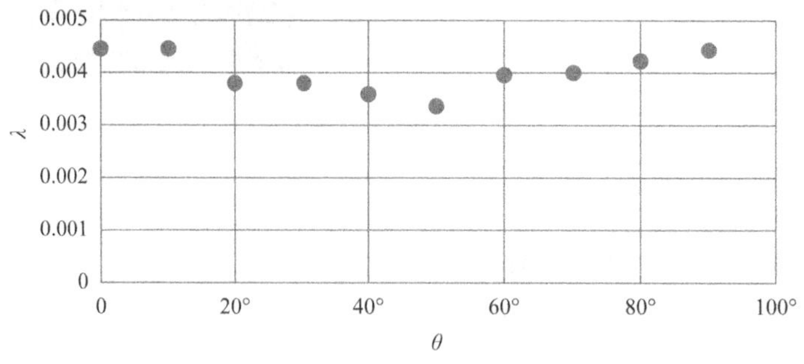

图 5-30　不同摆放方向对标定结果的影响

图 5-30 显示的基本规律是当测宽位置的宽度方向接近横、竖方向时，λ 值相对较大；而宽度方向接近 45°斜向时，则 λ 值相对较小。这说明尺度变换方程并不是线性的，还需要增加一个测宽线方向角参数 θ。

经过一定数量的采样试验，回归得到新的尺度变换方程为式(5-15)：

$$L = \lambda \cdot \left(1 - \frac{45 - |45 - \theta|}{200}\right) \cdot S \tag{5-15}$$

需指出的是，式(5-15)是基于实测结果得出的经验公式，它与设备所使用的镜头、相机，以及试验条件都有关系。所以，标定必须在仪器设备完全定型之后进行，标定时的组件型号必须与实际使用的组件完全相同。

5.4.3 训练分类器

1)用软件处理样本

为了对裂缝识别分类器进行初步的训练，采集了 2000 余张混凝土桥梁、隧道衬砌表面的照片。按照第 5.3.1 小节所述的方法，需在照片中找出 6 类图案，即：裂缝、斑块或污渍、文字、水痕或补痕、施工缝、笔划或划痕。然后，把每个样本对象转换为 6 个特征值，即：周长(F_p)、面积比(F_a)、圆率(F_c)、方正率(F_e)、填充度(F_r)、离散度(F_s)。这样就完成了训练样本的准备。

对数千张甚至更多张照片逐一处理当然是一项艰巨的工作，可以编制一个辅助程序，便于简化人工操作，加快效率。理论上，样本只需要使用一次。当训练完成之后，样本就不再需要。同样，当样本处理完毕后，这个辅助程序也就不再使用了。它并不属于裂缝检测器的软件组件，而只是制作训练样本库的一个过程工具。

(1)照片初选和 ROI 截取。

辅助程序的第一项功能是协助开发人员从每一张原始照片中选取感兴趣的区域(ROI)，并把所选区域保存为新的图片文件，以待后续处理(图 5-31)。

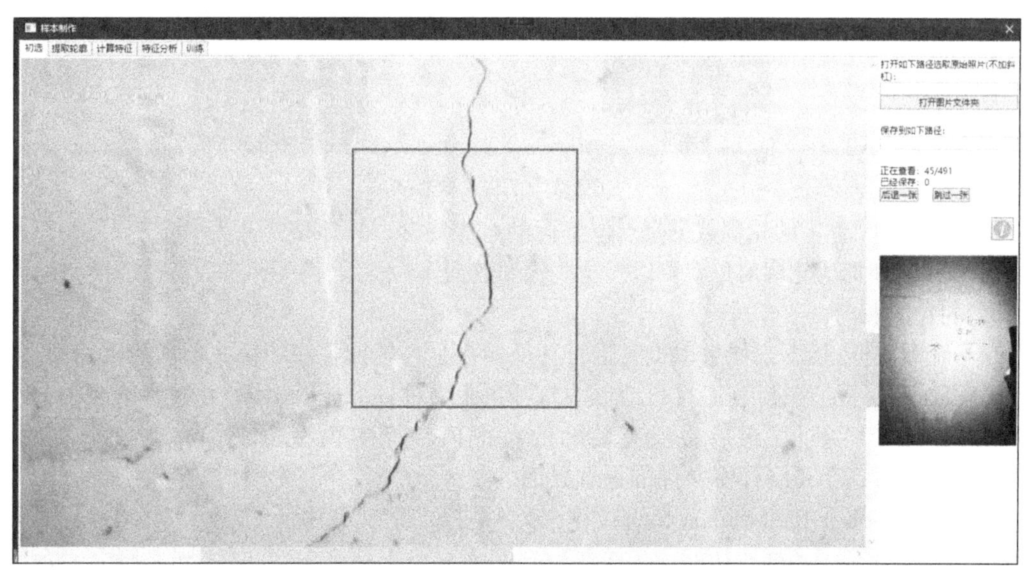

图 5-31 照片初选

将所有原始照片放在同一个文件夹内,并把文件夹地址输入辅助程序,左边的窗口就显示文件夹中第一幅照片。照片按照原始尺寸显示,通过纵横向滚动条移动视窗。右侧的小图片是整幅照片的缩略图,以便于了解照片全貌。对于图片中有效的视觉对象,用鼠标左键拉动方框,松开左键的同时程序自动把所选区域保存为一个图片文件。

一个图片中往往含有多个有效的视觉对象。无论它属于裂缝、文字还是任何类型,在这一步骤中都不用区分,用同样的方法选取即可。当一幅图片中所有对象都选取完毕后,点击右侧的按钮,显示下一张图片,直到所有原始图片都被检视一遍。

(2)提取视觉对象的轮廓。

上一步骤获得了包含各类视觉对象的 ROI 图片,接下来就是把视觉对象的轮廓提取出来。

这是辅助程序的第二项功能。把 ROI 图片所在的文件夹地址输入对话框,程序将打开第一幅 ROI 图片,把原图和二值图显示在靠右侧(图 5-32),同时提取图中所有轮廓,把每个轮廓依次显示与左侧。一个 ROI 图片中,可能存在不止一个目标对象。可以用鼠标点击左侧的轮廓图,每点击一次,相应轮廓数据就被保存在一个文本文件中,同时被点击的轮廓图就被隐藏,这样便于快速操作。

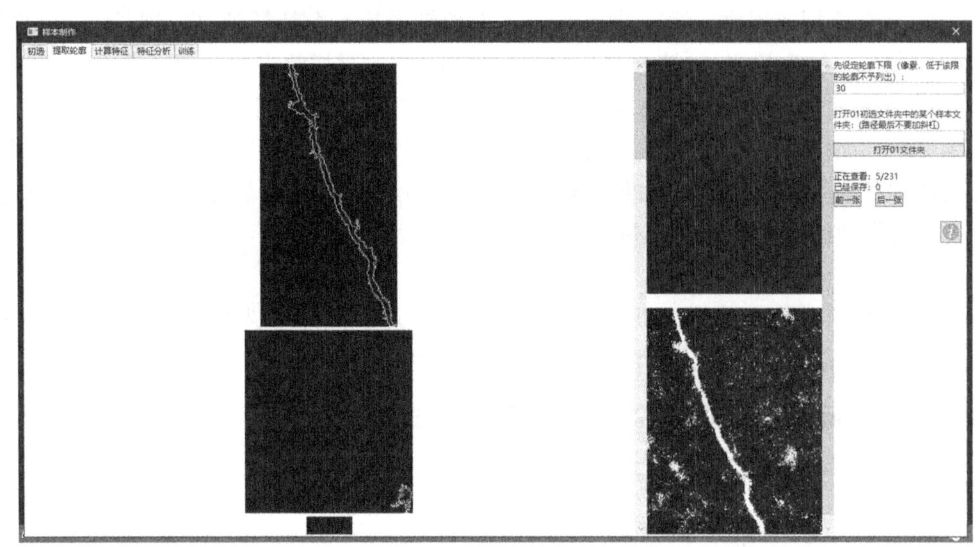

图 5-32　轮廓提取

保存在文本文件中的轮廓数据是点位坐标的有序集合。具体格式并无一定的要求,只要足够清晰,可读取还原为轮廓对象就可以。这些轮廓数据作为备用,供下一步骤特征转换使用。

(3)特征转换。

有了轮廓数据,接下来便可以批量进行特征转换。在辅助程序的第三项功能页面中,输入存放轮廓数据文件的路径,程序将自动逐一打开每个文件还原轮廓对象,并按照第 5.3.1 小节的方法计算 6 个特征值,最后将所有轮廓的特征值和样本类型集中保存在一个文件中。图 5-33所示是对这个最终样本文件的查看界面。

界面中部有几个 RadioButton 单选按键,分别是样本集文件中所出现的样本类别;下方的 ListBox 列表框列出了各样本所对应的轮廓数据文件。点击某个轮廓文件,则左侧会显示出它的图形,以及 6 个特征值数值。

图 5-33　对轮廓数据做特征转换

2)训练

按照第 5.3.1 小节所述的级联分类模型,我们实际上需要训练 5 个相互独立的子分类器。辅助程序为这个环节提供了较好的支持。在有关功能界面中(图 5-34),首先输入样本集文件路径,然后选择要训练的样本组,总共提供了 5 个可选项,见表 5-7。

图 5-34　分别训练 5 个子分类器

表 5-7　5 个子分类器的正负样本组

子分类器所处的级数	正 样 本 组	负 样 本 组
第 1 级	裂缝	斑迹
第 2 级	裂缝	文字
第 3 级	裂缝	水痕、补痕
第 4 级	裂缝	施工缝
第 5 级	裂缝	笔划、划痕

对于每一个子分类器而言，输入层和输出层的神经元个数都是取定的，分别为 6 个输入和 2 个输出。隐藏层则可以采用不同的结构，训练之后，要用测试集检验其准确率。根据最简原则，如果两个分类器准确率几乎相同，则应该选择隐藏层结构相对更简单的那个。该子分类器采用了两层隐藏层，神经元数目分别为 10 个、8 个，训练时经 377 次迭代，最终趋近了损失极小值点，步长不断减小，触发了终止条件。

训练过程结束后，辅助程序会把所得到的分类器保存为一个后缀名为"trn"的文件，它是按照第 4.3.5 小节所述的二进制序列化方法，将分类器对象保存为二进制数据文件。当所有步骤完成后，我们最终会得到 5 个这样的 trn 文件。

5.4.4　交互软件

交互软件是安装于裂缝检测器的卡片电脑上的软件，裂缝识别等各种必要的算法都内置于软件中，并且给检测者提供基本的交互操作功能。为了符合"傻瓜式"的设计理念，软件功能应尽可能简化，无须用户对软件或算法有深入的了解。另外，由于软件的使用场景是在外检过程中，用户不可能做复杂的操作，或输入大量的信息，因此软件的操作方式应设计为以触摸屏点击为主，而且操作次数尽可能少。

软件应具备的基本交互功能包括：

(1) 选择检测工作模式(实时探测模式或直线扫描模式)。

(2) 在实时探测模式下，允许用户关闭或打开蜂鸣器报警。这是一项人性化的设计，因为有的人不喜欢听到类似声音。

(3) 在直线扫描模式下，让用户点击按钮触发扫描检测的开始或结束。

(4) 在被测物图像拼接并完成识别后，显示文件和数据保存的硬盘地址，便于用户回到室内复制出来。

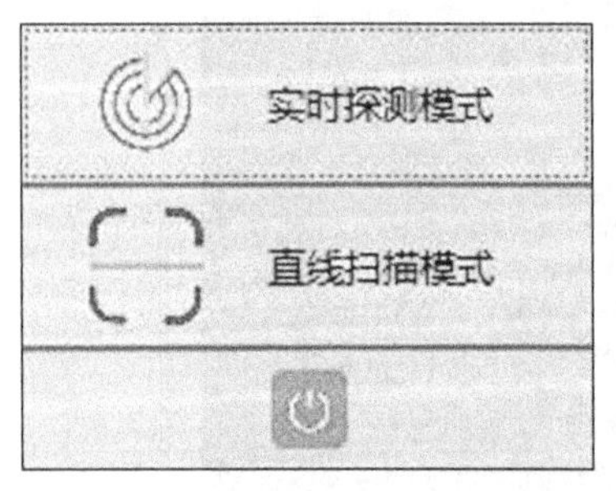

图 5-35　交互软件模式选择界面

1) 界面设计

设备开机后进入操作系统，软件自动运行，显示如图 5-35 所示的模式选择界面。

界面上有 3 个按钮，点击前两个按钮则进入相应的工作模式，点击第 3 个按钮则退出程序。

(1) 实时探测模式。

实时探测模式的界面很简单，是一个全屏幕的影像，以及右上角的两个按钮(图 5-36)。

此时，检测者可以推动检测器在混凝土表面扫动，当所拍摄影像中出现裂缝时，界面图像中会出现绿色方框标记，并把裂缝的测宽显示出来。右上角第一个按钮是蜂鸣器开关，如果蜂鸣器开启，则探测到裂缝的同时会触发提示音。第二个按钮是退出键，点击后将推出工作模式，回到图5-35所示的界面。

(2)直线扫描模式。

进入直线扫描模式后的界面如图5-37所示。此时应先把检测器放置于扫描起点，并调整好方向，然后在界面中点击启动按钮，于是便可推动检测器开始扫描。

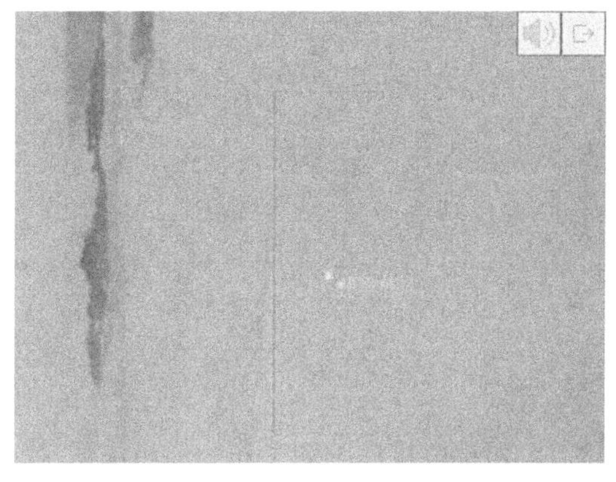

图5-36　实时探测模式界面

图5-37　直线扫描模式的启动界面

扫描过程中，主界面实时显示摄像头拍摄的影像(图5-38)，同时左下角显示当前累计移动距离，它将随着仪器的前进或后退变动数值。右下角的按钮则是停止扫描按钮，应先点击这个按钮，再将仪器从被测混凝土表面取下。

图5-38　直线扫描模式的进行界面

2)程序内部逻辑

(1)分类器初始化逻辑。

训练好的5个子分类器，以文件形式存放在裂缝探测器的主控电脑中。当系统开机启动，软件自动运行后，首先将读取分类器文件并还原为内存中的对象。从文件中反序列化分类器的方法见第4.3.5小节。

(2)裂缝识别逻辑。

程序中有两处场合会用到裂缝识别逻辑:一是实时探测工作模式下,对每一帧图像进行识别;二是直线扫描模式下,扫描结束并完成图像拼接后,对拼接而成的图像进行一次统一的识别。软件启动时已经从文件获取了5个子分类器,然后按照图5-15所示的结构组成级联分类器。

实时探测模式下裂缝识别的具体步骤为:

①摄像头获取原始图像。

②图像二值化。

③提取轮廓,获得N个轮廓对象。

④将每个轮廓进行特征提取,获得N组特征值。

⑤将N组特征值对象逐一代入级联分类器,如果在某一级子分类器被判为非裂缝类型,则舍弃之;如果通过全部子分类器,则被判为裂缝。假设得到了M个裂缝对象。

⑥按照第5.3.2小节的方法,获得对应于这些裂缝的M个轮廓的最宽位置和宽度。

⑦在原始图像中用方框标记M个轮廓,并标记其最宽位置和测宽值,把标记后的图片显示在屏幕上。

3)图像数据存储逻辑

直线扫描模式下的裂缝识别,步骤与上面相类似。即把拼接后的图片作为原始图像,完成上述①~⑦步骤后,还需要把有关裂缝的位置、宽度等数据保存在一个文本文件中。文件中每一行文本对应一个裂缝对象,每一行的具体内容是若干个用逗号分隔的数字,例如:

"3,439,48,570,691,508,366,-39.44,0.07"

其中,第1个数字是裂缝的序号;第2~5个数字分别是裂缝图形在图像中的最小X坐标、最小Y坐标、最大X坐标和最大Y坐标;第6、7个数字是最宽位置的坐标;第8个数字是测宽线的方向角度;最后一个数字是裂缝宽度,单位是毫米(mm)。这一组数字就标记了一条裂缝的主要信息。每一个数据文件中包含有多个裂缝的数据,并且对应于唯一一个拼接后的图片,它总是与图片成对储存的。

5.5 本章小结

混凝土桥梁、隧道等结构物的表面裂缝检查是公路行业的一项重要例行质检任务,我国基础设施数量庞大,裂缝检查的工作量也极为繁重。本章详细介绍了一种自动识别并测宽的混凝土裂缝检测器的设计开发过程,它改变了传统的依赖于人眼观察的检查手段,能够极大地提高检查效率和准确率。

本章从行业需求出发,首先详细介绍了裂缝检测器的设计思想,除了罗列仪器的详细功能逻辑之外,更注重讲解了一般性的技术系统功能设计方法。集成型软硬件技术系统的设计都遵循功能定义、分类、整理、裁剪、优化的基本方法逻辑,本章所述的设计思想同样可以运用于其他设备的研究开发。

裂缝检测器的功能实现主要依赖于3个软件算法,即裂缝识别算法、裂缝测宽算法和图像拼接算法。其中,裂缝识别算法又是整个系统的核心算法,它以神经网络模型为基础,但在具体实现方式上有两个关键性的技巧:第一,是通过 6 个特征属性来定义和描述裂缝等视觉对象,经特征转换后再进行识别,这一处理使我们可以用很简单的网络结构实现高效率的识别;第二,是把 5 个神经网络模型串联成为级联分类器,能够获得更高的识别效率和更好的泛化性能,并且更容易训练。

裂缝检测器是机器视觉技术在公路交通工程领域的典型应用,作为原型开发,本书采用 C#语言实现这些算法,它是本书第 4 章有关内容的综合应用。无论是图像处理或人工智能,掌握孤立的模型或算法只是基础,更重要的是在现实问题中设计出有效的技术路线,选取合适的算法并组合为有机整体,实现设计者的功能目标。

思考练习题

1. 按照第 5.2 节"系统设计"所述的方法,仔细思考裂缝检测器的功能细节,理解图 5-7 和图 5-9。

2. 尝试编写一个处理样本照片的无界面程序,将一张原始照片转换为各个轮廓的特征向量(可参考第 5.3.1 小节"样本特征分析"内容)。

3. 尝试编写一个所述的级联分类器程序(可参考第 5.3.1 小节"裂缝识别算法"内容)。

4. 以第 5.3.2 小节"获取最宽位置的垂直方向"所述的第二种方法(加权线性回归法)编写一个求测宽线的程序。

5. 为什么要把图片中的裂缝转换为 6 个特征值再加以识别?如果不做这个转换,直接基于图像像素进行识别,会产生哪些困难?

6. 为什么要选用第 5.3.1 小节"样本特征分析"所述的 6 个特征值来描述裂缝?你能否找到其他同样有效的特征?如果用你自己定义的特征代替本书提出的特征,相关程序代码应做哪些改动?

6 路面病害的自动检测

用机器视觉技术来识别路面病害并不是一个新鲜事物,但受限于软件、硬件技术发展水平的滞后,相关成熟设备产品进入市场相对较晚。基于二维图像的识别技术一般只适用于裂缝和坑槽等部分病害类型,近年来兴起的基于三维图像的识别技术则有更大的适用范围。本章将讲解路面病害自动检测的关键技术,包括图像采集的方法原理和病害识别主要算法。

6.1 沥青及混凝土路面病害

6.1.1 路面病害的种类与成因

常见等级公路的面层结构有沥青面层与水泥混凝土面层两种,其中又以沥青面层较为普遍。路面结构由不同材料铺筑的若干结构层次组成,以高速公路沥青路面为例,表层通常是三层沥青混凝土层,其下一般设有两层水泥稳定碎石基层,再加一层水泥稳定碎石或级配碎石底基层(图6-1)。

图6-1 高等级沥青路面的结构组成

沥青或水泥板面层是直接承受车轮荷载反复作用和自然因素影响的结构层,其材料一般具有抗滑、耐磨、密实稳定的特点。表面的下承层则起到分散应力、协调变形的承载作用。基层设置在面层之下,它与面层一起将车轮荷载作用传递到土基。对沥青路面而言,基层是起主要承重作用的层次。

路面结构在长时间的车辆荷载及自然环境作用下,不可避免会发生各种损坏(或称病害),影响路面的使用性能和车辆行驶安全。病害的原发位置未必在道路表面,也可能发生于某一结构层的底部或内部,但是人们能够发现和检测到的病害通常都是表面发生的,或者是内部发生并已经蔓延至表面的病害。因此,一般人们所说的路面病害都是指表面可见的病害。

路面病害有多种类型。沥青面层病害大致可分为裂缝类、破损类、变形类三种。各种病害的特征与成因见表6-1。

表6-1 沥青路面病害常见类型

大 类	名 称	特 征	成 因
裂缝类	荷载裂缝	沿轮迹带分布,常伴随支缝和局部粉碎	车轮荷载引起的剪切破坏
	龟裂	龟背一般的网状裂缝	疲劳损坏,或其他裂缝不断发展而成
	纵向裂缝	纵向分布,形状相对平直,偶有少量支缝	常为基层沉降所致
	横向裂缝	横向分布,常贯通整个道路	水泥稳定基层开裂引起的面层开裂
破损类	坑槽	路面坑洞	常为混合料质量问题所致,如施工时未能充分压实,或者集料离析
	松散	混合料松散、集料脱落	
变形类	沉陷	路面局部沉陷变形	局部压实不足,或者基层失稳下沉
	车辙	纵向轮辙,严重时伴随两侧隆起	混合料在轮载作用下向两侧挤压流动
	波浪拥包	路表波浪形的下陷和隆起,常发生于十字路口、停车标线处	反复受车辆制动减速和起动加速作用,导致混合料水平方向移动变形
其他	泛油	路表出现光亮的沥青膜	混合料孔隙率太低或油石比过高,经车辆碾压,多余沥青被挤到路表

水泥混凝土路面是由一块块水泥板构成的,其病害较沥青路面相对多样一些,但成因也同样与车辆荷载有直接关系。表6-2列出了水泥路面的病害类型和成因。

表6-2 水泥路面病害常见类型

名 称	特 征	成 因
破碎板	水泥板整体破裂成小块	疲劳损坏,或者因基层破碎所致
开裂	面板主体开裂	基层沉降脱空或切缝质量不佳
板角断裂	面板的四角位置出现断裂	板角位置脱空,常伴随唧泥发生
错台	相邻面板出现高差	基层不均匀沉降
拱起	接缝或裂缝处隆起	基层失稳变形,或面板热膨胀挤压
边角剥落	面板边角处混凝土松散掉落	材料质量不良或因其他变形病害导致边角受力过于集中
接缝料损坏	灌缝材料剥落或缺失	灌缝材料质量不佳或施工质量问题
坑洞	面板出现坑洞	裂缝、剥落等其他病害发展恶化所致
唧泥	接缝、裂缝处挤出水和泥浆	基层材料破坏、积水,在车辆碾压作用下被挤出缝隙
露骨	混凝土细集料散失,露出大块粗集料	混凝土材料质量或施工质量问题

路面病害一方面降低了行驶舒适性,严重时影响行驶安全;另一方面,轻微病害如果不能得到及时处理,将加速恶化成为更严重的病害。近年来,预防性养护的理念已被广为接受,公路运营养护单位都十分注重在病害发生的早期就及时修复,以免未来病害恶化后造成更高的成本。《公路技术状况评定标准》(JTG 5210—2018)规定,路面必须每年或每两年进行一次使用性能检测,病害检测是其中最为重要的内容之一。例行的病害检测,为及时进行预防性养护修复提供了基础数据,是公路养护的基础和起点。

6.1.2 路面病害的传统检测方法

在早期，路面病害调查完全采用人工方法，即检查人员徒步上路巡查，寻找、测量并记录病害。裂缝、坑槽等病害由人工判断其类别，尺量长度，并记录发生位置。对沉陷、错台、车辙等变形类病害也是用简单的仪器测量出高差等变形量。

人工调查的效率显然太低，远远无法满足越来越大的公路里程和检测需求。20 世纪 90 年代以后，随着传感技术的提升，人们可以用激光测距设备以 0.5mm 或更高的精度测定路面变形，这样，除了裂缝以外的大部分病害类型都基本实现了自动检测。

裂缝类病害由于其形状各异、长短不一、位置分布不确定的特点，在一定时期内仍然依赖人工检查。有一种改进的方法是利用照相机阵列对路面连续拍照，覆盖整个路面范围，然后在室内由人工基于特定的软件查看照片并记录裂缝。这种方法无须派人上路巡查，在一定程度上节约了人力，但是在室内查阅照片仍然是一项繁重的工作。

自 2000 年以来，国内外研究者一直致力于找到完全解放人力的路面裂缝检测方法。在尝试了激光测距和超声波探伤等多种不同技术原理之后，公认有效且廉价的方案仍然是基于光学图像检测。而这种方法的问题在于如何实现从图像中正确识别出裂缝，且不受光影、垃圾异物或积水的干扰，这个任务自然落到了机器视觉技术之上。

6.2 基于二维图像的裂缝病害识别技术

6.2.1 图像采集技术

目前使用较为成熟的技术是基于二维图像识别裂缝等病害。国内很多厂商都有自产的道路综合检测车，一般会集成破损、平整度、车辙、构造深度、沿线设施等多套检测系统，一次上路即完成多个指标的检测（图 6-2）。其中，路面破损检测系统主要是依靠阵列照相机，随着车辆的行驶，连续拍照采集全车道图像。

图 6-2　车载型路面二维图像采集设备

阵列照相机与频闪照明都由车内主控电脑控制。检测前先设定当前路段、车道、里程桩号、行驶方向这4个参数。车辆起动后,阵列照相机将随着车辆行驶速度调整拍照频率,频闪照明系统则保持与照相机同步频闪。

如图6-3所示,阵列照相机一般为并排4个,每个照相机拍摄地面1m×1m的范围,阵列照相机能并列拍摄4m宽度。单车道宽度一般不超过3.75m,因而每次拍摄能够覆盖整个车道范围。照相机的拍摄高度(物距)一般为1~2m,分辨率不低于1mm。路面裂缝的宽度远比结构混凝土表面裂缝要大,一般照片分辨率达到1mm就可以满足需要。

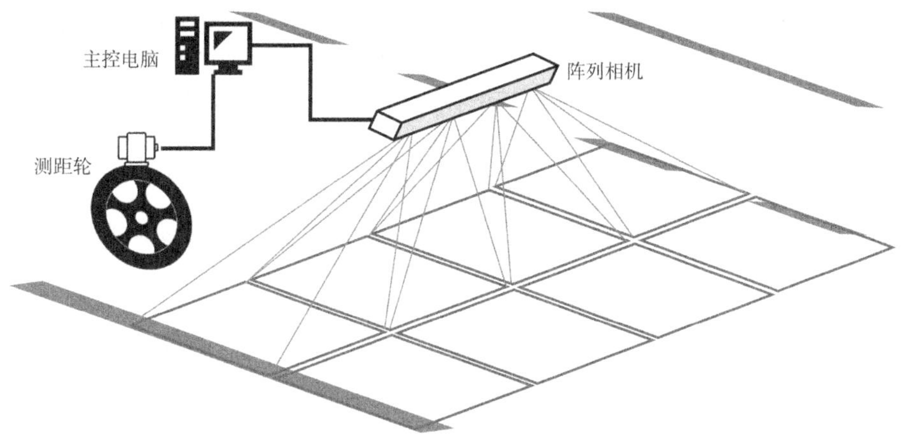

图6-3 路面二维图像采集原理

由于测距轮的存在,每张照片都被标记了具体的桩号和横向位置。虽然是连续拍摄,但照片一般无须拼接,而是各自独立判读。

6.2.2 二维图像预处理

最早也最成熟的路面裂缝识别方法主要采用模式识别算法,先进行图像采集和预处理,然后进行特征提取,最后基于特征利用决策树或其他分类技术进行识别。可以看到,在技术路线中没有用到太多人工智能技术。这一方面是由于早期机器视觉技术还不成熟,另一方面也受限于样本量积累不足。但是,当照片中基本不存在干扰对象时,模式识别不失为一种高效、稳定的识别方法,对于路面清洁的高速公路是比较有效的。因此,裂缝病害的自动识别技术也是首先应用于高速公路检测。

模式识别主要是基于图案的形态而非色彩,所以对于单张路面照片,首先的预处理是灰度化。虽然有频闪照明辅助光源,但由于物距较大,在阳光下可能仍有明暗差异,所以直方图均衡化处理非常必要,具体的算法可见第3.2.2小节。

进一步的预处理主要是降噪。降噪的方法有很多种,不同的设备制造商使用的方法不尽相同,在此列举几个常用且效果较好的降噪算法。

1)开运算降噪

有关开运算的原理和代码参见第3.2.9小节。开运算能够快速消除很小的噪点和细线,但是其缺点是会对裂缝图案造成一定破坏。如果关注重点仅是特别粗的裂缝,或者坑槽病害,开运算在降噪的同时能忽略不重要的细微裂缝,效果较好。

2)维纳滤波降噪

维纳滤波是一种卷积运算。它把图像视为一种被噪声污染的信号,以最小均方误差准则来进行过滤矫正。在某个卷积窗口内,计算出锚点的期望灰度,减去实际灰度,就得到误差。然后按照维纳-霍夫方程计算最小均方误差准则下的滤波器系数,用于决定在卷积中如何调整锚点的灰度。该方法滤掉了高频信号,对线性噪声的滤除比较有效。

3)中值滤波去噪

中值滤波也是一种卷积运算,利用卷积窗口的灰度中值来替代锚点的灰度。具体逻辑是:把卷积窗口内每个像素的值提取出来(锚点除外)并排序,如果像素数是奇数,则取序列中间的数作为锚点灰度值;如果像素数是偶数,则取中间两个数的平均值作为锚点灰度值。该方法能处理非线性的噪声,对孤立的噪声处理效果较好,并且能够保护图像边缘。但其不足是对脉冲型噪声的处理效果不够理想。

4)均值滤波去噪

均值滤波与中值滤波类似,不同在于它使用的是卷积窗口的灰度均值而非中值。它的去噪效果更具有普遍性,但缺点是容易使图像变得模糊,使某些细节丢失。

5)加权邻域滤波去噪

该方法也称为低通高斯滤波去噪。通过设定卷积核中各位置的权值,能够实现对去噪效果强弱的调控。一般去噪效果越强,则对图片的模糊作用也越强,反之亦然。因此,实际使用的权值参数需要经过一定的实测研究才能确定。

根据图像预处理的目标要求,当照片中存在多个裂缝时,要把多个视觉目标分割为多个独立的子区域。如果基于二值图像做目标分割,则轮廓提取是一个很好的方法,每个轮廓实际上就是一个被分割出来的视觉对象。如果基于灰度图做分割,则可以借助灰度阈值,使用连通域填充的方法找出各个视觉目标,作为待识别对象。

6.2.3 特征提取

把待识别对象转换为一系列特征值,这是目标识别技术中常用的方法。特征提取的关键在于选取哪些特征,以及如何提取。

有研究者认为裂缝的投影特征是比较好的识别依据,它在实际应用中也被采用。假设我们已经有含有裂缝对象的二值图,裂缝为白色,背景为黑色,那么对其作纵、横两个方向的投影,可得到一个投影直方图(图6-4),图中横坐标是图片的宽度或高度,纵坐标是投影的白色像素数目。

图6-4给出了龟裂和纵向裂缝的投影特征示例。事实上,各种裂缝包括坑槽病害都有鲜明的投影特征,这是因为照片拍摄的方向是固定的,因而裂缝在照片中的方向也是确定的。例如横向裂缝在横向投影中存在明显的峰值,而在纵向投影中比较均匀;纵向裂缝刚好相反。龟裂的横向纵向投影都比较均匀。坑槽的两个方向投影图形都存在局部“高原”而非“山峰”。

为了进一步定量描述这些特征,可以对投影数据做进一步提炼。例如,极差(最大值与最小值的差)、方差、均值、波峰方差(几个波峰值的方差)、波峰均值等,都是常见的投影特征值。当然,我们还可以根据具体需要定义其他更有效的特征。利用这些特征,就可以组建决策树,设定合适的阈值加以识别。

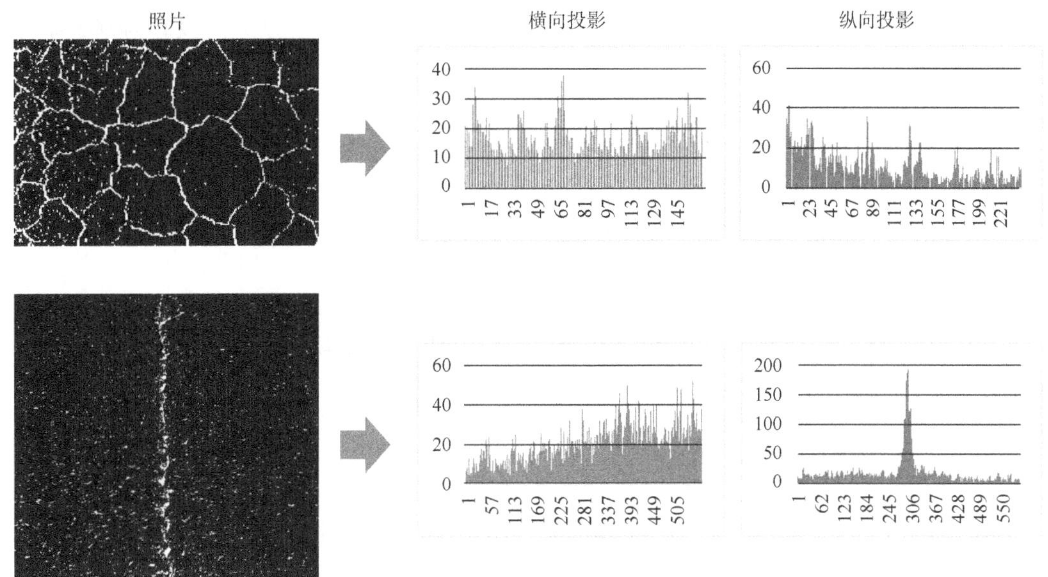

图6-4 投影特征提取直方图

投影特征是对各种裂缝及坑槽都比较有效的特征。另外也有一些特征,仅对个别病害的区分效果较好,例如连通域特征,对横向、纵向裂缝无法区分,但对龟裂和坑槽的效果则比较理想。连通域特征是利用填充算法(参见第3.3.6小节)获取图像中白色区域,以其个数、密度、平均面积、最大面积等参数作为指标,并通过设定阈值来进行分类。龟裂的连通域数量和密度远大于坑槽,而坑槽连通域的平均面积则明显大于龟裂。

6.2.4 决策树分类器

决策树又被称为"判断树",它是一个树形结构,由节点和分枝构成。每个节点有一个入口和至少两个出口,如图6-5所示。

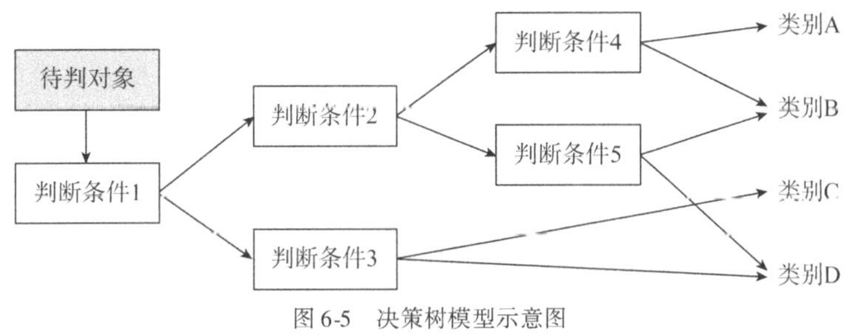

图6-5 决策树模型示意图

每一级节点都含有一组特定的判定条件,将判定结果分为两类或更多类,并继续进入下一级的判定节点,直到最终的节点,即对象类别。一个待判对象就是这样通过从左到右逐级判断推理的方式,最终引导至某个类别,这就是决策树的分类原理,这个决策路径被称为"决策流"。

建立决策树的关键在于两点,一是确定其拓扑结构,即各节点和它们之间的联络方式;二是每个节点的判定条件和出口路径。这两方面其实是一个有机的整体,其设计高度依赖于开发者的知识、经验和实例研究。例如,为了区分龟裂与横向裂缝,我们可以横向投影极差为判定条件,极差超过某个阈值则判为横向裂缝,否则,导入下一个节点,以纵向投影为判定条件作进一步的判断。

显然决策树每个节点都要对某个或几个特征作出判定,这必然需要预设阈值。阈值的具体数值有时可以根据经验或试算来确定,而当问题比较复杂时则会利用大量已知样本来训练得到。因此,有时决策树被认为属于人工智能技术领域。不过,既然决策树中起决定作用的拓扑结构和判定条件都是"先验"的,因而把它归类为专家系统或许更为恰当。

6.3 基于三维图像的裂缝病害识别技术

6.3.1 三维图像采集

二维图像只能反映路表面的明暗、纹理,不能反映路面局部的起伏。近些年,三维激光扫描技术被引入路面检测,使人们能够采集路面的三维影像,承载了更多更丰富的信息,从而大大提高病害检测的效率和准确性。

三维激光扫描是一种在测绘业和制造业中广泛应用的立体扫描成像手段,又被称为"实景复制技术",用于高精度的三维建模和"逆向"工程。例如在地形测量工程中,机载型激光扫描系统配合 GPS/北斗定位和惯性导航等传感装置,可进行大范围地形测量和三维重建。工厂中也运用小型扫描系统检测产品质量或是进行装配定位。在户外测量作业中则有车载式或手持式设备进行目标扫描测量。

大范围、远距离的三维成像一般采用基于时间漂移或相位漂移原理,即通过测定光程时差或相位差来计算被测面到激光发射器的距离,其本质是通过测距来重建目标。这种模式实现机理较简单,但是扫描精度较低。对于物距低于几十米的近距离成像,则采用三角测量原理,它已在制造业中成熟应用于工业产品的距离、长度、角度等外形测量。路面的三维摄影也是采用这种原理。

三角成像使用一个激光器和一个工业相机(常简称为 CCD)。激光器发射激光照射在被测物表面,反射到另一方向被工业相机接收到。如果被测物体的距离发生变化,则会引起激光反射方向的变化,进而使激光在工业相机中成像位置发生变化,这样就捕获了距离信息。

图 6-6 所示是直射式激光三角成像原理图,即激光器正对物体表面,保持基本垂直,工业相机则在斜侧面。如果把激光器和相机位置互换,就是斜射式成像。两者对比,直射式激光三角成像更为集中,光反射也更强,适合检测漫反射为主的粗糙物体。斜射式三角激光成像则多用于以镜面反射为主的光滑物体。对路面的三维摄影采用直射方式。

激光器做小角度摆动,同时以很高的频率发射激光,则激光在被测物表面的照射点就排列成一条随表面起伏的线段,相应在相机上留下类似一条直线的成像,这就是线激光扫描。称激光器摆动方向为 X 方向,其平面垂直方向为 Y 方向,激光器每完成一次 X 方向的线扫描后,就在 Y 方向调整一个微小角度再做线扫描,最终可在被测物体表面完成一个平面区域的成像,而这个成像也包含了 Z 方向(竖直方向)的信息,也就是三维成像。可见,三维扫描成像的原理与普通光学二维成像是类似的,但区别在于二维成像是一次性同时获取二维平面上的光线强弱信息,而三维成像则是以扫描的方式逐点成像,因为精确控制了光路,所以能捕捉到竖直方向的立体信息(图6-7)。

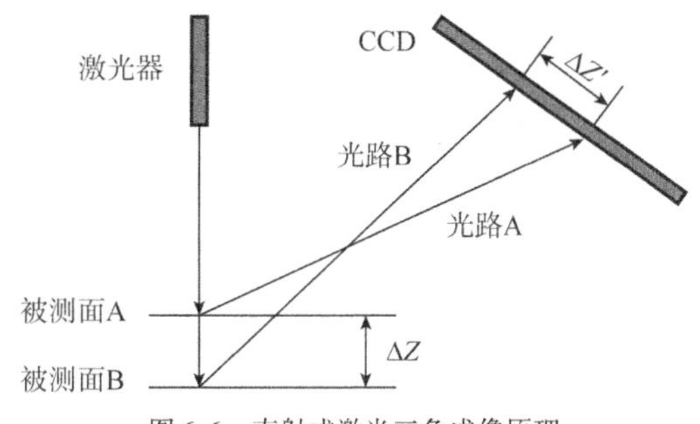

图6-6 直射式激光三角成像原理

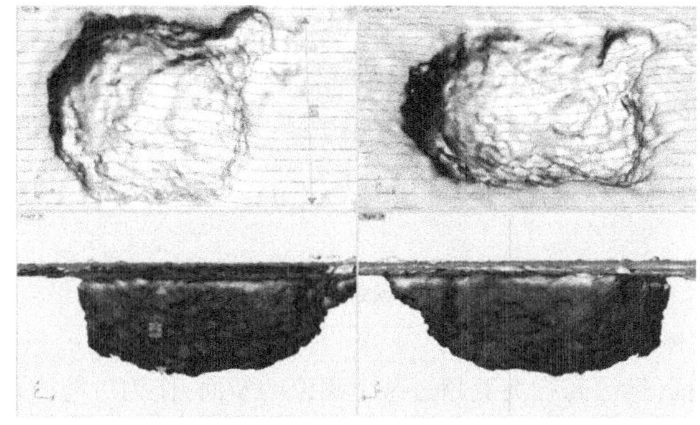

图6-7 坑槽的三维照片

我们知道,单通道二维数字图像是一个矩阵,矩阵的长宽与图像的横向、纵向像素数相等,矩阵每个元素对应于图像中一个像素,元素的取值对应该像素的灰度值。与之类似,三维数字图像同样是一个矩阵,但每个元素的取值并非像素灰度,而是像素高程,即 Z 坐标。这个差异带来的影响是本质性的。二维图像在显示病害的同时,也显示了地面标线、积水、阴影等图案信息;而三维图像则完全不包含这些颜色信息。另外,三维图像也不受光照不均匀或环境光噪声的影响。

在三维图像中,无病害的完好路面可视为一个理想平面,裂缝、坑槽以及沉陷、拥包等病害,在图像中都表现为高程的起伏变化。裂缝一般表现为狭长的下陷区域,与其他病害或地面标线、垃圾异物等有明显的形态区别。三维图像的噪声相对更小,对细小裂缝的表达更清晰。

6.3.2 三维图像预处理

1)消除跃阶

车载三维成像系统随着车辆的行驶连续扫描,不可避免随着车体产生颠簸振动,会对路面的三维图形产生影响。车体颠簸导致了图像整体形态的波动,理想状态下的路面理想平面实际上无法获得,而是表现两种误差形态,一是地表高度的突然变化,这称为“跃阶”;第二种是地面呈现类似水面的波浪形。

路面三维形态上是连续的,相邻点应平缓过渡。但跃阶现象在数据上看,存在高程上明显的错台,而这种跃阶误差与水泥板路面上真实的错台病害是不同的。车辆驶过水泥板错台时,会发生车体剧烈的振动,在数据上表现为特定频率的高程正弦波,而跃阶错台则不会出现这种现象(图6-8)。这是区分跃阶误差与错台病害的关键,可以对高程数据进行傅里叶分析加以分辨。

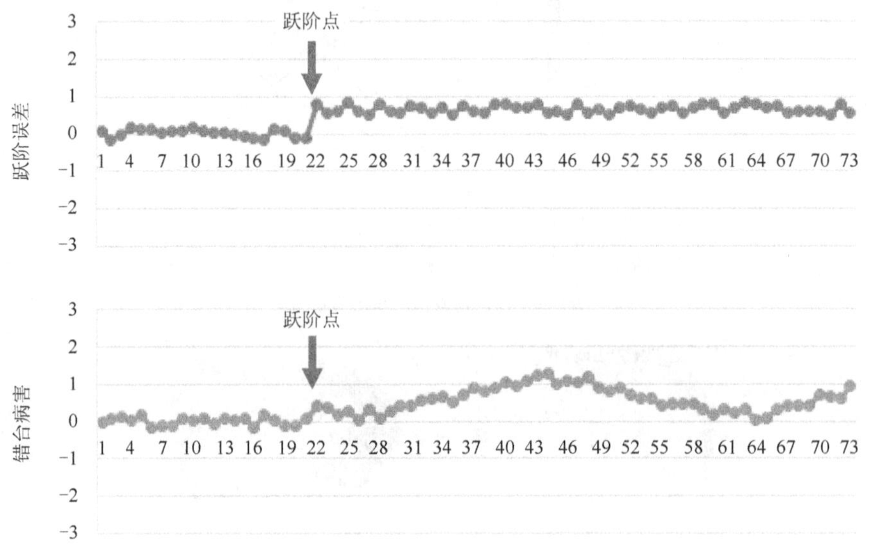

图6-8　跃阶误差与错台病害

跃阶消除运算大体分为四个步骤。

(1)纵向高程扫描,标记高程突变超过某个阈值的断面,作为可能的跃阶点。

(2)检查跃阶点朝向行车方向一侧的高程,判断是否存在属于特定频率范围的傅里叶频谱(该频谱范围与检测车车体结构和行驶速度有关),如果是,则判定为错台病害;如果否,则判定为跃阶误差。

(3)对跃阶点前方、后方一定范围的高程分别做线性回归,得到两条回归直线,然后以两直线间的距离作为跃阶消除参数。

(4)把跃阶点后方的全部高程加上跃阶参数,于是该点的跃阶误差得以消除。

2)消除波浪

高程数据中出现波浪形状,有三种可能的原因:一是前文讲到的,检测车正常行驶时由于颠簸会使三维图像中的地面基准面呈一定波浪形;二是当检测车驶过横向裂缝或沉陷等病害时造成了额外的颠簸;第三,是车辆行驶平稳,探测到路面真实的波浪起伏。

前两种波浪属于误差,需要尽可能予以消除,第三种情况是有用的检测数据,须保留。在确认波浪类型后,就可以对高程数据施加反向波形来消除波浪误差。区分三种波浪的方法是对区域高程数据进行形态分析,包括以下两个方面。

(1)横向形态:定性地看,如果一定区域内既有纵向波浪又有横向波浪,且呈现不规则的随机性,则很可能是第一种波浪。如果只有纵向波浪而横向高度均匀,则属于第二种波浪。如果波浪在纵向和横向都是局部孤立的,则属于第三种情况。

(2)波长:经傅里叶变换后得到主要纵向正弦波的波长,可以据此分析它可能属于何种类型。前两种波浪的波长范围都与检测车自身结构和行驶速度密切相关,在建造完毕后需要经过标定确定。

3）降噪

三维图像在采集和传输过程中，会受到随机噪声的污染，一般表现为点状的高程突变。噪声会使图像质量恶化，而且影响到后续矫正及识别操作的准确性。三维图像的信噪比要比二维图像高，去噪算法相对简单一些，一般通过低通高斯滤波卷积运算可以达到较好的效果。

4）高程均衡化

二维灰度图像的灰度分布有时过于集中在某个小范围中，明暗对比不足，特别是如果多张照片的灰度分布范围各不相同，就给统一的后处理造成麻烦。此时会通过灰度直方图均衡化操作，把每张图像的灰度分布调整到统一的0～255范围。三维高程图像也存在类似的问题，即各图像高程变化范围可能存在较大的差异，需要调整到统一的尺度上。调整的总体思路与灰度直方图均衡化是类似的，但为了保护三维高程信息的连续性，均衡化之前会先用大尺寸高斯滤波器做一次卷积运算。最终的均衡化效果要求尽量保留原图像的深度信息，并且使每帧图片的高程均值接近0。

6.3.3 几种裂缝病害的识别方法

1）基于图形学的识别方法

（1）高差分析法。

在三维图像中，裂缝表现为高程的突然降低并迅速恢复原样，同时在二维平面上呈连续形态。给定一个截面半径 r，定义图像 XY 平面上任意一点在 θ 方向上的高程差 D：

$$D(x,y,\theta,r) = Z_{x,y} - Z_{x+r\cdot\cos\theta,\,y+r\cdot\sin\theta} \tag{6-1}$$

式中：$Z_{x,y}$——XY 平面坐标为 (x,y) 的点的高程值，可称该点为基点。

θ 方向的高程差就是基点的高程与从基点开始沿 θ 方向移动距离 r 的新点位的高程之差。方向角 θ 可以取0～360°的任意值，但为了计算方便，要等间距选取离散的值，例如每5°取一个值，共72个值。对基点计算出所有方向的高程差，其中最大值称为最大高程差，其中最小的两个值对应的方向 θ 称为走向参考角。这两个参数可以帮助判定该基点处是否存在裂缝。其中有关阈值和截面半径 r 都属于先验参数，需要经过一定的调查试算予以确定。

（2）频谱分析法。

频谱分析是对疑似裂缝的图案在 XZ、YZ 两个平面上分别解析其傅里叶频谱，根据频谱组成来判定其是否属于裂缝。这种方法原理十分简单，尽管有的研究者称获得了良好效果，但要真正使用并不容易，主要是由于裂缝形态差异太大，很难找到能够准确判别出裂缝的频谱组合规律。

（3）截面特征分析法。

经预处理的三维图像比较平坦，在裂缝处则表现显著的高度突变。因此，有研究者提出基于截面高程数据特征来判定裂缝。严格地说，高差特征也是一种界面特征，其他常选用的特征还包括截面倾斜度、截面外形高斯拟合参数、截面边缘梯度、截面形心等。

2）基于神经网络的识别方法

与二维图像中的裂缝识别一样，三维图像中的裂缝识别也可以用到神经网络。神经网络并不是一种孤立的技术，它完全可以与其他图形学方法结合使用。对于上面谈到的各种图形学特征，就可以利用大量样本数据训练一个神经网络来作特征判别。其基本思路与方法都类似于第5章的有关内容,此处不再展开论述。也有研究者使用庞大的卷积神经网络,直接对三维图像本身做目标识别,就如同目前已经比较成熟的二维照片识物技术一样,只是此处像素值不再是灰度而是高程。

6.4 本章小结

本章介绍了基于二维和三维图像的路面病害识别技术的总体原理和技术路线。基于二维图像的病害识别是当前多个研究机构和检测车厂商已经研究成熟并推向市场的技术。在该技术投入使用之初,自动识别的准确率只有50%左右,所以识别后还需要人工检查一遍。随着技术越发成熟,目前对于高速公路的裂缝病害识别准确率已经明显提高。当然,基于二维图像的病害识别只用于裂缝类病害,而其他变形类病害如沉陷、错台等,由于对正摄光学摄影很不敏感,不能用这种方法识别,而是要借助于激光测距传感等其他设备。所以,覆盖各种病害类别的路面检测并不是单独某一种技术手段就能实现的。

至于三维图像的病害识别,目前在国内正处于从科研成果向商用产品转化的阶段。研究者们提出了各种不同的特征提取方法和裂缝判别方法,至于孰优孰劣还有待实践的检验。总体上,三维图像的信息含量和成像质量都明显优于二维图像,未来一定会取代二维图像而成为路面裂缝类病害的主流探测手段。不论采用何种自动识别方法,本质上都是把图像数据转换为系列特征值,然后用专家系统或者神经网络等人工智能系统去加以分类识别。

思考练习题

1. 路面裂缝在视觉形态上存在哪些特殊之处?这对于检测和识别方法的选取有什么指导?

2. 二维裂缝图像可使用哪些特征进行识别?

3. 路面裂缝的三维摄影图像与二维图像的本质区别是什么?

4. 三维裂缝图像需要经过哪些预处理?这些预处理方法的目的和原理分别是什么?

7 沥青混合料级配离析的自动检测

离析是指物体某种原本均匀的属性发生了数值上的分离,变得不再均匀。沥青混合料就是一种在拌和站中搅拌均匀的混合物,人们希望它被摊铺碾压之后仍然是"匀质"的。但是实际上由于运输和施工的各种原因,混合料或多或少会在级配和温度两方面发生离析,变得不再匀质。级配离析是指粗细集料发生了一定程度的分离造成实际级配改变,温度离析是指混合料不同部位发生了不同程度的降温。本章所讨论的是第一种离析。

7.1 沥青混合料级配离析概述

7.1.1 级配离析的表现

沥青混合料的级配离析无论是碾压前还是碾压之后都是视觉可见的,即表现为局部粗集料过多,而另一些部位细集料过多。在雨后路面尚未晾干时,离析的外观会十分明显(图 7-1)。细集料集中的部位看起来相对光滑,有明显的水膜,呈现水面反光;粗集料集中的部位则表面相对粗糙,无水膜,无反光,且在集料缝隙中能看到明显的水迹。严重的离析部位甚至经久不干,积水在混合料内部存积。

图 7-1 沥青路面离析

离析使混合料原有的级配被破坏,铺筑为路面的材料已经不是当初所设计的混合料,也不再具有所设计的使用性能,因此,对路面整体质量是非常不利的。离析的部位使用寿命将明显缩短。

虽然离析现象十分明显，但是国内外对离析的类型和严重程度还没有一个公认的定量评价指标。当然很多研究者提出了各自的分类方法和定量评定算法，本书采纳一种基于视觉外观的分类方法，将离析分为五大类型。

1）纵向离析

纵向离析是伴随摊铺机布料器搅动而形成的沿车道方向的离析带，常位于摊铺机的中央，有时也位于边缘或其他部位。任何级配类型都可能出现纵向带状离析，产生原因在于摊铺设备或摊铺操作，例如左右布料器的衔接处容易掉落粗集料，而把细集料运送往两边，于是在中间形成以粗集料为主的离析带。这种离析很难完全消除，但可以通过改进摊铺机本身的机械构造来减轻。

2）块状离析

与纵向离析不同，块状离析是局部出现的，而且一般等距离分布。这种离析的原因往往是运料车收斗时，倒出的混合料以粗集料为主，因而在摊铺时出现一块局部的离析区域。

3）边缘离析

摊铺机将混合料成带状向前摊铺，中央的区域细集料较多，比较密实，纹理构造浅；而越靠近两侧，则粗集料偏多，空隙率大。尤其是级配比较粗的下面层混合料，这个效应更加明显。这主要是由于摊铺机布料器在旋转过程中，粗集料更容易被带动，而细集料更多掉落下来，形成细集料往中部集中的现象。

4）接缝离析

当两台摊铺机一前一后并排摊铺时，路中央的纵向热接缝处往往出现粗集料集中的离析现象，它也是沥青面层最薄弱的部分。摊铺时两侧最边缘部分本来容易形成粗集料富集，更为重要的原因在于接缝两侧的混合料是先后摊铺的，存在明显的温度差异，即便经过碾压也很难紧密融合在一起。在高等级公路施工时，摊铺机接缝刚好位于慢车道，更多经受重车碾压，对路面使用寿命的不利影响非常显著。

5）随机离析

由于多种复杂的偶然因素交织造成的无固定规律的离析称为随机离析，它往往由于冷骨料级配不稳定或者料车运输途中温度下降太快等因素造成，有时还包括施工过程中的偶然停顿，如设备故障、停机等料等原因。随机离析表现为路面上偶然出现的块状或横向状离析区。

7.1.2 级配离析的检测评定

离析会造成混合料特性发生多方面的改变，例如油石比、空隙率、外观等。当前行业中主要是根据这些可测定的技术指标来对离析的严重程度进行定量评价。

1）油石比指标

同批次拌和生产的均匀混合料理论上具有同样的油石比，但是发生离析后，粗集料富集部分油石比会下降，而细集料富集处则油石比上升。因此，油石比的变异可以定量地表征离析。具体检测方法有摊铺现场取样和工后取芯两种方法。

现场取样一般是在摊铺机后几个固定位置取样，在室内分析混合料级配、沥青含量来判定离析程度。此法的优点是测定准确、能反映取样部位，缺点是试验量大、操作比较烦琐。

工后取芯是在路面施工完成后，在离析区域钻芯，测定芯样的沥青含量并与设计值对比，从而判断其离析程度。取芯法显然费时费力,且会对路面造成破坏,这并非一种理想的检测方法,一般是在钻芯测定压实度时顺带评定离析。

2)密度或空隙率指标

均匀的路面应具有相对稳定的密度和空隙率,因此,可通过测定路面的密度或空隙率的变异来评价离析。这两个指标除了可以用上述取样和钻芯方法测定之外,还可以通过多种无损检测方法测定,具有快速、无损的优势。

核子密度仪、探地雷达都是对路面进行无损检测的常用设备。前者通过核辐射射线的反射来测定路面密度,而后者通过不同介质介电常数的差异来检测。由于无损检测效率很高,因而支持大面积的离析检测。检测的方法一般是在路面划定一定区域,成棋盘形设置测点,然后用仪器测定每个测点的密度或空隙率。无损检测的缺点是准确性相对偏低,受含水率、探测距离和材料材质的影响较大。实践中往往需要在同一路段对无损检测数据进行标定,即通过钻芯取样测定密度和空隙率,与无损检测数值对比并确定修正公式。而路段一旦变化、路面结构层或材料类型一旦改变,就必须重新标定,这也给无损检测的大面积推广使用造成了一定限制。

3)渗水系数指标

现场渗水试验可以间接地反映路面空隙率,并在一定程度上反映离析。粗集料富集会导致较高的空隙率和渗水系数,细集料富集则相反。渗水试验对粗集料富集比较敏感,但不能很好地确定是否存在细集料富集。由于渗水试验比较便捷,随时可做,因此往往用于对离析的定性判断。

4)构造深度指标

表面构造深度也是一个很好的指标,它检测方法更加简便,数据更加可靠,对粗细集料的富集都比较敏感。

手工铺砂法是传统且常用的构造深度测定法。很多测试表明,铺砂法测定的构造深度和集料的不均匀性之间存在比较稳定的相关性。铺砂法操作简单快速,成本低廉。当然,该方法在混合料的设计空隙率不大,或者离析不太严重时比较有效,当空隙率很大时则显得不够稳定,检测结果受人工操作的主观因素很大。

激光构造深度仪是目前越来越普及的方法,在2018年颁布的《公路技术状况评定标准》(JTG 5210—2018)中被列为路面年度例行检测项目。其检测原理是利用激光器照射道路表面,以三角测量法测定表面深度的细微变化,再通过特定的算法得出路表构造深度。它可以集成在道路综合检测车上,同时快速测定路面多个横向位置上的构造深度,效率很高。但是,路面如果有积水,会严重影响检测准确度,因此,这项检测要求在地面干燥且无雨的条件下进行。

5)数字图形学指标

级配离析是一种视觉可见的现象,利用计算机图形学就可以对其进行采集和特征描述,这是评价离析的一种较新的技术。其技术原理是利用高清相机或三维成像设备,按照固定的物距和角度对路面摄影,然后对数字图像进行一系列后续处理,根据图像中反映出的纹理特征定性地表征粗细集料的富集程度。

7.2 利用机器视觉检测级配离析

7.2.1 图像采集与预处理

离析评价在利用路面正摄照片的基础上进行。如综合检测车拍摄的照片，既可以用于识别病害，同时也可以用于离析评价。当然，也可以采用手持摄像设备采集图片。为了保持成像质量的稳定，手持设备一般做成封闭的箱形或桶形，即用外壳把摄像头包裹在内，完全遮挡环境光线，在箱体内用自带光源照明（图 7-2）。单张照片拍摄的范围一般不大于 0.5m×0.5m，分辨率不低于 0.5mm。当然，手持式设备由于不够便携，因此，大量采集照片并不是件轻松的事，目前主要用于研究领域。

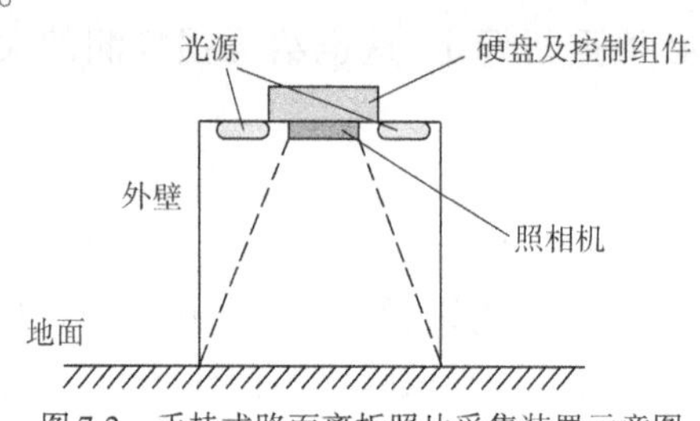

图 7-2 手持式路面离析照片采集装置示意图

采集到的原始图像要经过一系列的预处理。首先要对图像灰度进行校正。整幅图像的灰度值往往分布在一个较窄的区间，而这个区间又与沥青种类、路面新旧程度和积灰程度密切相关。由于灰度分布差异太小，容易造成画面中集料和纹理之间差别不够明显，所以，要用直方图均衡化算法把图像灰度区间统一拉伸到 0 ~255 的范围上。

照片局部对照明光的反射效应不同，就形成局部光照强度的不均匀。反射效应越强，图片上的局部平均灰度就越高。当图像中存在明显的污渍或混合料磨光时，会使相应区域区域颜色偏深；而混合料剥落和积灰处则相反会显出较浅的颜色。因此，要对轮迹带（磨光）和污渍处偏暗的部分进行灰度补偿，使之与其他部分平均灰度相近，尤其是消除轮迹带经常存在的明暗条纹现象。将一幅灰度照片做横向（即 x 方向）投影，形成一个一维数组，每个数值等于同一 x 坐标的像素灰度之和：

$$G(x) = \frac{1}{H}\sum_{y=0}^{H-1} \mathrm{gray}(x,y) \tag{7-1}$$

式中：$G(x)$——图像在横坐标 x 处的投影值；

H——图像高度；

$\mathrm{gray}(x,y)$——原图中 (x,y) 处像素的灰度。

我们再用一维高斯滤波卷积核 $k(x)$ 对数组 $G(x)$ 做平滑卷积处理，可以防止纵向纹理被不当清除。根据一般经验，卷积核 $k(x)$ 的尺寸不宜小于 7 像素，卷积核的高斯方差可取 3.0 左右。于是，第 x 列的每个像素的灰度补偿公式如下：

$$\mathrm{GRAY}(x,y) = \mathrm{gray}(x,y) + G(x) \times k(x) - \mathrm{ave} \tag{7-2}$$

式中：$GRAY(x,y)$——修正后的新灰度值；

ave——原图的平均灰度。

式(7-2)是基于纵向投影的灰度补偿公式，其中 * 表示卷积，它消除了轮迹带处的横向纹理，但正常的纵向纹理被很好地保留下来。

经灰度矫正后的图像如图7-3a)所示，二值化后形成图7-3b)。图像存在很多噪点，用高斯平滑进行降噪处理，然后再次二值化，得到图7-3c)。

a)

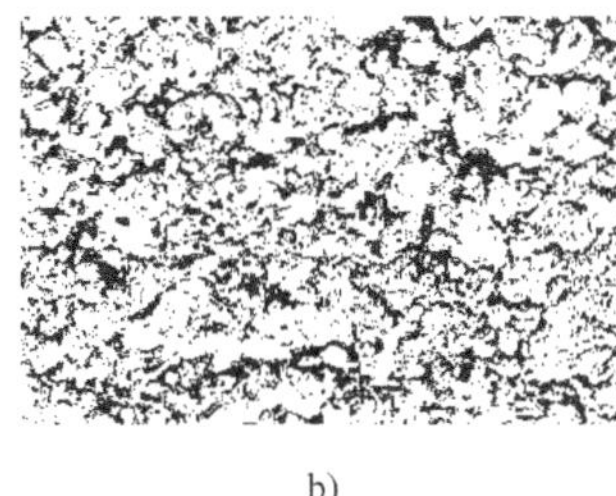

b)

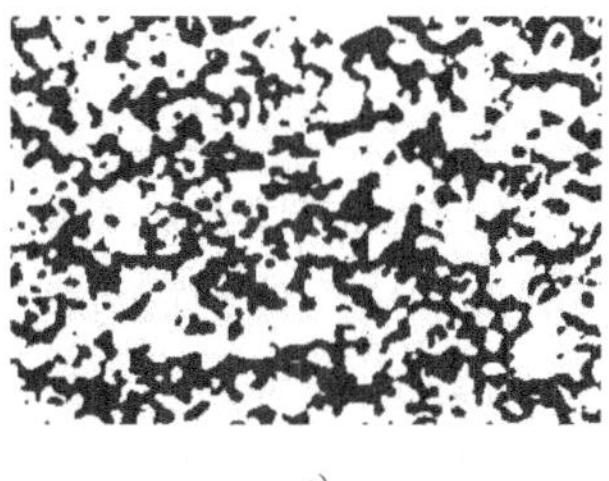

c)

图7-3 地面照片的二值化处理

事实上，路表面图像比较细碎，二值化后不规则噪点很多。而噪点又与正常的纹理交织在一起。孤立的色点通常是噪点，而细线状的黑色像素则属于纹理。如果使用闭运算去噪，粗纹理可以保留，但细纹理会和噪点一并被清除。所以，应先用高斯平滑，然后再一次二值化，才能大体上去除孤立噪点，而把细纹理较好地保留下来。

7.2.2 离析评定的三种图形学方法

图像预处理完成后，图案(白色部分)与纹理(黑色部分)共同表征了混合料大小颗粒的分布形态。有多种方法可以将这种分布形态转化为某种数量特征，从而定量地评价离析程度。

1)基于多尺度轮廓变异系数

对预处理后的图像[图7-3c)]提取轮廓，可视为是对路面纹理和颗粒形状的一个轮廓图[图7-4a)]。对某个局部而言，如果其中包含的轮廓线越长，则说明此处纹理越细碎，即细集料越多；反之，如果轮廓线越短，则此处纹理越完整，即粗集料越多。由于路面纹理的多变性，不能直接以轮廓线的长短来评判离析程度，而是以一个更具鲁棒性的特征量替代，即轮廓长度的变异系数。

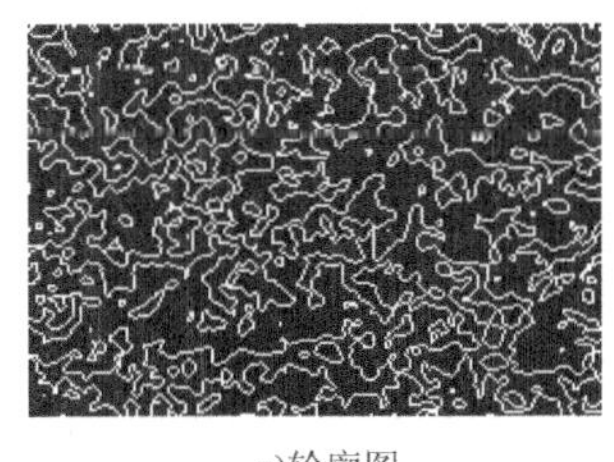

a)轮廓图

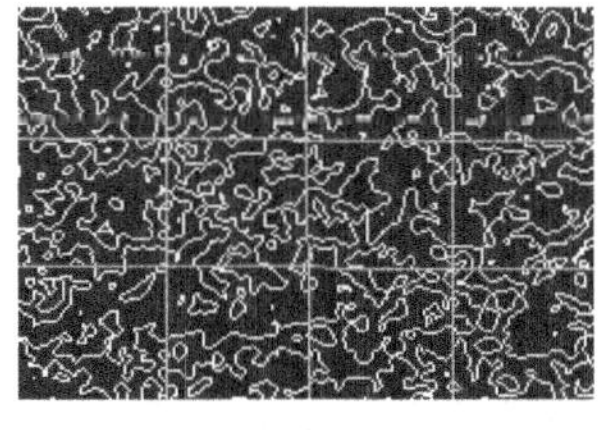

b)分块N=12

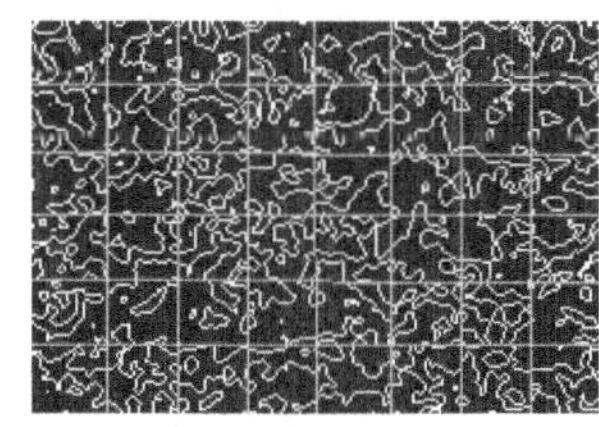

c)分块N=48

图7-4 轮廓提取和多尺度分块

具体的算法很简明，即把轮廓图按照一定的尺度划分为 N 个小块，求每一小块所包含的轮廓像素点总数量 S，然后计算 N 个 S 值的变异系数 C。

以图7-4为例，分块数取12、24、48时，得到的每块轮廓长度以及变异系数见表7-1。

表 7-1　多尺度轮廓变异系数

分块数	轮廓长度(像素数)	变异系数
12	242, 288, 234, 201, 228, 208, 288, 212, 214, 192, 248, 256	0.1294
24	116, 110, 118, 110, 140, 110, 87, 112, 114, 122, 104, 90, 148, 114, 112, 124, 118, 124, 142, 134, 116, 92, 136, 118	0.1296
48	40, 73, 56, 66, 38, 73, 39, 69, 41, 60, 43, 42, 49, 51, 45, 75, 42, 54, 69, 72, 72, 45, 72, 62, 52, 61, 60, 63, 75, 53, 75, 55, 73, 62, 54, 43, 74, 59, 49, 70, 42, 55, 64, 61, 68, 50, 71, 74	0.2030

单一尺度的变异系数不足以正确反映离析程度,多个尺度下的变异系数共同参与评价能显著提升准确度。使用该方法时,要在同一路段选取几个局部路面进行拍照标定。即,分别选取3~5个无离析、轻微离析和严重离析的路面,拍照并计算多个尺度下的变异系数,以此为标准,衡量其他部位的离析程度。由于已有参照(或称"样本")数量很少,尚不足以使用分类器模型,故kNN法是更加有效的(关于kNN算法可参见第4.1.2小节)。

2)基于图像熵

从直观角度讲,图像熵H表征了图像凌乱不规则的程度。它一般用于灰度图,表示为式(7-3):

$$H = -\sum_{i=0}^{255} p_i \cdot \ln p_i \tag{7-3}$$

式中:p_i——灰度为i的像素在图像中出现的概率,即灰度为i的像素个数除以图像总像素数。

一般通过灰度直方图可以获得所有灰度的p_i值。对于二值图,式(7-3)同样适用。

按照图7-4所述同样的方法对轮廓图进行某种尺度的分块,并计算各个小块的图像熵,最后根据熵值判断离析的程度。这种方法同样需要在相同路段进行标定,以确定无离析、轻度离析和严重离析三个程度的阈值。

基于变异系数及图像熵的评判方法有很多相似之处。首先,两者都需要把预处理之后的二值图转化为轮廓图。这是因为我们实际上关心的是图像中色块的零散程度,它表征了表面可见粗集料的多少。然而,二值图中白色像素点的数量多少并不能很好地相关于图像形态零散程度,而轮廓点的数量相关性要好得多。

其次,这两种方法都是间接方法,它们都不能直接推算粗集料的绝对数量或密度,而是通过图像(确切地说是纹理轮廓)的破碎程度、变异程度去间接推定。

最后,间接性决定了它们的第三个特点,即粗略性。两种方法的准确性极大地依赖于同地点标定,而且只能粗略地得出定性结论。尽管如此,由于计算机视觉方法被用于大面积快速的离析检查,并不要求它得出很准确的结论,一般只是先粗略地测出离析严重的区域,然后再利用其他方法有针对性地进行进一步的详细检测。

3)基于颗粒模拟

与上面两种方法不同,颗粒模拟法基于二值图直接推测表面粗细集料的数量和密度,是一种直接且鲁棒性比较强的方法。它的算法思想是基于两条假设:①二值图像的黑色区域是空隙,白色区域是大小集料;②白色区域总是被所有可能性中最多的大集料所填充。根据上述假定,我们按以下步骤把二值图白色区域用各种不同大小的圆形充分填充,所使用的圆形就被视为是其集料组成,即级配。

步骤1:对二值图作距离变换(参见第3.3.4小节),取灰度最大的点为圆心,作不超出白色区域的最大内接圆;

步骤2:记录下这个圆的半径和位置,在原二值图中将圆形区域改为黑色;

步骤3:重复执行上述两个步骤,直到所得圆形的半径达到阈值(一般可设为2~5像素长度)停止,如图7-5所示。

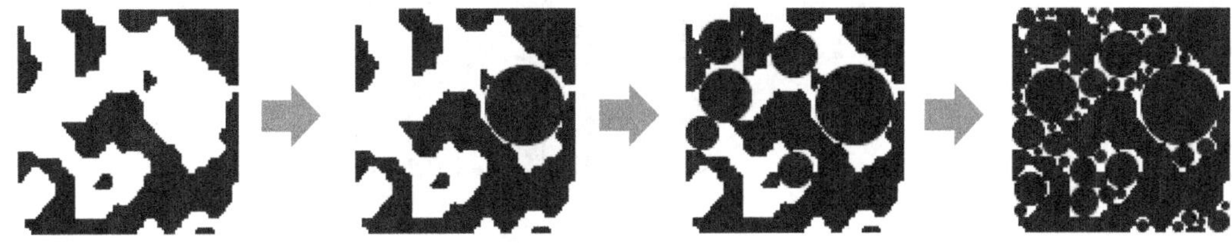

图7-5 二值图圆形填充

不难看出,上述算法是一个循环迭代。每一次迭代所作的内接圆都是当前白色区域中可能存在的最大内接圆。因此每一次迭代,所作圆的半径是不增的,等于或小于上一次迭代的圆半径。当圆半径收敛于半径阈值时,整个迭代就停止了。此时,原有白色区域已经基本殆尽,只留下一些宽度小于半径阈值两倍的细线。同时,每次迭代生成的圆已被程序记录下来,这个过程本质上是对二值图进行了一种变换。

当然,沥青混合料是一个立体的空间结构,路表面是它的一个平面切片。集料在平面切片上的大小,一般小于其真实粒径尺寸。所以,二值图经过变换得到的一系列圆形并不能认为就等价于其集料颗粒。但是,离析程度大小是相对的,这些圆的直径和位置,仍可以用于离析的定性评价。

具体评定方法是比较多样的。例如,比较简单的定性评价方法是取半径中值,即最大半径和最小半径的平均数,然后根据中值之上、之下的圆数量比例来判断是否存在离析。如果要更加细致和定量,还可以计算系列圆的级配曲线,或者仿照细度模数的公式计算一个类似的模数指标,与标定的标准值进行比较。采取哪一种算法,应该根据实际项目中的有关功能目标来决定。

7.2.3 基于三维图像的离析检测

上一章我们已经谈及的三维数字图像,它在数据结构上也是一个二维矩阵,但其元素值不是灰度而是竖直高程。近几年来随着三维路面摄像技术的发展,也出现了基于三维图像的离析测定方法。首先利用数字图像技术,将三维图像重构为立体形态。有时为了形象的应用需求,可以显示出三维纹理图(图7-6),当然这并不是必需的。

三维重构并不能直接用于判定离析,还需要把三维图变换为某种可量化的指标,进而通过标定来评价离析程度。常用的方法是构造深度标定法。

路面构造深度是一定区域内路表面凹凸不平的空隙深度,当路面局部富集粗集料时,构造深度会相对更大,反之当局部细集料富集时,构造深度就偏小。所以,经过适当的标定,构造深度与路面离析程度可以建立定量的关系,通常采用手工铺砂法。国内外已经有很多研究建立了这种对照关系,可以作为参考。表7-2所列是美国和加拿大有关评定规范中给出的数值。

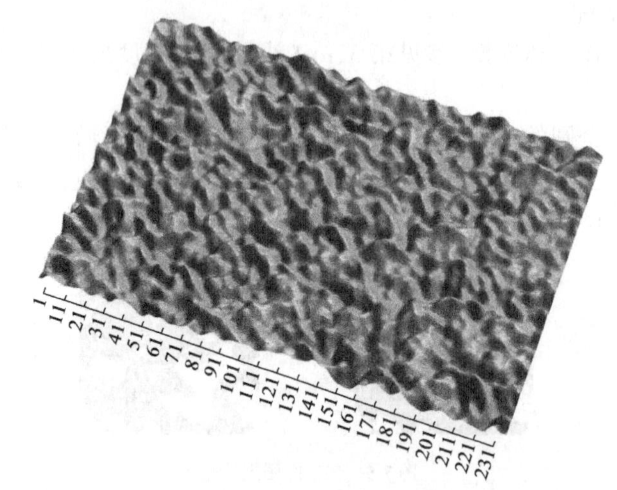

图7-6 三维纹理图

表7-2 构造深度与离析程度的标定关系

地区	适用范围	与均匀区域构造深度之比值		
		轻度离析	中度离析	重度离析
加拿大	中面层	<1.9	1.9~2.5	>2.5
	上面层	<1.6	1.6~2.2	>2.2
美国	—	1.16~1.56	1.57~2.09	>2.09

手工铺砂法的基本原理是以一定容积的量砂筒盛满标准砂,铺撒于待测地面,并将砂均匀摊平为圆形,测量圆直径,再根据一个确定的公式计算构造深度平均值:

$$\mathrm{TD} = \frac{31831}{D^2} \tag{7-4}$$

式中:D——铺砂直径;

TD——换算构造深度,mm。

为了建立三维图像与构造深度值TD之间的关系,可直接基于三维图像计算平均纹理深度。设图像上竖直高度最大值$Z_{\max}$为基准高度,对于某个点位$P_{x,y}$,其纹理深度$D_{x,y}$按下式计算:

$$D_{x,y} = Z_{\max} - Z_{x,y} \tag{7-5}$$

那么,求出图像中所有点位的纹理深度并取平均值,就是基于三维图像的构造深度值。它与实测的TD呈强相关性,但仍有一定差异,可以通过标定试验来建立修正关系。这样,我们就可以通过三维图像评价离析程度,其逻辑步骤如图7-7所示。

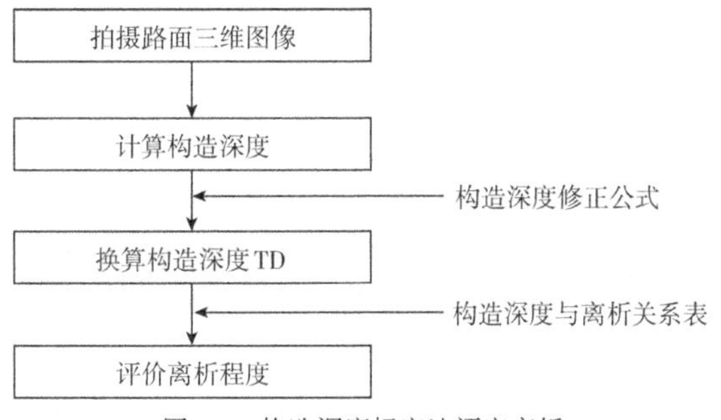

图 7-7 构造深度标定法评定离析

7.3 本章小结

本章介绍了基于机器视觉技术来评价沥青混合料离析的方法和技术路线。由于路面照片存在高度噪声,给预处理增加了复杂度,尤其是需要用高斯平滑算法二次二值化,才能在保留纹理的前提下尽可能去除噪点。无论是基于路面的二维还是三维影像,其本质上都是一种间接推算的方法,其准确性当然无法与筛分法这种直接方法相提并论。正如我们所看到的,机器视觉方法将图像变换成某种特征指标来判断离析,并高度依赖于现场标定。所以,该方法目前还远未达到成熟的程度,仍在不断探索完善的过程中。但它最大的价值在于快速便捷,能够以相对极低的成本和极高的效率快速普查大范围路面。所以,先用机器视觉法粗略地普查以发现可能存在离析的部位,然后再用其他更精确的方法有针对性地检测,不失为一个良好的组合技术手段。

思考练习题

1. 沥青面层的级配离析有哪些形式?其成因分别是什么?
2. 路面正摄影像有什么特点?为什么在预处理时需要高斯平滑后二次二值化?
3. 掌握颗粒模拟法评定离析的原理。尝试编写颗粒模拟法的程序代码。

8 隧道施工人员定位监测

隧道是公路三大基础结构形式(路基、桥梁、隧道)之一。尤其在西部山岭地区的高等级公路建设工程中,隧道经常占据全路线1/3以上的里程。由于隧道工程特殊的施工环境,对安全管控有更高的技术要求。本章将简述目前常见的人员安全定位管理技术手段,并重点介绍机器视觉技术在其中的独特优势。

8.1 隧道施工人员定位的常见方法

8.1.1 公路隧道施工工艺与人员分工

隧道可视为由支护及岩石承载环所组成的厚壁管,横断面形状通常由上下两个拱形组成。隧道施工过程主要分为开挖、出渣、初期支护、二次衬砌四个工序。除非遇到特别软弱的岩层,开挖一般都采用光面爆破法,即在掌子面钻若干炮眼,埋设炸药,集中爆破。每一次爆破能破碎掌子面前方一小段岩层,并使破碎范围与设计净空线大体吻合。爆破后用机械及车辆把碎石运输出洞,称为出渣。然后,利用锚杆和喷射混凝土对爆破后掌子面周围岩壁进行加强和稳定,这就是初期支护。最后,在初期支护的基础上,进一步制作防水层并浇筑混凝土,使隧道内部形成环状混凝土结构,具备完全抵抗围岩压力的能力。上述四个工序是一个依次进行的循环。每一次循环,掌子面就向前移动一小段距离。隧道施工就是这样循环往复进行直到最后贯通。

公路隧道施工所采用的施工工艺、材料结构都与掘进过程所处的围岩地质情况关系密切。工程上将围岩性质分为六个级别,Ⅰ级为特别完整、稳定的围岩,施工条件最好,也最安全;Ⅵ级为特别破碎、不稳定,伴随着垮塌、突泥涌水危险的围岩。如果围岩条件恶劣,在施工工艺上会更加稳健保守,缩短安全布局,及时制作支护;在材料结构上会提高强度,例如增加锚杆密度和深度,在二次衬砌中使用钢拱架和钢筋网等;在测量监控上会提高检测频率,密切关注围岩变形,及时发现潜在危险。

隧道施工的核心内容是开挖和支护,同时也需要很多其他工作予以辅助。一般而言,在隧道内部作业的工人常分为几个班组,各自负责一定范围的工作。

(1)开挖班组:从事与爆破开挖工序有关的工作,包括钻孔、装填炸药、引爆等;

(2)出渣班组:主要是运输车队,也包括装载机等洞内机械操作,工作任务是把爆破产生的碎石运输出洞;

(3)初期支护班组:负责隧道初期支护作业;

(4)二次衬砌班组:负责制作隧道的仰拱、防水和二次衬砌;

(5)测量组:负责对隧道断面进行必要的监控量测,如洞内收敛、拱顶沉降、净空净宽等观测与测量,持续监测围岩的变形情况;

(6)电工组:负责洞内供电线路的布设,维护电力和照明系统的正常;

(7)辅助工组:负责其他的杂项工作。

8.1.2 隧道施工安全管理

隧道主要施工工序都在洞内进行,主要施工人员都在洞内作业。与一般露天施工环境相比,洞内施工有很多特殊的不利因素。第一,洞内照明光线昏暗,视觉范围小。第二,尽管有通风设备,洞内空间还是存在一定粉尘,进一步影响通视。第三,洞内空间狭小,通行不便,容易发生事故。第四,爆破作业时危险性很大,如果洞内人员没有清空,很容易发生伤亡。第五,洞内难免偶尔因围岩原因发生垮塌,危及人员安全。

我国从行业规范、政府指令以及建设管理规定等各方面,都对隧道施工安全尤其是洞内施工人员的安全十分重视。一系列安全制度已经在全国隧道施工中得到普及,形成了很多标准化安全管理方法。以下列举一些与人员日常作业安全有关的通行管理要求和办法。

(1)人车标识:所有进入隧道的人员必须佩戴安全帽、穿工作服,在安全帽和工作服上必须有清晰可见的反光贴。同样,所有进入隧道的车辆也必须装有反光贴、LED 闪光灯等醒目的警示标识。

(2)门禁登记:隧道洞口安装有人车分流的门禁和道闸,所有进出隧道的人员和车辆、机械都需要经过登记。这样做的目的是随时掌握洞内存在哪些人员和机具,并且防止无关人员随意进入洞内。

(3)全洞照明:洞内按照标准化施工的要求,每隔一定距离安装照明灯,确保从洞口直到掌子面全都有供电和照明。

(4)通信主线:沿隧道布设通信光缆,一直达到掌子面处,确保洞内的监控视频以及其他通信、报警信息能够及时传到洞外。

(5)爆破清场:爆破前确保在一定安全距离(通常是250m)内的人员和机具全部撤离,并在有害气体粉尘排出、爆破警戒解除之前,禁止一切人、车接近。

8.1.3 施工人员实时定位常用技术

要对洞内施工人员进行有效的安全监管,实时定位是非常有必要的。在以往最传统的管理方式中,依靠门禁和人工登记来获取洞内人员的信息。后来虽改进为刷卡进出、自动登记,但仍然无法掌握洞内人员的实时位置。到目前,已经有很多技术服务商推出了各自的洞内人员定位系统产品,有关功能的实现也成为各省各地的标准化要求。

1)洞内定位的坐标系形式

(1)一维坐标系。

一维定位是最简单也是各种技术路线实现得最多的定位形式。一维坐标系一般以洞口为原点,坐标轴沿着洞身指向掌子面。需注意,坐标轴不是笔直的,而是始终贴合洞身的走向,在洞身弯曲处,坐标轴也跟着弯曲。所以,该坐标系并不是严格的数学空间坐标系,而是一个为了满足实用目的的工程坐标系。在这个坐标系下，洞内工人的坐标就等于他沿着洞身移动到洞口所经过的距离。该坐标系只提供工人在洞内的深度信息（即工人到洞口的距离），适用于比较粗略的监控管理。当定位要求不高，成本预算有限时，常采用这种定位模式。

（2）洞身二维坐标系。

另一种常见的坐标系是沿洞身进展的平面坐标系。坐标原点一般定于洞口横断面的地面中心点，有时也会定于洞口左侧或右侧拱脚处。其纵轴（Y轴）类似于上述一维坐标轴，从原点出发，沿着洞身轴线方向分布。横轴（X轴）则处处垂直于纵轴，它表示点位在当前横断面上的横向位置。隧道走向弯曲，就使得Y轴也是弯曲的，因而不同Y坐标处的X轴不一定平行（图8-1）。它也是一个几何上不严格的工程坐标系。该坐标系比一维坐标系要丰富和精确，适合于掌握隧道内所有人员的总体分布情况，当然实现起来，其硬件和成本上的需求也明显高于一维坐标定位。

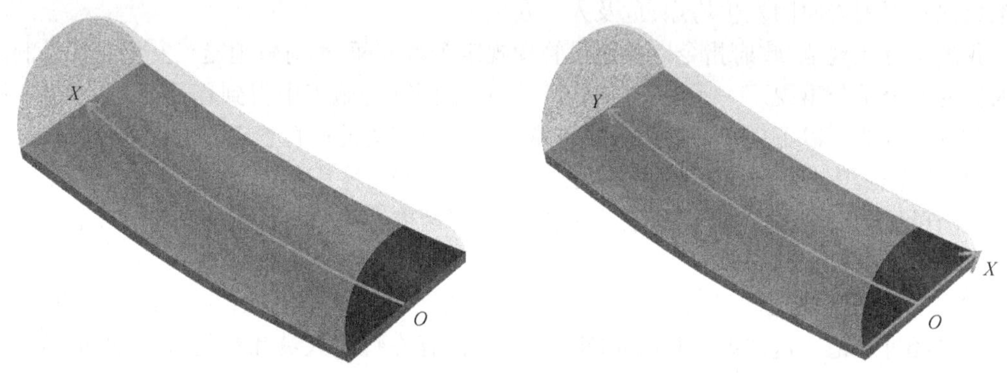

图8-1　洞身一维坐标系（左）与洞身水平二维坐标系（右）

（3）掌子面二维坐标系。

隧道掌子面近似呈半圆形，施工作业时台车贴近掌子面岩壁，工人站在台车上，高度和位置各有不同。台车与掌子面视为重叠，以掌子面左拱脚为原点，横向向右为X轴，竖向向上为Y轴（图8-2）。掌子面二维坐标系只反映开挖班工人在台车上的位置，不反映沿隧道开挖方向的深度位置。如果施工监管方面只要求掌握掌子面开挖班组的人员位置情况，这种定位模式是适合的。

（4）三维定位。

最完备的坐标系是整个隧道内部空间的三维坐标系。它是在洞身水平二维坐标系的基础上增加了竖向的Z轴。显然，Y轴是随洞身延伸的，各处X轴不一定平行，它也是一个不严格坐标系。在隧道内实行全空间三维定位成本很高，对硬件设备和维护投入都有很高要求，因此实际工程中极少采用。

2）洞内定位的常见技术手段

如果是在露天环境下，人员定位容易通过GPS/北斗技术实现。但是隧道内没有卫星信号，因此不得不借助于完全不同的室内定位技术。在这个领域，存在三类主要的方法。它们的相同之处是均在隧道内布设一定数量的“基站”，同时施工人员随身佩戴“标签”，通过基站和标签之间的通信来实现对标签的定位（图8-3）。

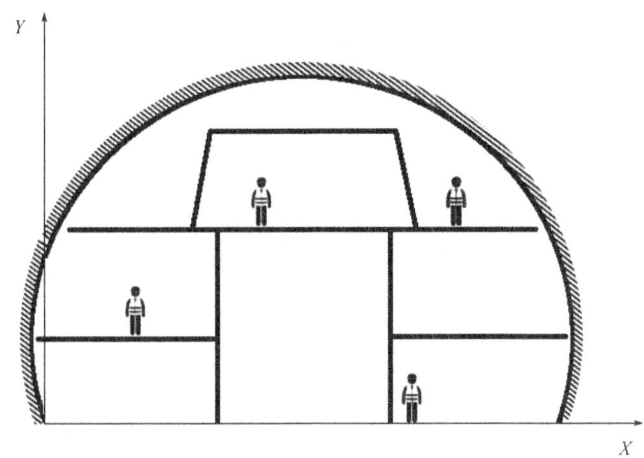

图 8-2　掌子面二维坐标系

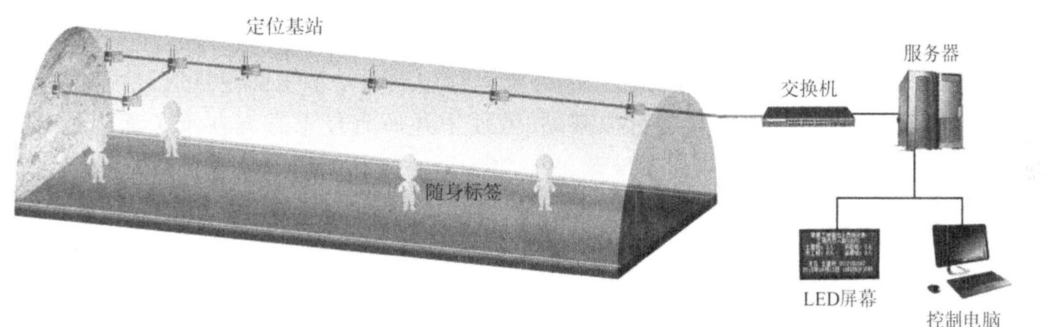

图 8-3　隧道施工人员定位系统一般结构

(1)RFID(射频识别技术)定位。

这是一种射频定位技术,基站位置是已知的并且与洞外服务器相连接。施工人员随身携带 RFID 标签卡,当经过基站附近时,就会被基站感应到,并把相关数据发送给服务器。由于 RFID 的感应距离并不大,因此,这种方法一般不能覆盖隧道内所有空间。基站仅能获知标签是否出现在感应范围内,无法判断标签的具体位置。

(2)蓝牙/Zigbee(紫蜂)/Wi-Fi(无线网络通信技术)定位。

这几种定位技术的基本原理是类似的,即采用有源标签,由标签主动搜索基站并与基站通信。在基本无遮挡的环境下,这类定位手段覆盖的范围较大。基站能够测定标签发来的信号强度,从而粗略判断标签的距离(不考虑多路径效应)。例如,假设两个基站同时捕获了同一个标签的信号,这两个基站相距 100m,而两个基站测得的标签距离分别为 60m 和 70m,那么就可以通过三角定位的方法获得标签的具体位置(图 8-4)。这种定位方法测距精度不高,定位误差一般在米级。

(3)UWB 定位。

UWB 全称为“超宽带脉冲通信”,这是一种较新的无线通信技术。它不需要使用传统通信方式中的载波,而是发送很多个频率变化范围很大但持续时间极短的脉冲来进行通信。UWB 定位的基础也是测距,通过两基站三角法或者多基站平差法计算标签的位置。它最大的优点是具有毫米级的高精度,在一般实际应用场景下也能达到厘米级,而且对多路径效应有很强的抵抗能力。这项技术目前已经越来越多地应用于隧道、地下空间、工厂等室内场景。

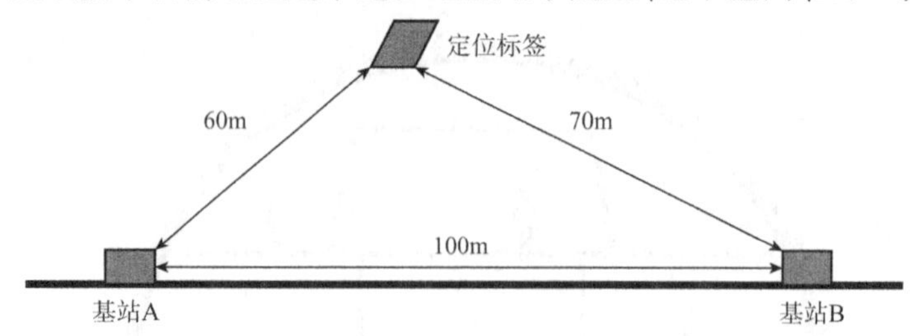

图 8-4　三角定位原理示意

以上三类定位技术都基于电磁波通信,需要在隧道内布设多个专用基站,同时施工人员要佩戴专门的标签卡。尽管上述手段已经在实际工程中被证明是有效的,但是应用效果往往并不理想,主要原因有三方面:首先是工地上情况比较复杂,施工人员对系统应用的重视程度不够,经常忘记携带标签,未及时充电或者干脆遗失了标签;第二,基站的持续维护和增设造成了较大的人工成本,往往在初装一段时间之后就逐渐废置不用了;第三,也是最重要的,即隧道里施工人员最密集、安全风险最大、最需要定位监测的是掌子面附近区域,但是这个位置还没有施工二次衬砌,无法安装定位基站,致使上述所有技术方案在掌子面附近都很难应用。

这些实际的困难促使人们不得不寻找更加符合工地现实情况的其他方法。按照安全管理要求,隧道内都装有视频监控,尤其是开挖台车上对掌子面区域的全覆盖视频监控是任何隧道施工中都非常重视的,并且在整个施工期间能得到良好的维护。鉴于此,近年来开始有研究者尝试直接利用开挖台车上的高清摄像头实现基于机器视觉的施工人员定位,通常简称视觉定位。与上述电磁波定位方法相比,视觉定位的优势是显而易见的:首先它不需要施工人员做任何配合工作,甚至施工人员根本感觉不到它的存在;其次它不需要任何额外的硬件,不增加任何维护成本;最后,它是目前唯一可以有效覆盖掌子面区域的定位手段。

8.2　基于机器视觉的施工人员定位系统结构

充分理解系统的需求是系统成功开发的关键。本章所讨论的视觉定位系统的总体目标是在相对精确的程度下管控隧道内的作业人员,实现人数统计与人员定位的要求。

8.2.1　功能目标

首先,系统的基础功能是对人员进行实时定位。掌子面处开挖班组工人进行钻孔装药作业时,站在一个专门的台车上(图 8-5)。因此不仅要对人员的平面位置定位,还需要确定人员的竖向高程。但是定位精度要求并不太高,一般只要误差不大于 1m 就足以满足需要。

其次是对隧道内人员的定员管理。按照施工组织设计要求,掌子面区域附近的施工人员是属于特定班组,负有特定工作职责的特定人员,其数量和人员身份都是有所限定的,所以要求系统至少能够对人员的数量进行辨认统计。系统的最高目标是识别每个工人的具体身份。

当监视区域内出现超员或其他某些可辨识的异常情况时，系统需要在可视化界面上给出警示提示。

图8-5　隧道掌子面施工场景

8.2.2　性能要求

为了保证系统能够安全、稳定地高效运行，系统应满足硬件和软件两方面的性能需求。在硬件上应具备高度的可靠性，能适应隧道内的温湿度变化以及粉尘、爆破振动的影响。在传输方面，所采用的线缆、网桥、服务器等硬件设备须具备长时间工作的稳定性，保证施工期间系统能够正常运行。在软件方面，从视频画面流中实时进行人员识别和定位，必须具有足够高的效率，保持识别与视频画面展示之间的时差控制在可接受范围内，不引起明显可见的滞后，更不能引起视频卡顿。

8.2.3　总体架构

系统总体是由硬件物理层、数据处理层、服务应用层组成的三层结构。其中硬件物理层的主要功能是通过摄像头等硬件设备采集隧道内的监控视频，包括但不限于掌子面区域，并把图像实时传输至数据处理层。数据处理层基于特定的软件，对监控图像分析处理、集成与融合，形成由人员数量和人员位置坐标信息等构成的数据资料。这一层级的相关算法是系统的关键技术所在。服务应用层是整个系统与用户交互的部分，把数据结果可视化呈现给用户，同时以合理的形式保存于数据库中。

数据处理层的主要工作内容一般包括以下几个方面：①在系统运行之前，必须对所有摄像头的位置做标定。通过摄像头标定可以矫正图像畸变，并获得摄像头的相关参数。②根据系统功能需求，确定合适的采样频率，保证各摄像头采样的同步性。③对采集的视频图像进行预处理以提高检测效率和准确性。④利用某种人工智能算法模型对监视区域进行人员检测，并在图中提取人员在像素坐标系中的位置，进而换算为实际位置。

8.3 施工人员识别方法

8.3.1 黑暗场景下隧道图像预处理

机器视觉领域中目标检测的方法是比较成熟的,但隧道场景具有一定特殊性,很多算法对隧道影像的应用情况并不理想。这主要是因为隧道影像环境比较昏暗,工人衣着颜色与环境区分度偏低;且照明灯光分布不均,同一场景往往有明显的明暗差异(图 8-6);再加上工人运动对摄像画面的模糊效应,以及粉尘的干扰等因素,都给目标检测增加了难度。

图 8-6 明暗不均的视频图像

1)隧道图像去噪

隧道中低光度的视频图像上存在比一般户外视频图像更多的随机噪声,为了不干扰后续处理,首先尽可能地去除噪声。噪声的主要成因是隧道中光照程度不均匀和粉尘的影响,因而噪声的主要成分是椒盐噪声。去除噪声的主要技术方法与其他应用领域是类似的,基本可分为空间域和频域两大类。

空间域的去噪算法相对简单,计算量不大,即通过低通滤波卷积运算消除图像中的尖锐部分,对椒盐噪声去除效果比较好。这类方法的缺点是对图像所有部分进行了统一的处理,但是噪声的分布却往往是不均匀的,例如在比较黑暗的部分噪声密度一般会更高。对此,可以用快速傅里叶变换把图像从空间域变换到频域来处理,一个典型的方法是小波去噪。正常图像信息与噪声在频域系数上会有较明显的差别,只要选取合适的阈值,就可以将图像与噪声分离。小波去噪具有多分辨率的性质,可以针对具体图像特性调整合适的分辨率"挡位",较好地保证图像信息不受破坏。

2)图像增强

隧道内视频图像总体呈现灰暗色,色彩和细节都不突出,不利于后期处理,因此,进行增强处理以提升图像质量,是一个必要的预处理环节,常用的方法如直方图均衡化。

由于隧道图像明暗分布不均,对全局进行直方图均衡化,往往造成灰度级数偏少,尤其对偏暗的部分效果很不理想。对此,有一种改进的自适应均衡化算法,它是先对图像进行分块,在分块内做均衡化处理。这样,在每一个分块内都实现了灰度均衡,最大限度提升了图像的对比度,保留了图像信息,使图像质量得到改善。

3)二值化与形态学处理

有相当一部分目标识别算法是基于形态学的,自适应二值化是形态学处理的第一步,具体算法参见第3.2.8小节。每一个摄像头所处的环境是相对固定的,例如拍摄掌子面的摄像头就是用于拍摄掌子面,一般不会转过来拍摄洞口方向。所以,一个特定的摄像头的画面也存在一定的明暗分布特点,自适应二值化的适宜参数是大致稳定的,这就给我们的处理带来便利。

除二值化外,开闭运算也是常用的去噪和形状修理方法。同样,要根据画面特点选取合适的计算参数,这需要基于样本图像反复测试方能确定。

8.3.2　基于运动目标检测的识别方法

隧道内人员与环境区分度较低,一般不太考虑从单张图像中静态地识别人形目标,而鉴于人员总是处于不停活动的状态,环境则处于静止状态,所以运动目标检测法经常被使用到。

1)一般算法

运动目标检测是指把视频中邻近帧的运动目标与背景图像区别开来的算法。在一般户外场景中,由于环境风的存在,树叶等环境物体经常发生微小的晃动,而这很可能被算法误认为运动目标。隧道场景中不存在这方面的问题,只要充分消除了噪声,捕捉到的运动物体大体上就是移动着的人或车辆。运动目标检测的具体算法分为差帧法与背景减除法,其细节在第3.3.7小节已讲解到。帧间差分法利用图像序列中连续的几帧图像相减,不变的背景被消除,运动物体则留下一个大概的轮廓。在靠近洞口的位置,环境光线的改变会影响到视频画面,差帧法是比较适宜的,因为它总是用当前临近的帧作为背景。背景减除法是用一张固定的图像作为背景,用当前图像减去背景图,得到与背景有显著差异的部分,就是可能的视觉目标。隧道内部完全没有日光,照明灯光是24h稳定不变的,背景画面比较稳定,因此可以选取一张没有人的画面当作背景图。当然背景图也需要定期更新,因为有时候隧道内会搬动、堆放一些物品,造成背景的改变,一般可以在停工时间(如半夜)自动取图更新背景。

有时只用一帧图像作为背景效果不够理想,因为会把图像中残留的噪声或者预处理时造成的细微变化一并作为背景信息。为此,有人提出一些背景建模的专门方法,例如混合高斯背景建模法。该方法认为在视频连续的帧序列里,如果一个像素点是背景,那么它的灰度在时域上大致服从高斯分布。即,每一个像素点都可以建立一个高斯分布模型。于是,所谓背景不再是一张单纯的图像,而是各个像素点的高斯分布的集合,或者说,背景图上每个像素点的灰度不再是定值,而是一个概率分布。这种处理可以很有效地避免残留噪声的影响,提高识别的准确率。

2)光斑与阴影

隧道施工人员有时会佩戴头灯(图8-7),或者手持手电筒,形成移动光源,其照射到地面或墙壁上就形成明亮的运动光斑。另外,工人在固定光源附近移动会形成移动的阴影(图8-8)。运动目标检测算法会把移动的光斑和阴影都作为运动目标识别出来,而且它们往往与作为视觉对象的工人本身融合在一起,这直接造成了错误的识别结果,影响了后续的处理。

图 8-7　佩戴头灯的工人

图 8-8　施工人员的阴影

无论是差帧法或背景减除法，都会设定一个差分阈值，当像素灰度差分值（或其绝对值）超过这个阈值时，则认为出现了视觉目标。隧道内光斑的特点是比较明亮，与背景有明显的灰度差距。因此，可以再定义一个差分上限阈值，如果当前像素与背景像素的灰度差高于这个阈值，则认为是光斑，不予采纳为视觉对象。这是一个简便且大致有效的剔除光斑的方法。

阴影的去除则更复杂一些。从图像特点来看，阴影比背景区域更暗，但与背景像素有相似的纹理特征，而且在同一个摄像头的拍摄区域里，阴影只出现在画面特定的区域内。

类似光斑的处理，对于阴影也可以设定一个阈值，差分低于这个阈值的视为可能的阴影。但需要注意，阴影与背景的差异并不像光斑那么明确，因此，低于阈值的像素只能认为是可能的阴影，还需要进一步的判断。判断方法是利用阴影中保留了背景原有的图像纹理特征，具有明显的相关性。对于某像素点的邻域 N，按照式（8-1）求出两幅图像在该邻域中的像素相关系数 S：

$$S = \frac{\sum_{P \in N} B_P \cdot I_P}{\sqrt{\sum_{P \in N} {B_P}^2 \cdot \sum_{P \in N} {I_P}^2}} \tag{8-1}$$

式中：P——邻域 N 中的任意一点；

B_P、I_P——背景图和前景图上 P 点的像素值。

基于式(8-1)，可利用预设的阈值评判邻域 N 是否在阴影中，从而将其识别出来。

运动目标检测算法捕获的视觉对象是一个近似轮廓的像素点集。显然，一切移动的对象都会被捕获到，但有时获取的是车辆图形而并非工人(图 8-9)，这就需要对捕获到的对象做进一步的筛选。计算机完成这个筛选并不是太容易的事，捕获到的工人视觉对象往往不是很理想的单个人体形状，他可能是骑着摩托车，或是肩扛物品，或是两三个人身形有重叠。有时候，计算机不能很好地识别哪些运动物体是人，哪些是车辆或其他物体。

图 8-9 捕获到非人形运动物体

8.3.3 基于安全帽形状特征的识别方法

考虑到所有进入隧道的人员都戴有安全帽，如果能够利用安全帽外形特征做识别，以安全帽代表工人，不失为一个可行的方法。与运动目标检测法相比，这种方法具有以下几个优势：

(1)该方法与视频流无关，只需要一张图像就可以进行识别，因而不涉及选取背景图或背景建模的问题；

(2)安全帽顶部呈圆形，基本不受拍摄角度影响，外形特征比较稳定，易于识别；

(3)隧道内几乎不会出现其他圆形物体，因此，安全帽的外形具有很强的特殊性和代表性；

(4)该方法只依赖于安全帽外形特征，与工人整体外形姿态无关，不受工人身体姿势或者驾驶摩托车、搬运物品等情况的影响；

(5)不受工人并排行走时身体发生遮挡的影响，虽然安全帽也可能出现遮挡，但概率远小于身体遮挡的概率；

(6)不受光斑、阴影影响。

当然，基于安全帽外形的识别法也存在一些缺点，如安全帽外形不易分离、获取样本和训练过程比较复杂等，在接下来的详细介绍中我们会有更多了解。

1)视觉对象的特征化

我们知道，在计算机视觉中任何视觉对象都必须抽象化为一系列特征值才能进行识别，这个过程叫作视觉对象的特征化或参数化。安全帽的外形特征主要在于其上半部分，呈现一个圆弧形,当然根据拍摄角度不同,这个圆弧的大小和形态会有所不同,如图 8-10 所示。

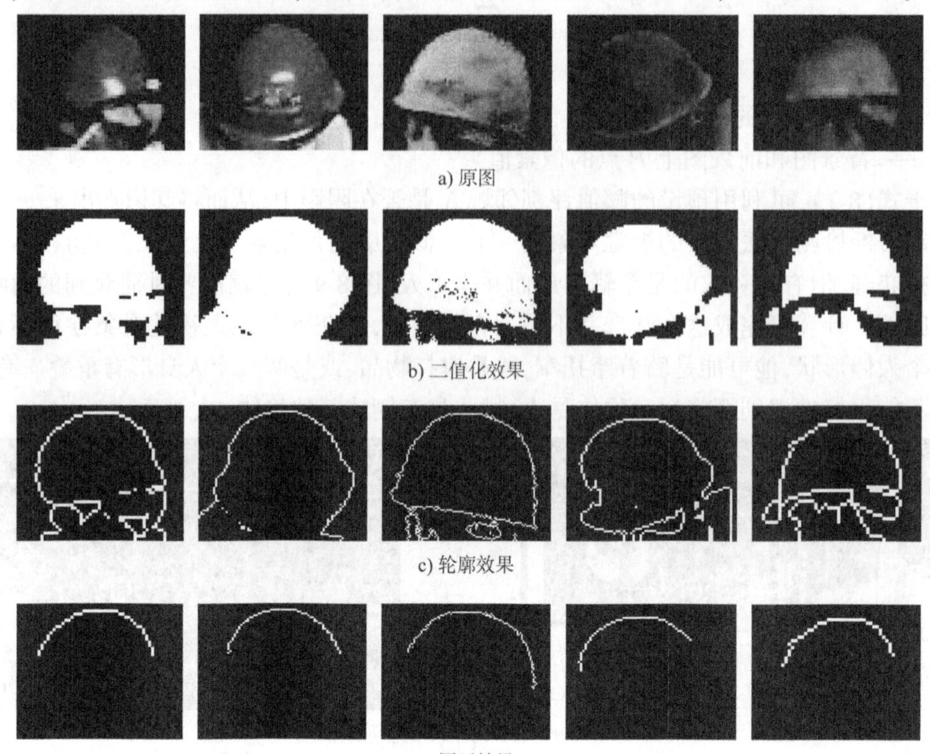

图 8-10　安全帽形态特征提取

通过图 8-10 所示的流程将安全帽影像转化为一段弧线后,再进一步将弧线参数化。首先应指出,安全帽弧线虽然可以倾斜,但总体形态一定是上弧形,即开口一定是向下的,按照这个特征可得出一个阈值条件(图 8-11)。用数学语言描述就是:取弧线两端点连线的中点 M,再取弧线的中点 N,则点 N 的纵坐标一定小于点 M 的纵坐标。

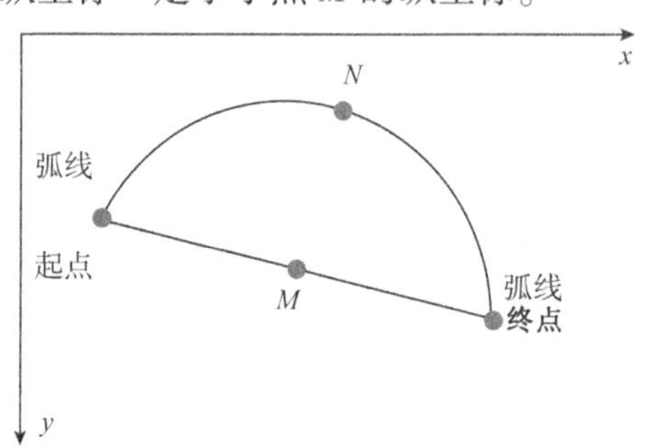

图 8-11　安全帽特征弧线的阈值条件

如果一个弧线不满足上述阈值条件,则可以立即判定它不是来自安全帽影像并被排除。满足条件的弧线,则应把它变换为一系列特征值,这些特征值可以把圆弧与其他的线形区别开来。比较简单且有效的特征值是 7 个 Hu 不变矩(其定义和算法参见第 3.3.2 小节),也就是说,对于一段安全帽外形弧线,求其 7 个 Hu 不变矩,用 7 个数值代表这段弧线。同理,如果要判断一个曲线是否来自安全帽影像,就先判断它是否满足阈值条件,若满足,则计算它的 7 个

Hu 不变矩。无论曲线长短和形状如何，一律转化为 7 个数值来进行识别判断。

2）训练分类器

安全帽的视频影像千差万别，但是按上述方法做特征变换后，所有不重要的信息都被剔除，只留下它上半部分的外形特征。这样，我们可以使用一个结构比较简单轻巧的分类器来完成任务。例如，建立一个全连接神经网络，它的输入层有 7 个神经元，输出层为两个神经元。隐藏层的规模和层数需经由训练效果来测试确定，目标是在实现较好的准确率和泛化性能的基础上，使模型结构尽可能简单。

为了获得理想的准确率，需要准备尽可能多的弧线样本。当然它们必须来自真实的安全帽影像，而不能随意绘制。事实上本方法的一大难点就在于获取足够多的安全帽影像，并把它们整理成一个个弧线样本，这是一项很繁重的工作。不过，只要样本库一次制作完成，就不再需要重复这个过程。

3）弧线搜索

隧道内拍摄的一幅影像经二值化、去噪和轮廓提取等一系列预处理之后，会得到大量轮廓线。显然，一个安全帽并不会转化为一条单独的外形轮廓弧线，而是与其他轮廓结合在一起。图 8-12 所示是一个隧道内影像经预处理提取轮廓后的结果，计算机如何能从纷繁复杂的轮廓线中找到右边的两个安全帽弧线呢？

图 8-12　视频图像中的众多轮廓曲线

该问题的本质是这样：对于一条曲线（轮廓线），长度为 L 个像素，在第 X 个像素与第 Y 个像素之间的部分是安全帽弧线，而其他部分则是无意义的线条，那么需要有一种算法，能够找到大致的 XY 线段范围，即确定近似的 X、Y 的值。

为了解决这个问题，我们首先需要定义一个安全帽弧线的最小可能长度 L_{min}（单位为像素）。当头戴安全帽的工人出现在画面中，如果他距离摄像头较近，则安全帽弧线会相对较大；反之如果他距离摄像头远，则安全帽弧线相对更小。显然距离越远，可识别性越差，误差率越高。我们可以根据经验或测算，规定一个反映工人远近程度的阈值，当工人距离摄像头远过这个程度，就认为他已经超出了识别区域，系统不再需要识别他了。这个阈值，就是安全帽弧线最小可能长度，如果一段曲线的长度低于这个值，系统就不再需要判断它是否是安全帽弧线，而是直接排除它。

于是，对于图像上一段长度为 L 个像素的任意曲线，仿照图像金字塔原理对它进行层级分割，我们称之为曲线金字塔。将最小金字塔尺寸、尺寸递减步长、同级金字塔平移间隔都设为 L_{min}，从而将一段曲线以多个尺度作分割，每一次分割都对其中各个子线段作识别，找到其中可能来源于安全帽影像的弧线部分。

对一段曲线作某一级金字塔分割要依据两个参数，即：

(1)金字塔尺寸，记作 α，含义是分割出来的子线条的长度；

(2)分割起始位置，记作 β，表示从原曲线的第 β 个像素开始分割(β 从 0 开始计)，而 β 像素之前的部分视为被舍弃了。

下面简要地说明弧线金字塔的分割步骤。假设一段弧线长度为 L 个像素，那么第一级金字塔的尺寸 $\alpha_1 = L$，起始位置 $\beta_1 = 0$，分割获得了唯一的一条线段，也就是原曲线本身，这是第一级分割。接下来，把尺寸减小步长 L_{min}，得到 $\alpha_2 = L - L_{min}$，起始位置 $\beta_{21} = 0$，再进行分割，这是第二级第一次分割；然后，把起始位置移动一个平移间隔，也是 L_{min}，再进行分割，这是第二级第二次分割。对于第 n 级分割，金字塔尺寸为：$\alpha_n = L - (n-1)L_{min}$，每一次分割后，都把起始位置移动 L_{min}，直到起始位置达到或超过了本级第一次分割时第一条子线段的终点，就停止本级分割，进入第 $n+1$ 级。逐级分割下去，直到尺寸小于 L_{min} 停止整个金字塔的分割过程。

金字塔分割看起来有些烦琐，但是它是整个算法中非常关键的环节。由于在特征变换基础上建立的分类器模型比较简单，识别运算速度很快，因而可以忍受一定的金字塔运算量。但是当原始照片分辨率较高时，也会使全图轮廓曲线过多过长，导致运算量过大而效率过低。其实，将运动目标检测法与安全帽形状识别法结合起来，会更加提高识别效率。首先用运动目标检测法获得运动物体所处的区域，然后就只需要在这些区域内执行安全帽形状识别算法就可以了。这样，搜索的轮廓线数量会大大减少，整体效率可以得到显著的提升。

4)方法小结

基于安全帽形状特征的识别方法相对于运动目标检测法具有一些明显的优点，当然它仅适合于公路隧道施工这个特殊的应用场景。它基于两条基本假设：第一，凡是进入隧道的人员都佩戴了安全帽；第二，除安全帽外，不会出现其他形状规整的球形或半球形物体。它的基本思想是先训练一个分类器，使之能够识别一段曲线是否属于安全帽图像的外形轮廓；在应用时，对摄像机图像进行二值化和轮廓提取，再对每一段轮廓线作金字塔分割，用分类器识别分割出的每一条子曲线，最终发现其中存在的安全帽轮廓。

该算法的总体思想是明确的，但具体细节却可以灵活调整。例如，图 8-11 所示的阈值条件也可以稍作更改并整合到特征向量中。我们可以计算从连线中点 M 到弧线中点 N 的向量 $\boldsymbol{MN}$ 的方向角 θ，并把 θ 加入特征向量，于是特征变换就产生 8 个特征值(θ 和 7 个 Hu 矩)。这样做的好处是我们并不简单粗暴地规定弧线开口只要向下就可以，而是更精细地考察弧线开口的具体方向，其判定准则的确定就交给分类器的训练去实现。

当然，对弧线作特征变换不一定要使用 Hu 不变矩，本书采用它是因为它是一种可行的选择,并且其定义已经在第3章详细介绍过。完全可能存在其他数量更少、效率更高、效果更好的特征组,有兴趣的读者可以进一步研究和尝试。

8.3.4　基于级联卷积神经网络的识别方法

1)级联卷积网络基本结构

随着机器视觉技术的迅速发展,很多具有普遍适用性的目标识别算法被开发出来,有研究者也把相关技术借鉴到隧道施工人员的识别应用中。这类普适性算法往往都很复杂,模型也很庞大,其中比较有代表性的是一种级联结构的卷积神经网络模型。它的整体思想是,将图像以不同的分辨率输入若干个卷积网络。第一个网络分辨率最低,它被训练为识别最粗浅的信息,其任务是快速地拒绝图片中的背景区域。在后续网络中,图像分辨率逐步提高,每个网络都在前一个网络的基础上进行学习,不断修正,学习更加精细的特征。每个网络独立进行识别,在某一级被拒绝的样本就不再进入下一级网络,顺利通过所有网络的对象才被采纳。

第4章中我们已经介绍过卷积神经网络的一般形式,它是一种适合处理图像数据的网络模型。例如一张彩色图像可以看作一个三维矩阵,除了二维平面尺寸之外,图像的三个颜色通道构成第三个维度。卷积网络的结构比较复杂、庞大,典型的组成结构有:卷积层、最大池化层、平均池化层、全连接层、全局平均池化层等。卷积层是卷积神经网络结构中最重要的部分,用来提取图像特征。每个卷积层都有自己的核函数,也就是卷积核,它能提取图像某一方面的特征。最大池化层可以有效地缩小特征图的尺寸,减少网络的参数。全局平均池化层用于代替全连接层,对每个特征映射矩阵进行全局平均池化,这样每个特征映射都可以得到一个输出。

由于直接使用像素值(0~255)为输入数据,所以激活函数一般采用ReLU函数。在每次卷积之后,要对卷积输出进行正则化处理。而每次进行池化操作前,应增加特征图的通道数。直观地说,增加一个通道就是增加一种特征描述,通道数不足会使得网络表达能力不够。池化的最后阶段再使用全局平均池化层代替全连接层,可以有效降低参数量,并且增加网络的非线性表达能力。

卷积网络的损失函数要能合理地量化所得结果与预期效果的偏差。首要地,我们要求网络给出的图片是正确的工人图片,而不是其他物体。其次,这个图片的范围应该刚好包含工人,而不是太大以至于包含了其他无用的对象。第三,在确保以上两点的基础上,整个网络的参数数值最好是相对集中于0点周围,不要有太大的离散。所以,定义的损失应该包含三个组成部分:识别错误导致的损失、边界框范围不合适导致的损失和参数正则化损失。

识别的正确与否是一种二分类结果,可以使用式(4-21)所示的二分类损失函数判定,其中x等于正确类别得分减去错误类别得分。正确类别得分越是领先,则损失值越小;正确类别得分越是落后,则损失值越大。

卷积网络截取的图片窗口与样本标记窗口的位置差异形成边界框范围损失,用一个四维向量表示一个边界框,四个数字分别为左上角坐标和方框高度、宽度。此时两个边界框A、B的位置差异损失为:

$$L_i = k \cdot || A_i - B_i ||^2 \tag{8-2}$$

其中,L_i是第i个样本的边界框损失,它等于A_i、B_i两个边界框向量的内积乘以系数k。系

数 k 的作用是调整这项损失在总损失中所占的比重。识别损失是最重要的,边界框损失的权重必须小于识别损失。

正则化损失的定义是网络所有参数的平方和,参见式(4-10),但在此处也需要乘以一个权重系数。上述三项损失加起来就是卷积网络的总损失。

2)级联卷积网络的训练

级联网络的训练需要逐级进行。假设我们已经建立了一个拥有足够容量的样本库,样本是隧道内采集的图片,并且图中的施工人员已经标注,那么如果选用的级联卷积网络有 N 级,则训练分为 N 个步骤。

第 1 步:利用图中标注信息从原图中裁剪出车间人员区域的图像,并缩放到一个标准的尺寸。这样做是因为人的实际身形大小是相似的,缩放到统一的尺寸可以排除目标远近不同的影响。接下来,把截图代入第一级卷积网络进行训练。第一级卷积网络是最浅、最简单的,其功能是快速地筛选出可能的包含施工人员的图片窗口。

第 2 步:利用第一个卷积网络对样本库中源图像进行处理,获得大量可能包含工人的候选图片,然后统一缩放到第二个标准尺寸。该尺寸一般是第一级网络的标准图片尺寸的两倍左右,也就是分辨率更高了。接下来,把图片代入第二级卷积网络进行训练。第二级网络比第一级网络更深更复杂一些,其功能是排除掉一部分不是工人的图片。

从第 2 步到第 N 步,都是训练相应级别的卷积网络。每个训练都是以上一级通过的图片为样本,目标都是排除一部分不是工人的图片。每一级网络的样本尺寸都比上一级要大,分辨率更高,同时每一级网络也都比上一级网络更庞大复杂。每级网络都应力求把弃真率降低,而对纳伪率则相对宽松。只要保证每级网络能正确地排斥一部分不是工人的图片,那么最终就可以确保通过所有网络的图片只剩下工人图片(图 8-13)。

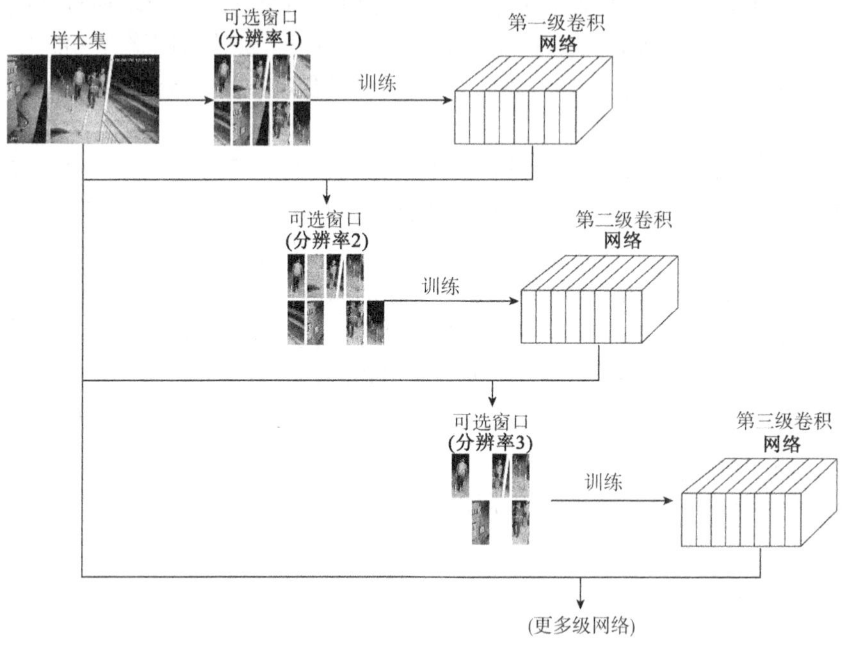

图 8-13　级联卷积网络的训练

3)改进的检测方法

网络模型训练完成后,就具备了从一张独立图像中识取工人图形的能力。一张待识别图像首先进行预处理,经多尺度采样构建图像金字塔,获得许多个采样窗口的子图像。将这些子图像作为样本,依次按照每一级网络所要求的尺寸进行缩放,并代入识别。其中绝大部分子图像会在第一级网络或者中间某级网络被筛除掉,最终通过所有网络的图片就是工人图形。

卷积网络是现代计算机视觉技术的前沿,在一般性的视觉目标识别应用中发挥了强大的功能。不过其结构与其他方法相比过于复杂,对样本集容量和质量的要求都非常高。从经济角度说,隧道施工人员定位是一个非常细分的小众应用领域,而收集足够多的视频、图片,并完成样本集的整理、制作,是一项成本很高的任务。

卷积网络为了找到图像中的工人以及最佳外边框,需要把原始图像做金字塔处理并逐一测试,这意味着相当大的计算开销。如果先检测运动目标的位置再使用卷积网络识别,则会大大提升整个过程的效率。网络结构和训练方法都不需要改动,只是在检测的第一步即构建图像金字塔的环节,不再是把整张图片金字塔化,而是只把运动区域金字塔化,子图像的数量会大幅减少。

另一种改进方式是基于安全帽特征的特殊性,把安全帽作为识别目标,而不再是把人的形体作为目标。在这种改进之下,样本库需要另行制作,训练也需要重新进行,不过它的识别准确率和训练难度都会明显优于原方法。这是因为人的形体动作有很大的变异性,而安全帽的图形特征则稳定得多。当识别目标的复杂度降低、稳定性提高时,意味着所用级联卷积网络的级数、深度都可以有所简化,网络训练的难度也会显著降低。

8.4 施工人员定位方法

上面介绍了几种从视频画面中识别施工人员的方法,由于我们的目标是对施工人员定位,因此,还需要获取工人所处的位置。与其他室内定位应用不同的是,洞内施工人员定位的目的是安全监管,并不要求像工厂生产线或者机器人测控等场景下的高精度。虽然最理想的情况是能够实现从隧道入口直到掌子面的整个洞内空间的二维定位,但在现实应用中这样做往往没有必要,有时限于实际环境条件或者资金投入等因素,只需要做到相对粗略的定位,这正好发挥了视觉定位的长处,即在低成本投入和低维护需求下实现最大的系统性价比。

8.4.1 摄像头畸变标定

针孔模型是基本的成像模型,即把相机简化成小孔成像,三维物体通过一个理想针孔点投影在成像平面上(图 8-14)。

针孔成像原理的本质是坐标系的变换。图 8-14 中共有四个相关的坐标系。世界坐标系 $O\text{-}x_w y_w z_w$ 是摄像机之外自然物理空间的坐标系。摄像机坐标系 $O\text{-}x_c y_c z_c$ 是以针孔为原点,正焦距方向为 z_c 轴,垂直于投影平面(即像平面),$x_c y_c$ 轴则平行于像平面。成像坐标系 $O'\text{-}xy$ 是在像平面上的二维坐标系,以像平面中心 O' 为原点,x、y 轴从空间上看分别与 x_c、y_c 轴平行且反向,这是因为物体经投影后刚好发生了翻转。第四个坐标系是像素坐标系 $o\text{-}uv$,也就是图像处理使用的图片坐标系，以图像角点为原点，u 轴水平向左，v 轴竖直向下。

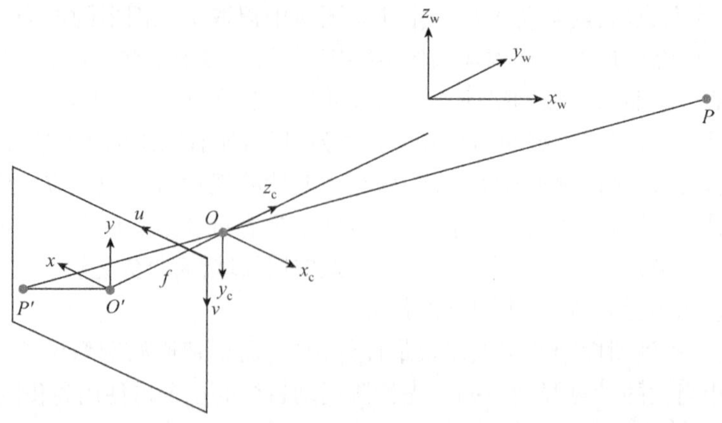

图 8-14　针孔成像原理

任意空间点 P 在世界坐标系下坐标为(x_w, y_w, z_w)，在摄像机坐标系的坐标为(x_c, y_c, z_c)，经光心（即针孔点）O，在像平面投影到 P' 点。经简单的变换处理，可得到像素坐标系与成像坐标系的转换关系：

$$\begin{bmatrix} u \\ v \\ 1 \end{bmatrix} = \begin{bmatrix} \frac{1}{d_x} & 0 & u_0 \\ 0 & \frac{1}{d_y} & v_0 \\ 0 & 0 & 1 \end{bmatrix} \begin{bmatrix} x \\ y \\ 1 \end{bmatrix} = \boldsymbol{D} \begin{bmatrix} x \\ y \\ 1 \end{bmatrix} \tag{8-3}$$

其中，u_0、v_0是像平面主点位置，d_x、d_y是像素与像平面之间的比例关系，也称为像元尺寸。上面的变换矩阵 $\boldsymbol{D}$ 称为摄像机内参矩阵。

根据投影的相似三角形原理，有：

$$\begin{bmatrix} x \\ y \\ 1 \end{bmatrix} = \frac{1}{z_c} \begin{bmatrix} f & 0 & 0 & 0 \\ 0 & f & 0 & 0 \\ 0 & 0 & 1 & 0 \end{bmatrix} \begin{bmatrix} x_c \\ y_c \\ 1 \end{bmatrix} = \frac{1}{z_c} \begin{bmatrix} \frac{f}{z_c} & 0 & 0 & 0 \\ 0 & \frac{f}{z_c} & 0 & 0 \\ 0 & 0 & \frac{1}{z_c} & 0 \end{bmatrix} \begin{bmatrix} x_c \\ y_c \\ 1 \end{bmatrix} = \boldsymbol{F} \begin{bmatrix} x_c \\ y_c \\ 1 \end{bmatrix} \tag{8-4}$$

其中，f 是焦距。这就建立了成像坐标系与摄像机坐标系的转换关系。最后，摄像机坐标与世界坐标的关系由摄像外部参数决定：

$$\begin{bmatrix} x_c \\ y_c \\ z_c \\ 1 \end{bmatrix} = \begin{bmatrix} \boldsymbol{R} & \boldsymbol{T} \\ 0 & 1 \end{bmatrix} \begin{bmatrix} x_w \\ y_w \\ z_w \\ 1 \end{bmatrix} = \boldsymbol{H} \begin{bmatrix} x_w \\ y_w \\ z_w \\ 1 \end{bmatrix} \tag{8-5}$$

式 8-5 中 $\boldsymbol{R}$ 是一个 3×3 的矩阵，主要控制变换中的空间旋转，$\boldsymbol{T}$ 是一个 3×1 的列向量，主要控制变换中的空间平移。$\boldsymbol{R}$、$\boldsymbol{T}$ 与向量 0、1 组成的矩阵，即式(8-5)中间的变换矩阵 $\boldsymbol{H}$，被

称为摄像外参矩阵。以上三式综合起来就是从客观三维空间的世界坐标变换为图像上像素坐标的方程:

$$\begin{bmatrix} u \\ v \\ 1 \end{bmatrix} = \boldsymbol{D} \times \boldsymbol{F} \times \boldsymbol{H} \times \begin{bmatrix} x_w \\ y_w \\ z_w \\ 1 \end{bmatrix} \tag{8-6}$$

实际镜头由于自身结构以及制造装配工艺等因素,会造成一定的误差,这就导致成像出现了非线性畸变,不完全符合针孔成像模型。畸变在照片靠近四角处尤其明显,会对图像分析造成影响。为了减小畸变造成的精度损失,首先要对摄像头做畸变标定。每次获取原始图像后都进行矫正,从矫正过的图像开始后续所有处理。

畸变有两种类型,严格地说两者同时存在。第一种是径向畸变,即成像中心无畸变,其余像素越远离成像中心,畸变越严重。这是摄像机畸变的主要组成部分,常见的桶形、枕形畸变就属于径向畸变,它是由于镜头的广角效应导致的。u、v 两个方向的畸变量是径向距离 r(即图像上点位到无畸变的成像中心的距离)的非线性函数,用泰勒展开式来描述,为:

$$\begin{cases} u' = u(1 + p_1 r^2 + p_2 r^4 + p_3 r^6) \\ v' = v(1 + q_1 r^2 + q_2 r^4 + q_3 r^6) \end{cases} \tag{8-7}$$

式(8-7)是径向畸变矫正通用公式。其中,u'、v'是矫正后的坐标;p_1、p_2、p_3,q_1、q_2、q_3 是畸变矫正参数。在摄影测量中,泰勒展开到 6 次项就已经能够获得很高的精度,所以没有必要继续标定更高次项。而对于精度要求不高的隧道内定位的要求而言,展开到 2 次项就足够了。

第二种畸变类型是切向畸变,它是由于镜头与成像平面不平行导致的,在摄像机畸变中占据次要地位,精度要求不高时可以不予考虑。其矫正公式如下:

$$\begin{cases} u' = u[2p_1 v + p_2(r^2 + 2u^2)] \\ v' = v[2q_1 u + q_2(r^2 + 2v^2)] \end{cases} \tag{8-8}$$

常用的标定方法是利用一个标定板,为黑白矩形相间图案,或者白底黑点图案,如图 8-15 所示。

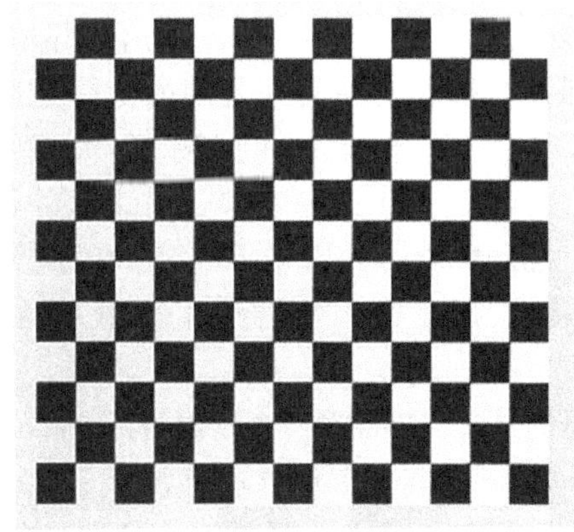
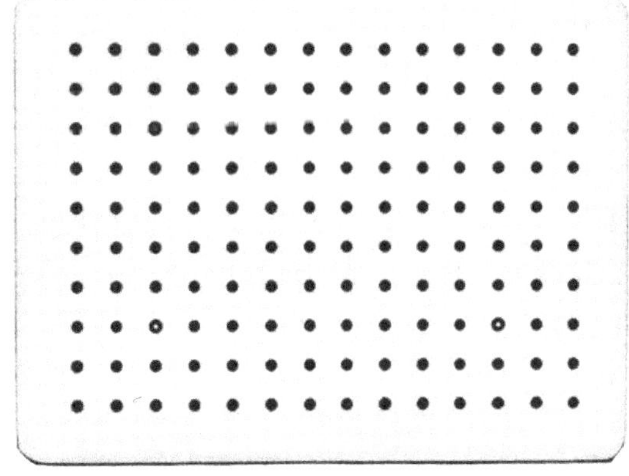

图 8-15　摄像头畸变标定板

网格或黑点的尺寸位置都需满足一定精度要求。畸变参数属于摄像机内部因素,而与安装环境和拍摄角度无关,因此,在不同距离、不同角度对标定板拍照,就可以根据网格点位的相对位置差异来计算畸变参数。获取到标定图像上所有内角点的像素二维坐标之后,再结合标定板图像上所有内角点的空间三维坐标即可进行标定。

8.4.2 单目定位原理

实现隧道内单目定位的关键是获得摄像机轴线(即图8-14中的O'-O轴线)在世界坐标系中的方程。对于固定的枪形摄像机,在安装好之后应对轴线方程做标定。标定方法是:将标定板大致固定于摄像机轴线方向上,用全站仪或测距仪测定标定板四个角的世界坐标。同时拍摄一张照片,在照片中找到标定板上处于图像中心的位置,并根据四个角的坐标计算出该位置的世界坐标。然后把标定板大致沿着轴线移动一段距离,重复上述过程,得到第二个坐标。这样,就获取了轴线上的两个点,这两个点的连线就是轴线在世界坐标系中的直线方程。有了轴线方向(即摄像方向),加上摄像头本身位置在安装好后是可以测定的,就可以根据式(8-6)所示规律,根据图像上的点位P',计算出P'-O的连线在世界坐标系中的直线方程。显然,P'对应的物体P点必然在P'-O连线的外延线上(图8-16)。

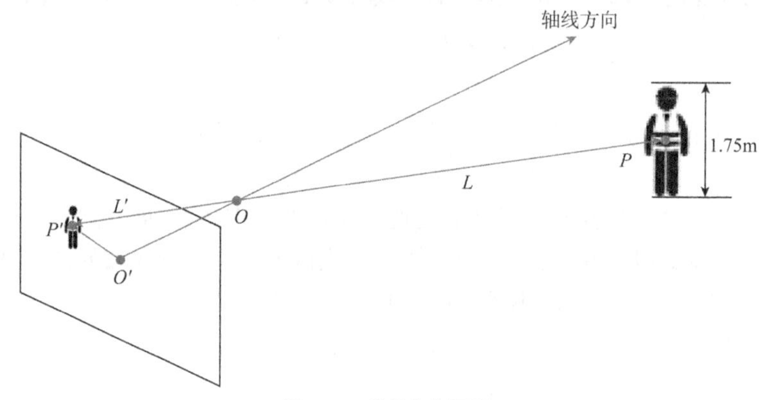

图8-16 单目定位原理

如果我们已经采用某种方法识别了图像中的某个人形目标,取该目标上的一个点(如目标矩形区域的中心点)作为P'点,则可以获得P'-O连线方程。被拍摄到的人物的真实空间位置必然在连线的外延线上。由于成人的身高是差不多的,可以粗略地统一认定为1.75m,那么根据图像中的人形高度,就可以通过相似三角形原理计算摄像机到真人之间的实际距离L。这个距离一旦确定,就很容易在P'-O外延线上算出真人在世界坐标系中的坐标了。这是一个空间解析几何计算过程。

如果是可旋转的球机,则需要配备高精度的云台。摄像机首先固定在某一方向,按上述方法进行轴线方向标定。使用过程中,如果云台发生了旋转,则需要按照云台方位参数对轴线方向修正,得到实际的轴线方向再进行后续计算。

事实上问题还未完全结束。工程管理中实际需要的是工人在工程坐标系中的位置。本书第8.1.3小节中介绍过各种工程坐标系,它们都是根据各不相同的管理要求建立的。例如,如果只需要知道洞内人员到洞口的距离,就采用一维坐标系;如果需要人员的平面位置,则采用洞身二维平面坐标系。单目定位是根据人员在图像中的成像位置计算得到其世界坐标系中的三维坐标。因此,还需要把世界坐标转换为所定义的工程坐标。显然,这是一种降维和简化,转换关系只要在摄像机能够有效拍摄并识别目标的范围之内成立并满足精度要求就可以了。一般对人员定位的精度要求不高,误差在1m左右都是可以接受的。在隧道转弯处,二维平面工程坐标系的横轴会随隧道走向发生偏转,但这在单个摄像机的拍摄范围内并不会造成太大的误差。

8.4.3 双目视觉定位

单目定位只能确定物体处于世界坐标系中从摄像机光心出发的某条光路射线上。在具体的隧道场景中,我们认为人体或安全帽的真实尺寸是已知的,于是通过一个取巧的方式估算出目标物体到摄像机的距离,从而实现了粗略的定位。如果采用两台方位已知的摄像机共同拍摄同一目标,则可以获得目标的确切位置。这种方式在通用视觉定位领域是比较成熟的技术,被称为双目视觉定位。

有两种方法计算目标物体的世界坐标。第一种方法是先按照单目定位的算法分别得到目标与两个摄像机光心的连线方程,然后求取两条直线的交点,就是物体坐标。由于误差的存在,两条射线一般不会严格相交,则可以取其最近位置,也就是求取两条射线的垂线,把两个垂足的中点作为目标位置。

第二种方法则是基于三角测量,效率相对要高一些,如图8-17所示。

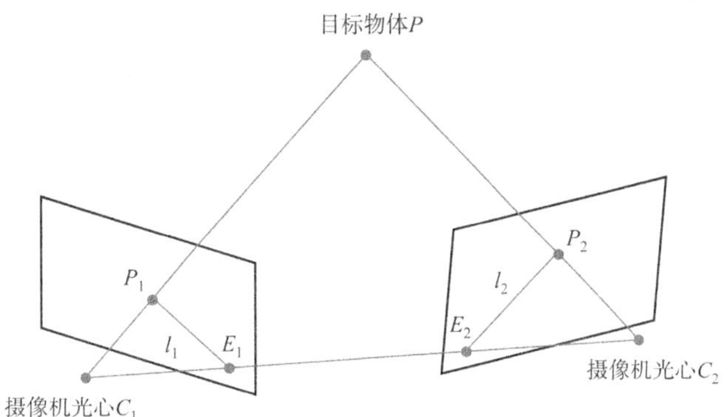

图8-17 双目三角定位

图8-17中,P点是目标物体,其世界坐标是(X_w, Y_w, Z_w)。它在两个摄像机画面中的像素坐标分别为$P_1(u_1, v_1)$、$P_2(u_2, v_2)$。连接光心C_1C_2,得到三角形PC_1C_2。

对两个摄像机分别列出式(8-6),联立求解,可将P点世界坐标解出。可以看出,其原理本质上与第一种方法是相同的,但在具体步骤上不需要先进行单目定位,因而计算过程相对简单一些。

实施双目视觉定位的一个重要环节是在两个摄像画面中准确找到同一个目标。如果监视场景中只有一个目标,则这不成为问题。如果场景中同时存在几个人,则必须准确判定两个画面中各目标的对应关系。单目定位方法可以获得每个目标对应的光心射线方程,显然每个目标的射线方程是不同的,因为如果两个目标共线就意味着遮挡,能同时拍摄到的两个物体必然不共线。于是,如果来自两个摄像机的两条射线相交或近似相交,则可以认为它们必定对应同一个目标。这意味着摄像机的轴线方位标定和云台控制必须有较高的精度。

8.4.4 与 UWB 技术融合定位

前文介绍了隧道内视觉定位的基本原理,分为视觉目标识别与基于视频图像的目标位置测算两个组成部分。就纯粹的视觉定位本身而言,它有一个很难克服的缺陷,就是只能识别目标的类型,如施工人员,但不能做出身份区分,即不能辨认识别出的人物具体是谁。造成这个问题的主要原因是视频分辨率不能无限提高,因而不能从视觉上区分每个工人独特的外观特征。

曾有研究者尝试在安全帽上印上字符编号,或者印上某种条纹码,试图在识别安全帽的同时,也辨认出其上的符号或条码,从而辨认此人的身份。不过实践中由于拍摄角度的变化,或者安全帽污损、反光等诸多问题,这个方法实施效果并不理想。

比较可行的解决方案是把视觉定位与 UWB(Ultra Wide Band,超宽带)技术融合起来,由 UWB 系统获得一维的定位数据,在此基础上与视觉识别数据整合,从而获得目标工人的二维或三维坐标。这个方案的本质是,以较低的成本和低 UWB 基站密度,通过视觉定位的融合,实现原本需要高成本、高基站密度才能实现的二维、三维定位效果。

UWB 一维定位是通过距离测量来实现的,在可通信范围内最低只需要一个 UWB 基站,但如果有更多冗余基站则能提高定位精度和系统的稳定性。假设在可通信距离内布设了两个基站,另有一个位置未知的标签。按照一维坐标系的定义,标签的坐标就是它沿隧道轴线到隧道口的距离。图 8-18 所示是两个基站测距组成的三角形,d_1、d_2 是基站与 UWB 移动标签的距离观测值,A_1、A_2 分别是两个基站的位置,在此使用 A_1、A_2 分别代表两个基站的坐标,也就是基站到隧道口的距离。标签位置 P 点的一维坐标等于图中垂足 F 到基站 1(较靠近洞口的基站)的线段长度 L 加上基站 1 的坐标 A_1。

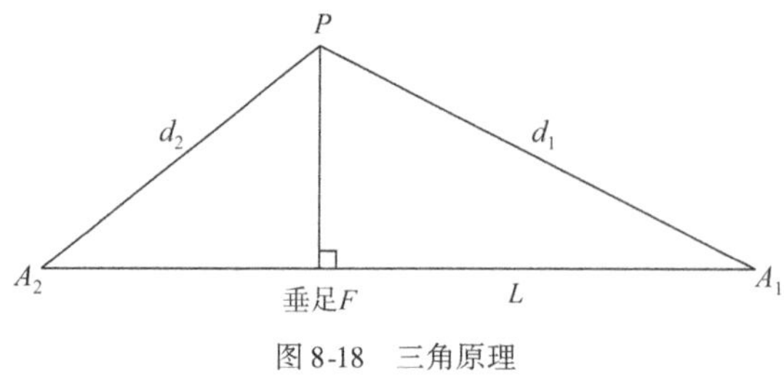

图 8-18 三角原理

解三角形,得到线段 L 的长度:

$$L = \frac{{d_1}^2 + (A_2 - A_1)^2 - {d_2}^2}{2(A_2 - A_1)} \tag{8-9}$$

于是标签位置 P 的一维坐标为:

$$x = L + A_1 \tag{8-10}$$

这就是 UWB 一维定位的基本算法。在三维世界坐标系中,已知两基站间距以及两基站到标签的距离,能确定出一个垂直于基站连线的圆,称为双基站定位圆,标签可能处于圆上任意一点。这是两个基站无法进行二维或三维定位的原因。如果把 UWB 一维定位的结果与视觉定位结合起来,则可以解决这个问题。

我们知道单目视觉定位能确定从光心到目标物体的射线方程,在误差可控的前提下,计算射线与双基站定位圆所在平面的交点，就可以确定目标在世界坐标系中的三维位置。如图8-19所示，两个UWB基站的在世界坐标系中的坐标为 A_1、A_2，与标签的距离分别为 d_1、d_2，则标签可能出现在圆 C 上任意一点。

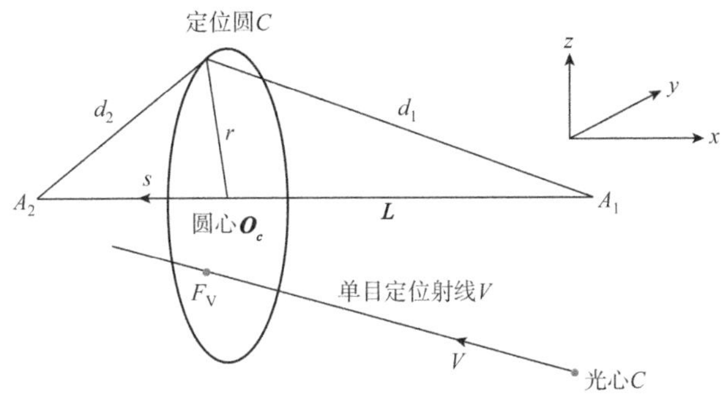

图8-19　融合定位原理

融合定位的算法推导过程如下。首先，A_1A_2 连线作为一条空间直线，其参数方程为式(8-11)：

$$\boldsymbol{P} = \boldsymbol{A}_1 + t \cdot \boldsymbol{s} = \boldsymbol{A}_1 + t \cdot \frac{\boldsymbol{A}_2 - \boldsymbol{A}_1}{|\boldsymbol{A}_2 - \boldsymbol{A}_1|} \quad t \in R \tag{8-11}$$

其中 $\boldsymbol{P}$ 是直线上任意一点的空间坐标，写成向量形式；$\boldsymbol{A}_1$ 是第一个基站的坐标向量；t 是一个标量，即参数；$\boldsymbol{s}$ 是从第一个基站指向第二个基站的方向向量，其长度为单位1。参数t的几何意义是从基站 $\boldsymbol{A}_1$ 到直线上任意点 $\boldsymbol{P}$ 的距离。当 $\boldsymbol{P}$ 在指向 $\boldsymbol{A}_2$ 基站的一侧时，t 为正值；当 $\boldsymbol{P}$ 在另一侧时，则 t 为负值。

称圆心 $\boldsymbol{O}_c$ 到 $\boldsymbol{A}_1$ 的距离为 L，结合式(8-9)，圆心的空间坐标为式(8-12)：

$$\boldsymbol{O}_c = \boldsymbol{A}_1 + L \cdot \boldsymbol{s} = \boldsymbol{A}_1 + \frac{{d_1}^2 + |\boldsymbol{A}_2 - \boldsymbol{A}_1|^2 - {d_2}^2}{2\,|\boldsymbol{A}_2 - \boldsymbol{A}_1|^2} \cdot (\boldsymbol{A}_2 - \boldsymbol{A}_1) \tag{8-12}$$

圆 C 所在平面的点法式方程为式(8-13)：

$$\boldsymbol{s} \cdot (\boldsymbol{P} - \boldsymbol{O}_c) = \boldsymbol{0} \tag{8-13}$$

其中，$\boldsymbol{s}$ 是单位向量，其定义见式(8-11)。P 是平面上任意点。

如果完全没有误差，那么圆 C 会与单目视觉定位射线 V 相交于一点，该点就是目标物体的空间位置。由于误差的存在，圆与射线一般不相交。如图8-19所示，称射线 V 与定位圆所在平面的交点为 F_v，虽然目标物体的实际位置处于该交点与相近圆弧之间，但由于射线 V 的方向误差远小于圆 C 的直径误差，所以可近似地认为交点 F_v 就是目标物体所在，按式(8-14)计算：

$$\begin{cases} \boldsymbol{s} \cdot (\boldsymbol{F}_v - \boldsymbol{O}_c) = \boldsymbol{0} \\ \boldsymbol{F}_v = \boldsymbol{C} + t \cdot \boldsymbol{v} \end{cases} \tag{8-14}$$

式(8-14)中第一个方程是圆 C 所在的平面，第二个方程是射线 V 的参数方程，其中 C 是摄像机光心坐标，$\boldsymbol{v}$ 是射线方向向量，t 为参数。C 与 $\boldsymbol{v}$ 在单目视觉定位过程中已经获得，视为已知，按式(8-14)即可解出交点 F_v 的三维坐标。

8.5 本章小结

本章介绍了在隧道内应用视觉定位技术实现施工人员安全监管的有关方法，主要包括人员目标的识别和位置的推算两部分内容。视觉定位是一种比较前沿的室内定位方法，其最大优点是成本低廉、维护便利，与传统电磁波通信式定位方法相比的不足是定位精度较低，识别准确率也有待提高。不过，工程安全监管本身对精度的要求不高，而对实施及维护便利性的要求相当高。所以，视觉定位方案在这个特殊领域仍然具有乐观的应用推广前景。

思考练习题

1. 在工程建设中，为什么需要对隧道内施工人员进行定位？
2. 传统电磁波定位方法的基本原理是什么？实际使用过程中有什么缺点？
3. 在隧道内黑暗场景下，为什么光斑与阴影是主要的图像干扰因素？
4. 简述基于安全帽形状特征的识别方法原理。
5. 简述单目视觉定位原理和 UWB 融合定位的算法逻辑。

9 车路协同与自动驾驶方面的应用

交通智能化、自动化是交通工程发展的方向，车路协同就是其中的重要内涵，也是当前行业最前沿、热门的领域。车路协同是一个比较广泛的概念，它是指车辆和道路基础设施之间实现智能化的协调配合，优化资源利用、提高交通的安全性和效率。车路协同可分为几个目标阶段，基础目标是协同感知，中级目标是协同决策、协同控制，高级目标则是最终全面实现自动驾驶。

车路协同依靠无线通信、传感探测等现代高科技进行各类信息获取和交互共享，并通过大量复杂的算法去实现各类决策和预测，所涉及的技术广度和深度都非常大。本章仅就机器视觉技术在其中的应用作一些介绍和探讨。

9.1 汽车牌照自动识别

汽车牌照的自动识别技术是车路协同中很基础也很重要的组成部分之一，汽车身份的识别主要还是依靠对车牌的视觉识别。汽车牌照自动识别在公路收费、车辆监测、停车场管理、电子警察等诸多领域有着广泛的用途。汽车牌照自动识别的本质是利用数字图像算法从照片中识别出正确的车牌信息，其一般流程是：图像采集—图像预处理—车牌定位—字符分割—字符识别。在这个流程中，最关键的是字符识别算法，它决定了识别的准确性和效率。而字符识别方法又分为两类，一类是模板匹配法，即根据像素分布形态与预先准备好的字符模板的相似程度来判断；另一类是结构分析法，即根据图形形态特点来判别字符。模板匹配法在图片质量稳定、字符形态固定的情况下识别准确性较高，而由于车牌采集照片在距离、光照、角度等方面不确定性较大，结构分析法总体而言效果更好。

9.1.1 车牌照片的预处理

车牌拍摄场所的环境比较复杂，拍摄光照度、清晰度、气雾遮盖等都是造成图像品质不同的因素。另外，照相机与车牌相对角度的不同，会造成字形畸变。所以，在对车牌字符识别之前，必须对照片进行预处理，消除照片本身的不规则性和其中所携带的噪声。在以前的章节中谈过很多预处理方法，如平滑、开闭运算、规范化等。对于车牌识别而言，最关键的预处理步骤有三个，分别是车牌定位、图像二值化以及字符分割。

1）车牌定位

车牌定位是从照片中识别出车牌所在的图片区域，这是车牌识别的先决条件，其准确性直接影响后续的字符识别。车牌定位算法有很多种，也都比较成熟。本书介绍其中一种比较简明的方法,即按照颜色划分与边缘定位两个步骤来确定车牌的位置。

考虑到车牌有几种固定的颜色,因此,第一步可以先从照片中寻找所有属于集中固定色调的区域。第二步,对所有筛选出的区域进行边缘定位校验,剔除颜色区域明显不为矩形的。这种定位方法效率很高,当然也存在一定误判的可能,如果照片中出现了别的类似颜色的矩形物件,则有可能将其判为车牌。但是,对于绝大多数实用场合,如高速公路收费站口,照片区域内并不会出现干扰物体,因此,它仍不失为一种有实用价值的方法。

2)图像二值化

在车牌正确定位的基础上,要将彩色车牌照片截取出来,处理成只包含黑白两色的图片,即为图像二值化。二值化要求图像有较明显的灰度差异,故而受光照条件影响比较大,这也是我们日常所见的车牌识别装置上一律加装了闪光灯的缘故。为了取得更稳定的效果,也可以在二值化之前先做一次灰度均衡化处理,这可以在一定程度上纠正曝光不足的影响。

3)字符分割

字符分割是将车牌中各个字符分割为单独的数字图像,以便将其逐一识别。字符分割算法相对较简单,一般可采用横向扫描法(也称为垂直投影法,图 9-1)。过程是沿图片横坐标从左到右扫描,若某横坐标处对应的竖线不含白色则认为是无字符区域,借此可利用所识别出的若干个无字符区域将图片沿横向分割开。这种方法比更具一般性的提取轮廓再分割或水漫填充分割等方法效率更高。

京A·37355 → 京A·37355 → 京 A 3 7 3 5 5

图 9-1　车牌图形的二值化和字符分割

9.1.2　字符识别

1)骨架化

形态信息对于字符的提取十分重要。为了便于描述和抽取特征,需要对图形线条进行骨架化,它保留了原图形的主要形状信息,而去除了粗细、宽窄等干扰信息(图 9-2)。骨架化的详细算法可参见第 3.3.3 小节。

京A·37355　　京A·37355

图 9-2　车牌图形骨架化

2)特征变换

字符经过骨架化后,就可以提取形态特征并加以识别。常见的基于人工智能的算法利用单个字符的图像矩作为特征,例如 Hu 不变矩。由于车牌识别不考虑旋转、翻转、倒置等情况,所以可以使用一些较简单的不满足旋转不变性的矩。不同厂商的算法中采用的特征值不尽相同,但原则是一致的。

另有一些非人工智能的识别算法采用其他特征,例如结合骨架特征点和轮廓特征。这类方法并不具有普遍性,但是由于车牌上可能出现的字符很有限,而且有固定的字体,因此,该方法仍然是有效的,而且具有逻辑简单、易于开发和维护的优点。

骨架化计算过程能够取得特征点,如端点和交叉点。对于任意一个骨架点,如果其邻域中白色点数为1,则必定是一个端点;如果骨架点邻域白色点排列数大于2,那么它是一个交叉点。

轮廓特征是指字符骨架某一侧轮廓线的起伏特征。如果沿某侧轮廓线距离该侧的图片边缘距离是减少的,称轮廓在此处“上升”,反之则称“下降”。这一特征对数字的判断比较有效。以数字“3”为例,其4个方向的特征见表9-1。

表9-1 数字“3”四个方向的轮廓特征

项目	上 轮 廓	下 轮 廓	左 轮 廓	右 轮 廓
图形				
形态	升-降	升-降	升-降-升-降-升-降	升-降-升-降
类别	单峰型	单峰型	三峰型	双峰型

4个方向的轮廓组合起来作为字符的轮廓特征。数字与字母的轮廓特征种类一般不超过10种,而车牌中的汉字则有更复杂的轮廓特征。尽管如此,由于字符数量有限,可以把每个字符可能对应的特征组预先确定,以备识别使用。

3)字符识别方法简述

字符的识别方法有基于人工智能的,也有非人工智能的。字符经过特征变换之后就成为一组数据。按照人工智能模型的一般建造原理,采集大量样本并经过确定的预处理和特征变换,转化为特征值数组,然后代入一个设计好的人工智能模型进行训练,经反复测试和调参后得到最终的模型。整个过程与前面章节所介绍的对裂缝图案、安全帽轮廓等各种目标的识别原理相同,故不再展开详述。

非人工智能的识别方法则是先细致地分析所有字符的特征,包括特征点和轮廓特征等,找到每个字符的特征值范围和规律,然后在此基础上建立一个决策树。决策树的结构和阈值都需要仔细权衡和测试。由于照片拍摄质量的差异,有可能同一个字符经骨架化后会表现出略有不同的特征,因此对于同一字符可能需要设定不止一个的判别准则,同时又要避免判别准则的重复,导致误判。非人工智能方法在实践中也有不错的效果,其难点是要建立准确有效的决策树,优点是避免了人工智能训练和搜集样本等烦琐工作。

9.2 车道线检测

在自动驾驶应用领域,车道线检测系统是一项基础性的技术。车道线检测是为了确定当前车辆与车道的位置关系,自动驾驶或辅助驾驶系统就可以据此精确控制车辆横向运动,确保车辆沿车道方向行驶。

9.2.1 车道检测技术现状

车道线主要指车道分界线和路口标志线,它具有行驶方向导向和驾驶行为约束的作用,引导车辆分车道行驶,缓解交通压力并避免相互挤碰。现行国家标准《道路交通标志和标线》(GB 5768)规定了车道线的种类和具体几何形式。按照功能,车道线可分为三大类。

(1)指示标线:指示行车方向、路面边缘、人行道等设施;

(2)禁止标线:告示道路交通的通行、禁止、限制等特殊规定;

(3)警告标线:提醒驾驶者了解道路变化情况,提高警觉,及时采取措施。

按照颜色、形状等外观特征,车道线可分为六大类。

(1)白色虚线:如果位于路段中,功能是区分同向车道,分隔同向行驶的交通流;如果位于路口则是引导车辆行驶方向。

(2)白色实线:在路段中为纵向,用于分隔机动车与非机动车,或者用于指示车道边缘,不可变换车道;在路口处为横向,用于导向车流或要求停车。

(3)黄色虚线、实线:如果位于路段中,则用于分隔对向行驶的车流;如果位于路侧或路缘石上,则禁止车辆长时间停放。

(4)双白虚线:位于路口时,用于提醒驾驶者减速让行。

(5)双白实线:提示停车让行。

(6)黄色虚线、实线:黄色虚线表示分隔对向行驶的车流,黄色实线表示禁止穿越。

以目前的交通基础设施体系,车道线对车辆而言是一种纯粹的光学视觉信息,只能通过图像处理等方法加以检测识别。检测车道线的方法有很多,一般可分为基于特征的方法、基于模型的方法和基于机器学习的方法三种。

1)基于特征的方法

该方法利用车道线与道路路面及其周边之间的颜色、纹理方面的视觉差异,通过阈值分割等图像处理方法将车道线的特征信息从实时拍摄的图像中提取出来。车辆行驶时向前方摄像,画面轴线是倾斜于路表面的。因此,一般的处理方法是先通过透视变换把照片矫正为正摄方向,然后再自适应二值化,利用霍夫变换法寻找图像中的近似直线作为可能的车道线对象,最后使用卡尔曼滤波器等工具跟踪拟合得出车道线。该方法逻辑简单,但其局限是受阴影和前方车辆物体的影响比较大。

2)基于模型的方法

基于模型的方法是利用少量参数搭建车道模型,利用最小二乘法、霍夫变换等方法求解模型参数。常见的车道模型有点模型、线模型、样条模型和三维模型等。例如,某种典型的模型识别算法分为三个步骤,首先分别在采集的图像中使用卷积算子提取边缘特征,然后运用霍夫变换提取直线段并结合车道线宽度等先验知识筛选出候选车道线,最后,通过斜率等几何特征判断车道是直道还是弯道,进而拟合出具体的车道线线形。该方法的适应性要优于基于特征的方法。

3)基于机器学习的方法

该方法搭建人工神经网络,利用海量数据集训练,从图像中直接识别出车道线。训练良好的卷积神经网络能够准确分辨车道线的曲直、颜色和类型。该方法需要大量的训练数据,无论样本采集、处理还是训练都需耗费很高的经济成本，而且数据集的质量和全面性直接影响神经网络性能。以目前的研究成果看，该方法在环境较单一的高速公路上取得了比较好的效果，但对于条件复杂的一般公路和城市道路环境还有待更多的研究开发。

9.2.2　图像预处理

车载摄像机一般安装在车辆正前方，以一定高度和倾角向前方地面摄像，如图9-3所示。

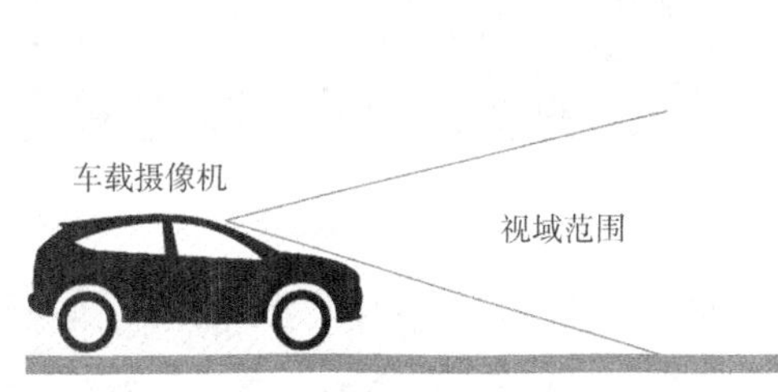

图9-3　车载摄像机拍摄图像

在各类标线识别算法中，都需要对图像进行一系列预处理。所用到的预处理方法差别不大，只是针对具体算法的需要有所取舍。

1）畸变矫正

首先执行的是畸变矫正。由于所拍摄画面的视域范围很大，畸变效应会更加明显。高档智能摄像机大都内置了矫正功能，直接输出矫正之后的无畸变图像（如图9-3中右侧照片）。

2）灰度化

在有些应用中不需要区分标线的颜色，那么就按标准方法直接灰度化，抛弃颜色信息。如果应用场景要求区分黄色标线和白色标线，则除了标准的灰度化之外，还要以黄色为基准色进行灰度化。其方法并不复杂，只要在灰度化公式中降低R通道的权重，提高G、B通道的权重即可。

3）平滑降噪

由于交通环境的复杂性，车载摄像机拍摄的图像都会存在一些干扰，产生的因素主要有光照变换、树木阴影、路面杂物等。另外，图像也不可避免会存在噪声干扰，使质量下降，甚至削弱标线图像信息，给后续检测算法带来不利影响。去噪的方法同样以卷积法最为常用，如中值滤波、均值滤波、高斯滤波等。

4）边缘检测或骨架提取

车道线的抽象形态特征是一条直线或大半径曲线，为了从图像中提取出形态特征，同时忽略图形的宽度和纹理等无关特征，主要的方法是边缘提取或骨架提取。边缘提取一般采用Sobel、Canny、Roberts等算子卷积方法，或者直接用二值化和边缘跟踪算法，两者效果类似。骨架提取从理论上看比边缘提取更好地捕捉了图形形态特征，但是由于其效率明显低于后者，因而实际应用中还是边缘提取采用得更多。

5）透视矫正

摄像机拍摄的角度是倾斜的，如果把对路面的正摄方向视为标准拍照方向，则实际照片都发生了透视畸变。这使车道线的检测增加了复杂度，例如，照片中各车道线看起来不是平行的而是全部在远方相交于一处。为了解决这个问题,要运用逆透视变换把图像矫正为正摄图像(图 9-4)。当然,由于矫正幅度过大,只有在靠近车辆前方的局部区域才能有效保证矫正后的清晰度,不过这对于前方一定范围的车道线检测已经足够。

图 9-4　图像预处理示例

透视矫正的变换矩阵取决于车载摄像机的位置和朝向,它可以通过标定获得,也可以根据摄像机方位从理论上计算出来。在理想情形下,即车辆匀速行驶时,摄像机的方位是不变的,与驻车时一致。但如果车辆在拐弯、爬坡、颠簸等状态下,车身本身相对路面发生了倾斜(包括侧向倾斜或俯仰倾斜)和起伏,致使摄像机的方位不再标准,正确的投影变换矩阵也随之发生了某种未知的变化。此时,如果还按照标准变换矩阵去矫正,则会出现较大的误差。

自动驾驶工程师们主要从两个方向解决这个问题。第一个方向是纯算法性的,即训练一个卷积神经网络专门用以修正标准变换矩阵。网络中原本的普通卷积层被可分离卷积取代,并在卷积层之间增加归一化层,最后利用全局平均池化取代网络中的全连接层,经过训练后可在行驶过程中实时获得逆透视变换矩阵的修正参数。

另一个使用更多的方法则是纯物理性的,即利用惯性测量单元(Inertial Measurement Unit, IMU)实时测量车身姿态,并用测量值修正摄像机的方位,进而更新变换矩阵的参数。

9.2.3　车道线识别

1)基于霍夫变换的识别

霍夫变换是检测图像中可能存在的直线的常用方法,其原理和算法在第 3.3.1 小节中已有详细介绍。霍夫变换简单高效,且鲁棒性很强,即使被测对象参数不稳定,仍然能得到较好的检测结果。

不过,它在实际道路摄像中应用仍存在一些问题,常造成错误的识别。首先,霍夫变换检测出所有可能的直线,常把路测立柱、路上方标牌边缘等无效的直线图形也捕获出来;其次,同一条路面标线的边缘会形成两条十分接近的直线,虽然不能算是误判,但不利于观察和后续处理。基于车载摄像的特点以及路面标线检测的特殊性,可以在算法中做一些针对性的改进。

第一,用概率霍夫变换代替经典霍夫变换。概率霍夫变换的主要特点是按一定概率随机获取边缘线条上的点,而不是直接使用图像中所有点。当认为找到了图像空间的一条直线后,判断直线长度是否大于阈值,只有大于阈值的直线才保留为路面标线。概率霍夫变换可以显著减少计算量,提高效率,同时消耗更少的存储空间。

第二,设定一个方向角范围筛选检测到的直线。车辆正常行驶时路面标线的形态是有一定规律的,其方向角始终处于某个区间内。当检测出图像中多条直线后,我们认为只有方向角处于此区间内的直线才可能是标线,超出范围的直线则是阴影、标牌等其他干扰图形。具体的区间阈值需要经过大量实际样本的试算来确定。这一步过滤可以降低误检率,提高后续处理的效率。

第三,设定直线之间的距离关系。道路标线之间的距离是确定的,即便整张摄影图像存在透视变形,标线之间的距离也存在某种规律。由于图像中标线并不严格平行,为了计算简便起见,可以两直线中点的距离近似代替两直线本身的距离。如果两条直线方向角之差小于阈值,而中点距离又处于预设的范围之内,就认为它们是一条车道的左右标线。否则,将这些直线舍弃。

第四,根据直线在图像中的位置排除当前车道标线之外的其他直线。在一般情况下,当前车道的标线只出现在图像中部的某个特定区域内,而超出这个区域的直线则很可能是栏杆、路缘石、立柱等其他物体特征。利用直线的位置特点可以排除掉其他直线,只保留距离车辆最近的一对路面标线。

霍夫变换结合以上改进,能够得到比较准确的车道检测结果。在比较理想的环境下,例如转弯不大、路面清洁、非路口、无行人和非机动车干扰的情形下,效果比较理想,这项算法主要在高速公路环境中获得相对成功的应用。

2)基于聚类拟合的识别

聚类拟合本质上是一种语义分割方法,为图像中的每一个像素分类,得到它所属的类,判定是否处于车道线上。在这种方法下,车道线检测问题就转化为车道线分割(聚类)和拟合两个部分。聚类不受限于类别的几何形态,能够有效检测出弯道处的弯曲车道线。

(1)车道线聚类。

聚类算法的目的在于将属于同一条车道线的像素划分为同一类,形成一个"实例",它需要用到一个标准前馈神经网络模型,使用欧式距离的距离度量作为损失函数:

$$\text{Loss}=\frac{1}{C(C-1)}\sum_{C_A=1}^{C}\sum_{C_B=1}^{C}(d-\|\mu_A-\mu_B\|)^2 \tag{9-1}$$

式中:d——两个聚类之间的距离;

μ——聚类像素位置的平均值;

C——聚类中的像素个数。

由于车道线总是多于一条的,因此可采用均值偏移迭代算法来实现聚类,即根据某像素算出一个偏移均值,将该点移动至此偏移均值处,再从这个新位置重复迭代直到收敛,最终收敛到同一位置的像素被判定为同一个实例。

式(9-1)的特点是不需要预先知道聚类的个数。通过计算每个像素点与每组任意选取的中心点的距离,与每个聚类之间的距离和每个聚类的半径相比较,使属于同一车道线的像素间的距离减小,重复该步骤直到将所有的车道线像素分配给对应的车道。

(2)曲线拟合。

一旦确定了像素点的聚类,就可以某种线形来拟合,从而确定车道线的三维空间位置和几何形态。由于车道线不总是直线,因此,要用高阶多项式来拟合。但是,如果直接在视频帧图像中拟合,得到的是车道线经透视变形之后的线形,而非它在世界坐标系中的真实线形。常用的解决办法是先把图片转换为鸟瞰视角,也就是做透视矫正,然后再做曲线拟合。

9.3 标牌标识识别

像驾驶员一样,自动驾驶程序必须时刻关注交通标志,及时识别交通路标,能提醒和约束自动驾驶程序的驾驶行为,帮助驾驶程序尽早获得当前行驶要求,控制汽车的方向和速度,确保汽车按照规定的路线安全行驶。交通路标识别的研究在无人驾驶技术研究与应用方面有重要价值。

从车载摄像机拍摄画面中识别交通标识,本质上需解决两个问题:一是在一张图中找到标识牌在哪里,这称为检测;二是认出这个标识牌的内容和含义,这称为识别。

标识牌的种类有很多,我国的交通标识共有上百种之多,颜色形状各异,如黄底黑边的警告标志、白底红圈的禁令标志、蓝底白字的指示标志等,形状上以三角形、圆形和矩形为主。识别交通标识牌主要的技术路线可分为非人工智能检测方法和人工智能检测方法两大类。

9.3.1 非人工智能检测方法

交通标识牌为了引起驾驶员的注意,在颜色和形状上都有明显的特征,颜色鲜明,形状标准。车载摄像机的图像经合适的预处理之后,可以提取轮廓并依据轮廓的几何形态特征确定标识牌的位置。预处理的方法与前面章节有关内容是类似的,区别只在于不同的应用场景下采用的预处理步骤、顺序和阈值不同。

例如,对图片进行以红色分量为主值的灰度化和二值化,将突出保留以红色为边框颜色的警告类标志牌的形状。灰度化时,新的灰度值等于原像素红色通道值减去另两个通道值的平均数。随后的二值化即采用常规算法。如果以黄色、白色、蓝色甚至黑色等颜色为主值做灰度化和二值化,则又会得到其他效果(图9-5)。这些处理方法往往要结合使用。

a)原图

b)以红色为主值灰度化

c)以黑色为主值灰度化

图9-5 以某个颜色为主值的灰度化

在进行颜色分割之后,得到的是一个粗略的交通标志牌ROI区域,还会留下一些噪声以及干扰区域,可以通过形状特征来去除其余的干扰。大体的过程和常用手段包括以下5种。

(1)中值滤波:降噪;

(2)开闭运算:消除开口,形成封闭区域;

(3)图像填充:消除内部空洞,突出整体外形;

(4)轮廓提取:获取几何形态特征;

(5)形状检测:排除疑似目标区域,获得正确的标志牌目标区域。

形状检测手段主要是区分目标形状是否属于圆形、矩形、三角形。圆率指标可以较好地测试图形是否为圆形或椭圆,即:

$$C = \frac{4\pi S}{L^2} \tag{9-2}$$

式中:S——图形面积;

L——周长;

C——圆率。

圆率 C 越接近 1,则图形越接近正圆形。矩形可以用填充度指标判定,有关定义和算法见第 5.3.1 小节有关内容。实际照片中的图形由于存在透视变形,不是标准的形状,因此确定判定阈值时要适当宽松一些。具体设为何值,需要经过大量试算检验才能确定。

经过检测确定了标志牌的位置后,就可以对该位置的图形加以识别分类。常用的方法是模板匹配法,即用预设的若干种标牌内容图形作为模板,检查照片中图案与模板的匹配程度。如果某个模板与图案匹配程度很高,则认为该标识牌的内容就是此模板。此外,也可以使用矩分析法,求取照片图案的某些矩特征,与标准模板内容的矩特征对比,找出相似度很高的一个模板。有时为了更加精确,会根据标志牌轮廓的形态先做透视变换,把标志牌图案恢复成近似正摄图形,再使用上述方法加以识别。

9.3.2　人工智能检测方法

基于人工智能的标志牌检测识别方法可以说是直接借鉴了比较成熟的目标检测技术。理论方法甚至卷积网络结构都与通用的目标检测别无二致。人工智能检测方法主要的工作量在于获取足够多的样本图形,必须包含所有需要检测的标识牌图案,并尽可能囊括各种角度、天气和光照条件。这类方法的原理和细节都是公开的,难度在于搜集样本和训练,从事该领域研发的机构大都将自己建立的样本集视为重要资产加以保密。

近些年流行起来的一个更加高效的目标识别算法是 YOLO 算法,也在交通标识牌识别中得到了一些尝试。该算法具有一种可以进行端到端训练的结构,将图像看作一个个小网格,先通过对每个网格的候选框预测,获取候选框的坐标信息以及类别概率,再通过设定的阈值排除概率较小的候选框。以 2016 年提出的第二代 YOLO 算法为例,该网络结构具有 19 层卷积层、6 个池化层和 1 个用于输出检测结果的全连接层。由于 YOLO 算法基于预测分析先行排除了大量候选窗口,使得其效率比经典的卷积网络更高,有研究者经实际测试认为可以达到每秒有效处理 45 帧图像的速度。

交通标识牌的识别是在现有标牌设置方式的基础上,用机器视觉代替人类视觉。从根本上看,可以说这是一个在无法改变现有标识牌设置方式的现实之下的变通方法。放眼未来,如果自动驾驶得到深度普及,人类驾驶员能够彻底被自动驾驶算法替代,那么基于视觉传播方式的标牌也就没有了存在的必要。届时,现有标志牌将被发射无线电信号的隐形标牌完全取代,车辆通过接收隐形标牌发送的信号来调整驾驶策略,同时基于计算机视觉的标牌识别技术也就不再需要了。万事万物有其出现、发展和消亡的规律,在某些细分领域,计算机视觉或许只是一种过渡性质的技术。

9.4 行驶障碍检测

为了实现车辆自动行驶,必须实时探测车辆所处的环境,识别并避开障碍物。基于机器视觉的障碍物检测识别技术是常用手段,该技术通过车载摄像机获取周围环境(尤其是正前方)照片,然后对照片进行处理,以便时、准确地识别是否存在障碍物。这项功能因其直接关系到车辆能否安全行驶而极受重视。

9.4.1 特征提取

1)纹理特征

照片中视觉目标的纹理就是它所显示的表面或结构的各种属性。纹理是表达图像中待测目标的像素灰度级的空间分布属性,这种空间结构的固有属性可以通过邻域像素间的相关性表示。不同物体的纹理是各不相同的,通过运用这些外在的纹理特征有可能将不同的目标区分开。目标的纹理可以作为一种特征用于障碍物识别。

纹理的产生是由于图像中的灰度在空间域以一定的规律变化,可能存在某些特性,比如对称性或周期性等。图像中像素灰度级分布可以用灰度直方图来描述,因此,障碍物的纹理特征可以使用灰度直方图来进行描述。通过灰度直方图的分布曲线求出各阶矩,借助求得的矩就可以描述出障碍物边界分布的某些特征。

2)HOG 特征

同一个视觉目标,由于光照、部分晃动和自由移动等变化,可能导致它的特征随之改变。然而,我们希望能有某一类特征对这些变化是不敏感的,即它只对目标的本质敏感。HOG 特征就是这样一种描述性特征,能较好地克服干扰,而只反映目标的形状和轮廓特性描述出来的特征。它通过直方图来表示待测目标感兴趣区域的梯度和方向上的特性,通过大量图像的特征值统计,能够找到同一目标不同形态下的共同点。图像中感兴趣区域的梯度强度和梯度方向的分布情况能够用 HOG 特征描述出来,很好地表征感兴趣区域内障碍物的形状和轮廓。

首先将图像中的感兴趣区域按层级分块,在最末一级单元中统计其中所有像素在各个方向的梯度,组合为一个特征向量,再逐级把每个单元的特征向量串联起来,形成感兴趣区域整体的 HOG 特征。

HOG 特征提取的大体过程为:

(1)估计被测目标在照片中的大概尺寸,确定感兴趣区域。

(2)计算梯度方向。

①水平方向的梯度为右侧像素灰度减去左侧像素灰度:

$$G_x(x,y) = I(x+1,y) - I(x-1,y) \tag{9-3}$$

②垂直方向的梯度为下方像素灰度减去上方像素灰度：

$$G_y(x,y) = I(x,y+1) - I(x,y-1) \tag{9-4}$$

③梯度方向为垂直梯度与水平梯度之比：

$$\theta(x,y) = \frac{G_y(x,y)}{G_x(x,y)} \tag{9-5}$$

(3)将每个单元中所有像素的梯度组成一个直方图。直方图中每个柱形涵盖的横坐标范围称为梯度采样宽度。如果采样宽度太大,则方向数太少,不能很好地描述目标的特征;而过多的采样方向则会增加计算量,降低计算性能。

(4)将一个分块内的所有梯度直方图归一化。

(5)滑动遍历窗口,步长为一个单元尺寸,将每一个窗口的向量连接起来产生一个高维向量,即为 HOG 特征。

9.4.2 障碍物识别

1)基于神经网络或 SVM 模型的识别

一定大小的感兴趣区域能提取出一组大小固定的纹理特征或 HOG 特征,特征数目与所设计的提取算法有关。构建一个规模合理的全连接神经网络或 SVM 支持向量机,令其输入层单元个数等于特征向量的特征数,即可通过训练实现具有识别能力的分类器。这一方式在理论方面与一般的分类问题相同,并无明显特殊性,但成功与否取决于特征算法的定义是否合理,以及样本集是否有足够的代表性。

2)基于 Boosting 分类器的车辆识别

如果应用目标是识别某种特定的障碍物,例如汽车或者行人,那么可以使用人脸识别的算法,用同样的 Boosting 分类器和训练方式实现识别功能。Boosting 分类器可以使用人脸识别中常用的 Haar 特征,也可以使用 HOG 特征。有关 Boosting 分类器的内部结构和训练原理在第 4.4 节中已有讲解,此处不再赘述。

3)多传感器融合

最简单的车辆避障只需要一个测距传感器就可以实现。与之相比,障碍物的视觉识别属于一种高级的避障技术,其优势在于能够区分障碍物的类型从而有助于自动驾驶程序采取不同的避让决策。但是,这种方法的技术复杂度高,不能保障识别准确率,容易发生识别失败。目前,有许多研究者试图把各种避障技术融合在一起共同发挥作用。

例如,基于雷达和摄像头数据融合,可以有效地提高检测效率。例如利用毫米波雷达的探测结果在图像中确定感兴趣区域,节省了用算法来筛选目标候选区域的步骤,计算量显著减少。

再如,作为一种有效的车辆自定位手段,GPS 和车联网的数据融合可使车联网在获取车辆间相对距离信息之外,还能获取车辆间的相对方位角,进而得到主车位置的观测范围。这一方面能够辅助确定摄像机画面中的候选识别区域,一方面有助于大体确定前方车辆的车型,缩小识别范围,从而提高识别精度。

4)存在的困难

与人脸相比,车辆、行人等障碍物外观形式多种多样,从各个视觉角度看都有不同,这使得障碍物识别的复杂性比人脸识别高得多。理论上,使用足够多的样本训练可以解决这个问题,但是所需要的样本数量是海量的,实践中很难通过足够的资源来获取。

另外,在实际应用场景下,存在很多不可控的因素,例如进出隧道口时光线快速变化、夜晚对向车辆灯光的照射、道路两侧数目阴影的闪动、道路路面污损、雨雾天气干扰等,都会对检测结果产生很大影响,可能导致识别失败。这些困难的客观存在,促使研究者不懈地寻找更好的解决办法。障碍物识别一直是动态发展过程中的技术热点。

9.5 本章小结

车路协同和自动驾驶是智能交通领域的研究热点,也代表着整个交通行业的发展变革趋势,具有巨大的社会经济价值和研究空间。机器视觉作为一项有效的信息获取技术,在车牌识别、车道线检测、标牌标识识别、障碍物识别等多个细分领域得到研究和应用。本章主要介绍了有关应用的技术路线和基本原理。限于篇幅,本书未能对机器视觉在自动驾驶技术中的其他应用一一详述。但是,无论哪一种具体的应用,其中的核心逻辑都是一致的,区别只在于针对不同的应用场景,要采用不同的预处理算法和特征定义,并相应地采用合适的分类器模型。

思考练习题

1. 车牌识别的图像预处理过程使用了哪些算法技术?其作用分别是什么?

2. 请简述利用霍夫变换识别车道线的基本原理。有哪些方法能够改进其效率和准确性?

3. 为什么说基于机器视觉的标牌标识识别可能是一个过渡性质的技术?

4. 有哪些多传感器融合的方法可用于障碍物识别?融合在一起的各项技术是怎样发挥互补功能的?

10 机器视觉技术的未来

机器视觉作为一种通用技术,顺应工业自动化的发展,具有高精度、高速度的特点,在很多工业细分领域已经发挥出不可替代的重要作用。很多下游产业如自动驾驶、工业机器人、无人机导航等,对机器视觉的需求越来越大。在机器视觉与人工智能深度结合的趋势下,它的效果绝非仅仅是"节约人工成本"。甚至有人提出,凡是以往需要通过人眼完成的工作,未来都可以通过机器视觉的"智慧之眼"来完成。表 10-1 列出了机器视觉与人眼视觉的对比。

表 10-1 机器视觉与人眼视觉的比较

对比项	机器视觉	人眼视觉
效率	高	低
精度	高	一般,受主观影响
可靠度	稳定可靠	易疲劳,受主观情绪影响
耐久度	可不停息连续工作	持续工作时间有限
信息集成	方便	不方便
成本	可规模化降低成本	规模越大成本越高
环境	适合恶劣、危险环境	不适合恶劣环境

随着我国大力发展现代高技术制造业,并持续走全球化、信息化的路线,近年来,政府十分重视高端装备制造业的发展,而高端制造业对于精准度和测控效率有着极高要求,在很多场合需要机器视觉技术的支持。为此,政府发布了一系列政策推动相关产品研发和市场扩展(表 10-2)。

表 10-2 近年来国家关于促进相关产业发展的政策

年份(年)	政策	主要内容
2017	《高端智能再制造行动计划》	突破一批关于拆解、检测、成型加工方面的制约性技术
2017	《促进新一代人工智能产业发展三年行动计划》	推动人工智能和实体经济融合,加快制造强国和网络强国建设
2019	《新一代人工智能开放创新平台建设工作指引》	支持创新创业团队和小微企业投入人工智能技术发展,促进技术成果扩散与转化应用
2019	《关于推动先进制造业和现代服务业深度融合发展的实施意见》	大力发展智能化解决方案服务,深化人工智能应用
2020	《关于科技创新支撑复工复产和经济平稳运行的若干措施》	大力推动关键核心技术攻关,加大 5G(第五代移动通信技术)、人工智能等重大科技项目的实施和支持力度
2020	《中共中央关于制定国民经济和社会发展第十四个五年规划和 2035 年远景目标的建议》	加快壮大新一代高端装备产业,推动大数据、人工智能等各产业深度融合,推动先进制造业集群发展

近年来,我国各类机构不断制定机器视觉相关标准,各种关于视觉传感器、视觉导航、视觉测量和识别的技术规范、企业标准都在近几年集中发布出来。表10-3罗列了2017年以来我国发布的一部分重要的机器视觉技术标准规范。

表10-3　我国机器视觉行业部分现行技术标准

年份(年)	标　准	标准编号
2017	《MGVC型机器视觉控制器》	Q/3201 WCKJ 007—2017
2017	《机器视觉检测设备》	Q/LXP 008—2017
2018	《机器视觉激光检测机》	Q/GZCH 0001—2017
2019	《机器视觉工业镜头》	Q/HLGD 001—2019
2019	《视觉导航机器人》	Q/GS CP001—2019
2020	《定焦机器视觉镜头技术规范》	T/HB 0001—2020
2020	《工业数字相机　术语》	T/CMVU 001—2020
2020	《工业镜头　术语》	T/CMVU 002—2020
2020	《机器视觉检测设备》	Q/NBXF 001—2020

机器视觉作为一种通用技术,适用于很多行业和领域。目前在高端制造和自动控制产业的应用相对领先,也备受关注。它主要的作用在于帮助企业提升生产线的自动化,替代人工,提高生产效率和控制安全性。从技术领域发展的趋势来看,有以下几个特点:

(1)基于机器视觉控制技术的机械手应用快速发展;

(2)深度学习技术与机器视觉技术深入融合;

(3)机器人、无人机领域的应用大量增加;

(4)宽光谱成像视觉技术发展迅速;

(5)从2D可见光成像向3D激光成像的转变。

当前机器视觉技术开发与应用如火如荼,为社会发展带来持续不断的动能。无论是"中国制造2025"还是"工业4.0"都离不开机器视觉技术。机器视觉必将作为人工智能领域的"智慧之眼",不断激发出广大的市场需求和价值,其市场发展呈现出如下的现象:

(1)半导体等精加工产业的发展带动机器视觉行业的市场需求;

(2)基于嵌入式的产品正在取代板卡式产品;

(3)机器视觉的个性化的服务需求远高于标准化产品需求;

(4)智慧城市、智能交通、无人控制等领域正在将成为未来主要的商业增长点。

机器视觉技术的核心能力在于识别和测量两个方面。很多传统上需要人眼观察的工作,已经通过机器视觉的识别能力加以替代解决;而一些传统上人眼视觉并不具备的测量功能,也能在一定精度要求下使用机器视觉。机器视觉将在非常广大的领域中替代人工,实现效率和能力方面质的提升。

目前,交通工程领域中的机器视觉应用还很少,学术界对此的关注也才刚刚开始。然而,交通工程领域存在广泛的观测、检测需求,既有大量质量检查和安全监管需要人眼的观察,也有大量外形、形变、位移等适合使用光学手段的测量需求(如全站仪、水准仪的原理本质上也属于光学手段），在未来都可能通过机器视觉加以解决，彻底替代人眼的工作。在这方面，还有广阔的空间有待开发和探索。可以想见，关于交通工程中的机器视觉技术，在不远的将来，必将涌现出一大批学术成果、新式产品和创新的解决方案，也将催生一个新的充满机会的蓝海市场。

参考文献

[1] 李保险.基于路面三维图像的沥青路面裂缝自动识别算法[D].成都:西南交通大学,2019.

[2] 王国龙.基于三维轮廓特征分析的沥青路面裂缝识别算法研究[D].成都:西南交通大学,2019.

[3] 朱亮.基于图像的沥青路面裂缝的自动识别算法研究[D].重庆:重庆交通大学,2016.

[4] 陈顺鑫.基于数字图像的沥青路面离析判别方法研究[D].桂林:桂林电子科技大学,2020.

[5] 熊信信.虚拟编排系统中的人员定位与动作分析[D].杭州:浙江理工大学,2020.

[6] 钟杰.基于计算机视觉的危险车间人员检测及定位技术应用研究[D].南京:南京理工大学,2019.

[7] 李晓建.矿井人员目标检测与跟踪算法的研究与实现[D].青岛:山东科技大学,2020.

[8] 林贤捷.基于嵌入式ARM芯片的前方车辆识别算法研究[D].厦门:厦门理工学院,2019.

[9] 石凡.基于R-CNN的城市道路行人车辆实时检测识别方法研究[D].哈尔滨:哈尔滨工业大学,2019.

[10] 吴华旨.智能车辆前方障碍物识别方法研究[D].上海:上海工程技术大学,2017.

[11] 凌翼飞.基于多传感器信息融合的车辆检测与定位技术研究[D].长沙:湖南大学,2019.

[12] 陶李欣.基于神经网络的交通标识检测与识别算法研究[D].哈尔滨:哈尔滨工业大学,2020.

[13] 莉第亚.使用卷积神经网络对自动驾驶汽车进行自动交通标志识别[D].北京:北京交通大学,2020.

[14] 谷诗宇.基于深度学习的车道线检测和交通标识识别研究[D].沈阳:沈阳航空航天大学,2019.

[15] 张文乐.基于深度学习的交通路标图像识别研究[D].西安:西安石油大学,2020.

[16] 赵家瀚.面向自动驾驶场景的目标检测算法研究与应用[D].南京:南京邮电大学,2020.

[17] 陈温蒙.基于计算机视觉的车辆和车道线检测技术研究[D].桂林:桂林电子科技大学,2020.

[18] 张家兴.基于机器视觉的路面标线检测方法研究[D].北京:中国地质大学,2020.

[19] 朱海琴.基于机器视觉的车道线检测和交通标志识别方法研究[D].重庆:重庆理工大学,2020.

[20] 吴建立.基于改进形状上下文算法的形状匹配研究[D].马鞍山:安徽工业大学,2017.

[21] 陈孝春.二维形状的描述和识别的研究[D].杭州:浙江大学,2006.